한 번에 합격,
자격증은 이기적

이렇게 기막힌 적중률

함께 공부하고 특별한 혜택까지!

이기적 스터디 카페

구독자 13만 명, 전강 무료!

이기적 유튜브

1년 365일 이기적이 쏜다!

365일 진행되는 이벤트에 참여하고 다양한 혜택을 누리세요.

EVENT ❶

기출문제 복원

- 이기적 독자 수험생 대상
- 응시일로부터 7일 이내 시험만 가능
- 스터디 카페의 링크 클릭하여 제보

EVENT ❷

합격 후기 작성

- 이기적 스터디 카페의 가이드 준수
- 네이버 카페 또는 개인 SNS에 등록 후 이기적 스터디 카페에 인증

이벤트 자세히 보기 ▶

EVENT ❸

온라인 서점 리뷰

- 온라인 서점 구매자 대상
- 한줄평 또는 텍스트 & 포토리뷰 작성 후 이기적 스터디 카페에 인증

EVENT ❹

정오표 제보

- 이름, 연락처 필수 기재
- 도서명, 페이지, 수정사항 작성
- book2@youngjin.com으로 제보

- N페이 포인트 5,000~20,000원 지급
- 영진닷컴 쇼핑몰 30,000원 적립
- 30,000원 미만의 영진닷컴 도서 증정

※이벤트별 혜택은 변경될 수 있으므로 자세한 내용은 해당 QR을 참고하세요.

이렇게
기막힌
적중률

컴퓨터활용능력 2급
필기 기출 800제

"이" 한 권으로 합격의 "기적"을 경험하세요!

차례

문제

해설과 함께 보는
상시 기출문제
▶ 합격 강의 제공

2021년 상시 기출문제 **01회** 10
2021년 상시 기출문제 **02회** 19
2021년 상시 기출문제 **03회** 26
2021년 상시 기출문제 **04회** 35
2021년 상시 기출문제 **05회** 44

문제 | 해설

해설과 따로 보는
상시 기출문제
▶ 합격 강의 제공

2022년 상시 기출문제 **01회** .... 54 | 154
2022년 상시 기출문제 **02회** .... 60 | 157
2022년 상시 기출문제 **03회** .... 66 | 160
2022년 상시 기출문제 **04회** .... 72 | 162
2022년 상시 기출문제 **05회** .... 78 | 165
2023년 상시 기출문제 **06회** .... 84 | 168
2023년 상시 기출문제 **07회** .... 91 | 171
2023년 상시 기출문제 **08회** .... 98 | 174
2023년 상시 기출문제 **09회** .... 105 | 178
2023년 상시 기출문제 **10회** .... 111 | 181
2024년 상시 기출문제 **11회** .... 118 | 185
2024년 상시 기출문제 **12회** .... 125 | 188
2024년 상시 기출문제 **13회** .... 132 | 191
2024년 상시 기출문제 **14회** .... 139 | 194
2024년 상시 기출문제 **15회** .... 146 | 197

정답 & 해설 **154**

문항별 난이도에 따라 상 중 하로 분류하였습니다.
▶ 동영상 강의는 도서 내 QR 코드로만 시청할 수 있으며, 강의 제공은 1판 1쇄 기준 2년간 유효합니다.

구매인증 PDF

PDF 2018~2020년
추가 기출문제 5회분 PDF 제공
이기적 스터디 카페에서 제공

시험장까지 함께 가는
핵심요약 PDF 제공
이기적 스터디 카페에서 제공

※ 참여 방법: '이기적 스터디 카페' 검색 → 이기적 스터디 카페(cafe.naver.com/yjbooks) 접속 → '구매 인증 PDF 증정' 게시판 → 구매 인증 → 메일로 자료 받기

※ PDF 자료는 1판 1쇄 기준 2년간 이용할 수 있으며 사용 기간 이후 만료됩니다.

이 책의 구성

Step 1 해설과 함께 보는 기출문제 5회

합격 강의

해설과 함께 보는 **2021년 상시 기출문제 05회**

2급	소요시간	문항수
	총40분	총40개

풀이 시간 : ________ 채점 점수 : ________

1과목 컴퓨터 일반

01 다음 중 멀티미디어를 활용하는 용어에 대한 설명으로 옳은 것은?

① VCS는 각종 영상 정보를 데이터베이스로 구축하여 사용자의 요구에 따라 프로그램을 즉시 전송하여 가정에서 원하는 정보를 이용할 수 있도록 해 주는 서비스이다.
② PACS는 원격 진료를 가능하게 실현시켜 주는 아날로그 의료 영상 저장 전송 시스템이다.
③ CAI는 컴퓨터를 이용하여 학습자에게 교육 내용을 설명하거나 연습 문제를 주어서 학습자가 개별적으로 학습을 진행하는 것을 가능하게 하는 교육 시스템이다.
④ VOD는 멀리 떨어져 있는 사람들끼리 각자의 설치된 TV 화면에 비친 화상 및 음향 등을 통하여 회의를 진행할 수 있도록 만든 시스템이다.

오답 피하기
• ① VCS(Video Conference System) : 멀리 떨어져 있는 사람들끼리 각자의 설치된 TV 화면에 비친 화상 및 음향 등을 통하여 회의를 진행할 수 있도록 만든 시스템

03 다음 중 바이러스에 대한 설명으로 옳지 않은 것은?

① 사용자 몰래 스스로 복제하여 다른 프로그램을 감염시키고, 정상적인 프로그램이나 다른 데이터 파일 등을 파괴한다.
② 감염 부위에 따라 부트 바이러스와 파일 바이러스로 구분한다.
③ 컴퓨터 하드웨어와 무관하게 소프트웨어에만 영향을 미친다.
④ 주로 복제품을 사용하거나 통신 매체를 통하여 다운받은 프로그램에 의해 감염된다.

바이러스는 종류에 따라 소프트웨어뿐만 아니라 CMOS의 내용 파괴, 사용 가능한 메모리의 공간 축소, 시스템의 속도 저하 등 각 장치에도 영향을 미치므로 하드웨어와 무관하지 않음

04 다음 중 전자우편에 사용되는 프로토콜인 POP3(Post Office Protocol3)에 관한 설명으로 옳은 것은?

① 메일 서버에 도착한 메일을 사용자 컴퓨터로 가져와 관리한다.
② 사용자의 컴퓨터에서 작성한 메일을 다른 사람의 계정이 있는 곳으로 전송해 주는 역할을 한다.

풀이 시간/채점 점수

목표하는 점수와 풀이 시간을 체크하며 실전처럼 풀어볼 수 있습니다.

출제 빈도

문항별 출제 빈도를 상중하로 나누어 효율적 학습이 가능합니다.

오답피하기

정답이 아닌 보기도 꼼꼼히 설명하여 드립니다.

Step 2 해설과 따로 보는 기출문제 15회

합격 강의

해설과 따로 보는 **2024년 상시 기출문제 15회**

2급	소요시간	문항수
	총40분	총40개

풀이 시간 : ________ 채점 점수 : ________

1과목 컴퓨터 일반

01 다음 중 인터넷 관련 기술의 실생활 사용 사례에 대한 설명으로 옳은 것은?

① RFID : 도서관에서 도서에 태그를 부착하여 도서의 대출이나 반납 등을 실시간으로 관리한다.
② NFC : 핫스팟 기능을 이용하여 노트북을 인터넷에 연결한다.
③ Bluetooth : 내장된 태그를 이용하여 회사에서 출·퇴근의 근태를 관리한다.
④ WiFi : 무선 이어폰과 스마트폰을 연결한다.

02 다음 중 한글 Windows 10의 [설정]–[시스템]–[정보]에서 확인이 가능한 내용으로 옳지 않은 것은?

① 현재 로그인한 사용자 계정 및 로그인 옵션
② 설치된 운영체제인 Windows의 사양(에디션 및 버전)
③ 장치(컴퓨터) 이름 및 프로세서의 종류와 설치된 RAM의 용량

04 다음 중 한글 Windows 10에서 인쇄 시 지원되는 인쇄 기능에 대한 설명으로 옳은 것은?

① 인쇄 대기 중인 경우 작업을 취소할 수 없다.
② 기본 프린터는 사용자의 필요에 따라 2대 이상을 동시에 지정할 수 있다.
③ 프린터 속성 창에서 공급 용지의 종류, 공유, 포트 등을 설정할 수 있다.
④ 인쇄 중인 작업은 취소할 수는 없으나 잠시 중단시킬 수 있다.

05 다음 중 압축 파일을 사용하는 이유로 거리가 먼 것은?

① 디스크 저장 공간을 효율적으로 활용하기 위해
② 연관된 여러 파일을 하나로 묶어 관리하기 위해
③ 디스크의 논리적인 결함이나 물리적인 결함을 발견하기 위해
④ 파일 전송 시 시간 및 비용을 절약하기 위해

QR 코드

별도의 가입 없이 오직 QR 코드로만 동영상 강의를 시청할 수 있습니다. (홈페이지 접속 X)

합격 강의

동영상 강의를 제공하는 문항을 표시하였습니다.

시험의 모든 것

자격검정

응시 절차 안내

시험 절차 및 내용은 반드시
시행처를 다시 한 번 확인하세요.

Step 1 응시 자격 조건

남녀노소 누구나 응시 가능

Step 2 시험 원서 접수하기

시행처 홈페이지에서 시험 기간 조회 후 원하는 날짜와 시간에 응시

Step 3 시험 응시하기

수험표, 신분증을 지참하고 고사장에 30분 전에 입실

Step 4 합격 여부 확인하기

다음 날 오전 10시 이후 인터넷으로 합격 여부 확인

Step 5 실기 원서 접수하기

시험 기간 조회 후 원하는 날짜와 시간에 응시

1. 응시 자격

수검자격(제한 없음)

2. 원서 접수

필기 : 20,500원, 실기 : 25,000원
(인터넷 접수 시 수수료 1,200원이 가산되며, 계좌 이체 및 신용카드 결제 가능)

3. 합격 기준

필기 시험	매 과목 100점 만점에 과목당 40점 이상, 평균 60점 이상
실기 시험	100점 만점에 70점 이상(1급은 두 과목 모두 70점 이상)

4. 합격자 발표

- 대한상공회의소 홈페이지(license.korcham.net)에서 발표
- 상시 검정 필기 : 시험 다음날 오전 10:00 이후 발표

5. 자격증 수령

- 휴대할 수 있는 카드 형태의 자격증 발급
- 취득(합격)확인서를 필요로 하는 경우 취득(합격)확인서 발급

형태	•휴대하기 편한 카드 형태의 자격증 •신청자에 한해 자격증 발급
신청 절차	인터넷(license.korcham.net)을 통해 자격증 발급 신청
수수료	•인터넷 접수 수수료 : 3,100원 •우편 발송 요금 : 3,000원
우편 수령	방문 수령은 진행하지 않으며, 우편 등기배송으로만 수령할 수 있음
신청 접수 기간	자격증 신청 기간은 따로 없으며 신청 후 10~15일 후 수령 가능

6. 출제 기준

컴퓨터 일반

컴퓨터 시스템 활용	운영체제 사용, 컴퓨터 시스템 설정 변경, 컴퓨터 시스템 관리
인터넷 자료 활용	인터넷 활용, 멀티미디어 활용, 최신 정보통신기술 활용
컴퓨터 시스템 보호	정보 보안 유지, 시스템 보안 유지

* 운영체제 : Windows 10버전 적용

스프레드시트 일반(Microsoft 엑셀 2021 버전)

컴퓨터 시스템 활용	프로그램 환경 설정, 파일 관리, 통합 문서 관리
데이터 입력	데이터 입력, 데이터 편집, 서식 설정
데이터 계산	기본 계산식, 고급 계산식
데이터 관리	기본 데이터 관리, 데이터 분석
차트 활용	차트 작성, 차트 편집
출력 작업	페이지 레이아웃 설정, 인쇄 작업
매크로 활용	매크로 작성

시험 출제 경향

1과목 컴퓨터 일반

1과목 컴퓨터 일반은 컴퓨터의 발달 과정별 특징을 물어보며 정보처리 시스템의 종류, 자료의 표현 단위 등의 내용이 출제되고 있습니다. 중앙 처리 장치와 기억 장치별 기능과 특징이 자주 출제되며, 운영체제의 기초와 파일 탐색기, 설정도 중요하므로 실습을 통한 이해가 필요합니다. 소프트웨어의 개념, 인터넷 서비스, 컴퓨터 범죄, 멀티미디어의 운용 등에서 출제 비율이 높은 경향을 보이고 있습니다.

※ 운영체제는 Windows 10버전에서 출제됨

항목	비율
1. 운영체제 사용	20%
2. 컴퓨터 시스템 설정 변경	10%
3. 컴퓨터 시스템 관리	34%
4. 인터넷 자료 활용	15%
5. 멀티미디어의 개념 및 운용	10%
6. 정보 통신 일반	4%
7. 컴퓨터 시스템 보호	7%

2과목 스프레드시트 일반

2과목 스프레드시트 일반은 엑셀에서 저장 가능한 파일 형식과 저장 옵션의 기능, 데이터를 입력하고 편집하는 방법이 자주 출제되고 있습니다. 함수를 이용한 결과 값의 산출을 묻는 문제가 비중 있게 출제되므로 실습을 통해 익혀두는 것이 좋습니다. 아울러 필터, 부분합, 데이터 표, 데이터 통합의 기능, 정렬 및 피벗 테이블, 목표값 찾기, 차트 작성의 기본과 편집, 매크로 실행 방법도 높은 출제율을 보이고 있습니다.

※ 스프레드시트 프로그램의 경우 기술 발달 및 산업 현장의 수요에 따라 Microsoft Office 2021 버전으로 업데이트 되었음

항목	비율
1. 스프레드시트 개요	6%
2. 데이터 입력 및 편집	20%
3. 수식 활용	25%
4. 데이터 관리 및 분석	19%
5. 출력	9%
6. 차트 생성 및 활용	13%
7. 매크로 작성	8%

CBT 가이드

CBT란?

CBT는 시험지와 필기구로 응시하는 일반 필기시험과 달리, 컴퓨터 화면으로 시험 문제를 확인하고 그에 따른 정답을 클릭하면 네트워크를 통하여 감독자 PC에 자동으로 수험자의 답안이 저장되는 방식의 시험입니다.

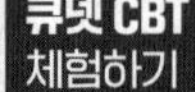

오른쪽 QR코드를 스캔해서 CBT를 체험해 보세요!

CBT 시험 진행 방식

본인 좌석 확인 후 착석 ▷ 수험자 정보 확인 ▷ 화면 안내에 따라 진행 ▷ 시험 문제 풀이 ▷ 검토 후 최종 답안 제출

CBT 응시 유의사항

- 수험자마다 문제가 모두 달라요. 문제은행에서 자동 출제됩니다!
- 답지는 따로 없어요!
- 문제를 다 풀면, 반드시 '제출' 버튼을 눌러야만 시험이 종료되어요!
- 시험 종료 안내방송이 따로 없어요.

FAQ

Q CBT 시험이 처음이에요! 시험 당일에는 어떤 것들을 준비해야 좋을까요?

A 시험 시작 20분 전 도착을 목표로 출발하는 게 좋아요. 그리고 시험장에는 주차할 자리가 마땅하지 않은 경우가 많으므로, 대중교통을 이용하는 것을 추천합니다. 무사히 시험 장소에 도착했다면 수험자 입상 시간에 늦지 않게 시험실에 입실하고, 자신의 자리를 확인한 뒤 착석하세요.

Q 기존보다 더 어려워졌을까요?

A 시험 자체의 난이도 차이는 없지만 랜덤으로 출제되는 CBT 시험 특성상 경우에 따라 유독 어려운 문제가 많이 출제될 수는 있어요. 이러한 돌발 상황에 대비하기 위해서는 이기적 CBT 온라인 문제집으로 실제 시험과 동일한 환경에서 미리 연습해두시는 게 좋아요.

CBT 진행 순서

좌석번호 확인	수험자 접속 대기 화면에서 본인의 좌석번호를 확인합니다.
▽	
수험자 정보 확인	시험 감독관이 수험자의 신분을 확인하는 단계입니다. 신분 확인이 끝나면 시험이 시작됩니다.
▽	
안내사항	시험 안내사항을 확인하고, 다음을 클릭합니다.
▽	
유의사항	시험과 관련된 유의사항을 확인합니다.
▽	
문제풀이 메뉴 설명	시험을 볼 때 필요한 메뉴에 대한 설명을 확인합니다. 메뉴를 이용해 글자 크기와 화면 배치를 조정할 수 있습니다. 남은 시간을 확인하며 답을 표기하고, 필요한 경우 아래의 계산기를 이용할 수 있습니다.
▽	
문제풀이 연습	시험 보기 전, 연습을 해 보는 단계입니다. 직접 시험 메뉴화면을 클릭하며, CBT가 어떻게 진행되는지 확인합니다.
▽	
시험 준비 완료	문제풀이 연습을 모두 마친 후 [시험 준비 완료] 버튼을 클릭하면 시험 감독관의 지시에 따라 시험이 시작됩니다.
▽	
시험 시작	시험이 시작되었습니다. 수험자는 제한 시간에 맞추어 문제풀이를 시작합니다.
▽	
시험 준비 완료	시험을 완료하면 [답안 제출] 버튼을 클릭합니다. 답안을 수정하기 위해 시험화면으로 돌아가고 싶으면 [아니오] 버튼을 클릭합니다.
▽	
답안 제출 최종 확인	답안 제출 메뉴에서 [예] 버튼을 클릭하면, 수험자의 실수를 방지하기 위해 한 번 더 주의 문구가 나타납니다. 완벽히 시험 문제 풀이가 끝났다면 [예] 버튼을 클릭하여 최종 제출합니다.
▽	
합격 발표	CBT 시험이 모두 종료되면, 퇴실할 수 있습니다.

이제 완벽하게 CBT 시험에 대해 이해하셨나요?
그렇다면 이기적이 준비한 CBT 온라인 문제집으로 학습해보세요!

이기적 온라인 문제집: https://cbt.youngjin.com

Q&A

Q 컴퓨터활용능력 필기 합격 유효 기간은 어떻게 되나요?

A

필기 합격 유효 기간은 필기 합격 발표일을 기준으로 만 2년입니다. 예를 들어 컴퓨터활용능력 1급 필기를 2024년 12월 30일에 합격하시면 필기 합격 유효 기간은 2026년 12월 29일입니다. 본인의 정확한 필기 합격 유효 기간은 대한상공회의소 자격평가사업단 홈페이지(http://license.korcham.net) 회원 가입 후 [마이페이지–취득 내역]에서 확인할 수 있습니다.

Q 자격증 신청은 어떻게 하나요?

A

자격증은 신청하신 분에 한하여 발급하고 있습니다. 자격증 신청 기간은 따로 없으며 필요할 때 신청하면 됩니다(단, 신청 후 10~15일 사이 수령 가능). 또한 자격증 신청은 인터넷 신청만 있으며, 홈페이지(license.korcham.net)의 자격증 신청 메뉴에서 가능합니다. 스캔 받은 여권 사진을 올리셔야 하며 전자 결제(신규 3,100원, 재발급 3,100원)를 하여야 합니다. 자격증 신청 시 수령 방법은 우편 등기 배송만 있으며, 배송료는 3,000원입니다.

Q 컴퓨터활용능력 필기 합격 유효 기간을 연장할 수 있나요?

A

필기 합격 유효 기간은 국가기술자격법 시행령에 의하여 시행되는 것으로 기간의 변경이나 연장이 되지 않습니다.

Q 컴퓨터활용능력 자격증 취득 시 자격 특전이 있을까요?

A

컴퓨터활용능력 자격증 취득 시 자격 특전은 다음과 같습니다.

- 공무원 채용 가산점
  - 소방공무원(사무관리직) : 컴퓨터활용능력 1급(3%), 컴퓨터활용능력 2급(1%)
  - 경찰공무원 : 컴퓨터활용능력 1, 2급(2점 가점)
- 학점은행제 학점 인정 : 1급 14학점, 2급 6학점
- 300여개 공공기관 · 공기업 등 채용 · 승진 우대

※ 더욱 자세한 사항은 대한상공회의소 자격평가사업단 홈페이 (license.korcham.net)를 참고하시기 바랍니다.

〈컴퓨터활용능력 시험 공식 버전 안내〉

- **컴퓨터활용능력 시험 공식 버전** : Windows 10, MS Office LTSC 2021
- **Office Professional 2021** : 가정이나 직장에서 사용하기 위해 한 대의 PC에 기본 Office 앱과 전자 메일을 설치하려는 가족 및 소규모 기업용을 위한 제품입니다.
- **Office LTSC** : 상용 및 공공기관 고객을 위한 Microsoft 365의 최신 영구 버전으로, 두 플랫폼(Windows 및 Mac)에서 모두 이용 가능한 일회성 "영구" 구매로 사용할 수 있는 디바이스 기반 라이선스입니다.
- MS Office Professional 2021 프로그램의 업데이트 버전을 사용하는 경우, LTSC 버전과 일부 명칭 및 메뉴가 다를 수 있습니다. 본 도서는 시험장에서 사용하는 LTSC 버전으로 작성되었으며, 일반 사용자 프로그램인 MS Office Professional 2021의 업데이트 버전을 사용하고 계신 경우 업데이트는 계속될 수 있으며, 이후 추가되는 업데이트로 인해 내용이 달라질 수 있음을 알려드립니다.

해설과 함께 보는
상시 기출문제

2021년 상시 기출문제 **01회** 10
2021년 상시 기출문제 **02회** 19
2021년 상시 기출문제 **03회** 26
2021년 상시 기출문제 **04회** 35
2021년 상시 기출문제 **05회** 44

CBT 온라인 문제집

- QR 코드를 찍으면 원하는 시험에 응시할 수 있습니다.
- 풀이가 끝나면 자동 채점되며, 해설을 즉시 확인할 수 있습니다.
- 마이페이지에서 풀이 내역을 분석하여 드립니다.
- 모바일과 PC도 이용 가능합니다.

시험장과
동일한 환경에서
문제 풀이 서비스

합격 강의

해설과 함께 보는 2021년 상시 기출문제 01회

2급	소요시간	문항수
	총40분	총40개

풀이 시간 : ______________ 채점 점수 : ______________

1과목 컴퓨터 일반

상 중 하

01 다음 주어진 〈보기〉 중에서 가장 작은 컴퓨터 정보 표현 단위로 표현 가능한 정보의 개수는?

〈보기〉

바이트(Byte), 워드(Word), 레코드(Record), 니블(Nibble)

① 4 ② 16
③ 32 ④ 256

〈보기〉에서 가장 작은 컴퓨터 정보 표현 단위는 니블(Nibble)이며 니블은 4개의 비트로 구성되므로 16(2^4)개의 정보를 표현할 수 있음

오답 피하기

비트 → 니블 → 바이트 → 워드 → 필드 → 레코드 → 파일 → 데이터베이스

상 중 하

02 다음 중 컴퓨터로 특정 상황을 설정해서 구현하는 '모의 실험'을 통해 실제 주변 상황처럼 경험하고 그 특정 상황과 상호 작용하는 것처럼 체감할 수 있는 시스템으로 옳은 것은?

① 키오스크 ② CAI
③ VOD ④ VR

오답 피하기

- 키오스크 : 무인 정보 안내기
- CAI : 컴퓨터를 응용한 학습 지원 시스템
- VOD : 주문형 비디오

상 중 하

03 다음 중 〈보기〉의 내용에 해당하는 것으로 옳은 것은?

〈보기〉

- 하드디스크의 공간 낭비를 줄이고 시스템의 안정성이 향상된다.
- FAT32보다 성능과 안정성 면에서 우수하다.
- 최대 255자의 긴 파일 이름을 지원하며 공백도 사용할 수 있다.

① GUI ② Hot Swap
③ PnP ④ NTFS

NTFS(New Technology File System)
- 파일 및 폴더에 대한 액세스 제어를 유지하고 제한된 계정을 지원함
- 디스크 관련 오류의 자동 복구 기능과 대용량 하드디스크 지원 및 보안 강화로 특정 파일에 대한 사용자의 액세스가 제한됨
- 최대 파일 크기는 16TB이며 파티션(볼륨)의 크기는 256TB까지 지원됨

상 중 하

04 다음 중 프린터와 같은 저속의 입출력 장치를 CPU와 병행하여 작동시켜 컴퓨터의 전체 효율을 향상시키는 것은?

① SSD ② 스풀(SPOOL)
③ CAM ④ 채널

스풀(SPOOL) : 장치의 이용 효율을 높이기 위해 중앙 처리 장치의 처리 동작과 저속의 입출력 장치의 동작이 동시에 이루어지도록 하는 처리 형태

오답 피하기

- SSD : 무소음, 저전력, 소형화, 경량화, 고효율의 속도를 지원하는 반도체 보조 기억 장치
- CAM : 연관 메모리
- 채널 : 입출력 전용 처리기

상 중 하

05 다음 중 [파일 탐색기]에서 바탕 화면에 바로 가기 아이콘을 만드는 바로 가기 키로 옳은 것은?

합격 강의

① Ctrl+Insert를 누른 상태로 드래그 앤 드롭한다.
② Alt+Shift를 누른 상태로 드래그 앤 드롭한다.
③ Ctrl+Shift를 누른 상태로 드래그 앤 드롭한다.
④ Ctrl+Esc를 누른 상태로 드래그 앤 드롭한다.

바탕 화면에 바로 가기 아이콘을 만드는 바로 가기 키 : Ctrl+Shift를 누른 상태로 드래그 앤 드롭

ANSWER 01 ② 02 ④ 03 ④ 04 ② 05 ③

상 중 하

06 **다음 중 한글 Windows의 [설정]-[장치]-[마우스]에서 수행할 수 있는 작업에 대한 설명으로 옳지 않은 것은?**

합격강의

① 커서의 속도를 1부터 100까지 조절할 수 있다.
② 마우스 휠을 돌릴 때 스크롤할 양을 조절한다.
③ 한 번에 스크롤할 줄 수를 1부터 100까지 설정할 수 있다.
④ 비활성 창을 가리킬 때 스크롤할 수 있게 설정할 수 있다.

커서의 속도는 1부터 20까지 설정할 수 있으며 숫자가 높을수록 속도가 빠름

상 중 하

07 **다음 중 한글 Windows의 [드라이브 조각 모음 및 최적화]에 대한 설명으로 옳지 않은 것은?**

합격강의

① [시작]-[Windows 시스템]-[실행]에서 열기란에 'dfrgui'를 입력하고 [확인]을 누르면 실행된다.
② 예약된 최적화의 빈도는 매일, 매주, 매월 중에서 선택할 수 있다.
③ 조각 모음은 불필요한 파일들을 삭제하므로 디스크의 총 용량이 늘어난다.
④ 디스크에서 단편화를 제거하여 디스크의 수행 속도를 높여준다.

처리 속도면에서는 효율적이나 총 용량이 늘어나지는 않음

오답 피하기

디스크 정리 : 디스크의 사용 가능한 공간을 늘리기 위하여 불필요한 파일들을 삭제하는 작업으로 디스크의 전체 크기와는 상관없음

상 중 하

08 **다음 〈보기〉에서 설명하는 MPEG 규격으로 옳은 것은?**

〈보기〉

> 가. MPEG 기술을 통합
> 나. 디지털 콘텐츠의 제작, 유통, 보안 등 모든 과정을 관리할 수 있는 규격

① MPEG-2 ② MPEG-4
③ MPEG-7 ④ MPEG-21

오답 피하기

- MPEG-2 : 차세대 텔레비전 방송이나 ISDN, 케이블망 등을 이용한 영상 전송을 위하여 제정된 것으로 HDTV, 위성방송, DVD 등이 이 규격을 따름
- MPEG-4 : 인터넷이나 무선 통신 등에 필요한 동화상과 음성의 고능률 부호화 방식으로 복합 멀티미디어 서비스의 통합 표준
- MPEG-7 : 동영상 데이터의 검색과 전자상거래 등에 적합하도록 개발된 동영상 압축 재생 기술

상 중 하

09 **다음 중 한글 Windows의 휴지통과 관련된 바로 가기 키에 대한 설명으로 옳지 않은 것은?**

합격강의

① Ctrl+Enter : 바탕 화면에서 휴지통의 속성을 표시
② Shift+Delete : 휴지통을 거치지 않고 바로 삭제
③ F2 : 바탕 화면에서 휴지통의 이름을 변경
④ Ctrl+D : 항목 삭제 후 휴지통으로 이동

Alt+Enter : 바탕 화면에서 휴지통의 속성을 표시

상 중 하

10 **다음 중 오디오 및 비디오 파일을 모두 다운받기 전이라도 다운을 받으면서 파일을 실시간으로 재생하는 기술로 *.ram, *.wmv, *.asf 같은 파일 형식이 있는 것은?**

① 코덱(CODEC)
② 스트리밍(Streaming)
③ 렌더링(Rendering)
④ 모핑(Morphing)

스트리밍(Streaming) : 인터넷을 통해 오디오 및 비디오 파일을 전송받으면서 실시간으로 재생이 가능한 기술, 데이터를 모두 다운로드하지 않고 몇 초간만 데이터를 버퍼링하면 바로 재생할 수 있음

오답 피하기

- 코덱(CODEC) : 디지털 동영상이나 사운드 파일 등을 손실 없이 압축하거나 복원하는 기술
- 렌더링(Rendering) : 3차원 질감을 줌으로써 사실감을 추가하는 과정
- 모핑(Morphing) : 사물의 형상을 다른 모습으로 서서히 변화시키는 기법

상 중 하

11 **다음 중 RISC(Reduced Instruction Set Computer) 설계 방식에 대한 설명으로 옳은 것은?**

① 명령어의 수가 많다.
② 레지스터가 적다.
③ 프로그램이 간단하다.
④ 전력 소모가 적다.

RISC(Reduced Instruction Set Computer) 설계 방식

- 명령어 종류가 적음
- 레지스터가 많음
- 프로그램이 복잡함
- 전력 소모가 적음
- 처리 속도가 빠름

오답 피하기

①, ②, ③ : CISC 설계 방식

ANSWER 06 ① 07 ③ 08 ④ 09 ① 10 ② 11 ④

상 중 하

12 다음 중 JAVA, Actor, C++, SmallTalk 같은 언어로 프로그램에서 사용하는 데이터 구조의 데이터형과 사용하는 함수까지 정의하는 프로그래밍 기법은?

① 구조적 프로그래밍
② 객체 지향 프로그래밍
③ 하향식 프로그래밍
④ 비주얼 프로그래밍

오답 피하기
- 구조적 프로그래밍 : 하나의 입력과 출력을 갖는 구조로 GOTO문을 사용하지 않는 기법
- 하향식 프로그래밍 : 상위에서 하위 모듈 순으로 작성해 나가는 기법
- 비주얼 프로그래밍 : GUI 환경에서 아이콘과 마우스를 이용하여 대화 형식으로 프로그래밍하는 기법

상 중 하

13 다음 중 누산기(ACC)에 대한 설명으로 옳은 것은?

① 산술 논리 연산의 결과를 일시적으로 저장하는 임시 기억 장소이다.
② 다음에 수행할 명령어의 번지를 기억하는 레지스터이다.
③ 현재 수행 중인 명령어를 기억하는 레지스터이다.
④ 2진수 덧셈을 수행하는 회로이다.

오답 피하기
- ② : 프로그램 카운터(PC)
- ③ : 명령 레지스터(IR)
- ④ : 가산기(Adder)

상 중 하

14 다음 중 한글 Windows의 [파일 탐색기]에서 연속적으로 여러 개의 파일을 선택할 때 사용하는 키로 옳은 것은?

합격 강의

① Alt
② Tab
③ Shift
④ Back Space

Shift : 연속적인 영역의 항목을 선택하는 경우

오답 피하기
Ctrl : 불연속적으로 항목을 선택하는 경우

상 중 하

15 다음 중 뉴스, 드라마, 영화, 게임과 같은 다양한 영상 정보를 통신망을 통해 전송받아 가정에서 원하는 것을 선택하여 볼 수 있도록 해주는 서비스는?

① VDT ② VLAN
③ VOD ④ VPN

VOD(Video On Demand) : 각종 영상 정보(뉴스, 드라마, 영화, 게임 등)를 데이터베이스로 구축하여 사용자의 요구에 따라 프로그램을 즉시 전송하여 가정에서 원하는 정보를 이용할 수 있도록 해주는 서비스

오답 피하기
- VDT(Video Display Terminal) : 영상 표시 단말 장치
- VLAN(Virtual Local Area Network) : 가상 근거리 통신망
- VPN(Virtual Private Network) : 가상 사설망

상 중 하

16 다음 중 DNS가 가지고 있는 특정 도메인의 IP Address를 검색해 주는 서비스로 옳은 것은?

① Gopher ② Archie
③ IRC ④ Nslookup

Nslookup : IP Address 또는 도메인 이름을 검색하는 서비스

오답 피하기
- Gopher : 인터넷에 있는 정보를 계층적 또는 메뉴 방식으로 찾아주는 서비스
- Archie : Anonymous(익명) FTP 서버 내의 파일 리스트를 검색하기 위해 사용되는 데이터베이스 검색 서비스
- IRC : 인터넷 채팅으로 인터넷에 연결된 다른 사용자와 실시간으로 채팅함

상 중 하

17 다음 중 인터넷 주소 체계에서 IPv6에 관한 설명으로 옳지 않은 것은?

합격 강의

① 128 비트의 주소를 사용하여 IPv4의 주소 부족 문제를 해결하였다.
② IPv4와 비교하였을 때 자료 전송 속도가 늦지만, 주소의 확장성과 융통성이 우수하다.
③ 인증성, 기밀성, 데이터 무결성의 지원으로 보안 기능을 포함한다.
④ IPv4와 호환성이 있으며, 실시간 흐름 제어가 가능하다.

IPv6의 주소 개수는 약 43억의 네 제곱으로 IPv4의 부족한 주소 문제를 해결하기 위해 개발되었으며, 128비트의 긴 주소로 인해 자료의 전송 속도가 느려지는 것은 아님

ANSWER 12 ② 13 ① 14 ③ 15 ③ 16 ④ 17 ②

상 중 하

18 다음 중 패치 프로그램에 대한 설명으로 옳은 것은?

① 프로그램의 오류 수정이나 성능 향상을 위해 프로그램의 일부를 변경해 주는 프로그램이다.
② 컴퓨터 하드웨어 및 소프트웨어 성능을 비교 평가하는 프로그램이다.
③ 베타 테스트를 하기 전에 프로그램 개발사 내부에서 미리 평가하고 오류를 찾아 수정하기 위해 시험해 보는 프로그램이다.
④ 정식으로 프로그램을 공개하기 전에 한정된 집단 또는 일반인에게 공개하여 기능을 시험하는 프로그램이다.

패치 프로그램(Patch Program) : 이미 제작하여 배포된 프로그램의 오류 수정이나 성능 향상을 위하여 프로그램 일부를 변경해 주는 프로그램

오답 피하기

- ② : 벤치마크 프로그램(Benchmark Program)
- ③ : 알파 테스트 버전
- ④ : 베타 테스트 버전

상 중 하

19 다음 중 악의적인 목적으로 제작된 악성 코드에 해당하지 않는 것은?

① 트로이 목마(Trojan Horse)
② 파이어 월(Firewall)
③ 웜(Worm)
④ 드로퍼(Dropper)

파이어 월(Firewall) : 외부의 허가받지 않은 불법적인 접근이나 해커의 공격으로부터 방화벽으로 내부의 네트워크를 보호하는 역할을 수행함

오답 피하기

- 트로이 목마(Trojan Horse) : 시스템에 다른 프로그램 코드로 위장하여 침투시키는 행위
- 웜(Worm) : 연속적으로 자신을 복제하여 시스템의 부하를 증가시키는 프로그램
- 드로퍼(Dropper) : 바이러스나 트로이 목마 프로그램을 사용자가 모르게 설치하는 프로그램

상 중 하

20 다음 중 인터넷 통신 장비인 게이트웨이(Gateway)의 기본적인 역할에 관한 설명으로 옳은 것은?

① 현재 위치한 네트워크에서 다른 네트워크로 연결할 때 사용된다.
② 인터넷 신호를 증폭하며 먼 거리로 정보를 전달할 때 사용된다.
③ 네트워크 계층의 연동 장치로 경로 설정에 사용된다.
④ 문자로 된 도메인 이름을 숫자로 이루어진 실제 IP 주소로 변환하는 데 사용된다.

게이트웨이(Gateway) : 네트워크에서 다른 네트워크로 들어가는 관문의 기능을 수행하는 지점을 의미하며 서로 다른 프로토콜을 사용하는 네트워크를 연결할 때 사용하는 장치

오답 피하기

- ② : 리피터(Repeater)
- ③ : 라우터(Router)
- ④ : DNS(Domain Name System)

2과목 스프레드시트 일반

상 중 하

21 다음 아래의 워크시트처럼 내용을 화면의 여러 창에 동시에 표시하는 기능은?

	A	B	C	D	E
1	대한상공	대한상공	대한상공	대한상공	
2	대한상공	대한상공	대한상공	대한상공	
3	대한상공	대한상공	대한상공	대한상공	
4	대한상공	대한상공	대한상공	대한상공	
5	대한상공	대한상공	대한상공	대한상공	
6	대한상공	대한상공	대한상공	대한상공	
7	대한상공	대한상공	대한상공	대한상공	
8	대한상공	대한상공	대한상공	대한상공	
9					

① 틀 고정
② 모두 정렬
③ 나누기
④ 선택 영역 확대/축소

나누기 : 워크시트의 내용이 많아 하나의 화면으로는 모두 표시하기가 어려워 불편할 때 멀리 떨어져 있는 데이터를 한 화면에 표시할 수 있도록 분할하는 기능

ANSWER 18 ① 19 ② 20 ① 21 ③

상 중 하

22 **다음 중 셀 서식의 [맞춤] 탭에서 텍스트 조정의 '자동 줄 바꿈'과 같은 기능을 하는 바로 가기 키로 올바른 것은?**

합격 강의

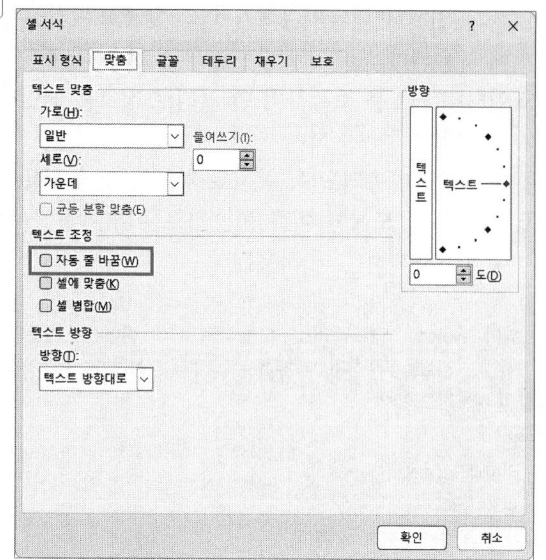

① Ctrl + Enter

② Ctrl + Shift + Enter

③ Alt + Enter

④ Shift + Enter

'자동 줄 바꿈'은 한 셀에 두 줄 이상의 문자열을 입력할 때 사용하는 Alt + Enter 와 같은 기능임

상 중 하

23 **다음 중 영문 대/소문자를 구분하도록 설정했을 때 오름차순 정렬의 순서가 올바르게 나열된 것은?**

합격 강의

① 한글-영문 대문자-영문 소문자-기호 문자-숫자-빈 셀(공백)

② 기호문자-영문 소문자-영문 대문자-한글-빈 셀(공백)-숫자

③ 숫자-기호 문자-영문 소문자-영문 대문자-한글-빈 셀(공백)

④ 빈 셀(공백)-한글-영문 대문자-영문 소문자-기호 문자-숫자

오름차순 정렬의 순서 : 숫자-기호 문자-영문 소문자-영문 대문자-한글-빈 셀(공백)

상 중 하

24 **다음 중 주어진 함수식에 대한 결과로 옳지 않은 것은?**

합격 강의

① =ODD(−2) → −1

② =NOT(0◇0) → TRUE

③ =MODE.SNGL(1,2,3) → #N/A

④ =ABS(−7) → 7

=ODD(−2) → −3 : 주어진 수에 가장 가까운 홀수로, 양수인 경우 올림하고 음수인 경우 내림하므로 결과는 −3이 됨

오답 피하기

- =NOT(0◇0) → TRUE : 0과 0이 같지 않다(◇)는 거짓(FALSE)이며 그 반대(NOT)이므로 결과는 TRUE가 됨
- =MODE.SNGL(1,2,3) → #N/A : 최고로 빈도가 높은 수인 최빈수가 없으므로 결과는 #N/A 오류가 됨
- =ABS(−7) → 7 : 절대값을 구하므로 결과는 7이 됨

상 중 하

25 **다음 중 필터에 대한 설명으로 옳지 않은 것은?**

① 필터 기능을 이용하면 워크시트에 입력된 자료들 중 특정한 조건에 맞는 자료들만을 워크시트에 표시할 수 있다.

② 자동 필터에서 여러 필드에 조건을 지정하는 경우 각 조건들은 AND 조건으로 설정된다.

③ 고급 필터를 실행하는 경우 조건을 만족하는 데이터를 다른 곳에 추출할 수 있다.

④ 고급 필터가 적용된 결과 표를 정렬할 경우 숨겨진 레코드도 정렬에 포함된다.

고급 필터가 적용된 결과 표를 정렬할 경우 숨겨진 레코드는 정렬에 포함되지 않음

ANSWER 22 ③ 23 ③ 24 ① 25 ④

26 **다음 시트에서 아이디 별로 총 주문 금액을 계산하려고 할 때, [E2] 셀에 들어갈 수식으로 옳은 것은?**

	A	B	C	D	E
1	아이디	주문 금액		집계	
2	kkk00	1,000		kkk00	2,500
3	aaa01	2,000			
4	kkk00	1,500			
5	aoo02	2,000			

① =SUMIF(A:A,D2,B:B)
② =SUM(A:B)
③ =IF(kkk00=2500,A,B)
④ =COUNTIF(A:A,D2)

=SUMIF(검색 범위, 조건, 합계 범위)이므로 검색 범위인 A:A(A열)에서 조건에 해당하는 [D2] 셀의 kkk00에 해당하는 것을 검색하여 조건에 맞는 것을 합계 범위인 B:B(B열)에서 합계를 구함

27 **아래의 위쪽 차트를 수정하여 아래쪽 차트로 변환하였다. 다음 중 변환된 항목에 대한 설명으로 옳은 것은?**

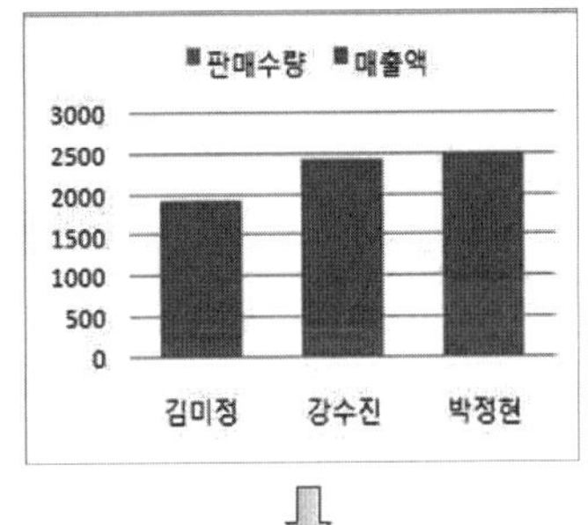

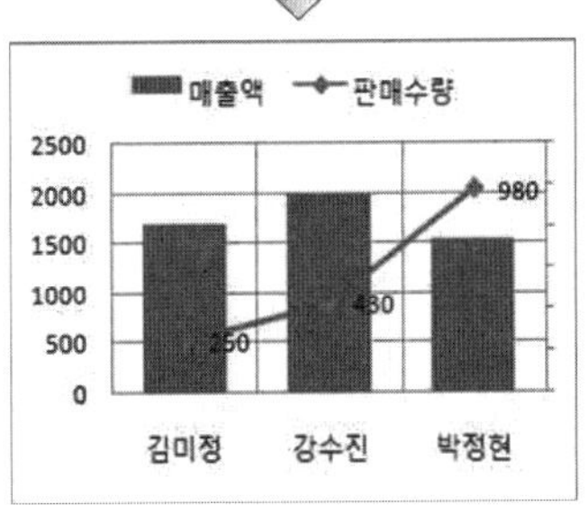

① 기본 가로 눈금선으로 보조 눈금선을 표시하였다.
② 보조 세로 (값) 축의 주 눈금을 '500'으로 설정하였다.
③ 매출액 계열을 보조 축으로 설정하였다.
④ 보조 세로 (값) 축의 축 레이블을 '없음'으로 설정하였다.

이중으로 값 축을 나타낸 이중 축 차트로 판매수량 계열을 선택한 다음 [데이터 계열 서식] 대화 상자의 [계열 옵션]에서 [데이터 계열 지정]의 '보조 축'을 설정하고 보조 세로 (값) 축의 축 레이블을 '없음'으로 설정함

28 **다음 중 아래의 차트에 표시되지 않은 차트의 구성 요소는?**

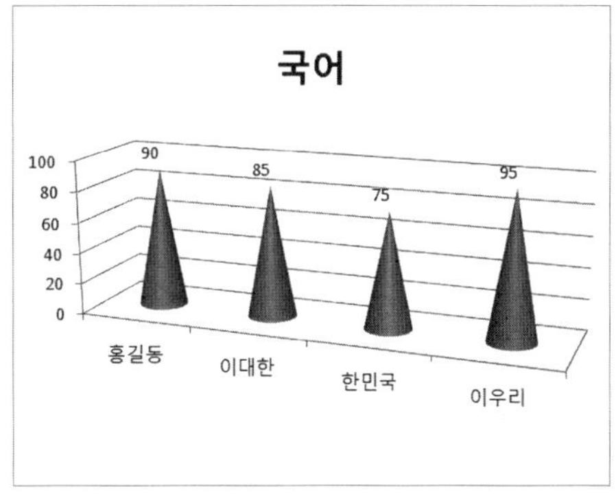

① 데이터 레이블
② 데이터 계열
③ 데이터 표
④ 눈금선

데이터 테이블 : 차트 작성 시 사용된 원본 데이터를 표 형태로 아래에 표시함

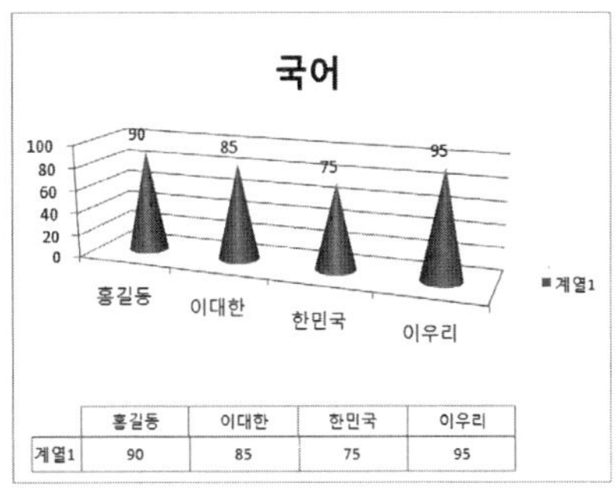

	홍길동	이대한	한민국	이우리
계열1	90	85	75	95

오답 피하기

- 데이터 레이블 : 그려진 막대나 선이 나타내는 표식에 대한 데이터 요소 또는 값을 의미
- 데이터 계열 : 차트로 나타낼 값을 가진 항목들을 의미
- 눈금선 : 가로(항목) 축과 세로(값) 축의 눈금을 그림 영역 부분에 표시

29 **다음 중 [인쇄 미리 보기] 화면에서 설정할 수 없는 기능은?**

① 상하좌우의 여백 조정
② 머리글과 바닥글의 여백 조정
③ 셀의 행 높이 조정
④ 셀의 열 너비 조정

셀의 행 높이는 조정할 수 없음

ANSWER 26 ① 27 ④ 28 ③ 29 ③

상 중 하

30 다음 중 자동 필터 기능을 수행하는 바로 가기 키로 옳은 것은?

① Ctrl+1
② Ctrl+E
③ Ctrl+D
④ Ctrl+Shift+L

Ctrl+Shift+L : 자동 필터

오답 피하기

- Ctrl+1 : 셀 서식
- Ctrl+E : 빠른 채우기
- Ctrl+D : 위쪽 셀의 내용과 서식을 복사

상 중 하

31 다음 중 수식으로 계산된 결과 값은 알고 있지만 그 결과 값을 계산하기 위해 수식에 사용된 입력 값을 모를 경우 사용하는 기능으로 옳은 것은?

① 목표값 찾기
② 피벗 테이블
③ 시나리오
④ 정렬

오답 피하기

- 피벗 테이블 : 방대한 양의 자료를 빠르게 요약하여 보여 주는 대화형 테이블
- 시나리오 : 변경 요소가 많은 작업표에서 가상으로 수식이 참조하고 있는 셀의 값을 변화시켜 작업표의 결과를 예측하는 기능
- 정렬 : 목록의 데이터를 특정 필드의 크기 순서에 따라 재배열하는 기능

상 중 하

32 다음 중 입사일이 1989년 6월 3일인 직원의 오늘 현재까지의 근속 일수를 구하려고 할 때 가장 적당한 함수 사용법은?

① =TODAY()−DAY(1989, 6, 3)
② =TODAY()−DATE(1989, 6, 3)
③ =DATE(1989, 6, 3)−TODAY()
④ =DAY(1989, 6, 3)−TODAY()

- TODAY() : 현재 컴퓨터 시스템의 날짜만 반환함
- DATE(1989, 6, 3) : DATE(연, 월, 일)이므로 연도, 월, 일자 부분만 따로 추출함
- =TODAY()−DATE(1989, 6, 3) : 오늘 현재까지의 근속 일수를 구함

상 중 하

33 다음 중 부분합에서 사용할 수 있는 함수로 옳지 않은 것은?

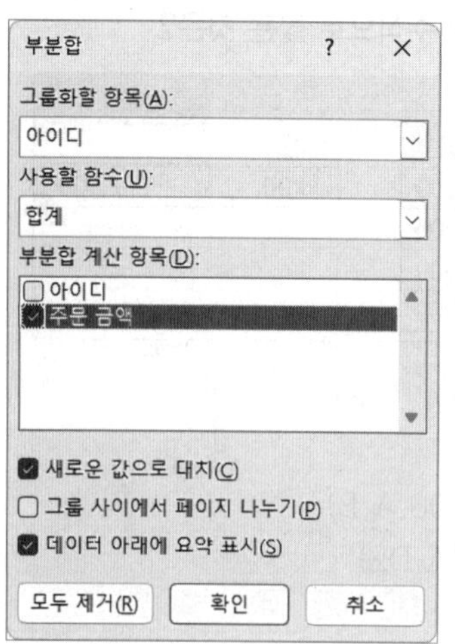

① 숫자 개수
② 분산
③ 표준 편차
④ 중위수

중위수는 중간값을 의미하며, 부분합에서는 지원되지 않음

상 중 하

34 다음 중 데이터 유효성 검사에서 유효성 조건의 제한 대상으로 '목록'을 설정하였을 때의 설명으로 옳지 않은 것은?

① 목록의 원본으로 정의된 이름의 범위를 사용하려면 등호(=)와 범위의 이름을 입력한다.
② 유효하지 않은 데이터를 입력할 때 표시할 메시지 창의 내용은 [오류 메시지] 탭에서 설정한다.
③ 드롭다운 목록의 너비는 데이터 유효성 설정이 있는 셀의 너비에 의해 결정된다.
④ 목록 값을 입력하여 원본을 설정하려면 값을 세미콜론(;)으로 구분하여 입력한다.

목록 값을 입력하여 원본을 설정하려면 값을 콤마(,)로 구분하여 입력함

ANSWER 30 ④ 31 ① 32 ② 33 ④ 34 ④

상 중 하

35 다음 중 메모에 대한 설명으로 옳지 않은 것은?

합격강의

① 셀에 입력된 데이터를 Delete로 삭제한 경우 메모도 함께 삭제된다.
② 메모에는 어떠한 문자나 숫자, 특수 문자도 입력 가능하며, 텍스트 서식도 지정할 수 있다.
③ 시트에 삽입된 모든 메모를 표시하려면 [검토] 탭의 [메모] 그룹에서 '메모 모두 표시'를 선택한다.
④ 통합 문서에 포함된 메모를 시트에 표시된 대로 인쇄하거나 시트 끝에 인쇄할 수 있다.

- 셀에 입력된 데이터를 삭제해도 메모가 삭제되지 않음
- 메모를 삭제하려면 [검토] 탭-[메모] 그룹-[삭제]를 선택하거나 바로 가기 메뉴에서 [메모 삭제]를 선택함

상 중 하

36 다음 중 여러 워크시트를 선택하여 그룹으로 설정한 경우에 대한 설명으로 옳지 않은 것은?

① 엑셀 창의 맨 위 제목 표시줄에 [그룹]이라고 표시된다.
② 그룹 상태에서 도형이나 차트 등의 그래픽 개체는 삽입되지 않는다.
③ 그룹으로 설정된 임의의 시트에서 입력하거나 편집한 데이터는 그룹으로 설정된 모든 시트에 반영된다.
④ 그룹 상태에서 여러 개의 시트에 정렬 및 필터 기능을 수행할 수 있다.

그룹 상태에서는 여러 개의 시트에 정렬 및 필터 기능을 수행할 수 없음

상 중 하

37 다음 중 매크로 기록 시 매크로 이름으로 사용 가능한 것은?

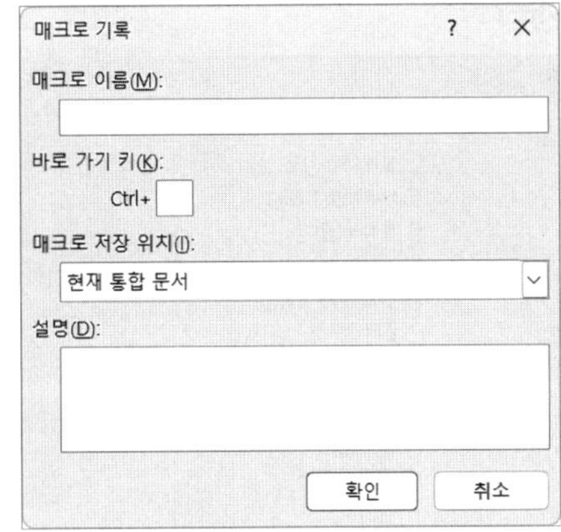

① #재고관리#
② 2022 인 사 관 리
③ project_1
④ 전반기&후반기

- 첫 글자는 반드시 문자이어야 하며 나머지는 문자, 숫자, 밑줄 등을 사용함
- 공백이나 #, @, $, %, & 등의 기호는 사용할 수 없음

상 중 하

38 아래 워크시트에서 강동 매장의 수량 합계를 구하여 [B8] 셀에 표시하는 함수식으로 옳은 것은?

합격강의

	A	B	C	D
1	품목명	매장명	단가	수량
2	투피스	강동	20000	40
3	원피스	강북	19800	100
4	셔츠	강동	8000	240
5	스커트	강북	14000	160
6				
7	매장명	강동매장의 수량합계		
8	강동			

① =DSUM(A2:D5,4,A7:A8)
② =DSUM(A1:D5,4,A7:A8)
③ =DSUM(D1:D5,3,A7:A8)
④ =SUM(A1:D5,A7:A8,4)

- =DSUM(A1:D5,4,A7:A8) : 강동 매장의 수량 합계를 구함
- 형식 : DSUM(데이터베이스 범위, 필드, 조건 범위)
- 데이터베이스 범위 : A1:D5
- 필드 : 4이므로 4열 즉, 수량
- 조건 범위 : A7:A8

ANSWER 35 ① 36 ④ 37 ③ 38 ②

상 중 하

39 **다음 중 [선택하여 붙여넣기] 대화 상자에 대한 설명으로 옳지 않은 것은?**

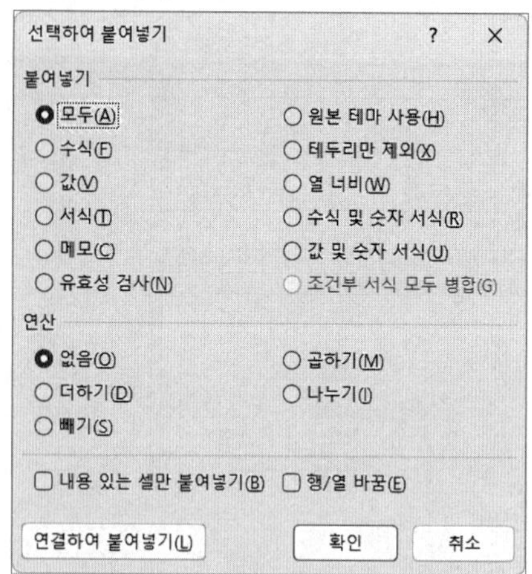

① 복사한 데이터를 여러 가지 옵션을 적용하여 붙여넣는 기능으로, [잘라내기]를 실행한 상태에서는 사용할 수 없다.

② [붙여넣기]의 '서식'을 선택한 경우 복사한 셀의 내용과 서식을 함께 붙여넣는다.

③ [내용 있는 셀만 붙여넣기]를 선택하면 복사할 영역에 빈셀이 있는 경우 붙여 넣을 영역의 값을 바꾸지 않는다.

④ [행/열 바꿈]을 선택한 경우 복사한 데이터의 열을 행으로, 행을 열로 변경하여 붙여넣기가 실행된다.

[붙여넣기]의 '서식'을 선택한 경우 복사한 셀의 서식만 복사하여 붙여넣음

상 중 하

40 **다음 중 피벗 테이블에 대한 설명으로 옳지 않은 것은?**

① 예상 값을 계산하는 데 유용하다.

② 원본 데이터가 변경되어도 피벗 테이블은 자동으로 변경되지 않는다.

③ 합계, 평균, 최대값, 최소값을 구할 수 있다.

④ 원본 데이터 목록의 행이나 열의 위치를 변경하여 다양한 형태로 표시할 수 있다.

예상 값은 시나리오로 작성함

ANSWER 39 ② 40 ①

해설과 함께 보는 2021년 상시 기출문제 02회

2급	소요시간	문항수
	총40분	총40개

풀이 시간 : ____________ 채점 점수 : ____________

1과목 컴퓨터 일반

상 중 하

01 다음 중 ROM과 RAM에 대한 설명으로 옳지 않은 것은?

① ROM은 글꼴 등의 펌웨어를 저장하는 데 사용한다.
② EEPROM은 기록된 내용을 전기를 이용하여 소거하는 방식이다.
③ RAM은 오직 읽기만 가능하며 휘발성 기억 장치이다.
④ SRAM은 캐시 메모리에 이용된다.

RAM은 읽기/쓰기가 가능한 휘발성 기억 장치임

오답 피하기

ROM : 오직 읽기만 가능한 비휘발성 기억 장치

상 중 하

02 다음 중 [설정]-[네트워크 및 인터넷]에서 가능한 작업으로 옳지 않은 것은?

① 비행기 모드 설정 ② 프록시 설정
③ 네트워크 상태 확인 ④ Windows 보안 설정

Windows 보안 설정은 [설정]-[업데이트 및 보안]-[Windows 보안]에서 설정 가능함

상 중 하

03 다음 〈보기〉에서 설명하는 코드는?

〈보기〉

> 가. 7비트로 구성되어 있으나 실제 사용은 패리티 체크 비트를 포함한 8비트로 사용한다.
> 나. 데이터 통신을 고려한 코드이다.
> 다. 128개의 문자를 표현할 수 있다.

① 유니코드 ② ASCII
③ BCD ④ EBCDIC

오답 피하기

- 유니코드 : 2바이트 코드로 세계 각 나라의 언어를 표현할 수 있는 국제 표준 코드
- BCD : 6비트로 64가지의 문자 표현이 가능하나 영문자의 대소문자를 구별하지 못함
- EBCDIC : 8비트로 256가지의 표현이 가능하며 대형 컴퓨터에서 사용되는 범용 코드

상 중 하

04 다음 중 한글 Windows의 백업 작업에 대한 설명으로 옳지 않은 것은?

합격 강의

① 백업은 불의의 사고로 인한 하드디스크의 내용 상실에 대비하여 기타 외부 저장 장치 등에 저장시켜 놓는 작업을 말한다.
② 백업의 URI 스키마는 'ms-settings:backup'이다.
③ 이전 버전의 Windows에서 백업 및 복원을 사용하여 파일을 백업한 경우 Windows 10에서는 이전 백업을 계속 사용할 수 없다.
④ 파일을 백업할 위치는 클라우드 및 네트워크, 외부 저장 장치 중에서 선택할 수 있다.

이전 버전의 Windows에서 백업 및 복원을 사용하여 파일을 백업하거나 시스템 이미지 백업을 만든 경우 Windows 10에서도 이전 백업을 계속 사용할 수 있음

상 중 하

05 다음 중 정보를 가장 적절한 통신 통로를 이용하여 다른 통신망으로 전송하는 장치는?

① 채널 ② 스위칭 허브
③ 라우터 ④ 브리지

오답 피하기

- 채널 : CPU의 처리 효율을 높이고 데이터의 입출력을 빠르게 할 수 있게 만든 입출력 전용 처리기
- 스위칭 허브 : 여러 대의 컴퓨터를 연결하는 장치로, 더미 허브(Dummy Hub)와는 달리 노드가 늘어나도 속도에는 변화가 없음
- 브리지 : 독립된 두 개의 근거리 통신망(LAN)을 연결하는 접속 장치

상 중 하

06 다음 중 한글 Windows의 특징으로 옳지 않은 것은?

① 비선점형 멀티태스킹이 지원된다.
② 에어로 피크와 에어로 스냅, 에어로 쉐이크 기능이 지원된다.
③ 64비트를 지원하므로 데이터의 처리 속도가 빠르다.
④ PnP와 핫 스왑을 지원한다.

선점형 멀티태스킹이 지원됨

ANSWER 01 ③ 02 ④ 03 ② 04 ③ 05 ③ 06 ①

상 중 하

07 다음 〈보기〉는 고급 언어의 언어 번역 과정이다. 괄호 안에 들어갈 단계로 알맞은 것은?

합격강의

〈보기〉

원시 프로그램 → 번역 → (　　　　　　) → 로드 모듈 → 실행

① 컴파일러　　② 목적 프로그램
③ 로더　　④ 인터프리터

목적 프로그램 : 언어 번역 프로그램에 의해 기계어로 번역된 상태의 프로그램

오답 피하기

- 컴파일러 : 고급 언어를 기계어로 번역하는 프로그램
- 로더 : 로드 모듈 프로그램을 주기억 장치 내로 옮겨서 실행해 주는 소프트웨어
- 인터프리터 : 대화식 언어로 작성된 프로그램을 필요할 때마다 매번 기계어로 번역하여 실행하는 프로그램

상 중 하

08 다음 중 사물에 전자 태그를 부착하고 무선 통신을 이용하여 사물의 정보 및 주변 상황 정보를 감지하는 센서 기술로 옳은 것은?

① 텔레매틱스 서비스
② DMB 서비스
③ W-CDMA 서비스
④ RFID 서비스

RFID(Radio Frequency IDentification) 서비스 : 모든 사물에 센싱, 컴퓨터 및 통신 기능을 탑재하여 언제 어디서나 정보를 처리 및 제공할 수 있도록 지원하는 유비쿼터스 서비스(비접촉 ID 시스템)

오답 피하기

- 텔레매틱스 서비스 : 통신망을 통해 확보된 위치 정보를 기반으로 교통 안내, 긴급 구난, 물류 정보 등을 제공하는 이동형 정보 활용 서비스
- DMB 서비스 : 고속 이동 시청, 초고화질 방송 등 기존 방송의 한계를 극복하고 통신망과 연계되어 있는 차세대 멀티미디어 서비스
- W-CDMA 서비스 : 광대역의 디지털 이동 통신 시스템 방식으로 코드를 분할하여 다중 접속하는 기법

상 중 하

09 다음 중 한글 Windows에서 [작업 표시줄]의 바로 가기 메뉴에 있는 [도구 모음]에서 선택할 수 있는 항목으로 옳지 않은 것은?

합격강의

① 바탕 화면　　② 링크
③ 주소　　④ 알림 영역

[작업 표시줄]의 바로 가기 메뉴에 있는 [도구 모음]에는 주소, 링크, 바탕 화면, 새 도구 모음 등이 있음

상 중 하

10 다음 중 인터넷에서 사용하는 주소에 관한 설명으로 옳지 않은 것은?

합격강의

① IPv4는 32비트 주소 체계로 8비트씩 4부분으로 나누고 각 부분을 점(.)으로 구분한다.
② IPv6은 128비트 주소 체계로 16비트씩 8부분으로 나누며 각 부분을 세미콜론(;)으로 구분한다.
③ 도메인 네임(Domain Name)은 숫자로 된 IP 주소를 사람이 이해하기 쉬운 문자 형태로 표현한 것이다.
④ 도메인 네임과 IP 주소는 전 세계에서 중복되지 않은 고유한 주소로 사용된다.

IPv6은 128비트 주소 체계로 16비트씩 8부분으로 나누며 각 부분을 콜론(:)으로 구분함

상 중 하

11 다음 중 한글 Windows에서 네트워크상에 공유된 프린터에 관한 설명으로 옳지 않은 것은?

합격강의

① 공유된 프린터와 연결된 컴퓨터는 항상 켜져 있어야 네트워크상의 다른 컴퓨터에서 사용할 수 있다.
② 프린터가 USB(범용 직렬 버스) 모델인 경우에는 연결하면 Windows에서 자동으로 검색하지 못한다.
③ 프린터의 공유를 원하면 [장치 및 프린터]를 클릭 공유할 프린터를 마우스 오른쪽 단추로 클릭한 다음 [프린터 속성]을 클릭, [공유] 탭을 클릭하고 이 프린터 공유 확인란을 선택한다.
④ 한 대의 컴퓨터에 동일한 네트워크에 존재하는 공유된 프린터를 여러 대 설정할 수 있다.

프린터가 USB(범용 직렬 버스) 모델인 경우에는 연결하면 Windows에서 자동으로 검색하고 설치를 시작함

상 중 하

12 다음 〈보기〉에서 객체 지향 언어의 특징으로만 옳게 짝지어진 것은?

〈보기〉

가. 캡슐화	나. 상속성	다. 다형성	라. 그룹화

① 가　　② 가, 나
③ 가, 나, 다　　④ 가, 나, 다, 라

객체 지향 언어의 특징 : 추상화, 캡슐화, 계층성, 모듈성, 다형성, 정보 은폐, 상속성, 재사용성 등

ANSWER 07 ② 08 ④ 09 ④ 10 ② 11 ② 12 ③

상중하

13 다음 중 [폴더 옵션]에서 설정할 수 있는 작업으로 옳지 않은 것은?

① 같은 창에서 폴더 열기 및 새 창에서 폴더 열기를 설정할 수 있다.
② 항목을 한 번 클릭해서 열기로 설정할 수 있다.
③ 즐겨찾기에서 최근에 사용된 파일을 삭제할 수 있다.
④ 파일 탐색기의 기록 지우기를 할 수 있다.

즐겨찾기에서 최근에 사용된 파일 및 폴더를 표시할 수는 있으나 삭제할 수는 없음

상중하

14 다음 중 멀티미디어가 발전할 수 있었던 기술에 관한 설명으로 옳지 않은 것은?

① 저장 장치의 기술 발전으로 대량의 멀티미디어 데이터를 저장할 수 있다.
② 멀티미디어 데이터의 아날로그화 기술을 통하여 처리 속도를 향상할 수 있다.
③ 압축 기술의 발전으로 대량의 멀티미디어 데이터를 효율적으로 저장할 수 있다.
④ 인터넷 기술의 발전으로 대용량의 멀티미디어 정보를 통신망을 통해 전송할 수 있다.

멀티미디어 데이터는 디지털화 기술을 통하여 처리 속도를 향상할 수 있음

상중하

15 다음 중 수신인이 원하지 않는 메시지나 정보를 일방적으로 보내는 것은?

① 스팸　　② 바이러스
③ 백신　　④ 리스트

스팸(Spam) : 수신자와 관계없이 일방적으로 전달되는 광고성 전자우편

상중하

16 다음 중 PnP 기능에 대한 설명으로 옳은 것은?

① 파일을 전송하는 프로토콜이다.
② 하나의 CPU로 여러 개의 프로그램을 동시에 처리하는 기법이다.
③ 인터넷상에서 개인끼리 파일을 공유하는 기술이나 행위를 의미한다.
④ 새로운 하드웨어를 장착하고 시스템을 가동하면 자동으로 하드웨어를 인식하고 실행하는 기능이다.

오답 피하기

① : FTP, ② : 다중 프로그래밍, ③ : P2P

상중하

17 다음 중 CPU가 프로그램의 명령어를 수행하는 중에 산술 및 논리 연산의 결과를 일시적으로 저장하는 레지스터로 옳은 것은?

① 주소 레지스터(MAR)
② 누산기(AC)
③ 명령어 레지스터(IR)
④ 프로그램 카운터(PC)

누산기(AC) : 연산 장치의 핵심적 레지스터로, 중간 계산된 결과 값을 일시적으로 기억

오답 피하기

- 주소 레지스터(MAR) : 주소를 기억하는 레지스터
- 명령어 레지스터(IR) : 현재 수행 중인 명령어를 보관
- 프로그램 카운터(PC) : 다음에 수행할 명령어의 메모리 번지를 보관

상중하

18 다음 중 컴퓨터에서 사용하는 일반 하드디스크에 비하여 속도가 빠르고 기계적 지연이나 에러의 확률 및 발열 소음이 적으며, 소형화, 경량화할 수 있는 하드디스크 대체 저장 장치로 옳은 것은?

① DVD　　② HDD
③ SSD　　④ ZIP

SSD(Solid State Drive) : 기존 HDD에서 발생하는 기계적 소음이 없고(무소음) 소비 전력이 저전력이고, 고효율의 속도를 보장해주는 차세대 보조 기억 장치

상중하

19 다음 중 한글 Windows에서 사용하는 바로 가기 키로 옳지 않은 것은?

① ⊞+V : [접근성 센터] 열기
② ⊞+E : [파일 탐색기] 열기
③ ⊞+R : [실행] 대화 상자 열기
④ ⊞+F1 : [도움말] 열기

⊞+V : [클립 보드] 열기

오답 피하기

[접근성 센터] 열기 : ⊞+U

ANSWER 13 ③ 14 ② 15 ① 16 ④ 17 ② 18 ③ 19 ①

상 중 하

20 다음 중 한 이미지가 다른 이미지로 변형되어 가는 과정을 뜻하는 그래픽 기법으로 특히 영화 산업에서 주로 사용되는 특수 효과는?

① 로토스코핑
② 셀 애니메이션
③ 모핑
④ 입자 시스템

모핑(Morphing) : 사물의 형상을 다른 모습으로 서서히 변화시키는 기법으로 영화의 특수 효과에서 많이 사용함

2과목 스프레드시트 일반

상 중 하

21 다음 워크시트에서 [A] 열의 사원코드 중 첫 문자가 A이면 50, B이면 40, C이면 30의 기말수당을 지급하고자 할 때 수식으로 옳은 것은?

합격 강의

	A	B	C
1	사원코드	기말수당	
2	A101	50	
3	B101	40	
4	C101	30	
5	*수당단위는 천원임		
6			

① =IF(LEFT(A2,1)="A",50,IF(LEFT(A2,1)="B",40,30))
② =IF(RIGHT(A2,1)="A",50,IF(RIGHT(A2,1)="B",40,30))
③ =IF(LEFT(A2,1)='A',50,IF(LEFT(A2,1)='B',40,30))
④ =IF(RIGHT(A2,1)='A',50,IF(RIGHT(A2,1)='B',40,30))

- =IF(조건, 참, 거짓) : 조건이 참이면 값1, 거짓이면 값2가 추출되는 함수
- LEFT : 왼쪽에서 텍스트 추출하는 함수
- RIGHT : 오른쪽에서 텍스트 추출하는 함수
- =IF(LEFT(A2,1)="A",50,IF(LEFT(A2,1)="B",40,30)) : [A2] 셀의 텍스트 데이터 "A101"의 왼쪽에서 1자리를 추출하여 "A"와 같으면 50, "B"이면 40, 아니면 30을 결과로 나타냄

상 중 하

22 다음의 〈보기〉에서 설명하는 차트의 종류로 옳은 것은?

〈보기〉

> 가. 가로 축의 값이 일정한 간격이 아닌 경우
> 나. 가로 축의 데이터 요소 수가 많은 경우
> 다. 데이터 요소 간의 차이점보다는 데이터 집합 간의 유사점을 표시하려는 경우

① 주식형 차트
② 분산형 차트
③ 영역형 차트
④ 방사형 차트

분산형 차트
- 데이터의 불규칙한 간격이나 묶음을 보여 주는 것으로 주로 과학, 공학용 데이터 분석에 사용함
- 3차원 차트로 작성할 수 없음
- 데이터 요소 간의 차이점보다는 큰 데이터 집합 간의 유사점을 표시하려는 경우에 사용됨

오답 피하기
- 주식형 차트 : 주가 변동을 나타내는 데 사용함(과학 데이터도 사용 가능)
- 영역형 차트 : 시간의 흐름에 대한 변동의 크기를 강조하여 표시, 합계 값을 추세와 함께 분석할 때 사용함
- 방사형 차트 : 여러 열이나 행에 있는 데이터를 차트로 표시, 여러 데이터 계열의 집계 값을 비교함

상 중 하

23 다음 중 피벗 테이블에 대한 설명으로 옳지 않은 것은?

① 피벗 차트 보고서는 피벗 테이블 보고서를 만들지 않고는 만들 수 없으며, 피벗 테이블과 피벗 차트를 함께 만든 후 피벗 테이블을 삭제하면 피벗 차트는 일반 차트로 변경된다.
② 피벗 테이블 보고서에서 필드 단추를 다른 열이나 행의 위치로 끌어다 놓으면 데이터 표시 형식이 달라진다.
③ 피벗 테이블 보고서는 엑셀에서 작성된 데이터를 대상으로 새로운 대화형 테이블을 만드는 데 사용하며 외부 액세스 데이터베이스에서 만들어진 데이터는 호환되지 않으므로 사용할 수 없다.
④ 피벗 테이블 보고서를 이용하면 가장 유용하고 관심이 있는 하위 데이터 집합에 대해 필터, 정렬, 그룹 및 조건부 서식을 적용하여 원하는 정보만 강조할 수 있다.

외부 액세스 데이터베이스에서 만들어진 데이터도 호환 가능함

ANSWER 20 ③ 21 ① 22 ② 23 ③

상 중 하

24 다음 중 메모에 대한 설명으로 옳지 않은 것은?

① 통합 문서에 포함된 메모를 시트에 표시된 대로 인쇄하거나 시트 끝에 인쇄할 수 있다.
② 셀에 입력된 데이터를 지우면 메모도 자동으로 삭제된다.
③ 모든 메모를 표시하려면 [검토] 탭의 [메모] 그룹에서 '메모 모두 표시'를 클릭한다.
④ 메모에는 어떠한 문자나 숫자, 특수 문자도 지정하여 표현할 수 있다.

- 메모 입력 : Shift+F2
- 메모는 셀에 입력된 데이터를 지울 경우 자동으로 삭제되지 않음
- [검토]-[메모]-[삭제]에서 삭제할 수 있음
- [홈]-[편집]-[지우기]-[메모 지우기]에서도 삭제할 수 있음

상 중 하

25 다음 중 매크로와 관련된 바로 가기 키에 대한 설명으로 옳지 않은 것은?

① Alt+M을 누르면 [매크로 기록] 대화 상자가 표시되어 매크로를 기록할 수 있다.
② Alt+F11을 누르면 Visual Basic Editor가 실행되며, 매크로를 수정할 수 있다.
③ Alt+F8을 누르면 [매크로] 대화 상자가 표시되어 매크로 목록에서 매크로를 선택하여 실행할 수 있다.
④ 매크로 기록 시 Ctrl과 영문 문자를 조합하여 해당 매크로의 바로 가기 키를 지정할 수 있다.

Alt+M을 누르면 [수식] 탭이 선택됨

상 중 하

26 다음 중 워크시트에 대한 설명으로 옳지 않은 것은?

① 새 통합 문서의 시트 개수는 [Excel 옵션]-[일반]-[새 통합 문서 만들기]에서 정의할 수 있다.
② 행과 열이 만나는 지점을 셀이라 한다.
③ 통합 문서 내의 워크시트를 모두 숨기기를 할 수 있다.
④ 여러 워크시트에 동시에 같은 자료를 입력할 수 있다.

통합 문서에는 화면에 보이는 시트가 적어도 한 개는 있어야 함

상 중 하

27 다음 차트는 기대수명 20년에 대한 예측을 표시한 것이다. 이때 사용한 기능으로 옳은 것은?

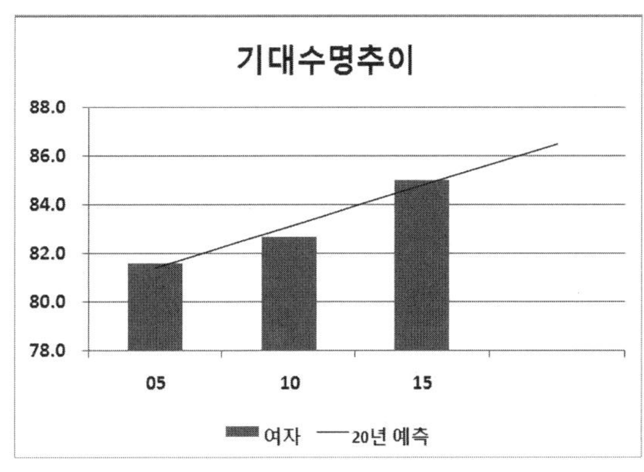

① 자동 합계　　② 추세선
③ 오차 막대　　④ 평균 구하기

- 추세선은 계열의 추세에 대한 예측 가능한 흐름을 표시한 것
- 추세선의 종류에는 지수, 선형, 로그, 다항식, 거듭제곱, 이동 평균 등 6가지 종류로 구성됨
- 방사형, 원형, 도넛형 차트에는 추세선을 사용할 수 없음
- 하나의 데이터 계열에 두 개 이상의 추세선을 동시에 사용할 수 있음

상 중 하

28 아래 시트에서 할인율을 변경하여 "판매가격"의 목표값을 150000으로 변경하려고 할 때, [목표값 찾기] 대화 상자의 수식 셀에 입력할 값으로 옳은 것은?

합격 강의

	A	B	C	D	E
1					
2	할인율	10%			
3	품명	단가	수량	판매가격	
4	박스	1,000	200	180,000	

목표값 찾기 ? ×
수식 셀(E):
찾는 값(V): 150000
값을 바꿀 셀(C):
확인　취소

① D4　　② C4
③ B2　　④ B4

수식 셀은 단가와 수량의 곱에 할인율이 적용된 판매가격이므로 [D4] 셀이 수식 셀에 입력되어야 됨

ANSWER 24 ② 25 ① 26 ③ 27 ② 28 ①

상 중 하

29 아래 시트를 이용하여 차트를 작성할 때 데이터를 제대로 표현할 수 없는 차트는 어느 것인가?

	A	B	C	D	E	F
1	분기	강남	강동	강서	강북	
2	1사분기	1,340	2,000	1,900	2,040	
3	2사분기	2,100	3,200	2,400	1,500	
4	3사분기	2,300	2,790	2,500	2,300	
5	4사분기	2,000	2,800	2,100	3,200	
6						

① 세로 막대 그래프
② 꺾은선형 그래프
③ 원형 차트
④ 도넛형 차트

원형 차트는 한 열이나 행에 있는 데이터만 차트로 작성하므로 분기별 지점 모두를 표현하기에 부적합함

상 중 하

30 다음 중 셀이나 수식 입력줄에서 셀의 내용을 편집하기 위하여 편집 모드로 전환하는 과정으로 옳지 않은 것은?

① 편집하려는 데이터가 들어 있는 셀을 클릭하고 F5를 누른다.
② 편집하려는 데이터가 들어 있는 셀을 클릭하고 F2를 누른다.
③ 편집하려는 데이터가 들어 있는 셀을 두 번 클릭한다.
④ 편집하려는 데이터가 들어 있는 셀을 클릭하고 수식 입력줄을 클릭한다.

F5를 누르면 [이동] 대화 상자가 열림

상 중 하

31 다음 중 수식의 결과 값이 옳지 않은 것은?

합격강의

① =RIGHT("Computer",5) → puter
② =EVEN(−3) → −4
③ =TRUNC(5.96) → 5
④ =AND(6〈5, 7〉5) → TRUE

=AND(6〈5, 7〉5) → FALSE : AND 함수는 두 조건이 모두 만족할 때만 TRUE가 됨

오답 피하기

- =RIGHT("Computer",5) → puter : 오른쪽에서 5개를 추출
- =EVEN(−3) → −4 : 음수이므로 내림 짝수를 구함
- =TRUNC(5.96) → 5 : =TRUNC(수1, 수2) : 수1을 무조건 내림하여 수2만큼 반환함. 수2 생략 시 0으로 처리되므로 5가 됨

상 중 하

32 다음 중 하이퍼링크를 삽입할 때 연결 대상이 될 수 없는 것은?

① 매크로 바로 가기 키
② 인터넷 웹페이지 주소
③ 현재 통합 문서 시트의 특정 셀 위치
④ 전자 메일 주소

- 하이퍼링크(HyperLink) : 문서에서 클릭했을 때 다른 페이지나 파일을 열도록 연결되는 링크
- 연결 대상은 다른 웹 페이지, 그림, 전자 메일 주소, 프로그램 등이 연결 대상이 됨
- 하이퍼링크 자체는 텍스트나 그림일 수 있음

상 중 하

33 [페이지 설정] 대화 상자의 [시트] 탭에서 '반복할 행'에 [$4:$4]을 지정하고 워크시트 문서를 출력하였다. 다음 중 출력 결과에 대한 설명으로 옳은 것은?

합격강의

① 첫 페이지만 1행부터 4행의 내용이 반복되어 인쇄된다.
② 모든 페이지에 4행과 4열의 내용이 반복되어 인쇄된다.
③ 모든 페이지에 4열의 내용이 반복되어 인쇄된다.
④ 모든 페이지에 4행의 내용이 반복되어 인쇄된다.

[시트] 탭에서 '반복할 행'에 [$4:$4]을 지정한 경우 모든 페이지에 4행의 내용이 반복되어 인쇄됨

상 중 하

34 다음 중 엑셀에서 정렬 기준으로 사용할 수 없는 것은?

① 셀 색　② 조건부 서식 아이콘
③ 글꼴 색　④ 글꼴 크기

정렬 기준 : 셀 값, 셀 색, 글꼴 색, 조건부 서식 아이콘 등

상 중 하

35 다음 중 수식의 결과 값이 다른 것은?

① ="20" − "10"　② =20 − 10
③ ="12/20" − "12/10"　④ =12/20 − 12/10

= 12/20 − 12/10 → −0.6 : 12/20=0.6, 12/10=1.2이므로 0.6−1.2=−0.6이 결과가 됨

오답 피하기

- ="20" − "10" → 10 : 20−10의 결과와 같음
- =20 − 10 → 10
- ="12/20" − "12/10" → 10 : 날짜 12월 20일에서 12월 10일까지의 빼기 결과가 10이 됨

ANSWER 29 ③ 30 ① 31 ④ 32 ① 33 ④ 34 ④ 35 ④

상 중 하

36 **아래 시트에서 [C1] 셀에 수식 =A1+B1+C1을 입력할 경우 발생하는 오류에 대한 설명으로 옳은 것은?**

	A	B	C
1	0	100	
2			

① #DIV/0! 오류
② #NUM! 오류
③ #REF! 오류
④ 순환 참조 경고

순환 참조 : 수식에서 직접 또는 간접적으로 자체 셀을 참조하는 경우를 순환 참조라 함

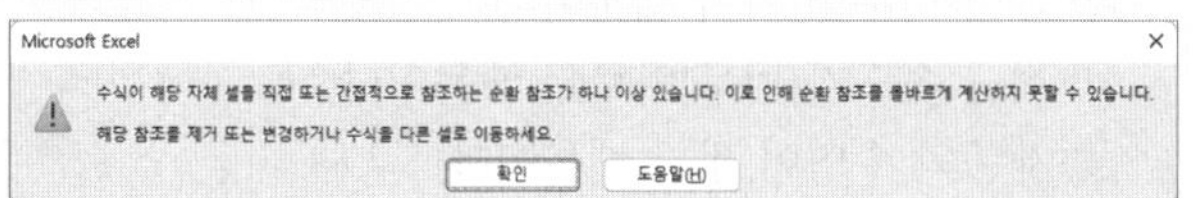

상 중 하

37 **다음 중 아래 시트에서 [A1] 셀을 선택하고 채우기 핸들을 [A4] 셀까지 드래그했을 때 [A4] 셀에 입력되는 값은?**

합격 강의

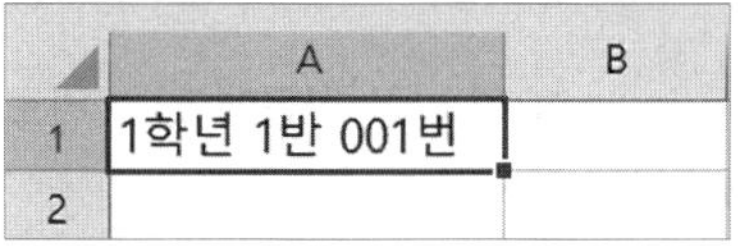

① 1학년 1반 001번
② 1학년 1반 004번
③ 1학년 4반 001번
④ 4학년 4반 004번

1학년 1반은 복사되며 마지막의 001번이 1씩 증가함

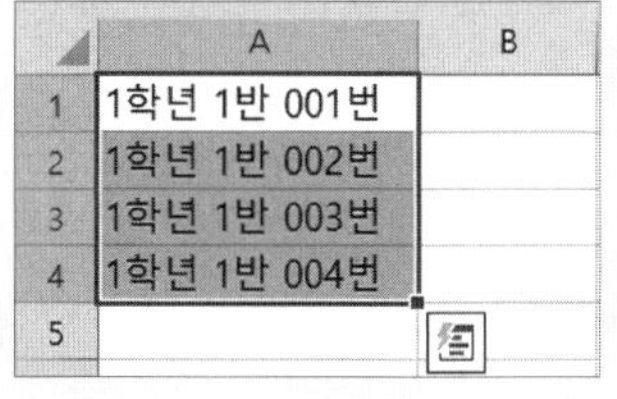

상 중 하

38 **다음 중 3을 넣으면 화면에 3000이 입력되는 것처럼 일정한 소수점의 위치를 지정하여 입력을 빠르게 하기 위한 방법으로 옳은 것은?**

합격 강의

① [Excel 옵션]-[수식]-[데이터 범위의 서식과 수식을 확장]에서 소수점의 위치를 지정한다.
② [Excel 옵션]-[고급]-[셀 내용 자동 완성]에서 소수점의 위치를 지정한다.
③ [Excel 옵션]-[편집]-[셀에서 직접 편집]에서 소수점의 위치를 지정한다.
④ [Excel 옵션]-[고급]-[소수점 자동 삽입]에서 소수점의 위치를 지정한다.

[Excel 옵션]-[고급]-[소수점 자동 삽입]에서 소수점의 위치를 −3으로 지정함

상 중 하

39 **다음 중 '2학년 2반' 파일의 '기말고사' 시트에서 [A5] 셀을 참조하고자 하는 표현으로 옳은 것은?**

① =2학년 2반.XLSX.기말고사!A5
② ='〈2학년 2반.XLSX〉기말고사'!A5
③ ='[2학년 2반.XLSX]기말고사'!A5
④ =(2학년 2반.XLSX.기말고사)!A5

- 통합 문서의 이름을 대괄호([ ])로 둘러싸고, 워크시트 이름과 셀 주소를 입력함
- 워크시트 이름과 셀 주소 사이는 느낌표(!)로 구분하며, 워크시트 이름에 공백이 있을 경우 작은 따옴표('')로 묶음 → ='[2학년 2반.XLSX]기말고사'!A5

상 중 하

40 **다음 중 부분합에 대한 설명으로 옳지 않은 것은?**

① 부분합은 SUBTOTAL 함수를 사용하여 합계나 평균 등의 요약 값을 계산한다.
② 첫 행에는 열 이름표가 있어야 하며, 데이터는 그룹화할 항목을 기준으로 정렬되어 있어야 한다.
③ 항목 및 하위 항목별로 데이터를 요약하며, 사용자 지정 계산과 수식을 만들 수 있다.
④ 부분합을 제거하면 부분합과 함께 표에 삽입된 개요 및 페이지 나누기도 제거된다.

사용자 지정 계산과 수식을 만들 수 없음

ANSWER 36 ④ 37 ② 38 ④ 39 ③ 40 ③

합격 강의

해설과 함께 보는 2021년 상시 기출문제 03회

2급	소요시간	문항수
	총40분	총40개

풀이 시간 : ____________ 채점 점수 : ____________

1과목 컴퓨터 일반

상 중 하

01 다음 〈보기〉 중 [작업 표시줄]의 바로 가기 메뉴에서 실행 가능한 작업으로 옳지 않은 것은?

합격 강의

〈보기〉

가. 바탕 화면 보기	나. 검색 상자 표시
다. 파일 탐색기 보기	라. 작업 보기 단추 표시

① 가　② 나
③ 다　④ 라

[작업 표시줄]의 바로 가기 메뉴 : 도구 모음, 검색(숨김, 검색 아이콘 표시, 검색 상자 표시), 뉴스 및 관심사, 작업 보기 단추 표시, 계단식 창 배열, 창 가로 정렬 보기, 창 세로 정렬 보기, 바탕 화면 보기, 작업 관리자, 작업 표시줄 잠금, 작업 표시줄 설정 등의 작업이 가능함

상 중 하

02 다음 중 하이퍼링크(Hyperlink)에 대한 설명으로 올바른 것은?

① 특정 데이터베이스 등을 키워드로 고속 검색하는 환경을 제공하는 서비스를 의미한다.
② 인터넷에 있는 정보를 계층적 또는 메뉴 방식으로 찾아주는 서비스를 의미한다.
③ Windows에서 사용하는 환경 설정 및 각종 시스템과 관련된 정보가 저장된 계층 구조식 데이터베이스이다.
④ 웹상에서 정보를 효과적으로 나타내기 위해 문서와 문서를 연결하여 관련된 정보를 쉽게 찾아 볼 수 있도록 하는 기능이다.

오답 피하기

① : 웨이즈(WAIS), ② : 고퍼(Gopher), ③ : 레지스트리(Registry)

상 중 하

03 다음 중 컴퓨터의 주기억 장치로 사용하는 RAM을 보조 기억 장치로 사용할 수 없는 가장 근본적인 이유로 옳은 것은?

① 전원이 끊어지면 메모리에 기억된 내용이 지워지기 때문이다.
② 값이 너무 비싸기 때문이다.
③ 접근 속도가 너무 빠르기 때문이다.
④ 제품의 수명이 짧기 때문이다.

RAM(Random Access Memory)은 읽기/쓰기가 가능한 기억 장치로, 전원의 공급이 끊어지면 그 내용을 잃어버리는 휘발성 메모리이기 때문에 보조 기억 장치로는 부적합함

상 중 하

04 다음 중 한글 Windows 10의 바탕 화면에 있는 바로 가기 아이콘에 관한 설명으로 옳지 않은 것은?

합격 강의

① 바로 가기 아이콘의 이름을 F2를 이용하여 변경할 수 있다.
② 바로 가기 메뉴에서 [바로 가기 만들기]를 누르면 원래 이름 뒤에 '(2), (3)'처럼 숫자가 생성되어 나타난다.
③ 바로 가기 아이콘의 왼쪽 아래에는 화살표 모양의 그림이 표시된다.
④ 바로 가기 아이콘을 삭제하면 연결된 실제의 대상 파일도 삭제된다.

바로 가기 아이콘을 삭제한다고 해서 연결된 실제의 대상 파일이 삭제되는 것은 아님

ANSWER 01 ③ 02 ④ 03 ① 04 ④

상중하

05 다음 중 바이오스(BIOS)에 대한 설명으로 옳지 않은 것은?

① 주변 장치와 운영체제 간의 데이터 흐름을 관리하는 프로그램이다.
② 펌웨어(Firmware)라고도 부른다.
③ PC의 전원을 켜면 POST라는 자체 진단 프로그램이 시스템을 점검하고 구성하며, 주변 장치들을 초기화한다.
④ CPU, 메모리, 그래픽 카드 등 각종 외부 기기 컨트롤러 등을 장착할 수 있는 주기판이다.

바이오스(BIOS : Basic Input Output System) : 컴퓨터의 기본 입출력 시스템이며 부팅(Booting)과 운영에 대한 기본적인 정보가 들어 있음

오답 피하기

④ : 메인보드(Mainboard)

상중하

06 다음 중 전자우편에 대한 설명으로 올바르지 않은 것은?

① 메일 계정이 있는 사용자 간에 편지를 주고받을 수 있는 서비스를 말한다.
② 메일을 주고받을 때는 송신자와 수신자가 동시에 인터넷에 연결되어 있어야만 가능하다.
③ 편지를 보낼 때 사용할 컴퓨터를 SMTP 서버라고 한다.
④ MIME은 멀티미디어 전자우편을 주고받기 위한 인터넷 메일 규약이다.

전자우편은 SMTP 서버로 메일을 보내고 수신된 메일은 POP 서버에 보관된 후 사용자가 메일을 받아보는 형식으로, 송신자와 수신자가 동시에 인터넷에 연결될 필요는 없음

상중하

07 한글 Windows에서 아래 그림과 같은 화면 보호기의 설정은 어디에서 하는가?

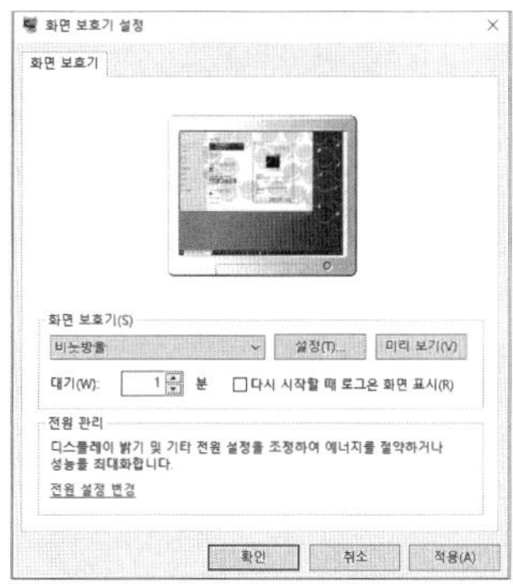

① 개인 설정　　② 개인 정보
③ 접근성　　④ 시스템

화면 보호기 설정은 [설정]-[개인 설정]-[잠금 화면]에서 설정할 수 있음

상중하

08 다음 중 〈보기〉에 있는 업무를 처리하기에 적합한 정보 처리 방식으로 옳은 것은?

합격강의

가. 연말 정산	나. 월급 계산
다. 전기 요금 및 수도세	라. 전화 요금

① 시분할 시스템
② 실시간 처리 시스템
③ 일괄 처리 시스템
④ 분산 처리 시스템

일괄 처리 시스템(Batch Processing System)

처리할 데이터를 일정한 분량이 될 때까지 모아서 한꺼번에 처리하는 시스템(예 연말 정산, 월급 계산, 전기 요금, 수도세, 전화 요금 등)

오답 피하기

- 시분할 시스템 : 다수의 이용자가 여러 개의 입출력 장치를 동시에 사용할 수 있는 방식
- 실시간 처리 시스템 : 발생된 자료를 바로 처리하는 시스템
- 분산 처리 시스템 : 각 지역별로 발생된 자료를 분산 처리하는 방식

상중하

09 다음 〈보기〉에서 데이터 보안 침해 형태와 저해 결과가 모두 올바르게 짝지어진 것은?

합격강의

〈보기〉

가. 가로막기	나. 가로채기	
다. 변조/수정	라. 위조	
ⓐ 정보의 무결성	ⓑ 정보의 기밀성	ⓒ 정보의 가용성

① 가-ⓐ, 나-ⓑ, 다-ⓒ, 라-ⓒ
② 가-ⓒ, 나-ⓐ, 다-ⓑ, 라-ⓑ
③ 가-ⓑ, 나-ⓑ, 다-ⓐ, 라-ⓒ
④ 가-ⓒ, 나-ⓑ, 다-ⓐ, 라-ⓐ

- 가로막기(Interruption) : 가-ⓒ
  - 데이터의 전달을 가로막아 수신자 측으로 정보가 전달되는 것을 방해하는 행위
  - 정보의 가용성(Availability)을 저해함
- 가로채기(Interception) : 나-ⓑ
  - 전송되는 데이터를 가는 도중에 도청 및 몰래 보는 행위
  - 정보의 기밀성(Secrecy)을 저해함
- 변조/수정(Modification) : 다-ⓐ
  - 원래의 데이터가 아닌 다른 내용으로 수정하여 변조시키는 행위
  - 정보의 무결성(Integrity)을 저해함
- 위조(Fabrication) : 라-ⓐ
  - 사용자 인증과 관계되어 다른 송신자로부터 데이터가 온 것처럼 꾸미는 행위
  - 정보의 무결성(Integrity)을 저해함

ANSWER 05 ④ 06 ② 07 ① 08 ③ 09 ④

상중하

10 다음 중 문서를 인쇄할 때 발행하는 문제와 그에 대한 조치로 옳지 않은 것은?

① 글자가 이상하게 인쇄될 경우 프린터 드라이버를 다시 설치한다.
② 스풀 에러가 발생할 경우 CMOS Setup을 다시 설정하고 재부팅한다.
③ 인쇄가 되지 않을 경우 케이블 연결 상태 또는 시스템 속성을 점검 및 수정한다.
④ 인쇄 결과물이 번지거나 얼룩 자국이 발생할 경우 헤드 및 카트리지를 청소한다.

- 스풀은 인쇄할 내용을 보조 기억 장치에 저장하였다가 프린터로 전송하는 기능을 말함
- 스풀 에러는 프린터 드라이버나 레지스트리 정보 오류로 인해 발생되는 경우가 많으며, CMOS Setup은 바이오스(BIOS)의 여러 사항을 설정하는 것으로 스풀 에러와 CMOS Setup은 관계가 없음

상중하

11 다음 중 〈보기〉의 설명에 해당하는 데이터 단위가 올바르게 짝지어진 것은?

〈보기〉

가. 컴퓨터의 중앙 처리 장치가 한 번의 연산 처리에서 사용하는 데이터의 단위
나. 하나 이상의 필드들이 모여서 구성된 자료 처리 단위

① 가. 워드, 나. 레코드
② 가. 비트, 나. 바이트
③ 가. 니블, 나. 파일
④ 가. 데이터베이스, 나. 워드

- 워드 : 컴퓨터 내부의 명령 처리 단위로 한 번에 처리할 수 있는 데이터의 양을 가리킴
- 레코드 : 하나 이상의 필드들이 모여서 구성된 자료 처리 단위로 데이터베이스를 구성하는 행을 나타냄

상중하

12 다음 중 컴퓨터에서 사용하는 펌웨어(Firmware)에 관한 설명으로 옳은 것은?

① 내용을 변경하거나 추가 또는 삭제할 수 있다.
② 주로 RAM에 저장되어 하드웨어를 제어하거나 관리한다.
③ 컴퓨터 운영에 필수적인 하드웨어 구성 요소이다.
④ 업그레이드를 위하여 하드웨어를 교체하여야 한다.

펌웨어(Firmware)는 비휘발성 메모리인 ROM에 저장된 프로그램으로, 하드웨어의 교체 없이 소프트웨어의 업그레이드만으로 시스템의 성능을 높일 수 있으며, 내용을 변경하거나 추가 또는 삭제할 수 있음

상중하

13 다음 중 인터넷에서 제공되는 서비스에 대한 설명으로 옳지 않은 것은?

① 유즈넷(Usenet) : 특정 데이터베이스 등을 키워드로 고속 검색하는 환경을 제공하는 서비스
② 텔넷(Telnet) : 멀리 있는 컴퓨터를 자신의 컴퓨터처럼 사용할 수 있는 시스템(원격 접속)
③ FTP(File Transfer Protocol) : 파일을 송수신하는 서비스
④ WWW : 하이퍼텍스트(Hypertext)를 기반으로 멀티미디어 정보를 검색할 수 있는 서비스

유즈넷(Usenet) : 뉴스 그룹이라고도 하며, 공통 관심사를 갖는 사람들끼리 그룹을 구성하여 게시판에서 관련 정보를 교환, 조회할 수 있는 서비스

오답 피하기

웨이즈(WAIS) : 특정 데이터베이스 등을 키워드로 고속 검색하는 환경을 제공하는 서비스

상중하

14 다음 중 〈보기〉의 기능을 수행하기 위한 한글 Windows의 바로 가기 키에서 공통으로 사용되는 키는?

합격강의

〈보기〉

ⓐ PC 잠금 또는 계정 전환
ⓑ 빠른 링크 메뉴 열기
ⓒ 클립보드 열기
ⓓ 작업 보기 열기

① Ctrl
② Alt
③ Shift
④ ⊞

- ⓐ PC 잠금 또는 계정 전환 : ⊞+L
- ⓑ 빠른 링크 메뉴 열기 : ⊞+X
- ⓒ 클립보드 열기 : ⊞+V
- ⓓ 작업 보기 열기 : ⊞+Tab

ANSWER 10 ② 11 ① 12 ① 13 ① 14 ④

상 중 하

15 **다양한 멀티미디어 정보를 다루기 위해서는 보다 편리한 HCI(Human Computer Interface) 기술이 요구된다. 다음 중 HCI 기술에 해당하는 것과 거리가 먼 것은?**

① GUI 기술
② DVD 기술
③ 음성 합성 및 인식 기술
④ 영상 인식 기술

DVD 기술 : DVD(Digital Versatile Disk)는 4.7GB의 기본 용량을 가지는 저장 매체로 사용자와 컴퓨터 간의 인터페이스인 HCI가 요구하는 기술과는 상관이 없음

오답 피하기

HCI는 컴퓨터 시스템 설계 시 인간의 요소를 고려하여 효율성을 높여 학습하기 쉽고 불편함을 최소화하기 위한 기술로 GUI, 음성 합성 및 인식 기술, 영상 인식 기술 등이 해당됨

상 중 하

16 **다음 중 인터넷에서 사용하는 주소에 관한 설명으로 옳지 않은 것은?**

① IPv4 주소는 총 64비트로 구성된다.
② KRNIC에서 부여하는 도메인 네임은 '호스트명.소속 기관명.소속 기관의 종류.소속 국가' 순으로 구성된다.
③ 도메인 네임(Domain Name)은 숫자로 된 IP 주소를 사람이 이해하기 쉬운 문자 형태로 표현한 것이다.
④ 도메인 네임과 IP 주소는 전 세계에서 중복되지 않는 고유한 주소로 사용된다.

- IPv4 주소는 총 32비트로 구성됨
- IPv4로는 전 세계에서 증가하는 호스트의 주소를 할당하기 어렵기 때문에, 1994년부터 개발하기 시작한 128비트의 주소 체계인 IPv6가 사용됨

상 중 하

17 **다음 중 한글 Windows의 기본 프린터에 대한 설명으로 가장 옳지 않은 것은?**

① 특정한 프린터를 설정하지 않을 경우 자동으로 인쇄 작업을 처리하는 프린터이다.
② 프린터를 마우스 오른쪽 단추로 클릭한 다음 '기본 프린터로 설정'을 클릭한다.
③ 네트워크 프린터를 제외한 모든 프린터를 기본 프린터로 설정할 수 없다.
④ 기본 프린터에는 프린터 아이콘에 확인 표시(✔)가 나타난다.

기본 프린터는 로컬 프린터와 네트워크로 공유한 프린터 모두 설정이 가능함

상 중 하

18 **다음 중 컴퓨터에서 사용하는 단위에 대한 설명으로 옳지 않은 것은?**

① MHz는 시스템의 클럭 속도를 나타낼 때 사용한다.
② ms는 컴퓨터의 연산 속도를 의미하며 10^{-3}초이다.
③ ns는 컴퓨터의 연산 속도를 의미하며 10^{-9}초이다.
④ CPS는 인쇄 속도 단위로 1분당 인쇄되는 라인 수를 의미한다.

CPS(Characters Per Second)는 인쇄 속도 단위로 1초당 인쇄되는 문자 수를 의미함

오답 피하기

LPM(Lines Per Minute) : 1분당 인쇄되는 라인 수(활자식 프린터, 잉크젯 프린터 등)

상 중 하

19 **다음 중 [설정]-[장치]-[마우스]에서 설정할 수 있는 기능으로 옳지 않은 것은?**

합격 강의

① 커서 속도의 조절 바가 왼쪽 방향으로 위치하면 수치가 낮아지므로 속도가 빨라진다.
② 마우스 휠을 돌릴 때 스크롤할 양을 조절할 수 있으며 '한 번에 여러 줄'과 '한 번에 한 화면씩' 중에서 선택할 수 있다.
③ 비활성 창을 가리킬 때 스크롤할 수 있게 설정할 수 있다.
④ 마우스의 기본 단추 선택을 사용자의 쓰임새에 따라 '왼쪽'과 '오른쪽' 중에서 선택할 수 있다.

커서의 속도의 조절 바가 왼쪽 방향으로 위치하면 수치가 낮아지며 속도가 느려짐

상 중 하

20 **다음 중 〈보기〉에서 설명하는 저장 장치로 올바른 것은?**

〈보기〉

- 셀(Cell)이 배열(Array)화되어 있는 형태의 구조이다.
- 저소음, 저발열, 소형화, 경량화라는 장점이 있다.
- SATA, NVMe, 외장(포터블) 형태가 있다.
- 빠른 부팅과 빠른 파일의 로드로 전반적인 시스템의 반응 속도를 개선해 준다.

① HDD ② SSD
③ DVD ④ ZIP

SSD(Solid State Drive) : 하드디스크를 대체할 무소음, 저전력, 소형화, 경량화, 고효율의 속도를 지원하는 반도체 보조 기억 장치이며, SSD가 저장 용량당 가격 면에서는 HDD보다 더 비쌈

ANSWER 15 ② 16 ① 17 ③ 18 ④ 19 ① 20 ②

2과목 **스프레드시트 일반**

상 중 하

21 다음 중 100만 원 이상 판매한 회사들의 판매금액에 대한 총판매금액을 구하는 함수식으로 옳은 것은?

합격강의

	A	B	C
1	회사명	판매금액	지출금액
2	상공상사	800,000	1,300,000
3	영진상사	1,700,000	1,400,000
4	하나상사	2,300,000	1,700,000
5	기아상사	980,000	880,000
6	100만원 이상 판매한 총판매금액		

① =SUMIF(B2:B5,">=1000000")
② =SUMIF(C2:C5, ">=1,000,000")
③ =SUMIF(B2:C5, "<=1000000")
④ =SUM(B2:B5, ">=1,000,000")

SUMIF(검색 범위, 조건, 합계 범위) : 검색 범위에서 조건을 검사하여 조건을 만족할 경우 합계 범위에서 대응하는 셀의 합계를 계산(합계 범위를 생략하면 검색 범위와 동일한 범위에서 합계를 계산)함

상 중 하

22 다음 중 [페이지 설정]에 대한 설명으로 옳지 않은 것은?

① [페이지] 탭에서 확대/축소 배율은 10~400%까지 설정할 수 있다.
② [여백] 탭에서 페이지 가운데 맞춤을 '가로', '세로' 중에서 선택할 수 있다.
③ [머리글/바닥글] 탭에서 머리글, 바닥글의 여백을 조절할 수 있다.
④ [시트] 탭에서 페이지 순서를 '행 우선', '열 우선' 중에서 선택할 수 있다.

머리글, 바닥글의 여백은 [여백] 탭에서 조절할 수 있음

상 중 하

23 다음 중 워크시트에 데이터를 입력하는 방법에 대한 설명으로 올바르지 않은 것은?

① 숫자 데이터를 문자로 입력하려면 숫자 앞에 큰 따옴표(") 기호를 붙여 입력한다.
② 입력 데이터가 숫자인 경우는 오른쪽, 문자는 왼쪽으로 자동 정렬된다.
③ 수식 또는 함수식을 입력할 때는 = 기호를 붙여 입력한다.
④ 여러 개의 셀에 동일한 데이터를 한 번에 입력하려면 범위를 설정한 후 데이터를 입력하고 Ctrl+Enter를 누른다.

숫자 데이터를 문자 데이터로 변경하려면 숫자 앞에 인용 부호인 작은따옴표(')를 입력해야 함

상 중 하

24 다음 중 계열의 데이터 추세나 방향을 그림으로 표시하는 추세선을 사용할 수 있는 차트의 종류는?

① 원형
② 표면형
③ 3차원 차트
④ 꺾은선형

추세선이 지원되지 않는 차트 : 누적 2차원 영역형, 3차원 효과의 영역형, 원형, 도넛형, 방사형, 표면형, 원통형, 원뿔형, 피라미드형 차트 등

상 중 하

25 다음 시트처럼 E-mail 주소의 @ 기호 앞에 있는 ID를 따로 입력하고자 할 때 [B3] 셀에서 사용할 수 있는 바로 가기 키는?

합격강의

	A	B
1	E-mail 주소	ID
2	bestbook@youngjin.com	bestbook
3	good@youngjin.com	
4	morning@youngjin.com	
5	pops@youngjin.com	

① Ctrl+C
② Ctrl+E
③ Ctrl+Q
④ Alt+Q

ANSWER 21 ① 22 ③ 23 ① 24 ④ 25 ②

• Ctrl+E : 빠른 채우기
• 빠른 채우기는 값을 자동으로 채우며 출력할 몇 가지 예제를 입력하고 채워 넣을 열에 활성화된 셀을 유지한 채 바로 가기 키인 Ctrl+E를 누르거나 [데이터] 탭-[데이터 도구] 그룹-[빠른 채우기]를 클릭하면 됨

	A	B
1	E-mail 주소	ID
2	bestbook@youngjin.com	bestbook
3	good@youngjin.com	good
4	morning@youngjin.com	morning
5	pops@youngjin.com	pops

오답 피하기

Ctrl+C : 복사, Ctrl+Q : 빠른 분석, Alt+Q : 설명

상 중 하

26 아래의 시트처럼 중간과 기말 점수로 합계를 구한 다음 실수로 [B] 열을 삭제하는 경우 발생하는 오류는?

	A	B	C
1	중간	기말	합계
2	100	80	180
3	90	70	160
4	88	66	154

① #NUM!
② #REF!
③ #NAME?
④ #DIV/0!

#REF! : 유효하지 않은 셀 참조를 지정할 때 발생함

	A	B	C
1	중간	합계	
2	100	#REF!	
3	90	#REF!	
4	88	#REF!	

오답 피하기

• #NUM! : 숫자가 필요한 곳에 잘못된 값을 지정한 경우
• #NAME : 함수 이름이나 정의되지 않은 셀 이름을 사용한 경우
• #DIV/0! : 0으로 나누기 연산을 시도한 경우

상 중 하

27 [페이지 설정]의 [시트] 탭에서 '반복할 행'에 [$3:$3]을 지정하고 워크시트 문서를 출력했을 때 다음 중 출력 결과에 대한 설명으로 옳은 것은?

① 처음 쪽만 [1] 행부터 [3] 행의 필드명이 반복되어 인쇄된다.
② 모든 쪽마다 [3] 행의 필드명이 반복되어 인쇄된다.
③ 모든 쪽마다 [3] 열의 필드명이 반복되어 인쇄된다.
④ 모든 쪽마다 [1] 행, [2] 행, [3] 행의 필드명이 반복되어 인쇄된다.

• '반복할 행'은 매 페이지 첫 부분에 반복해서 표시할 행 영역을 지정하는 옵션임
• [$3:$3]은 3행을 지정하는 셀 주소임

상 중 하

28 현재 작업하고 있는 통합 문서의 'Sheet1' 시트에서 'Sheet3' 시트까지 [A1] 셀의 합을 구하고자 할 때 잘못된 참조 방법은?

① =SUM(Sheet1:Sheet3!A1)
② =SUM(Sheet1!Sheet3:A1)
③ =SUM(Sheet1!A1,Sheet2!A1,Sheet3!A1)
④ =SUM(Sheet1:Sheet2!A1,Sheet3!A1)

시트 이름과 셀 주소 사이는 느낌표(!)로 연결하며 시트와 시트는 콜론(:)으로 구분함

ANSWER 26 ② 27 ② 28 ②

상중하

29 다음 중 시트에 입력된 데이터를 이용하여 아래와 같이 [서식], [차트], [합계], [테이블], [스파크라인] 등을 작업할 수 있게 지원하는 기능과 바로 가기 키가 올바르게 짝지어진 것은?

합격강의

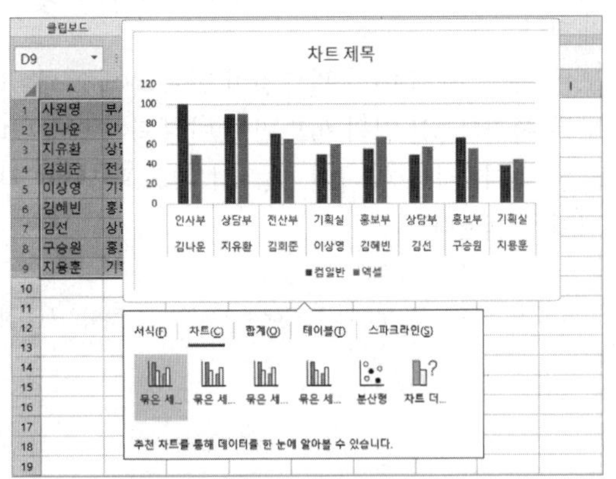

① 빠른 분석, Ctrl+Q
② 빠른 채우기, Ctrl+E
③ 데이터 모델 관리, Alt+Q
④ 가상 분석, Shift+F3

빠른 분석 : 빠른 분석 도구를 통해 [서식], [차트], [합계], [테이블], [스파크라인]에 대한 여러 가지 작업을 수행할 수 있으며 바로 가기 키는 Ctrl+Q임

상중하

30 다음 중 아래 차트의 종류에 대한 설명으로 가장 적절한 것은?

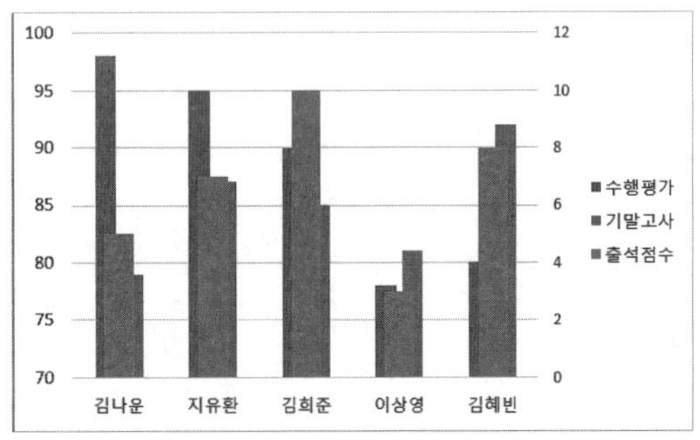

① 각 항목의 값들이 항목 합계의 비율로 표시되므로 중요한 요소를 강조할 때 사용한다.
② 특정 데이터 계열의 값이 다른 계열의 값과 현저하게 차이가 날 경우나 두 가지 이상의 데이터 계열을 가진 차트에 사용하면 편리하다.
③ 두 개 이상의 데이터 계열을 갖는 차트에서 시간에 따른 특정 데이터 계열을 강조하고자 할 때 사용하면 편리하다.
④ 각 항목 간의 값을 막대의 길이로 비교, 분석하는 누적 세로 막대형 차트이다.

이중 축 차트 : 이중으로 값 축을 나타낼 수 있는 차트로 데이터 계열 간 차이가 많은 경우나 데이터 계열이 두 가지 이상일 때 사용

상중하

31 컴퓨터 일반, 스프레드시트 일반의 각 점수가 60, 90일 때 평균이 85가 되기 위한 컴퓨터 일반 점수를 구하고자 한다. 다음 중 어떤 기능을 이용하는 것이 가장 적절한가?

① 목표값 찾기
② 데이터 통합
③ 데이터 표
④ 부분합

목표값 찾기 : 수식의 결과 값(85)은 알고 있으나 그 결과 값을 얻기 위한 입력 값(컴퓨터일반 점수)을 모를 때 이용함

오답 피하기

- 데이터 통합 : 하나 이상의 원본 영역을 지정하여 하나의 표로 데이터를 요약
- 데이터 표 : 워크시트에서 특정 데이터를 변화시켜 수식의 결과가 어떻게 변하는지 보여주는 셀 범위
- 부분합 : 워크시트에 있는 데이터를 일정한 기준으로 요약하여 통계 처리를 수행

상중하

32 [A1] 셀에 금액 56780이 입력되어 있고 십의 자리에서 내림하여 100단위 이상의 금액(56700)을 [B1] 셀에 표시하고자 할 때 수식 표현으로 옳은 것은?

합격강의

① =ROUND(A1,2)
② =ROUND(A1,−2)
③ =ROUNDDOWN(A1,2)
④ =ROUNDDOWN(A1,−2)

- =ROUNDDOWN(셀 위치, 자릿수) : 선택한 셀 위치에 있는 숫자를 지정한 자릿수에서 내림
- 양수의 자리에서 내림할 때는 음수(−)로 처리함

B1 =ROUNDDOWN(A1,-2)

	A	B	C	D	E	F
1	56780	56700				
2						

상중하

33 [다른 이름으로 저장] 메뉴 중 [도구]–[일반 옵션]에서 설정할 수 있는 기능이 아닌 것은?

① 백업 파일 항상 만들기
② 열기 암호 설정
③ 읽기 전용 권장
④ 통합 문서 보호

통합 문서 보호는 [검토] 탭–[보호] 그룹–[통합 문서 보호]를 이용함

ANSWER 29 ① 30 ② 31 ① 32 ④ 33 ④

상 중 하

34 아래의 시트에서 컴퓨터일반, 스프레드시트일반, 평균이 모두 60점 이상일 때에만 '양호'를 표시하고 나머지의 경우에는 '노력'을 표시하기 위한 수식으로 올바른 것은?

합격 강의

	A	B	C	D	E
1	성명	컴퓨터일반	스프레드시트일반	평균	판정
2	이상공	89	55	72	
3	최영진	86	88	87	
4	왕정보	90	92	91	

① =IF(OR(B2>=60, C2>=60, D2>=60), "양호", "노력")
② =IF(NOT(AND(B2>=60, C2>=60, D2>=60)), "양호", "노력")
③ =IF(NOT(OR((B2>=60, C2>=60, D2>=60)), "양호", "노력")
④ =IF(MIN(B2, C2, D2))>=60, "양호", "노력")

- IF(조건식 값1, 값2) : 조건식이 참이면 값1, 거짓이면 값2를 반환함
- NOT(조건식) : 조건식의 결과를 반대로 반환함
- AND(조건1, 조건2,…) : 모든 조건이 참이면 TRUE, 나머지는 FALSE를 반환함
- OR(조건1, 조건2,…) : 조건 중 하나 이상이 참이면 TRUE, 나머지는 FALSE를 반환함
- MIN(수1, 수2, …) : 인수 중에서 최소값을 구함

상 중 하

35 다음 중 숫자 34600을 입력한 후 아래의 표시 형식을 적용했을 때 표시되는 결과로 옳은 것은?

#0.0,"천원";(#0.0,"천원");0.0;@"님"

① 34.6천원
② 34,600
③ 35,000천원
④ (35.0천원)

양수 서식;음수 서식;0 서식;텍스트 서식

- # : 하나의 자릿수를 의미하며 해당 자릿수에 숫자가 없을 경우 표시하지 않음
- 0 : 하나의 자릿수를 의미하여 해당 자릿수에 숫자가 없을 경우 0을 표시함
- . : 소수점의 자리 표시에 사용
- 34600은 양수이므로 #0.0,"천원"이 적용되고 쉼표(,)에 의해 34600.0이 34.6으로 되며 텍스트 "천원"이 붙어서 34.6천원이 됨

상 중 하

36 다음 중 자동 필터와 고급 필터에 대한 설명으로 옳은 것은?

① 자동 필터는 추출 대상을 전체 필드를 대상으로 하지만, 고급 필터는 특정 필드만으로 대상을 제한할수 있다.
② 자동 필터는 다른 필드와 AND나 OR 조건으로 결합할 수 있으나, 고급 필터는 AND만 결합할 수 있다.
③ 정렬과 같이 필터는 목록을 다시 배열하여 표시한다.
④ 자동 필터는 추출한 결과를 다른 셀이나 워크시트에 표시할 수 있으나, 고급 필터는 원본 데이터 위치에서만 추출할 수 있다.

- 자동 필터 : 셀 내용이 일치한다거나 단순한 비교 조건을 지정하여 쉽게 검색함
- 고급 필터 : 사용자가 직접 추출하고자 하는 조건을 수식으로 설정하여 검색함

오답 피하기

- ② : 고급 필터도 AND와 OR 조건으로 결합할 수 있음
- ③ : 목록을 다시 배열하여 표시하지 않음
- ④ : 자동 필터는 원본 데이터 위치에서만 추출되지만, 고급 필터는 다른 위치에 표시할 수 있음

상 중 하

37 다음 중 매크로에 대한 설명으로 옳지 않은 것은?

① 매크로를 기록하려면 [개발 도구] 탭의 [코드] 그룹에서 [매크로 기록]을 클릭하거나 Alt+T+M+R을 누르면 된다.
② 기록 단계에는 텍스트 또는 숫자 입력, 리본 또는 메뉴에서 셀 또는 명령 클릭, 셀, 행 또는 열에 서식 지정 등은 포함되나 Microsoft Access 등의 외부 원본에서 데이터 가져오기는 포함되지 않는다.
③ 매크로 기록은 모든 단계를 VBA(Visual Basic for Applications) 코드로 기록한다.
④ 반복적인 작업을 자동화하려면 매크로 기록을 사용하여 매크로를 기록할 수 있다.

기록 단계에는 Microsoft Access 등의 외부 원본에서 데이터 가져오기도 포함됨

ANSWER 34 ④ 35 ① 36 ① 37 ②

상 중 하

38 다음 중 아래의 시트에서 사용된 슬라이서 기능에 대한 설명으로 옳지 않은 것은?

합격 강의

	A	B	C	D	E	F	G
1	성명	부서명	인사고과	연봉등급			
2	임상돈	인사부	98	A			
3	정소영	상담부	95	B			
4	김정희	전산부	90	A			
5	엄지호	기획실	88	B			
6	이광훈	홍보부	60	C			
7	최아룡	상담부	91	A			
8	전은순	홍보부	69	C			
9	지영심	기획실	85	B			

부서명: 기획실, 상담부, 인사부, 전산부, 홍보부

① 슬라이서를 사용하면 테이블, 피벗 테이블, 피벗 차트 등을 빠르고 쉽게 필터링할 수 있다.
② [삽입] 탭-[필터] 그룹-[슬라이서]를 클릭하여 실행하기 전에 반드시 정렬 작업이 선행되어야 슬라이서 기능을 사용할 수 있다.
③ 다중 선택(Alt+S) 기능으로 여러 부서를 필터링하여 나타낼 수 있다.
④ 필터 지우기(Alt+C)를 클릭하면 필터링 이전의 데이터가 모두 표시된다.

[삽입] 탭-[필터] 그룹-[슬라이서]를 클릭하여 실행하기 전에 반드시 범위 설정 후 [삽입] 탭-[표] 그룹-[표]를 클릭하여 표를 만들어야 됨(바로 가기 키 : Ctrl+T)

상 중 하

39 다음 중 윗주에 대한 설명으로 옳지 않은 것은?

① 윗주는 셀에 대한 주석을 설정하는 것으로 문자열 데이터가 입력되어 있는 셀에만 표시할 수 있다.
② 윗주는 삽입해도 바로 표시되지 않고 [홈]-[글꼴]-[윗주 필드 표시]를 선택해야만 표시 된다.
③ 셀의 데이터를 삭제하면 윗주도 함께 삭제된다.
④ 윗주에 입력된 텍스트 중 일부분의 서식을 별도로 변경할 수 있다.

윗주는 [홈]-[글꼴]-[윗주 설정]을 선택하여 글꼴 속성을 변경할 수 있으며 글자 전체에 속성이 설정됨

상 중 하

40 다음 중 가상 분석 도구인 시나리오에 대한 설명으로 옳지 않은 것은?

① 시나리오 요약 보고서를 만드는 데는 결과 셀이 필요하지 않다.
② 시나리오 보고서에서는 자동으로 계산을 다시 수행하지 않는다.
③ 여러 시나리오를 비교하기 위해 시나리오를 한 페이지에 요약하는 보고서를 만들 수 있다.
④ 시나리오 작성 시 변경 셀 상자에 여러 참조 셀을 지정할 수 있다.

시나리오 요약 보고서는 변경 셀에 따른 결과 셀의 값을 예측하는 기능이므로 시나리오 요약 보고서를 만드는 데는 결과 셀이 필요함

ANSWER 38 ② 39 ④ 40 ①

합격 강의

해설과 함께 보는 2021년 상시 기출문제 04회

2급	소요시간	문항수
	총40분	총40개

풀이 시간 : ______ 채점 점수 : ______

1과목 컴퓨터 일반

상 중 하

01 다음 중 [휴지통]에 대한 설명으로 옳지 않은 것은?

합격 강의

① 휴지통은 시작 화면에 고정하여 편리하게 사용할 수 있다.
② 휴지통의 위치와 폴더의 이름은 C:₩$Recycle.Bin이다.
③ 파일 탐색기의 [홈] 탭-[구성] 그룹-[삭제]에서 '휴지통으로 삭제 전 확인'과 [휴지통 속성]의 '삭제 확인 대화 상자 표시'는 같은 기능이다.
④ [디스크 정리]는 다운로드한 프로그램 파일이나 임시 인터넷 파일을 삭제하는 기능으로 휴지통은 삭제할 파일에 포함되지 않는다.

[디스크 정리]에서 삭제할 파일에 휴지통도 포함됨

상 중 하

02 다음은 샘플링에 대한 설명이다. ⓐ와 ⓑ에 들어갈 용어로 올바르게 짝지어진 것은?

> (ⓐ)적 소리 신호인 아날로그 신호를 일정한 간격으로 측정하여 그 값을 (ⓑ)화하는 작업이다.

① ⓐ 비연속, ⓑ 렌더링
② ⓐ 이산, ⓑ 양자
③ ⓐ 연속, ⓑ 디지털
④ ⓐ 위상, ⓑ 증폭

샘플링(Sampling) : 연속적 소리 신호인 아날로그 신호를 일정한 간격으로 측정하여 그 값을 디지털화하는 작업임

상 중 하

03 다음 중 네트워크 장비에 대한 설명으로 옳지 않은 것은?

① 라우터(Router) : 네트워크 계층에서 망을 연결하며, 다양한 전송 경로 중 가장 효율적인 경로를 선택하여 패킷을 전송하는 장치
② 브리지(Bridge) : 데이터 링크 계층에서 망을 연결하며, 패킷을 적절히 중계하고 필터링하는 장치
③ 리피터(Repeater) : 데이터가 전송되는 동안 케이블에서는 신호의 손실인 감쇠 현상이 일어나는데 리피터는 감쇠되는 신호를 증폭하고 재생하여 전송하는 역할을 하는 장치
④ 게이트웨이(Gateway) : 전송할 데이터를 일정한 길이(1,024~2,048Bit)로 구분해 주는 장치

게이트웨이(Gateway) : 네트워크에서 다른 네트워크로 들어가는 관문의 기능을 수행하는 지점을 말하며, 서로 다른 프로토콜을 사용하는 네트워크를 연결할 때 사용하는 장치

오답 피하기

패킷(Packet) : 전송할 데이터를 일정한 길이(1,024~2,048Bit)로 구분한 것

상 중 하

04 다음 〈보기〉의 내용 중 바로 가기 아이콘에 대한 설명으로 올바른 것으로만으로 짝지어진 것은?

합격 강의

〈보기〉

> 가. 확장자는 *.OLE이다.
> 나. 삭제 시 연결된 해당 프로그램도 같이 삭제된다.
> 다. 바로 가기 아이콘 아래에 확인 기호(✔)가 표시된다.
> 라. 해당 프로그램을 찾아서 실행하지 않고 바탕 화면에서 바로 실행할 수 있다.
> 마. 바로 가기 아이콘은 여러 개 만들 수 있다.

① 가, 나　　② 나, 다
③ 다, 라　　④ 라, 마

오답 피하기

• 가 : 확장자는 *.LNK임
• 나 : 삭제 시 연결된 해당 프로그램이 같이 삭제되지 않음
• 다 : 아이콘 아래에 화살표(↗)가 표시됨

ANSWER 01 ④ 02 ③ 03 ④ 04 ④

상 중 하

05 다음 중 컴퓨터 CPU 내의 구성 요소에 관한 설명으로 옳지 않은 것은?

① 명령어 레지스터는 현재 실행 중인 명령의 내용을 기억하는 레지스터이다.
② 프로그램 카운터(PC)는 앞으로 실행할 명령어의 수를 계산할 때 사용한다.
③ 명령어 해독기는 명령 레지스터에 있는 명령어를 해독하는 회로이다.
④ 제어 장치는 컴퓨터에 있는 모든 장치들의 동작을 지시하고 제어하는 장치이다.

프로그램 카운터(PC)는 다음에 수행할 명령어의 번지를 기억하는 레지스터임

상 중 하

06 다음 중 시작 메뉴의 [Windows 보조 프로그램]에서 사용할 수 있는 프로그램으로 옳지 않은 것은?

① 그림판
② Internet Explorer
③ Windows Media Player
④ 명령 프롬프트

명령 프롬프트는 [Windows 시스템]에서 사용할 수 있음

상 중 하

07 다음은 컴퓨터 주변 기기에 대한 특징을 설명하는 문구이다. 해당되는 Windows 특징으로 각각 올바르게 짝지어진 것은?

합격 강의

ⓐ 꽂기만 하면 인식되므로 연결 시 제품을 바로 사용할 수 있다.
ⓑ PC가 켜져 있는 상태라도 제품을 자유롭게 연결하거나 제거할 수 있다.

① ⓐ 핫 스왑(Hot Swap), ⓑ 플러그 앤 플레이(Plug and Play)
② ⓐ 리셋(Reset), ⓑ 드래그 앤 드롭(Drag and Drop)
③ ⓐ 플러그 앤 플레이(Plug and Play), ⓑ 핫 스왑(Hot Swap)
④ ⓐ 미디어 플레이(Media Play), ⓑ 오토 스왑(Auto Swap)

- ⓐ 플러그 앤 플레이(Plug and Play) : 자동 감지 설치 기능으로 컴퓨터에 장치를 연결하면 자동으로 장치를 인식하여 설치 및 환경 설정을 용이하게 하므로 새로운 주변 장치를 쉽게 연결함
- ⓑ 핫 스왑(Hot Swap) : 컴퓨터의 전원을 켠 상태에서 컴퓨터 시스템의 장치를 연결하거나 분리할 수 있는 기능

상 중 하

08 다음 중 장치의 기능과 역할에 대한 설명으로 옳지 않은 것은?

① UPS(Uninterruptible Power Supply)는 전압이 급격히 변하여 대량의 전류가 흐르는 서지(Surge) 현상을 막기 위한 장치다.
② CVCF(Constant Voltage Constant Frequency)는 정전압 정주파 장치로 출력의 전압 및 주파수를 일정하게 유지해 준다.
③ 항온 항습 장치는 항상 일정한 온도와 습도를 유지해 준다.
④ AVR(Automatic Voltage Regulator)은 자동 전압 조절기로 일정한 전압을 유지해 준다.

UPS(Uninterruptible Power Supply) : 무정전 전원 장치로 정전 발생 시 일정 시간 동안 전원을 공급해 주는 장치

오답 피하기

서지 보호기(Surge Protector) : 전압이 급격히 변하여 대량의 전류가 흐르는 서지(Surge) 현상을 막기 위한 장치

상 중 하

09 다음 중 한글 Windows에서 ⓐ 그림판과 ⓑ 워드패드로 작성한 파일 저장 시 기본적으로 제공되는 확장자명으로 각각 올바르게 짝지어진 것은?

① ⓐ *.hwp, ⓑ *.xlsx
② ⓐ *.png, ⓑ *.rtf
③ ⓐ *.pptx, ⓑ *.accdb
④ ⓐ *.rtf, ⓑ *.png

그림판 : *.png, 워드패드 : *.rtf

상 중 하

10 다음 중 한글 Windows에서 하드디스크의 파티션에 관한 설명으로 옳지 않은 것은?

① 하나의 물리적인 하드디스크를 여러 개의 논리적인 파티션으로 나누어 사용할 수 있다.
② 하나의 파티션에는 한 가지의 파일 시스템만을 사용할 수 있다.
③ 파티션으로 나누더라도 하나의 물리적인 하드디스크는 하나의 운영체제만 사용할 수 있다.
④ 한 개의 하드디스크를 여러 개로 나눠 사용하는 것을 말하며, 파티션에는 기본 파티션과 확장 파티션이 있다.

이중 부팅(다중 부팅)을 이용하면 하나의 물리적인 하드디스크에 있는 여러 개의 파티션에 다양한 운영체제를 설치하여 사용할 수 있음

ANSWER 05 ② 06 ④ 07 ③ 08 ① 09 ② 10 ③

상중하

11 다음 중 멀티미디어의 특징에 관한 설명으로 옳지 않은 것은?

① 데이터의 디지털화
② 데이터 전달의 쌍방향성
③ 데이터 처리의 선형성
④ 정보의 통합성

선형성이 아니라 비선형성이 멀티미디어의 특징임

상중하

12 다음 중 컴퓨터에서 사용하는 기억 장치에 관한 설명으로 옳지 않은 것은?

합격강의

① RAM은 읽고 쓰기가 가능한 반도체 메모리로 DRAM과 SRAM으로 구분된다.
② 하드디스크 인터페이스 방식은 EIDE, SATA, SCSI 방식 등이 있다.
③ 캐시(Cache) 메모리는 CPU와 주기억 장치 사이에 위치하여 두 장치 간의 속도 차이를 줄여 컴퓨터의 처리 속도를 빠르게 하기 위한 메모리이다.
④ 연관(Associative) 메모리는 보조 기억 장치를 마치 주기억 장치와 같이 사용하여 실제 주기억 장치 용량보다 기억 용량을 확대하여 사용하는 방법이다.

- ④는 가상 메모리(Virtual Memory)에 대한 설명임
- 연관(Associative) 메모리는 저장된 내용의 일부를 이용하여 기억 장치에 접근하여 데이터를 읽어오는 기억 장치임

상중하

13 다음 중 스팸 메일(Spam Mail)에 관한 설명으로 옳지 않은 것은?

① 원하지 않거나 불필요한 수신 메일을 의미한다.
② 스팸 메일은 정크 메일(Junk Mail), 벌크 메일(Bulk Mail)이라고도 한다.
③ 다량의 메일을 발송하여 시스템이나 네트워크를 마비시킬 정도로 심각하기도 하다.
④ 바이러스가 들어있는 메일을 의미하므로 무조건 열어보지 말고 지워야 한다.

스팸 메일(Spam Mail)은 수신자에게 일방적으로 전달되는 광고성 전자우편으로, 바이러스가 포함되어 있는 메일도 있지만 포함되지 않은 메일도 있음

상중하

14 다음 중 [설정]에서 [디스플레이], [소리], [알림], [전원] 등과 관련된 설정이 가능한 것은?

① 장치　② 시스템
③ 개인 설정　④ 계정

[설정]–[시스템] : [디스플레이], [소리], [알림], [전원] 등과 관련된 설정이 가능함

상중하

15 다음 중 한글 Windows의 [작업 관리자] 창에서 할 수 있는 작업으로 옳지 않은 것은?

합격강의

① 실행 중인 응용 프로그램의 작업 끝내기를 할 수 있다.
② 실행 중인 응용 프로그램의 실행 순서를 변경할 수 있다.
③ CPU와 메모리의 사용 현황을 알 수 있다.
④ 사용자 연결 끊기를 할 수 있다.

실행 중인 응용 프로그램의 실행 순서는 변경할 수 없음

상중하

16 다음 중 그래픽 파일 형식 중 GIF에 대한 설명으로 옳지 않은 것은?

① 비손실 압축과 손실 압축을 모두 지원한다.
② 여러 번 압축하여도 원본과 비교해 화질의 손상은 없다.
③ 최대 256 색상까지만 표현할 수 있다.
④ 배경을 투명하게 처리할 수 있다.

GIF는 대표적인 비손실 압축 방식의 그래픽 파일 형식임

상중하

17 다음 중 〈보기〉에 있는 프로그램의 공통점은 무엇인가?

〈보기〉

가. 컴파일러	나. 인터프리터	다. 어셈블러

① 운영체제　② 언어 번역기
③ 유틸리티　④ 프로그래밍 언어

- 인터프리터(Interpreter) : 대화식 언어로 작성된 프로그램을 필요할 때마다 매번 기계어로 번역하여 실행하는 프로그램
- 컴파일러(Compiler) : 고급 언어를 기계어로 번역하는 프로그램
- 어셈블러(Assembler) : 어셈블리 언어를 기계어로 번역하는 프로그램

ANSWER 11 ③ 12 ④ 13 ④ 14 ② 15 ② 16 ① 17 ②

상 중 하

18 다음 중 IPv6 주소 체계에 대한 설명으로 옳지 않은 것은?

① IPv4에 비해 주소의 확장성, 융통성, 연동성이 뛰어나다.
② 주소의 각 부분은 콜론(:)으로 구분하여 16진수로 표현한다.
③ IPv4의 업그레이드 버전으로 주소 구조가 64비트로 확장되었다.
④ 실시간 흐름 제어로 향상된 멀티미디어 기능을 지원한다.

IPv4는 32bit, IPv6는 128bit임

상 중 하

19 다음 중 컴퓨터에서 사용하는 각 기억 장치의 접근 속도가 빠른 것에서 느린 순서로 옳게 나열된 것은?

합격 강의

① 레지스터 → 캐시 메모리 → 주기억 장치 → 보조 기억 장치
② 캐시 메모리 → 레지스터 → 주기억 장치 → 보조 기억 장치
③ 레지스터 → 캐시 메모리 → 보조 기억 장치 → 주기억 장치
④ 캐시 메모리 → 레지스터 → 보조 기억 장치 → 주기억 장치

기억 장치의 접근 속도(빠른 것 → 느린 것) : 레지스터 → 캐시 메모리 → 주기억 장치 → 보조 기억 장치(디스크 장치 → 테이프 장치)

상 중 하

20 다음 중 인트라넷(Intranet)에 대한 설명으로 옳은 것은?

① 여러 대의 컴퓨터를 연결하여 하나의 서버로 사용하는 기술이다.
② 인터넷 기술을 이용하여 조직 내의 각종 업무를 수행할 수 있도록 만든 네트워크 환경이다.
③ 사용자가 원하면 기록을 만들어 컴퓨터에 대해 성공한 연결 시도와 실패한 연결 시도를 기록한다.
④ 기업체가 협력업체와 고객 간의 정보 공유를 목적으로 구성한 네트워크이다.

오답 피하기

① : 클러스터링 기술, ③ : 시스템 로그, ④ : 엑스트라넷(Extranet)

2과목 스프레드시트 일반

상 중 하

21 실행할 매크로를 선택하기 위해 아래와 같은 그림을 나타냈다. 다음 중 그 내용이 옳지 않은 것은?

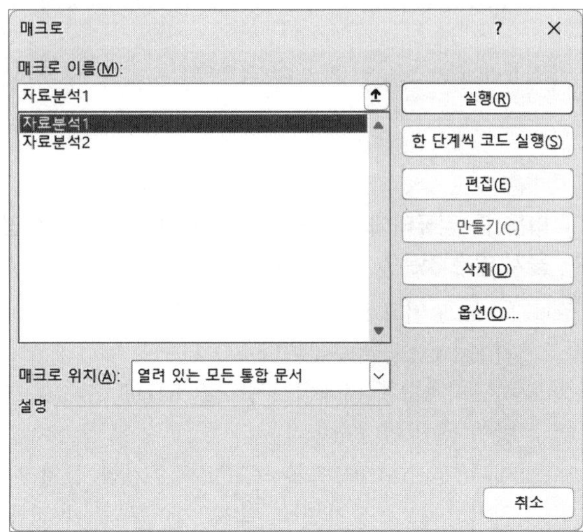

① [개발 도구] 탭의 [코드] 그룹의 [매크로] 도구를 클릭하여 나타난 창이다.
② 매크로 이름을 선택하고 [실행] 단추를 클릭하면 엑셀 창에서 매크로가 자동 실행된다.
③ 매크로 이름을 선택하고 [편집] 단추를 클릭하면 매크로 기록 내용을 편집할 수 있는 [매크로 모듈] 창이 열린다.
④ 매크로 이름을 선택하고 [옵션] 단추를 클릭하면 매크로 이름과 바로 가기 키를 변경할 수 있다.

매크로 이름을 선택하고 [옵션] 단추를 클릭하면 나타나는 [매크로 옵션] 대화 상자에서 바로 가기 키와 설명을 변경할 수 있음

ANSWER 18 ③ 19 ① 20 ② 21 ④

상 중 하

22 다음 시트의 고객코드는 XX(년도)–X(고객분류)–XXX(순번)이다. 고객분류 번호가 1인 경우는 "VIP", 2인 경우는 "우수고객", 3인 경우는 "단골고객"으로 분류에 표시하기 위해 [C2] 셀에 입력할 수식으로 옳은 것은?

합격강의

	A	B	C
1	고객명	고객코드	분류
2	안지현	19-2-001	우수고객
3	이상공	19-1-002	VIP
4	왕대한	22-3-022	단골고객
5	엄지홍	21-2-199	우수고객
6	지진희	22-1-069	VIP

① =CHOOSE(LEFT(B2,4,1),"VIP","우수고객","단골고객")
② =CHOOSE(RIGHT(B2,5,1),"VIP","우수고객","단골고객")
③ =CHOOSE(MID(B2,4,1),"VIP","우수고객","단골고객")
④ =CHOOSE((B2,4,1),"VIP","우수고객","단골고객")

- MID(B2,4,1) : [B2] 셀에 입력된 고객코드의 4번째에서 1개를 추출함
- =CHOOSE(MID(B2,4,1), "VIP", "우수고객", "단골고객") : MID 함수에 의해 추출된 번호가 1인 경우 "VIP", 2인 경우 "우수고객", 3인 경우 "단골고객"을 선택하여 나타냄

상 중 하

23 다음 중 아래 시트에서 주어진 표와 표의 데이터를 이용한 차트의 설명으로 옳지 않은 것은?

합격강의

	A	B	C
1	분기	전반기 실적	후반기 실적
2	1사분기	1,230	1,267
3	2사분기	1,300	1,188
4	3사분기	1,100	1,345
5	4사분기	1,650	1,320

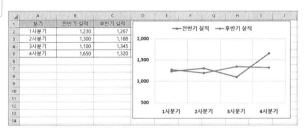

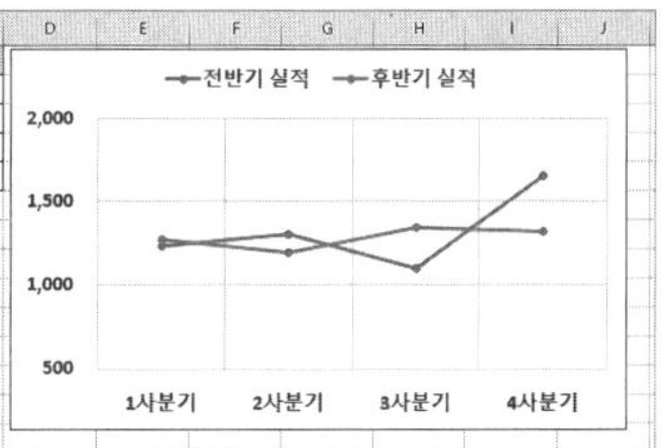

① 차트의 종류는 표식이 있는 꺾은선형이다.
② 표 전체를 원본 데이터로 사용하고 있다.
③ 세로 (값) 축의 축 서식에서 최소값을 500으로 설정하였다.
④ 분기가 데이터 계열로 사용되고 있다.

분기는 가로 항목으로 사용되고 있음

상 중 하

24 다음 중 틀 고정에 대한 설명으로 옳은 것은?

① 문서의 내용이 많은 경우 화면을 분할하여 여러 화면을 참조해 가면서 작업할 때 편리한 기능이다.
② 화면에 표시되는 틀 고정 형태는 인쇄 시 적용되지 않는다.
③ 틀 고정 취소는 틀 고정선을 마우스로 더블 클릭하면 된다.
④ 틀 고정은 행이나 열중에서 하나만 설정이 가능하다.

틀 고정은 화면에 틀이 고정되어 있어도 인쇄에는 영향을 끼치지 않음

오답 피하기

- ① : 창 나누기에 대한 설명임
- ③ : 틀 고정 취소는 [보기]-[창]-[틀 고정]-[틀 고정 취소]를 실행해야 함
- ④ : 틀 고정은 특정한 범위의 열 또는 행을 고정시켜 셀 포인터의 이동과 상관없이 화면에 항상 표시할 수 있는 것으로, 행이나 열을 각각 설정할 수 있고, 동시에 설정할 수도 있음

상 중 하

25 다음 중 목표값 찾기에 관한 설명으로 옳지 않은 것은?

① 목표값 찾기는 수식이 사용된 셀에서 수식으로 구하려는 결과 값은 알고 있으나 그 결과 값을 얻기 위해 필요한 수식 입력 값을 모르는 경우에 사용하는 기능이다.
② 여러 개의 변수를 조정하여 특정한 목표값을 찾을 때는 '해 찾기'를 이용한다.
③ 변경할 입력 값에 제한 조건을 지정하여 가장 효과적인 입력 값을 구할 수 있다.
④ 목표값 찾기에서 결과 값으로 사용되는 셀은 반드시 다른 셀을 참조하는 수식으로 구성되어 있어야 한다.

③은 해 찾기 모델 설정 대화 상자에서 설정 가능함

ANSWER 22 ③ 23 ④ 24 ② 25 ③

상중하

26 다음 중 정렬에 관한 설명으로 옳지 않은 것은?

① 기본적으로 행 단위로 정렬한다.
② 특정한 셀 범위를 설정하고 정렬을 실행해도 표 범위 전체로 정렬 범위가 확장되어 실행된다.
③ 오름차순으로 정렬하면 숫자가 기호 문자, 한글보다 앞에 위치한다.
④ 오름차순과 내림차순이 아닌 다른 정렬 순서를 사용할 때는 먼저 사용자 지정 목록으로 등록해야 한다.

특정한 셀 범위를 설정하고 정렬하는 경우 설정된 범위만 정렬됨

상중하

27 다음 서식 코드를 데이터에 사용자 지정 표시 형식으로 설정한 후 표시되는 결과로 옳지 않은 것은?(단, 열의 너비는 기본 값인 '8.38'로 설정되어 있음)

합격강의

	서식 코드	데이터	결과
①	*-#,##0	123	--------123
②	*0#,##0	123	*******123
③	**#,##0	123	*******123
④	**#,##0	-123	-******123

123에 *0#,##0 서식 코드를 설정하면 * 다음의 0이 반복되므로 결과는 00000 123이 됨

상중하

28 다음 중 인수를 사용하지 않는 함수는?

① SUM
② NOW
③ HLOOKUP
④ MAX

NOW : 인수를 사용하지 않고 현재 시스템의 날짜와 시간을 표시함

오답 피하기

- SUM : 인수들의 합계를 구함
- HLOOKUP : 셀 범위나 배열에서 찾을 값에 해당하는 열을 찾은 후 행 번호에 해당하는 셀의 값을 구함
- MAX : 인수 중 최대값을 구함

상중하

29 다음 시트처럼 셀 값을 입력하기 위해서 [A1] 셀에 숫자 1을 입력하고, [A1] 셀에서 마우스로 채우기 핸들을 아래로 드래그하려고 한다. 숫자가 증가되도록 하기 위해 함께 눌러줘야 하는 키로 옳은 것은?

	A	B
1	1	
2	2	
3	3	
4	4	
5	5	
6	6	
7	7	
8	8	
9	9	
10	10	
11	11	
12		

① Alt
② Ctrl
③ Shift
④ Tab

채우기 핸들을 사용할 때 Ctrl을 함께 누르면 숫자가 증가하여 입력됨

상중하

30 아래 시트는 평균 [D2:D6]을 이용하여 순위 [E2:E6]를 계산한 것이다. [E2] 셀에 수식을 입력하고 자동 채우기 핸들을 이용하여 [E6] 셀까지 드래그하였다면, [E2] 셀에 들어갈 수식으로 옳은 것은?

합격강의

	A	B	C	D	E
1	수험번호	1차 점수	2차 점수	평균	순위
2	12345	88	86	87	2
3	23456	56	67	62	4
4	78900	90	92	91	1
5	45676	53	65	59	5
6	34780	80	90	85	3

① =RANK.EQ($D$2:$D$6,D2,0)
② =RANK.EQ($D$2:$D$6,D2,1)
③ =RANK.EQ(D2,$D$2:$D$6,0)
④ =RANK.EQ(D2,$D$2:$D$6,1)

- =RANK.EQ(인수, 범위, 순위 결정 방법) : 범위에서 인수의 순위를 구함. 순위 결정 방법이 0이거나 생략되면 내림차순, 0 이외의 값은 오름차순으로 표시함
- 인수 : 각 수험번호에 해당하는 평균을 입력하기 위해 상대 주소로 입력함 → D2
- 범위 : 전체 평균이 있는 범위는 변하지 않도록 절대 참조로 표시해야 하므로 $를 붙임 → $D$2:$D$6
- 순위 결정 방법 : 큰 값이 1등이 되도록 내림차순으로 설정해야 하므로 0을 입력하거나 생략함

ANSWER 26 ② 27 ② 28 ② 29 ② 30 ③

상중하

31 다음은 엑셀의 차트 기능을 설명한 것이다. ⓐ~ⓒ에 들어갈 내용을 순서대로 나열한 것은?

> 차트를 작성하기 위해서는 원본 데이터를 선택한 후 (ⓐ) 키를 누르면 (ⓑ)에 자동으로 차트가 생성되며, 별도로 설정하지 않았을 경우 기본 차트는 (ⓒ) 차트이다.

① F11 → 새로운 차트 시트 → 묶은 세로 막대형
② F11 → 현재 통합 문서에 있는 워크시트 → 묶은 가로 막대형
③ F8 → 새로운 차트 시트 → 묶은 가로 막대형
④ F8 → 현재 통합 문서에 있는 워크시트 → 묶은 가로 막대형

원본 데이터를 선택하고 F11을 누르면 워크시트의 앞쪽에 Chart1과 같은 이름으로 새로운 차트 시트에 자동으로 차트가 생성되며, 별도로 설정하지 않았을 경우 기본 차트는 묶은 세로 막대형 차트가 됨

상중하

32 다음 중 성명이 '최'로 시작하거나 출신지역이 '서울'인 데이터를 추출하기 위한 고급 필터 조건으로 옳은 것은?

①

성명	출신지역
최*	서울

②

성명	출신지역
최*	
	서울

③

성명	최*
출신지역	서울

④

성명	최*	
출신지역		서울*

- 조건 범위의 첫 행에는 필드명을 나란히 입력하고 다음 행부터 조건을 입력함
- 고급 필터에서 조건이 다른 행에 위치하면 조건들을 '또는(OR)'으로 설정할 수 있음

상중하

33 다음 중 워크시트에 입력된 데이터 중 특정한 내용을 찾거나 바꾸는 [찾기 및 바꾸기] 기능에 대한 설명으로 옳지 않은 것은?

① 와일드카드 문자(?, *)를 사용할 수 있다.
② +, − 와 같은 특수 문자를 찾을수 있다.
③ 와일드카드 문자(?, *) 자체를 찾을 경우는 % 기호를 와일드카드 문자 앞에 사용하면 된다.
④ 행 방향으로 먼저 검색할지, 열 방향으로 먼저 검색할지를 사용자가 설정할 수 있다.

와일드카드 문자(?, *) 자체를 찾을 경우는 ~ 기호를 와일드카드 문자 앞에 사용하면 됨

상중하

34 다음 시트에서 [D3] 셀에 수식 =SUM(A1:C1 A2:C2)를 입력했을 때 [D3] 셀에 표시되는 결과로 옳은 것은?

합격강의

D3 | =SUM(A1:C1 A2:C2)

	A	B	C	D	E	F
1	10	20	30			
2	100	200	300			
3				=SUM(A1:C1 A2:C2)		
4						

① 60
② #NULL!
③ #VALUE!
④ 660

- 수식에서 교점 연산자(공백)를 사용하면 두 영역의 교차 지점에 있는 범위를 참조하고, 교차 지점을 찾지 못한 경우 #NULL! 오류가 발생됨
- A1:C1 A2:C2는 교차 지점이 없으므로 #NULL!이 표시됨

ANSWER 31 ① 32 ② 33 ③ 34 ②

상중하

35 다음 중 워크시트의 셀 구분선을 그대로 인쇄하기 위한 설정 방법으로 옳은 것은?

① 페이지 설정 대화 상자의 [머리글/바닥글] 탭에서 '눈금선'을 선택한다.
② 페이지 설정 대화 상자의 [페이지] 탭에서 '눈금선'을 선택한다.
③ 페이지 설정 대화 상자의 [여백] 탭에서 '눈금선'을 선택한다.
④ 페이지 설정 대화 상자의 [시트] 탭에서 '눈금선'을 선택한다.

[시트] 탭에서 '눈금선'을 선택하고 인쇄하면 셀 구분선이 인쇄됨

상중하

36 다음 중 엑셀의 오차 막대에 대한 설명으로 옳지 않은 것은?

① 3차원 차트는 오차 막대를 표시할 수 없다.
② 차트에 고정값, 백분율, 표준 편차, 표준 오차, 사용자 지정 중 선택하여 오차량을 표시할 수 있다.
③ 오차 막대를 화면에 표시하는 방법에는 2가지로 양의 값, 음의 값이 있다.
④ 차트에 오차 막대를 추가하려면 데이터 계열을 선택한 후 [차트 디자인]–[차트 레이아웃]–[차트 추가 요소]–[오차 막대]를 클릭한다.

오차 막대는 음의 값과 양의 값 그리고 모두(음, 양)를 표시할 수 있음

상중하

37 다음 중 엑셀의 각종 데이터 입력에 관한 설명으로 옳지 않은 것은?

① 범위를 지정하고 데이터를 입력한 후 Ctrl+Alt+Enter를 누르면 동일한 데이터가 한 번에 입력된다.
② 시간 데이터는 콜론(:)으로 시, 분, 초를 구분하여 입력한다.
③ 오늘 날짜를 간단히 입력하기 위해서는 TODAY() 함수나 Ctrl+;을 누르면 된다.
④ 날짜 데이터 입력 시 연도를 생략하고 월, 일만 입력하면 자동으로 올해의 연도가 추가되어 입력된다.

범위를 지정하고 데이터를 입력한 후 Ctrl+Enter를 눌러야 동일한 데이터가 한 번에 입력됨

상중하

38 다음 중 부분합에 관한 설명으로 옳지 않은 것은?

① 부분합을 실행하기 전에 그룹시키고자 하는 필드를 기준으로 정렬되어 있어야 올바른 결과를 얻을 수 있다.
② 부분합을 작성한 후 윤곽 기호를 클릭하여 특정한 데이터가 표시된 상태에서 차트를 작성하면 화면에 표시된 데이터만 차트에 표시된다.
③ 여러 함수를 이용하여 부분합을 작성하려면 두 번째부터 실행하는 [부분합] 대화 상자에서 '새로운 값으로 대치'가 반드시 선택되어 있어야 한다.
④ 그룹별로 페이지를 달리하여 인쇄하기 위해서는 [부분합] 대화 상자에서 '그룹 사이에서 페이지 나누기'를 선택한다.

'새로운 값으로 대치'는 이미 부분합이 작성된 목록에서 이전 부분합을 지우고 현재 설정대로 새로운 부분합을 작성하여 삽입하므로, 여러 함수를 이용하여 부분합을 작성하려면 두 번째부터는 실행하는 [부분합] 대화 상자에서 '새로운 값으로 대치'의 선택을 해제해야 함

ANSWER 35 ④ 36 ③ 37 ① 38 ③

상중하

39 다음 시트처럼 [B1] 셀에 사원번호를 입력하여 성명, 부서명, 직급, 급여를 조회하려고 한다. [B2] 셀에 입력할 수식으로 옳은 것은?

합격 강의

	A	B	C	D	E	F	G	H
1	사원번호	333		사원번호	성명	부서명	직급	급여
2	성명	김나운		111	정소영	기획부	부장	4,500,000
3	부서명	홍보부		222	김혜빈	홍보부	과장	3,200,000
4	직급	대리		112	이대한	기획부	대리	2,800,000
5	급여	2900000		223	정상공	인사부	사원	2,100,000
6				333	김나운	홍보부	대리	2,900,000
7				334	김희준	인사부	과장	3,300,000
8				567	엄지홍	영업부	차장	3,800,000
9				896	김선	영업부	부장	4,200,000

① =HLOOKUP($B$1,$D$2:$H$9,2,FALSE)
② =HLOOKUP($D$2:$H$9,$B$1,2,TRUE)
③ =VLOOKUP($B$1,$D$2:$H$9,2,FALSE)
④ =VLOOKUP($B$1,$D$2:$H$9,3,TRUE)

VLOOKUP 함수

- 기능 : 표의 가장 왼쪽 열에서 특정 값을 찾아, 지정한 열에서 같은 행에 있는 셀의 값을 표시함
- 형식 : =VLOOKUP(찾을 값, 셀 범위 또는 배열, 열 번호, 찾을 방법)

찾을 값	표의 가장 왼쪽 열에서 찾고자 하는 값
셀 범위 또는 배열	찾고자 하는 값이 있는 범위나 배열
열 번호	같은 행에 있는 값을 표시할 열
찾을 방법	• 생략되거나 TRUE(=1)이면 셀 범위에 똑같은 값이 없을 때는 찾을 값의 아래로 근사 값을 찾아주며, 이때 셀 범위 또는 배열은 첫 번째 열을 기준으로 오름차순으로 정렬되어 있어야 함 • FALSE(=0)로 지정되면 정확한 값을 찾아주며, 만약 그 값이 없을 때는 #N/A 오류가 발생함

- =VLOOKUP($B$1,$D$2:$H$9,2,FALSE) : [$B$1] 셀에 입력된 사원번호(333)를 [$D$2:$H$9] 범위의 첫 열에서 정확한 값(FALSE)으로 검색하여 2열(성명)에서 같은 행에 있는 값(김나운)을 표시함

상중하

40 다음 중 엑셀의 시트 선택에 대한 설명으로 옳은 것은?

① 모든 시트를 한 번에 선택할 때는 시트 탭에서 마우스 오른쪽 단추를 클릭하여 [모든 시트 선택] 메뉴를 선택한다.
② 떨어져 있는 여러 개의 시트를 선택할 때는 Alt를 누른 채 시트 탭을 클릭하면 된다.
③ 연속된 여러 개의 시트를 선택할 때는 첫 번째 시트를 선택하고 Ctrl을 누른 상태에서 마지막 시트 탭을 클릭하면 된다.
④ 워크시트를 삽입하거나 삭제할 때 한 번에 여러 개의 시트를 대상으로 작업할 수는 없다.

모든 시트 선택은 시트 탭에서 마우스 오른쪽 단추를 클릭하여 모든 시트 선택을 클릭하여 전체 시트를 선택함

오답 피하기

- ② : 떨어져 있는 여러 개의 시트를 선택할 때는 Ctrl을 누른 채 시트 탭을 클릭함
- ③ : 연속된 여러 개의 시트를 선택할 때는 첫 번째 시트를 선택하고 Shift를 누른 상태에서 마지막 시트 탭을 클릭함
- ④ : 워크시트를 삽입하거나 삭제할 때 한 번에 여러 개의 시트를 대상으로 작업할 수 있음

ANSWER 39 ③ 40 ①

▶ 합격 강의

해설과 함께 보는 2021년 상시 기출문제 05회

2급	소요시간	문항수
	총40분	총40개

풀이 시간 : ____________ 채점 점수 : ____________

1과목 컴퓨터 일반

상 중 하

01 다음 중 멀티미디어를 활용하는 용어에 대한 설명으로 옳은 것은?

합격 강의

① VCS는 각종 영상 정보를 데이터베이스로 구축하여 사용자의 요구에 따라 프로그램을 즉시 전송하여 가정에서 원하는 정보를 이용할 수 있도록 해 주는 서비스이다.

② PACS는 원격 진료를 가능하게 실현시켜 주는 아날로그 의료 영상 저장 전송 시스템이다.

③ CAI는 컴퓨터를 이용하여 학습자에게 교육 내용을 설명하거나 연습 문제를 주어서 학습자가 개별적으로 학습을 진행하는 것을 가능하게 하는 교육 시스템이다.

④ VOD는 멀리 떨어져 있는 사람들끼리 각자의 설치된 TV 화면에 비친 화상 및 음향 등을 통하여 회의를 진행할 수 있도록 만든 시스템이다.

오답 피하기

- ① VCS(Video Conference System) : 멀리 떨어져 있는 사람들끼리 각자의 설치된 TV 화면에 비친 화상 및 음향 등을 통하여 회의를 진행할 수 있도록 만든 시스템
- ② PACS(Picture Archiving Communication System) : 원격 진료를 가능하게 실현시켜 주는 디지털 의료 영상 저장 전송 시스템
- ④ VOD(Video On Demand) : 각종 영상 정보를 데이터베이스로 구축하여 사용자의 요구에 따라 프로그램을 즉시 전송하여 가정에서 원하는 정보를 이용할 수 있도록 해 주는 서비스

상 중 하

02 다음 중 멀티미디어의 발전 배경에 대한 설명으로 적절하지 않은 것은?

① LTE, 5G 등의 인터넷 기술의 발전

② 압축 기법과 데이터 처리 및 저장 장치의 발전

③ 초고속 통신망 기술의 발전

④ 랜섬웨어 기술의 발전

랜섬웨어(Ransomware) : 컴퓨터 시스템을 사용할 수 없도록 저장된 데이터를 암호화하거나 시스템을 잠근 다음 정상 사용을 조건으로 비트코인 등의 금전을 요구하는 악성 소프트웨어이며, 멀티미디어 발전 배경에는 해당되지 않음

상 중 하

03 다음 중 바이러스에 대한 설명으로 옳지 않은 것은?

① 사용자 몰래 스스로 복제하여 다른 프로그램을 감염시키고, 정상적인 프로그램이나 다른 데이터 파일 등을 파괴한다.

② 감염 부위에 따라 부트 바이러스와 파일 바이러스로 구분한다.

③ 컴퓨터 하드웨어와 무관하게 소프트웨어에만 영향을 미친다.

④ 주로 복제품을 사용하거나 통신 매체를 통하여 다운받은 프로그램에 의해 감염된다.

바이러스는 종류에 따라 소프트웨어뿐만 아니라 CMOS의 내용 파괴, 사용 가능한 메모리의 공간 축소, 시스템의 속도 저하 등 각 장치에도 영향을 미치므로 하드웨어와 무관하지 않음

상 중 하

04 다음 중 전자우편에 사용되는 프로토콜인 POP3(Post Office Protocol3)에 관한 설명으로 옳은 것은?

① 메일 서버에 도착한 메일을 사용자 컴퓨터로 가져와 관리한다.

② 사용자의 컴퓨터에서 작성한 메일을 다른 사람의 계정이 있는 곳으로 전송해 주는 역할을 한다.

③ 웹 브라우저가 지원하지 않는 각종 멀티미디어 파일의 내용을 확인한 후 실행해 준다.

④ 메일을 패킷으로 나누어 패킷 주소를 해석하고 경로를 결정하여 메일 서버로 보낸다.

오답 피하기

②: SMTP, ③: MIME, ④: TCP/IP

ANSWER 01 ③ 02 ④ 03 ③ 04 ①

상 중 하

05 다음 설명 중 옳지 않은 것은?

① FTP(File Transfer Protocol)는 인터넷 환경에서 파일을 송수신할 때 사용하는 원격 파일 전송 프로토콜이다.
② DHCP(Dynamic Host Configuration Protocol)는 동적 호스트 설정 통신 규약이다.
③ HTTP(HyperText Transfer Protocol)는 전자우편으로 멀티미디어 정보를 전송할 수 있도록 해 주는 멀티미디어 지원 프로토콜이다.
④ TCP/IP(Transmission Control Protocol/Internet Protocol)는 인터넷 표준 프로토콜이다.

HTTP(HyperText Transfer Protocol) : 인터넷상에서 웹 서버와 클라이언트 브라우저 간의 하이퍼텍스트 문서를 교환하기 위하여 사용되는 통신 규약

오답 피하기

MIME(Multipurpose Internet Mail Extensions) : 전자우편으로 멀티미디어 정보를 전송할 수 있도록 해 주는 멀티미디어 지원 프로토콜

상 중 하

06 다음 중 〈보기〉의 업무를 수행하는 기관으로 옳은 것은?

합격 강의

〈보기〉

- 우리나라의 공식 인터넷 주소 자원을 관리한다.
- IP 주소 할당 및 관리, 도메인 이름 등록 및 관리, Whois 운영 및 관리 등을 수행한다.
- 인터넷 주소 자원 센터 운영 및 보안 강화 업무를 수행한다.

① ICANN ② IGF
③ KRNIC ④ WSIS

KRNIC(KoRea Network Information Center) : 한국 인터넷 정보 센터로 인터넷 주소 자원 관리 업무를 담당함

오답 피하기

- ICANN : 국제 인터넷 주소 기구
- IGF : 인터넷 거버넌스포럼
- WSIS : 정보사회 세계정상회의

상 중 하

07 다음 중 한글 Windows에서 [드라이브 조각 모음 및 최적화]를 수행할 수 있는 대상으로 옳은 것은?

① CD-ROM 드라이브
② Windows가 지원하지 않는 형식의 압축 프로그램
③ 외장 하드디스크 드라이브
④ 네트워크 드라이브

CD-ROM 드라이브, Windows가 지원하지 않는 형식의 압축 프로그램, 네트워크 드라이브 등은 [드라이브 조각 모음 및 최적화]를 수행할 수 없음

상 중 하

08 다음 중 〈보기〉의 장치와 기능이 올바르지 않게 짝지어진 것은?

합격 강의

〈보기〉

가. 라우터 나. 리피터 다. 브리지 라. 게이트웨이

ⓐ 디지털 신호의 장거리 전송을 위해 수신한 신호를 재생하거나 출력 전압을 높여 전송
ⓑ 데이터 전송을 위한 최적의 경로를 찾아 통신망에 연결하는 장치
ⓒ 디지털 신호를 아날로그 신호로 변환하는 변조 과정과 반대로 복조 과정을 수행하는 장치
ⓓ 독립된 두 개의 근거리 통신망(LAN)을 연결하는 접속 장치

① 가-ⓑ ② 나-ⓐ
③ 다-ⓓ ④ 라-ⓒ

게이트웨이(Gateway) : 서로 구조가 다른 두 개의 통신 네트워크를 연결하는 데 쓰이는 장치

오답 피하기

모뎀(MODEM) : 디지털 신호를 아날로그 신호로 변환하는 변조 과정과 반대로 복조 과정을 수행하는 장치

상 중 하

09 다음 중 컴퓨터의 특징에 관한 설명으로 옳은 것은?

① 컴퓨터에서 사용되는 용어 중 'GIGO'는 입력 데이터가 옳지 않으면 출력 결과도 옳지 않다는 의미의 용어로 'Garbage In Garbage Out'의 약자이다.
② 범용성은 컴퓨터 기종에 상관없이 데이터 값을 동일하게 공유하여 처리할 수 있는 것을 의미한다.
③ 컴퓨터의 처리 속도 단위는 KB, MB, GB, TB 등으로 표현된다.
④ 컴퓨터 사용에는 사무처리, 학습, 과학계산 등 다양한 분야에서 이용될 수 있는 특징이 있으며, 이러한 특징을 호환성이라고 한다.

오답 피하기

- ② : 호환성을 의미함
- ③ : 처리 속도 단위는 ms, μs, ns, ps, fs, as
- ④ : 범용성을 의미함

ANSWER 05 ③ 06 ③ 07 ③ 08 ④ 09 ①

상 중 하

10 다음 중 메모리에 관한 설명으로 옳지 않은 것은?

① 캐시 메모리는 중앙 처리 장치와 주기억 장치 사이에 위치하여 컴퓨터의 처리 속도를 향상하는 역할을 한다.
② 가상 기억 장치는 보조 기억 장치 일부를 주기억 장치처럼 사용하는 메모리 관리 기법으로 주기억 장치보다 큰 프로그램을 불러와 실행해야 할 때 유용하다.
③ 연관 메모리는 주기억 장치에 저장된 정보에 접근할 때 주소 대신 기억된 정보의 내용 일부를 이용하여 직접 접근하는 장치이다.
④ 플래시 메모리는 CD, DVD와 같은 크기로 짧은 파장을 갖는 레이저를 사용하며, 트랙의 폭이 가장 좁고 단층 구조는 25GB, 듀얼 레이어는 50GB까지 저장할 수 있다.

④는 블루레이(Blu-ray) 디스크를 의미함

오답 피하기

플래시 메모리 : 전기적인 방법으로 수정이 가능한 EEPROM을 개선한 메모리 칩으로, MP3 플레이어, 휴대전화, 디지털카메라 등에 널리 사용됨

상 중 하

11 다음 중 레지스터에 대한 설명으로 옳지 않은 것은?

① 레지스터 → 캐시 메모리 → 주기억 장치 → 보조 기억 장치 순으로 레지스터의 속도가 가장 빠르다.
② 레지스터는 기본 소자인 플립플롭(Flip-Flop)이나 플립플롭의 기본 구성 요소인 래치(Latch)를 직렬이나 병렬로 연결한 구조이다.
③ 컴퓨터 내에서 중앙 처리 장치(CPU)와 주기억 장치, 입출력 장치 간에 정보를 전송하는 데 사용되는 전기적 공통 선로이다.
④ 중앙 처리 장치(CPU)에서 명령이나 연산 결과 값을 일시적으로 저장하는 임시 기억 장소이다.

③은 버스(Bus)에 대한 설명임

상 중 하

12 다음 중 모니터에 관련된 용어에 대한 설명으로 옳지 않은 것은?

합격 강의

① 화면의 크기는 화면의 가로, 세로 길이를 센티미터(cm) 단위로 표시한다.
② 해상도(Resolution)는 모니터 화면의 이미지를 얼마나 세밀하게 표시할 수 있는가를 나타내는 정보로 픽셀 수에 따라 결정된다.
③ 재생률(Refresh Rate)은 픽셀들이 밝게 빛나는 것을 유지하도록 하기 위한 1초당 재충전 횟수를 의미한다.
④ 눈의 피로를 줄이기 위해서는 플리커 프리(Flicker Free)가 적용된 모니터가 좋다.

모니터 화면의 크기 화면의 대각선의 길이를 인치(Inch) 단위로 표시함

상 중 하

13 다음 중 자기 디스크에서 시간을 나타내는 용어로 옳지 않은 것은?

① 접근 시간(Access Time)은 탐색 시간과 전송 시간을 합한 시간이다.
② 탐색 시간(Seek Time)은 읽고/쓰기(Read/Write) 헤드를 원하는 데이터가 있는 트랙까지 이동하는 데 걸리는 시간이다.
③ 회전 지연 시간(Latency Time)은 읽기/쓰기 헤드가 원하는 데이터가 있는 트랙(실린더)을 찾은 후 디스크가 회전하여 원하는 섹터가 헤드에 올 때까지 걸리는 시간이다.
④ 전송 시간(Transmission Time)은 데이터의 전송이 완료될 때까지 소요되는 시간이다.

접근 시간(Access Time) : 탐색 시간+회전 지연 시간+전송 시간

ANSWER 10 ④ 11 ③ 12 ① 13 ①

상 중 하

14 다음 중 한글 Windows에서 프린터 설치에 관한 설명으로 옳지 않은 것은?

① 프린터 설치의 유형은 로컬 프린터, 네트워크 프린터, 무선 Bluetooth 프린터 등이 있다.
② 새로운 프린터를 설치하는 과정에서 네트워크 프린터를 기본 프린터로 설정하려면 반드시 스풀링의 설정이 필요하다.
③ 여러 대의 프린터를 한 대의 컴퓨터에 설치할 수 있고, 한 대의 프린터를 네트워크로 공유하여 여러 대의 컴퓨터에서 사용할 수 있다.
④ 기본 프린터는 한 대만 지정할 수 있으며, 기본 프린터로 설정된 프린터도 삭제할 수 있다.

스풀링 : 인쇄할 내용을 저장 장치에 저장한 후 인쇄하는 방식으로, 기본 프로그램 설정과 관계가 없음

상 중 하

15 다음 중 한글 Windows에서 [연결 프로그램] 메뉴에 대한 설명으로 옳지 않은 것은?

합격 강의

① 파일을 열어서 보여주는 해당 프로그램을 연결 프로그램이라고 한다.
② 바로 가기 메뉴의 [연결 프로그램]에서 연결 프로그램을 변경할 수 있다.
③ 파일의 확장명에 따라 연결 프로그램이 자동으로 결정된다.
④ 연결 프로그램을 삭제하면 연결된 데이터 파일이 모두 삭제된다.

연결 프로그램을 삭제하더라도 연결된 데이터 파일은 삭제되지 않음

상 중 하

16 다음 중 언어 번역 프로그램에 대한 설명으로 옳은 것은?

① 컴파일러는 저급 언어인 기계어를 고급 언어로 번역하는 프로그램으로 전체를 한 번에 번역한다.
② 인터프리터(Interpreter)는 대화식 언어로 작성된 프로그램을 필요할 때마다 매번 기계어로 번역하여 실행하는 프로그램(BASIC, LISP, SNOBOL, APL 등)으로 행 단위로 번역한다.
③ 어셈블리 언어는 크로스 컴파일러라고 하는 언어 번역기에 의해서 기계어로 번역된다.
④ 언어 번역 프로그램에는 컴파일러, 로더, 코덱 등이 있다.

오답 피하기

- ① 컴파일러(Compiler) : 고급 언어를 기계어로 번역하는 프로그램(FORTRAN, COBOL, PL/1, PASCAL, C언어 등)으로 전체를 한 번에 번역함
- ③ 어셈블리 언어 : 어셈블러라는 언어 번역기에 의해 기계어로 번역됨
- ④ 언어 번역 프로그램 : 컴파일러, 어셈블러, 인터프리터 등이 있음

상 중 하

17 다음 중 한글 Windows에서 [휴지통]에 관한 설명으로 옳지 않은 것은?

합격 강의

① 하드디스크의 파일이나 폴더를 Ctrl+D를 눌러서 삭제하면 [휴지통]에 넣어지며, [휴지통] 아이콘은 빈 휴지통에서 가득찬 휴지통 아이콘으로 바뀐다.
② [휴지통]에 보관된 실행형 파일은 복원이 가능하며 복원하기 전에도 실행시킬 수 있다.
③ Windows에서는 각각의 파티션이나 하드디스크에 [휴지통]을 하나씩 할당한다.
④ [휴지통]에 있는 항목은 사용자가 컴퓨터에서 영구적으로 삭제하기 전까지 휴지통에 그대로 있으며, 사용자가 삭제를 취소하거나 원래 위치로 복원할 수 있다.

[휴지통]에 보관된 파일은 복원 가능하지만 복원하기 전까지는 실행이 되지 않음

ANSWER 14 ② 15 ④ 16 ② 17 ②

상 중 하

18 다음 중 [파일 탐색기]에서 사용하는 바로 가기 키의 기능이 옳지 않은 것은?

① F11 : 현재 창 최대화 또는 최소화
② Back Space : 현재 폴더의 상위 폴더로 이동
③ Alt+P : 세부 정보 창
④ Ctrl+Shift+N : 새 폴더 만들기

Alt+P : 미리 보기 창 표시

오답 피하기

Alt+Shift+P : 세부 정보 창

상 중 하

19 다음 중 한글 Windows의 [설정]에서 내 PC에 설치된 프로그램을 제거하는 항목은?

① [시스템]
② [앱]
③ [개인 설정]
④ [장치]

[설정]-[앱] : 내 PC에 설치되어 있는 프로그램(앱)을 제거함

상 중 하

20 다음 중 한글 Windows의 [설정]-[개인 설정]에서 설정 가능한 항목으로 옳지 않은 것은?

① 배경
② 잠금 화면
③ 테마
④ Windows 업데이트

Windows 업데이트 : [설정]-[업데이트 및 보안]

오답 피하기

[설정]-[개인 설정]에서 설정 가능한 항목 : 배경, 색, 잠금 화면, 테마, 글꼴, 시작, 작업 표시줄 등

2과목 스프레드시트 일반

상 중 하

21 다음 워크시트에서 접수날짜가 6월인 레코드를 검색하려고 할 때 고급 필터의 조건으로 올바르게 표현된 것은?

	A	B	C
1	접수날짜	성명	강좌명
2	2022-01-17	김나운	컴활
3	2022-06-03	김선	필라테스
4	2022-12-09	이상공	탁구
5	2022-06-21	왕정보	농구
6	2023-06-18	최영진	배드민턴

①

날짜
=MONTH(A2)=6

②

접수날짜
>=2022-06-01

③

날짜
>2022-06-01

④

접수날짜
=MONTH(A2)=6

- 조건에 함수를 사용할 경우 기존 필드명과 다르게 지정하거나 필드명을 생략해야 하는데, ②와 ④는 '접수날짜'로 기존 필드명과 똑같이 했기 때문에 조건으로 옳지 않음
- 날짜 데이터에서 '월'만 추출하는 함수는 MONTH임
- =MONTH(A2)=6 : [A2] 셀의 2022-01-17에서 01월을 추출함

상 중 하

22 다음 중 피벗 테이블에 대한 설명으로 옳지 않은 것은?

① 피벗 테이블 작성 후에도 사용자가 새로운 수식을 추가하여 표시할 수 있다.
② 피벗 테이블 결과가 표시되는 장소는 동일한 시트 내에만 지정된다.
③ 피벗 테이블로 작성된 목록에서 행 필드를 열 필드로 편집할 수 있다.
④ 피벗 테이블은 많은 양의 데이터를 손쉽게 요약하기 위해 사용되는 기능이다.

피벗 테이블 보고서는 새 워크시트, 기존 워크시트에서 선택할 수 있음

ANSWER 18 ③ 19 ② 20 ④ 21 ① 22 ②

23 다음 중 [데이터 유효성] 대화 상자–[설정] 탭의 '유효성 조건'의 제한 대상에 해당하지 않는 것을 모두 고른 것은?

〈보기〉

가. 모든 값	나. 정수	다. 소수점
라. 텍스트 서식	마. 시간	바. Yes/No

① 가, 나　　② 다, 마
③ 가, 마　　④ 라, 바

'유효성 조건'의 제한 대상 : 모든 값, 정수, 소수점, 목록, 날짜, 시간, 텍스트 길이, 사용자 지정 등

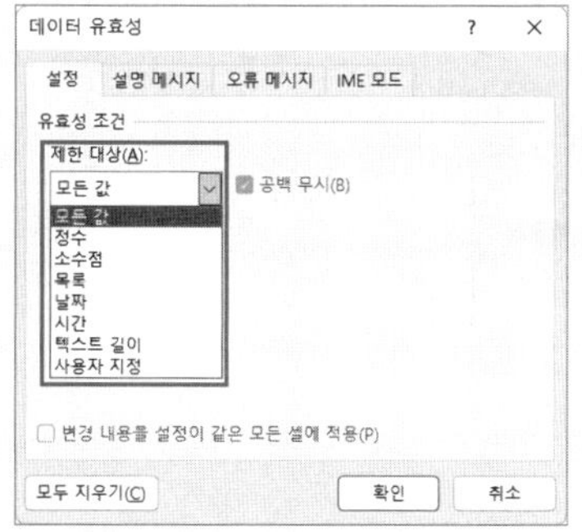

24 다음 중 조건부 서식에 관한 설명으로 옳은 것은?

① 좌측/우측 규칙의 사용이 가능하다.
② 셀 강조 규칙 중 '중복 값'은 지원되지 않는다.
③ 주어진 조건에 따라 데이터 막대, 색조 및 아이콘 집합을 사용할 수 있다.
④ [홈] 탭–[표시 형식] 그룹에서 사용할 수 있다.

조건부 서식은 주어진 조건에 따라 데이터 막대, 색조 및 아이콘 집합을 사용할 수 있음

오답 피하기

- ① : 상위/하위 규칙이 있음
- ② : 셀 강조 규칙 중 '중복 값' 기능이 지원됨
- ④ : [홈] 탭–[스타일] 그룹에서 사용할 수 있음

25 다음 중 엑셀의 인쇄에 관한 설명으로 옳지 않은 것은?

① 워크시트의 일부만 인쇄 영역으로 설정할 수 있다.
② 인쇄되는 시작 페이지의 번호를 지정할 수 있다.
③ 눈금선, 행/열 머리글 등을 인쇄하도록 설정할 수 있다.
④ [기본] 보기 상태에서 페이지 구분선과 페이지 번호가 나타난다.

[기본] 보기 상태는 일반 작업 상태이고, [페이지 나누기 미리 보기] 상태에서 페이지 구분선과 페이지 번호가 나타남

26 아래 시트에서 [B2:D5] 영역을 선택하고 선택된 셀들의 내용을 모두 지우려고 할 경우 다음 중 결과가 다르게 나타나는 것은?

합격강의

	A	B	C	D
1	이기적컴활	이기적컴활	이기적컴활	이기적컴활
2	이기적컴활	이기적컴활	이기적컴활	이기적컴활
3	이기적컴활	이기적컴활	이기적컴활	이기적컴활
4	이기적컴활	이기적컴활	이기적컴활	이기적컴활
5	이기적컴활	이기적컴활	이기적컴활	이기적컴활

① 키보드의 [Delete]를 누른다.
② 키보드의 [Back Space]를 누른다.
③ [홈]–[편집]–[지우기] 메뉴에서 [내용 지우기]를 선택한다.
④ 마우스의 오른쪽 버튼을 눌러서 나온 바로 가기 메뉴에서 [내용 지우기]를 선택한다.

[Back Space]를 누르면 [B2] 셀의 내용만 지워짐

	A	B	C	D
1	이기적컴활	이기적컴활	이기적컴활	이기적컴활
2	이기적컴활		이기적컴활	이기적컴활
3	이기적컴활	이기적컴활	이기적컴활	이기적컴활
4	이기적컴활	이기적컴활	이기적컴활	이기적컴활
5	이기적컴활	이기적컴활	이기적컴활	이기적컴활

27 다음 중 [이름 관리자]에 대한 설명으로 옳지 않은 것은?

① [수식] 탭–[정의된 이름] 그룹에서 실행할 수 있다.
② 이름 관리자의 바로 가기 키는 [Shift]+[F3]이다.
③ 통합 문서에서 사용된 모든 이름을 만들고 편집 및 삭제할 수 있다.
④ [A1:A5] 범위를 '점수'라는 이름으로 정의하면 =SUM(A1:A5)를 =SUM(점수)처럼 사용할 수 있다.

이름 관리자의 바로 가기 키 : [Ctrl]+[F3]

오답 피하기

[Shift]+[F3] : 함수 마법사

28 다음 중 8963 이상인 데이터에 대하여 글꼴의 색을 빨간색으로 표시하고, 천 단위마다 쉼표(,)를 붙이고자 할 때 사용하는 지정 서식으로 옳은 것은?

① [>=8963][빨강]#,###
② [>=8963](빨강)#,###
③ (>=8963)[빨강]#,###
④ (>=8963)(빨강)#,###

- '[조건][색상]서식' 순으로 서식을 입력함
- 조건이나 글자색을 지정할 때는 대괄호([ ]) 안에 입력함

ANSWER 23 ④ 24 ③ 25 ④ 26 ② 27 ② 28 ①

상 중 하

29 **다음 워크시트에서 [A7] 셀에 입력된 =INDEX(A3:C5,E3:G5),2,2,2)의 결과 값으로 옳은 것은?**

합격강의

	A	B	C	D	E	F	G
1	수출내역1				수출내역2		
2	품명	단가	수량		품명	단가	수량
3	컴퓨터	2,000,000	2,000		키보드	55,000	4,700
4	모니터	750,000	1,000		노트북	2,500,000	1,000
5	마우스	35,000	3,500		마이크	128,000	1,600
6							
7	=INDEX((A3:C5,E3:G5),2,2,2)						
8							

① 2000000
② 2500000
③ 750000
④ 55000

참조형 INDEX 함수
- 참조가 인접하지 않은 영역으로 이루어진 경우, 검색 범위를 선택함
- 형식 : =INDEX((검색 범위1,검색 범위2),행 번호,열 번호,검색 범위 번호)
- =INDEX(A3:C5,E3:G5),2,2,2) : 검색 범위 번호가 2이므로 [E3:G5] 범위의 2행, 2열의 값을 구하며 결과 값은 2500000이 됨

A7 =INDEX((A3:C5,E3:G5),2,2,2)

	A	B	C	D	E	F	G
1	수출내역1				수출내역2		
2	품명	단가	수량		품명	단가	수량
3	컴퓨터	2,000,000	2,000		키보드	55,000	4,700
4	모니터	750,000	1,000		노트북	2,500,000	1,000
5	마우스	35,000	3,500		마이크	128,000	1,600
6							
7	2500000						

상 중 하

30 **다음 중 워크시트 작업 및 관리에 대한 설명으로 옳지 않은 것은?**

① 시트를 삭제한 다음 Ctrl+Z를 눌러서 실행을 취소할 수 있다.
② 연속된 시트의 선택은 Shift를 사용하면 된다.
③ 비연속된 시트의 선택은 Ctrl을 사용하면 된다.
④ 그룹화된 시트에서 데이터 입력 및 편집 등의 작업을 실행하면 그룹 내 시트에 동일한 작업이 실행된다.

시트 삭제는 실행 취소를 할 수 없음

상 중 하

31 **다음 중 매크로에 관한 설명으로 옳지 않은 것은?**

① 매크로 기록을 위해서 상대참조를 선택할 수 있다.
② 바로 가기 키를 이용하여 매크로를 실행할 수 있다.
③ 매크로 저장위치를 '공유 매크로 통합 문서'로 지정할 수 있다.
④ [보기] 탭–[매크로] 그룹–[매크로]–[매크로 보기]에서 매크로 이름을 선택한 후 편집을 실행하여 주석을 삽입할 수 있다.

매크로 저장 위치 : 개인용 매크로 통합 문서, 새 통합 문서, 현재 통합 문서

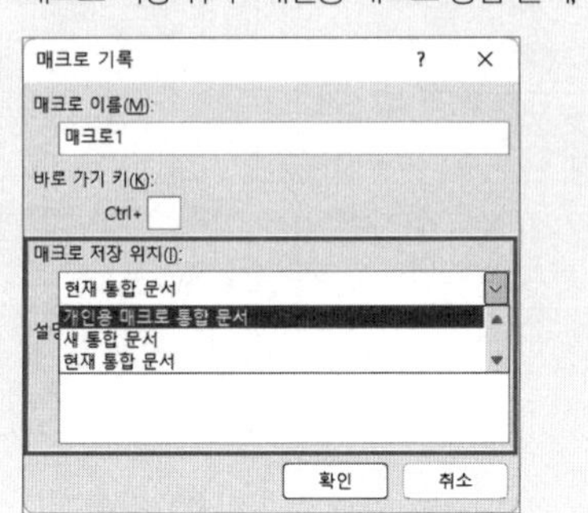

상 중 하

32 **다음 중 아래 시트를 이용한 수식의 결과가 옳지 않은 것은?**

합격강의

	A	B	C
1	1	2	3
2	10	20	30
3	30	30	40
4	40	50	60

① =MODE.SNGL(A1:C4) → 30
② =MOD(C2,C1) → 1
③ =LARGE(A1:C4,2) → 50
④ =EVEN(A1) → 2

=MOD(C2,C1) → 0 : [C2] 셀의 30을 [C1] 셀의 3으로 나눈 나머지를 구하므로 결과는 0이 됨

오답 피하기
- ①=MODE.SNGL(A1:C4) → 30 : [A1:C4] 범위에서 빈도가 가장 많은 최빈수를 구하므로 결과는 30이 됨
- ③=LARGE(A1:C4,2) → 50 : [A1:C4] 범위에서 2번째로 큰 수를 구하므로 결과는 50이 됨
- ④=EVEN(A1) → 2 : [A1] 셀의 1을 짝수로 바꾸므로 결과는 2가 됨

ANSWER 29 ② 30 ① 31 ③ 32 ②

상 중 하

33 다음 〈보기〉에 있는 날짜의 공통점은 윤년이다. 엑셀에서 윤년을 확인하는 방법으로 옳은 것은?

합격강의

〈보기〉

2020-2-29 / 2024-2-29 / 2028-2-29 / 2032-2-29

① 윤년을 구해주는 =Leapyear( ) 함수를 사용하여 윤년을 확인한다.
② 날짜를 입력했을 때 결과가 TRUE이면 윤년, FALSE이면 윤년이 아니다.
③ 날짜는 셀의 왼쪽으로 입력되므로 윤년 날짜를 입력했을 때 왼쪽으로 입력되면 그 날짜는 윤년이다.
④ 날짜는 셀의 오른쪽으로 입력되므로 윤년 날짜를 입력했을 때 오른쪽으로 입력되면 그 날짜는 윤년이다.

엑셀에서 날짜는 셀의 오른쪽으로 입력되므로 윤년 날짜를 입력했을 때 오른쪽으로 입력되면 그 날짜는 윤년에 해당됨

	A
1	윤년 구분하기
2	2020-02-29
3	2021-2-29
4	2022-2-29
5	2023-2-29
6	2024-02-29
7	2028-02-29
8	2032-02-29

상 중 하

34 아래 워크시트는 '수량'과 '물품코드' 별 '단가'를 이용하여 '금액'을 산출한 것이다. 다음 중 [D2] 셀에 사용된 함수식으로 옳은 것은?(금액=수량×단가)

합격강의

	A	B	C	D	E	F
1	지점명	물품코드	수량	금액		
2	동부	AAA	5	5,000		
3	서부	BBB	7	14,000		
4	남부	CCC	3	9,000		
5	북부	DDD	1	4,000		
6						
7	물품코드	AAA	BBB	CCC	DDD	
8	단가	1000	2000	3000	4000	
9						

① =C2*LOOKUP(B2,$A$7:$E$8,1,0)
② =C2*VLOOKUP(B2,$A$7:$E$8,2,1)
③ =C2*LOOKUP(B2,$A$7:$E$8,2,0)
④ =C2*HLOOKUP(B2,$A$7:$E$8,2,0)

• =C2*HLOOKUP(B2,$A$7:$E$8,2,0) : 물품코드별 단가가 수평(행) 형태로 되어 있으므로 그 단가를 가져오기 위해서는 HLOOKUP 함수를 이용해야 하며 물품코드별 단가에 수량(C2)을 곱함
• [$A$7:$E$8]에서 단가는 2행이고 반드시 같은 물품코드(B2)이므로 0(False)을 사용하여 HLOOKUP(B2,$A$7:$E$8,2,0)처럼 수식을 작성함

상 중 하

35 아래의 그림은 엑셀 창의 오른쪽 하단에 있는 [보기 바로 가기] 도구이다. 다음 중 이에 해당되지 않는 것은?

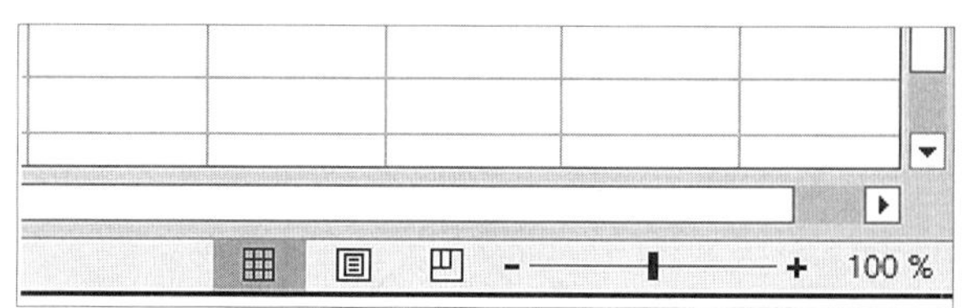

① 기본
② 페이지 레이아웃
③ 페이지 나누기 미리 보기
④ 사용자 지정 보기

사용자 지정 보기 : [보기] 탭-[통합 문서 보기] 그룹에서 실행할 수 있음

오답 피하기

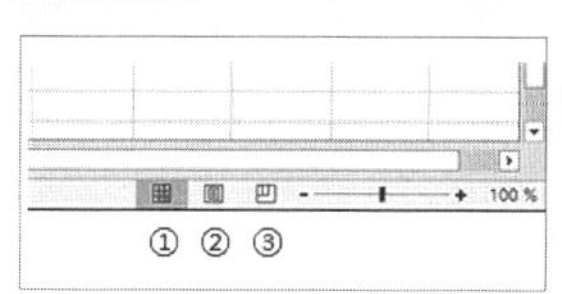

① : 기본, ② : 페이지 레이아웃, ③ : 페이지 나누기 미리 보기

상 중 하

36 다음 중 전체 항목의 합에 대한 각 항목의 비율을 나타내기에 적합한 차트는?

① 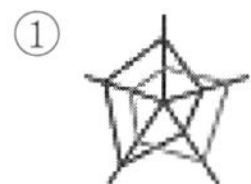
② 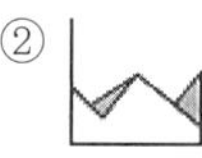
③ 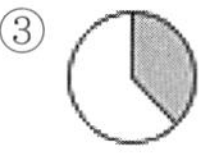
④ 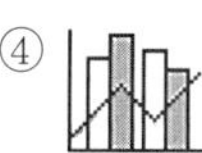

③ 원형 차트 : 전체에 대한 각 값의 기여도를 표시하며, 항목의 값들이 합계의 비율로 표시되므로 중요한 요소를 강조할 때 사용함

오답 피하기

• ① 방사형 차트 : 많은 데이터 계열의 합계 값을 비교할 때 사용하며, 각 항목마다 가운데 요소에서 뻗어나온 값 축을 갖고, 선은 같은 계열의 모든 값을 연결함
• ② 영역형 차트 : 일정한 시간에 따라 데이터의 변화 추세를 표시한 차트
• ④ 혼합형 차트 : 두 개 이상의 데이터 계열이 포함되어 있는 차트에서 특정 계열의 차트 종류를 다르게 표시한 차트

ANSWER 33 ④ 34 ④ 35 ④ 36 ③

상 중 하

37 **다음 아래 차트에 대한 〈보기〉의 설명 중 옳지 않은 것은?**

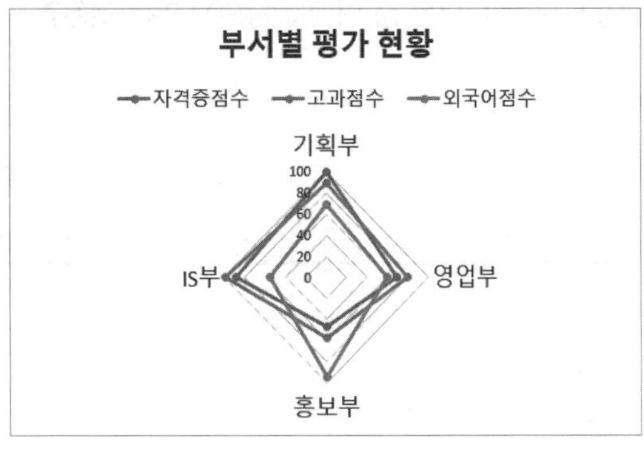

가. 두 데이터 계열에서 최적의 조합을 찾는 데 유용하다.
나. 여러 데이터 계열의 집계 값을 비교할 때 사용한다.
다. 같은 계열에 있는 모든 값들이 선으로 연결되며, 각 계열마다 축을 갖는다.
라. 데이터 계열이 중심점에서 외곽선으로 나오는 축을 갖는다.

① 가 ② 나
③ 다 ④ 라

문제의 차트는 많은 데이터 계열의 합계 값을 비교할 때 사용하는 방사형 차트이며 두 데이터 계열에서 최적의 조합을 찾을 때 유용한 차트는 표면형 차트임

상 중 하

38 **다음 중 [셀 서식]에 대한 설명으로 옳지 않은 것은?**

① 텍스트의 방향은 −90에서 90의 범위 내에서 설정이 가능하다.
② 문자열의 길이가 길어 하나의 셀 안에 표시되지 않을 경우 글자 길이에 맞춰 셀의 열 너비가 자동으로 조절되게 설정할 수 있다.
③ 특정 위치에서 텍스트의 줄을 바꾸려면 줄을 바꿀 위치를 클릭한 다음 Alt+Enter를 누른다.
④ 사용자가 자주 사용하는 서식은 별도로 저장해 둘 수 있다.

[셀 서식]에는 셀의 열 너비가 자동으로 조절되게 설정하는 기능은 없으며, 열 머리글 경계선을 더블 클릭해야만 가장 긴 문자 데이터에 맞추어 너비가 자동 조절됨

상 중 하

39 **다음 중 엑셀에서의 화면 제어에 대한 설명으로 옳지 않은 것은?**

① 화면에 표시되는 워크시트는 최소 10%까지 축소할 수 있다.
② 화면에 표시되는 워크시트는 최대 400%까지 확대할 수 있다.
③ [보기]−[확대/축소]−[선택 영역 확대/축소]를 선택하면 선택한 셀 범위로 전체 창을 채우도록 시트를 확대한다.
④ Shift를 누른 채 마우스의 스크롤 단추를 위로 굴리면 화면이 확대되고, 아래로 굴리면 화면이 축소된다.

Ctrl을 누른 채 마우스의 스크롤 단추를 위로 굴리면 화면이 확대되고, 아래로 굴리면 화면이 축소됨

상 중 하

40 **다음 중 [창 정렬]을 통해 배열된 다른 엑셀 통합 문서로 작업 화면을 전환할 때 사용되는 바로 가기 키로 옳은 것은?**

① Alt+Tab
② Ctrl+Alt+Tab
③ Ctrl+Enter
④ Ctrl+Tab

- Ctrl+Tab : 다른 통합 문서로 이동(=Ctrl+F6)
- Ctrl+Shift+Tab : 이전 통합 문서로 이동(=Ctrl+Shift+F6)

오답 피하기

- Alt+Tab : 열려 있는 앱 간 전환
- Ctrl+Alt+Tab : 화살표 키를 사용해 열려 있는 모든 앱 사이를 전환
- Ctrl+Enter : 동일한 데이터 입력

ANSWER 37 ① 38 ② 39 ④ 40 ④

해설과 따로 보는
상시 기출문제

2022년 상시 기출문제 **01회** 54

2022년 상시 기출문제 **02회** 60

2022년 상시 기출문제 **03회** 66

2022년 상시 기출문제 **04회** 72

2022년 상시 기출문제 **05회** 78

2023년 상시 기출문제 **06회** 84

2023년 상시 기출문제 **07회** 91

2023년 상시 기출문제 **08회** 98

2023년 상시 기출문제 **09회** 105

2023년 상시 기출문제 **10회** 111

2024년 상시 기출문제 **11회** 118

2024년 상시 기출문제 **12회** 125

2024년 상시 기출문제 **13회** 132

2024년 상시 기출문제 **14회** 139

2024년 상시 기출문제 **15회** 146

▶ 합격 강의

해설과 따로 보는 2022년 상시 기출문제 01회

2급	소요시간	문항수
	총40분	총40개

풀이 시간 : ________ 채점 점수 : ________

1과목 컴퓨터 일반

상 중 하

01 다음 중 컴퓨터의 연산 속도 단위가 가장 빠른 것은?

① 1ms ② 1μs
③ 1ns ④ 1ps

상 중 하

02 다음 중 클립보드(Clipboard)에 대한 설명으로 옳지 않은 것은?

합격 강의

① 복사나 잘라내기(이동), 캡처 등의 작업을 저장하는 임시 기억 장소이다.
② 클립보드 기록은 25개 항목으로 제한되며, 클라우드에 동기화할 수도 있다.
③ 항목의 크기는 제한이 없으며 텍스트만 지원된다.
④ [삭제], [고정], [모두 지우기] 기능이 지원되며 [고정]은 클립보드 검색 기록을 삭제하거나 PC를 다시 시작하는 경우에도 항목을 유지한다.

상 중 하

03 다음 중 기억 장치의 접근 속도를 빠른 순에서 느린 순으로 옳게 나열한 것은?

① 레지스터 → 캐시 메모리 → 주기억 장치 → 보조 기억 장치
② 캐시 메모리 → 주기억 장치 → 보조 기억 장치 → 레지스터
③ 주기억 장치 → 보조 기억 장치 → 레지스터 → 캐시 메모리
④ 보조 기억 장치 → 주기억 장치 → 캐시 메모리 → 레지스터

상 중 하

04 다음 중 아래의 설명에 해당하는 것은?

합격 강의

- 국제 표준화 기구(ISO)가 규정
- 잉크젯 프린터의 속도 측정 방식으로 일반(보통) 모드에서 출력 속도를 측정
- 1분 동안 출력할 수 있는 흑백/컬러 인쇄의 최대 매수를 의미

① CPS ② PPM
③ LPM ④ IPM

상 중 하

05 다음 중 컴파일러와 인터프리터에 대한 설명으로 옳지 않은 것은?

① 컴파일러는 목적 프로그램을 생성한다.
② 인터프리터의 번역 단위는 프로그램의 행 단위이다.
③ 컴파일러의 번역 속도는 인터프리터보다 빠르다.
④ 인터프리터는 컴파일러보다 실행 속도가 느리다.

상 중 하

06 다음 중 바로 가기 키의 기능으로 옳지 않은 것은?

합격 강의

① ⊞ + E : 파일 탐색기를 연다.
② ⊞ + D : 바탕 화면을 표시하거나 숨긴다.
③ ⊞ + I : 설정을 연다.
④ ⊞ + L : 모든 창을 최소화한다.

상 중 하

07 다음 중 인터넷 전자우편에 관한 설명으로 옳지 않은 것은?

① 한 사람이 동시에 여러 사람에게 전자우편을 보낼 수 있다.
② 기본적으로 8비트의 EBCDIC 코드를 사용하여 메시지를 보내고 받는다.
③ SMTP, POP3, MIME 등의 프로토콜이 사용된다.
④ 전자우편 주소는 '사용자 ID@호스트 주소'의 형식이 사용된다.

상 중 하

08 **다음 중 각 지역별로 발생된 자료를 분산 처리하는 방식으로 시스템의 과부하를 방지할 수 있으며 시스템의 확장성, 유연성, 안전성, 신뢰성 등에서 유리한 것은?**

① 클라이언트/서버 시스템
② 다중 처리 시스템
③ 일괄 처리 시스템
④ 실시간 처리 시스템

상 중 하

09 **다음 중 디스크 정리에 대한 설명으로 옳지 않은 것은?**

합격 강의

① [시작]-[Windows 관리 도구]-[디스크 정리]를 클릭하여 실행할 수 있다.
② 디스크 정리는 디스크에 단편화되어 저장된 파일들을 모아서 디스크를 최적화한다.
③ 디스크 정리 대상에 해당하는 파일은 임시 파일, 휴지통에 있는 파일, 다운로드한 프로그램 파일, 임시 인터넷 파일 등이다.
④ 디스크 정리는 디스크의 사용 가능한 공간을 늘리기 위하여 불필요한 파일들을 삭제할 때 사용한다.

상 중 하

10 **다음 중 저작권에 따른 소프트웨어의 분류에 대한 설명으로 틀린 것은?**

① 트라이얼 버전(Trial Version) : 상용 소프트웨어를 일정 기간 동안 사용해 볼 수 있는 체험판 소프트웨어
② 애드웨어 : 광고를 보는 대가로 무료로 사용하는 소프트웨어
③ 번들 : 이미 제작하여 배포된 프로그램의 오류 수정이나 성능 향상을 위하여 프로그램 일부를 변경해 주는 프로그램
④ 베타 버전(Beta Version) : 정식 프로그램을 발표하기 전에 테스트를 목적으로 일반인에게 공개하는 프로그램

상 중 하

11 **다음 중 아래의 내용을 수행하는 시스템은?**

- 지리적으로 분산된 원거리에 있는 사람들끼리 사용한다.
- 화상 및 음성 데이터를 실시간으로 양방향 전송을 할 수 있다.
- TV 화면을 통한 화상을 통해 원격으로 회의를 할 수 있다.

① AR ② VR
③ VOD ④ VCS

상 중 하

12 **다음 중 WAVE 형식에 대한 설명으로 옳지 않은 것은?**

① 자연의 음향과 사람의 음성 표현이 가능하다.
② 아날로그 신호를 디지털화하여 나타내는 것으로, 소리의 파장이 그대로 저장된다.
③ 음질이 뛰어나고 파일의 용량이 MIDI보다 작다.
④ 확장자는 *.wav이며, 직접 재생이 가능한 파일 형식이다.

상 중 하

13 **다음 중 데이터의 입출력을 빠르게 하여 CPU의 처리 효율을 높여주는 입출력 전용 처리기는?**

① 포트
② 채널
③ 데드락
④ DMA

상 중 하

14 **다음 중 매크로 바이러스에 해당하는 것은?**

① 웜(Worm) 바이러스
② 예루살렘 바이러스
③ CIH 바이러스
④ 멜리사 바이러스

상 중 하

15 **다음 중 레지스트리(Registry)에 대한 설명으로 옳지 않은 것은?**

합격 강의

① 레지스트리를 잘못 편집하면 운영체제를 완전하게 다시 설치해야 하는 심각한 문제가 발생할 수 있으나 데이터의 손실은 방지해 준다.
② Windows에서 사용하는 환경 설정 및 각종 시스템과 관련된 정보가 저장된 계층 구조식 데이터베이스이다.
③ [시작] 단추(⊞)에서 마우스 오른쪽 단추를 클릭한 후 [실행]을 선택한 다음 열기 상자에 regedit를 입력, 확인을 클릭하여 실행할 수 있다.
④ 작업 표시줄의 검색 상자에 regedit를 입력한 다음 결과에서 레지스트리 편집기를 선택하여 실행할 수 있다.

상 중 하

16 다음 중 영상 신호와 음향 신호를 압축하지 않고 통합하여 전송하는 고선명 멀티미디어 인터페이스로 S-비디오, 컴포지트 등의 아날로그 케이블보다 고품질의 음향 및 영상을 감상할 수 있는 것은?

① HDMI ② DVI
③ USB ④ IEEE-1394

상 중 하

17 다음 중 인터넷에서 사용하는 DNS에 관한 설명으로 옳은 것은?

① 네트워크 계층에서 망을 연결하며, 다양한 전송 경로 중 가장 효율적인 최적의 경로를 선택하여 패킷을 전송하는 장치이다.
② 디지털 신호를 아날로그 신호로 변환하는 변조 과정과 아날로그 신호를 디지털 신호로 변환하는 복조 과정을 수행하는 장치이다.
③ 기억하기 쉬운 문자로 만들어진 도메인 이름을 컴퓨터가 처리할 수 있는 숫자로 된 IP 주소로 바꾸는 시스템이다.
④ 독립된 두 개의 근거리 통신망(LAN)을 연결하는 접속 장치이다.

상 중 하

18 다음 중 파일이나 폴더의 복사, 이동 방법에 대한 결과가 옳지 않은 것은?

합격 강의

① 파일을 마우스로 선택한 후 Ctrl을 누른 채 같은 드라이브의 다른 폴더로 끌어서 놓으면 해당 파일이 복사된다.
② 폴더를 마우스로 선택한 후 Alt를 누른 채 같은 드라이브의 다른 폴더로 끌어서 놓으면 해당 폴더가 이동된다.
③ USB 안에 저장된 파일을 마우스로 선택한 후 바탕 화면으로 끌어서 놓으면 해당 파일이 복사된다.
④ 폴더를 마우스로 선택한 후 같은 드라이브의 다른 폴더로 끌어서 놓으면 해당 폴더가 이동된다.

상 중 하

19 다음 중 컴퓨터의 연산 장치에 있는 누산기(Accumulator)에 관한 설명으로 옳은 것은?

① 연산 결과를 일시적으로 기억하는 장치이다.
② 명령의 순서를 기억하는 장치이다.
③ 명령어를 기억하는 장치이다.
④ 명령을 해독하는 장치이다.

상 중 하

20 다음 중 컴퓨터 프로그래밍 언어인 Java 언어에 대한 설명으로 옳지 않은 것은?

① 특정 컴퓨터 구조와 무관한 가상 바이트 머신코드를 사용하므로 플랫폼이 독립적이다.
② 네트워크 환경에서 분산 작업이 가능하도록 설계되었다.
③ 객체 지향 언어로 추상화, 상속화, 다형성과 같은 특징을 가진다.
④ 객체 지향 방법론에서 분석 및 설계를 위해 사용하는 모델링 언어이다.

2과목 스프레드시트 일반

상 중 하

21 다음 중 함수식에 대한 결과가 옳지 않은 것은?

① =Trunc(−5.6) → −5
② =Power(2,3) → 6
③ =Int(−7.2) → −8
④ =Mod(−7,3) → 2

22 다음 아래의 시트처럼 같은 열에 이미 입력한 데이터를 다시 입력할 때 드롭다운 목록에서 선택하여 입력하는 바로 가기 키는?

합격강의

	A	B	C
1	지점명	분기	
2	동부	1사분기	
3	서부	2사분기	
4	남부	3사분기	
5	북부	4사분기	
6			
7	남부		
8	동부		
9	북부		
10	서부 지점명		

① Alt+↓
② Ctrl+↓
③ Tab+↓
④ Shift+↓

23 다음 중 부분합 기능에서 사용할 수 있는 함수 목록으로 올바르지 않은 것은?

① 곱
② 분산
③ 최빈수
④ 표준 편차

24 다음 시트에서 함수식의 결과가 잘못된 것은?

합격강의

	A	B	C	D
1	5	10	15	20
2	10	0.02	0.51	0.78
3	15	0.88	0.44	2.22
4	20	4.33	1.27	3.33
5	25	1.95	2.35	4.44

① =VLOOKUP(28,A1:D5,3) → 2.35
② =VLOOKUP(22,A1:D5,3) → 2.22
③ =HLOOKUP(17,A1:D5,4) → 1.27
④ =INDEX(A1:D5,3,4) → 2.22

25 다음 〈보기〉에서 설명하고 있는 차트로 옳은 것은?

합격강의

- 많은 데이터 계열의 합계 값을 비교할 때 사용한다.
- 각 항목마다 가운데 요소에서 뻗어나온 값 축을 갖고, 선은 같은 계열의 모든 값을 연결한다(가로, 세로 축 없음).
- 3차원 차트로 작성할 수 없다.

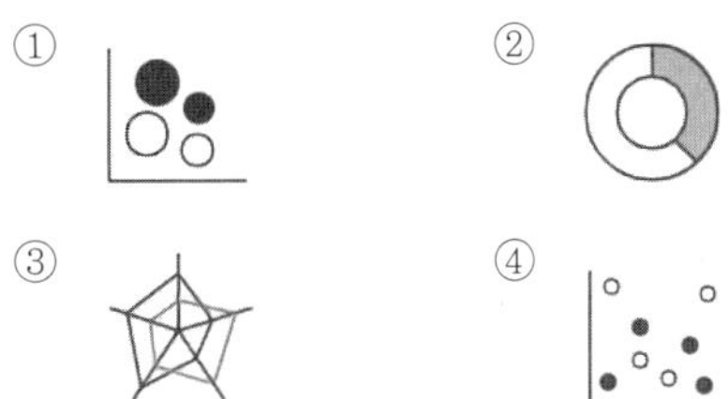

①
②
③
④

26 [A1] 셀에 '123'을 입력하면 다음과 같이 나타나게 하는 사용자 지정 서식으로 옳은 것은?

A1 fx 123

	A	B	C	D
1	일백이십삼			
2				

① [DBNum1]G/표준
② [DBNum2]G/표준
③ [DBNum3]G/표준
④ [DBNum4]G/표준

27 다음 중 엑셀 창의 우측 하단에서 지원되는 페이지 보기 방식으로 옳지 않은 것은?

① 기본
② 전체 화면
③ 페이지 레이아웃
④ 페이지 나누기 미리 보기

상중하

28 다음 중 [매크로 기록]에 대한 설명으로 옳지 않은 것은?

① 바로 가기 키를 's'로 입력하였다.
② 매크로 이름을 '매크로 연습'으로 입력하였다.
③ 매크로 저장 위치를 '새 통합 문서'로 저장하였다.
④ 매크로 설명에 매크로 기록자의 이름, 기록한 날짜, 간단한 설명 등을 기록하였다.

상중하

29 아래의 그림과 같이 [C] 열과 [1] 행을 틀 고정하려고 한다. 셀 포인터를 어디에 위치시킨 후 [보기]-[창]-[틀 고정]-[틀 고정]을 실행해야 하는가?

	C	D	E	F	G
1	총점	태도	수행	중간	기말
2	90	10	30	30	20
3	99	15	20	34	30
4	100	20	25	23	32
5	96	11	15	42	28
6					

① [C1] 셀　　② [D1] 셀
③ [C2] 셀　　④ [D2] 셀

상중하

30 다음 중 [A1:A2] 영역을 선택한 후 채우기 핸들을 이용하여 아래쪽으로 드래그하였을 때, [A5] 셀의 결과로 옳은 것은?

합격강의

	A	B
1	월요일	
2	수요일	
3		
4		
5		

① 금요일　　② 일요일
③ 화요일　　④ 목요일

상중하

31 다음 중 워크시트에 2234543 숫자를 입력한 후 각 보기 문항처럼 사용자 지정 표시 형식을 설정하였을 때 화면에 표시되는 결과로 옳지 않은 것은?

① (형식) #,##0.00 → 2,234,543.00
② (형식) 0.00 → 2234543.00
③ (형식) #,###,"천원" → 2,234천원
④ (형식) #% → 223454300%

상중하

32 다음 중 아래의 고급 필터 조건에 대한 설명으로 옳은 것은?

문법	회화	평균
>=80	>=80	
		>=80

① 문법이 80 이상이거나, 회화가 80 이상이거나, 평균이 80 이상인 경우
② 문법이 80 이상이거나, 회화가 80 이상이면서 평균이 80 이상인 경우
③ 문법이 80 이상이면서 회화가 80 이상이면서 평균이 80 이상인 경우
④ 문법이 80 이상이면서 회화가 80 이상이거나, 평균이 80 이상인 경우

상중하

33 일반적으로 항목은 세로 축을 따라 구성되고 값은 가로 축을 따라 구성되는 차트로 개별 항목을 비교하여 보여주며 축 레이블이 긴 경우나 표시되는 값이 기간인 경우에 사용되는 차트는?

① 꺾은선형 차트
② 가로 막대형 차트
③ 분산형 차트
④ 영역형 차트

상중하

34 다음 중 엑셀 파일의 암호 설정에 관한 설명으로 옳지 않은 것은?

① 암호는 대소문자를 구별하지 않는다.
② 암호를 분실할 경우 Excel에서 복구할 수 없다.
③ 쓰기 암호가 설정된 파일을 읽기 전용으로 열어 수정한 경우 같은 파일명으로는 저장할 수 없다.
④ 암호는 파일 저장 시 [일반 옵션]에서 열기 암호와 쓰기 암호로 구분하여 설정할 수 있다.

상 중 하

35 다음 워크시트처럼 [D2] 셀에 평균을 구하기 위한 수식 =AVERAGE(A2:C2)에서 범위 참조의 콜론(:)이 누락된 경우 발생되는 오류는?

합격강의

	A	B	C	D	E
1	정보	과학	기술	평균	
2	100	88	69	=AVERAGE(A2C2)	
3					

① ##### 오류
② #NAME? 오류
③ #REF! 오류
④ #VALUE! 오류

상 중 하

36 다음 중 정렬 기능에 대한 설명으로 옳지 않은 것은?

① 선택한 데이터 범위의 첫 행을 머리글 행으로 지정할 수 있다.
② 정렬 옵션 방향은 '위쪽에서 아래쪽' 또는 '왼쪽에서 오른쪽' 중 선택하여 정렬할 수 있다.
③ 워크시트에 입력된 자료들을 특정한 순서에 따라 재배열하는 기능이다.
④ 오름차순 정렬과 내림차순 정렬에서 공백은 맨 처음에 위치하게 된다.

상 중 하

37 다음은 시트 탭에서 원하는 시트를 선택하는 방법이다. 빈칸 ⓐ, ⓑ에 들어갈 키로 알맞은 것은?

합격강의

• 연속적인 여러 개의 시트를 선택할 경우에는 첫 번째 시트를 클릭하고, (ⓐ)을/를 누른 채 마지막 시트를 클릭한다.
• 서로 떨어져 있는 여러 개의 시트를 선택할 경우에는 첫 번째 시트를 클릭하고, (ⓑ)을/를 누른 채 원하는 시트를 차례로 클릭한다.

① ⓐ Shift ⓑ Ctrl
② ⓐ Ctrl ⓑ Shift
③ ⓐ Alt ⓑ Ctrl
④ ⓐ Ctrl ⓑ Alt

상 중 하

38 다음 중 목표값 찾기에 대한 설명으로 옳지 않은 것은?

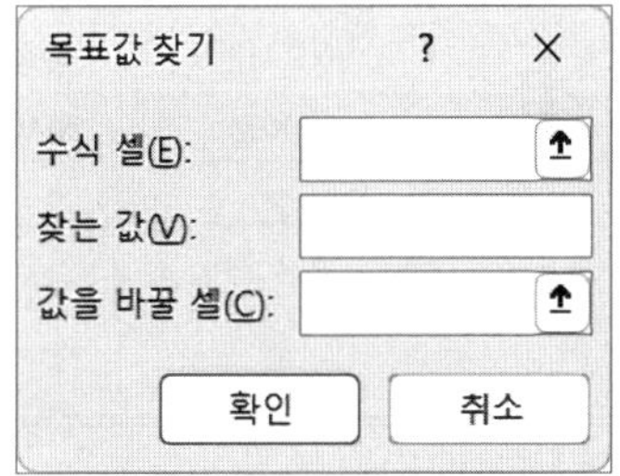

① '찾는 값'에는 셀 주소가 입력될 수 없다.
② 목표값 찾기는 여러 개의 값을 조정하여 특정한 목표값을 찾을 때 유용하다.
③ '수식 셀'은 값을 바꿀 셀을 참조하고 있는 수식이 입력된 셀을 선택해야 한다.
④ 수식의 원하는 결과만 알고 그 결과를 확인하기 위해 수식에 필요한 입력 값을 결정하고자 할 때 사용할 수 있다.

상 중 하

39 [페이지 설정]-[시트] 탭에서 '반복할 행'에 [$3:$3]을 지정하고 워크시트 서를 출력했다. 다음 중 출력 결과에 대한 설명으로 옳은 것은?

① 처음 쪽만 [1] 행부터 [3] 행의 필드명이 반복되어 인쇄된다.
② 모든 쪽마다 [3] 행의 필드명이 반복되어 인쇄된다.
③ 모든 쪽마다 [3] 열의 필드명이 반복되어 인쇄된다.
④ 모든 쪽마다 [1] 행, [2] 행, [3] 행의 필드명이 반복되어 인쇄된다.

상 중 하

40 다음 중 피벗 테이블에 대한 설명으로 옳지 않은 것은?

① 피벗 테이블 보고서를 넣을 위치는 기존 워크시트에서만 가능하다.
② 피벗 테이블로 작성된 목록에서 행 필드를 열 필드로 편집할 수 있다.
③ 피벗 테이블 작성 후에도 사용자가 새로운 수식을 추가하여 표시할 수 있다.
④ 피벗 테이블은 많은 양의 데이터를 손쉽게 요약하기 위해 사용되는 기능이다.

해설과 따로 보는 2022년 상시 기출문제 02회

2급	소요시간	문항수
	총40분	총40개

풀이 시간 : ______________ 채점 점수 : ______________

1과목 컴퓨터 일반

상 중 하

01 다음 중 컴퓨터에서 사용되는 자료를 크기가 작은 순서부터 나열한 것으로 옳은 것은?

① Bit – Nibble – Byte – Word
② Bit – Byte – Nibble – Word
③ Bit – Nibble – Word – Byte
④ Bit – Byte – Word – Nibble

상 중 하

02 다음 중 컴퓨터 소프트웨어 버전과 관련하여 패치(Patch) 프로그램에 관한 설명으로 옳은 것은?

① 정식 프로그램의 기능을 홍보하기 위하여 사용 기간이나 기능을 제한하여 배포하는 프로그램이다.
② 베타 테스트를 하기 전에 제작 회사 내에서 테스트할 목적으로 제작하는 프로그램이다.
③ 이미 제작하여 배포된 프로그램의 오류 수정이나 성능 향상을 위해 프로그램의 일부를 변경해 주는 프로그램이다.
④ 정식 프로그램을 출시하기 전에 테스트를 목적으로 일반인에게 공개하는 프로그램이다.

상 중 하

03 다음 중 초고속 무선 인터넷의 발달로 다운로드받지 않고도 스트리밍 방식으로 음악 파일이나 음원을 주문하여 실시간으로 들을 수 있는 주문형 음악 서비스는?

① VOD
② MOD
③ VCS
④ PACS

상 중 하

04 컴퓨터가 현재 실행하고 있는 명령을 끝낸 후 다음에 실행할 명령의 주소를 기억하고 있는 레지스터는?

합격 강의

① 명령 계수기(Program Counter)
② 명령 레지스터(Instruction Register)
③ 부호기(Encoder)
④ 명령 해독기(Instruction Decoder)

상 중 하

05 다음 중 전자우편(E-mail)에 대한 설명으로 옳지 않은 것은?

① 불특정 다수에게 대량으로 보내는 광고성 메일을 스팸메일이라 한다.
② 전자우편을 통해 한 사람이 동시에 여러 사람에게 동일한 전자우편을 보낼 수 있다.
③ 송신자가 작성한 메일을 수신자의 계정에 전송하는 역할을 담당하는 프로토콜은 SMTP이다.
④ 멀티미디어 파일의 내용을 확인하고 실행시켜주는 프로토콜은 POP3이다.

상 중 하

06 다음 중 한글 Windows 10에서 하드디스크에 저장된 파일을 다시 정렬하는 단편화 제거 과정을 통해 디스크의 파일 읽기/쓰기 성능을 향상하는 프로그램으로 옳은 것은?

① 디스크 검사
② 디스크 정리
③ 디스크 포맷
④ 드라이브 조각 모음 및 최적화

상 중 하

07 다음 중 인터프리터 언어에 대한 설명으로 올바르지 않은 것은?

① 대화형 언어로서 컴파일러와는 다르게 목적 프로그램을 생성하지 않는다.
② 디버깅이 컴파일러보다 쉬우나 실행 속도가 느리다.
③ 전체 프로그램을 한 번에 처리하여 실행한다.
④ 인터프리터 언어에는 APL, BASIC, LISP과 같은 언어가 있다.

상 중 하

08 다음 중 컴퓨터 범죄와 거리가 먼 것은?

① 전자문서의 불법 복사
② 전산망을 이용한 개인 정보 유출
③ 컴퓨터 시스템 해킹을 통한 중요 정보의 위조 또는 변조
④ 인터넷 쇼핑몰의 상품 가격을 분석하여 비교표를 작성

상 중 하

09 다음 중 한글 Windows 10의 [실행] 창에서 'cmd' 명령을 입력한 결과로 옳은 것은?

합격 강의

① 문자표가 실행된다.
② 명령 프롬프트 창이 실행된다.
③ 설정이 실행된다.
④ 파티션 설정이 실행된다.

상 중 하

10 다음 중 데이터 종류에 따른 컴퓨터의 분류로 올바르지 않은 것은?

① 하이브리드 컴퓨터
② 디지털 컴퓨터
③ 슈퍼 컴퓨터
④ 아날로그 컴퓨터

상 중 하

11 다음 중 [삭제] 명령 후 휴지통에서 [복원] 명령으로 되살릴 수 없는 파일은 무엇인가?

① 네트워크 드라이브에서 삭제한 파일
② 파일 탐색기에서 [삭제] 명령으로 삭제한 하드디스크 파일
③ Delete로 삭제한 하드디스크 파일
④ 마우스를 이용하여 휴지통으로 드래그하여 삭제한 하드디스크 파일

상 중 하

12 다음 중 인터넷 설정에 사용되는 DNS의 역할에 관한 설명으로 옳은 것은?

① 루트 도메인으로 국가를 구별해 준다.
② 최상위 도메인으로 국가 도메인을 관리한다.
③ 도메인 네임을 숫자로 된 IP 주소로 바꾸어 준다.
④ 현재 설정된 도메인의 하위 도메인을 관리해 준다.

상 중 하

13 다음 중 컴퓨터에서 사용하는 일반 하드디스크에 비하여 속도가 빠르고 기계적 지연이나 에러의 확률 및 발열 소음이 적으며, 소형화, 경량화할 수 있는 하드디스크 대체 저장 장치로 옳은 것은?

① DVD ② HDD
③ SSD ④ ZIP

상 중 하

14 다음 중 멀티미디어 자료와 관련하여 압축 기술에 관한 설명으로 옳지 않은 것은?

합격 강의

① JPEG은 사진과 같은 정지 영상 압축 표준 기술이다.
② PNG 포맷은 비손실 그래픽 파일 포맷의 하나로 GIF 포맷의 문제점을 개선하기 위해 고안되었다.
③ MPEG은 동영상 데이터를 압축하여 실시간 재생 가능한 동영상 표준 압축 기술이다.
④ GIF 포맷은 이미지 표현 방식으로 벡터 방식의 손실 압축 방식을 이용한다.

상 중 하

15 다음 중 컴퓨터에서 문자 데이터를 표현하는 방법으로 옳지 않은 것은?

① EBCDIC
② Unicode
③ ASCII
④ Parity bit

상 중 하

16 모든 사물에 전자 태그를 부착하고 무선 통신을 이용하여 사물의 정보 및 주변 상황 정보를 감지하는 센서 기술은?

① RFID 서비스
② DMB 서비스
③ W-CDMA 서비스
④ 텔레매틱스 서비스

상중하

17 다음 중 컴퓨터에서 사용하는 기억 장치에 관한 설명으로 옳지 않은 것은?

합격강의

① EEPROM은 기록된 내용을 전기를 이용하여 반복해서 여러 번 정보를 기록할 수 있는 ROM이다.
② 하드디스크 인터페이스 방식은 EIDE, SATA, SCSI 방식 등이 있다.
③ 연관(Associative) 메모리는 CPU와 주기억 장치 사이에 위치하여 두 장치 간의 속도 차이를 줄여 컴퓨터의 처리 속도를 빠르게 하기 위한 메모리이다.
④ 가상 메모리(Virtual Memory)는 보조 기억 장치를 마치 주기억 장치와 같이 사용하여 실제 주기억 장치 용량보다 기억 용량을 확대하여 사용하는 방법이다.

상중하

18 다음 중 인터넷 환경에서 파일을 송수신할 때 사용되는 원격 파일 전송 프로토콜로 옳은 것은?

① FTP
② DHCP
③ HTTP
④ TCP

상중하

19 다음 중 아래 내용이 설명하는 네트워크 장비는?

합격강의

> 네트워크에서 디지털 신호를 일정한 거리 이상으로 전송시키면 신호가 감쇠되므로 디지털 신호의 장거리 전송을 위해 수신한 신호를 재생하거나 출력 전압을 높여 전송한다.

① 라우터
② 리피터
③ 브리지
④ 게이트웨이

상중하

20 다음 중 한글 Windows 10에서 프린터 설정과 관련된 설명으로 옳지 않은 것은?

합격강의

① 여러 개의 프린터를 한 대의 컴퓨터에 설치할 수 있다.
② 스풀(SPOOL) 기능이 설정되면 인쇄 도중에도 다른 작업을 할 수 있는 병행 처리 기능을 갖게 되어 컴퓨터의 활용성을 높여준다.
③ 로컬 프린터와 네트워크 프린터 모두 기본 프린터로 설정이 가능하다.
④ 기본 프린터는 두 대까지 설치할 수 있으며 기본 프린터로 설정된 프린터는 삭제할 수 없다.

2과목 스프레드시트 일반

상중하

21 다음 시트에서 [D1] 셀에 아래와 같이 함수식을 입력하고, [D2] 셀까지 자동 채우기를 했을 경우 [D2] 셀의 결과 값으로 옳은 것은?

합격강의

> =IF(NOT(A1>B1),MAX(A1:C1),MIN(A1:C1))

	A	B	C	D	E
1	100	77	66	66	
2	88	89	68		
3					

① 88　　② 89
③ 68　　④ 66

상중하

22 다음 중 필터의 기능에 대한 설명으로 옳지 않은 것은?

① 데이터에 필터를 적용하면 지정한 조건에 맞는 행만 표시되고 나머지 행은 숨겨진다.
② 자동 필터를 사용하여 데이터를 필터링하면 셀 범위나 표 열에서 원하는 데이터를 쉽고 빠르게 찾아 작업할 수 있다.
③ 자동 필터에서는 여러 열에 동시에 조건을 설정하고 '또는(OR)'으로 결합시킬 수는 없다.
④ 필터를 사용하려면 기준이 되는 필드를 반드시 오름차순이나 내림차순으로 정렬해야 한다.

상중하

23 다음 아래의 시트처럼 비연속적인 범위를 설정할 때 사용하는 키는?

합격강의

	A	B	C	D	E
1	제품명	단가	수량	금액	
2	스마트폰	1,000,000	2	2,000,000	
3	에어컨	2,500,000	1	2,500,000	
4	냉장고	1,550,000	3	4,650,000	
5	노트북	1,340,000	5	6,700,000	
6					

① Alt　　② Tab
③ Ctrl　　④ Shift

상 중 하

24 다음 중 [페이지 설정]-[시트] 탭에 대한 설명으로 옳지 않은 것은?

① '행/열 머리글' 항목은 행/열 머리글이 인쇄되도록 설정하는 기능이다.
② '인쇄 제목' 항목을 이용하면 특정 부분을 매 페이지마다 반복적으로 인쇄할 수 있다.
③ '눈금선' 항목을 선택하면 작업 시트의 셀 구분선은 인쇄되지 않는다.
④ '메모' 항목에서 '없음'을 선택하면 셀에 메모가 있더라도 인쇄되지 않는다.

상 중 하

25 통합 문서를 열 때마다 특정 작업이 자동으로 수행되는 매크로를 작성하려고 한다. 이때 사용해야 할 매크로 이름으로 옳은 것은?

① Auto_Open
② Auto_Exec
③ Auto_Macro
④ Auto_Start

상 중 하

26 다음 중 엑셀의 데이터 입력에 관한 설명으로 옳지 않은 것은?

① 한 셀에 여러 줄로 데이터를 입력하려면 Alt+Enter를 누르면 된다.
② 데이터 입력 도중 입력을 취소하려면 Esc나 [빠른 실행 도구 모음]의 '취소' 버튼을 클릭한다.
③ 여러 셀에 동일한 내용을 입력하려면 해당 셀을 범위로 지정한 후 데이터를 입력하고 Shift+Enter를 누른다.
④ 특정 부분을 범위로 지정한 후 데이터를 입력하고 Enter를 누르면 셀 포인터가 지정한 범위 안에서만 이동한다.

상 중 하

27 다음 중 시나리오에 대한 설명으로 옳지 않은 것은?

① 시나리오 관리자에서 시나리오를 삭제하면 시나리오 요약 보고서의 해당 시나리오도 자동으로 삭제된다.
② 특정 셀의 변경에 따라 연결된 결과 셀의 값이 자동으로 변경되어 결과 값을 예측할 수 있다.
③ 여러 시나리오를 비교하기 위해 시나리오를 피벗 테이블로 요약할 수 있다.
④ 변경 셀과 결과 셀에 이름을 지정한 후 시나리오 요약 보고서를 작성하면 결과에 셀 주소 대신 지정한 이름이 표시된다.

상 중 하

28 다음 중 엑셀에서 정렬 기준으로 사용할 수 없는 것은?

① 셀 색
② 조건부 서식 아이콘
③ 글꼴 색
④ 글꼴 크기

상 중 하

29 다음 워크시트에서 [E2] 셀에 함수식을 아래와 같이 입력했을 때의 결과로 옳은 것은?

합격강의

=CHOOSE(RANK.EQ(D2,$D$2:$D$7),"금메달","은메달","동메달","","","")

	A	B	C	D	E	F
1	성명	필기	실기	총점	수상	
2	홍범도	100	98	198		
3	이대한	85	80	165		
4	한상공	90	92	182		
5	진선미	80	90	170		
6	최정암	67	76	143		
7	김선수	89	63	152		
8						

① 공백
② 금메달
③ 은메달
④ 동메달

상 중 하

30 다음 중 항목 레이블이 월, 분기, 연도와 같이 일정한 간격의 값을 나타내는 경우에 적합한 차트로 일정 간격에 따라 데이터의 추세를 표시하는 데 유용한 것은?

① 분산형 차트
② 원형 차트
③ 꺾은선형 차트
④ 방사형 차트

31 셀의 서식은 기본 설정인 'G/표준'으로 설정되어 있다. 셀에 입력된 값을 다음과 같이 표시하고자 한다. 다음 중 사용자 지정 서식으로 옳은 것은?

> 값이 10000을 초과하면 파란색으로 표시하고, 음수이면 빨간색으로 부호는 생략하고 괄호 안에 수치 표시

① [파랑][>=10000]#,###_-;[빨강][<0](#,###);
② [파랑][>10000]#,###;[빨강][<0](#,###)
③ [빨강](#,###);[파랑][>10000]#,###_-
④ [파랑][>10000]#,###_-;[빨강](#,###)

32 다음 아래의 차트에서 설정된 구성 요소로 옳지 않은 것은?

합격 강의

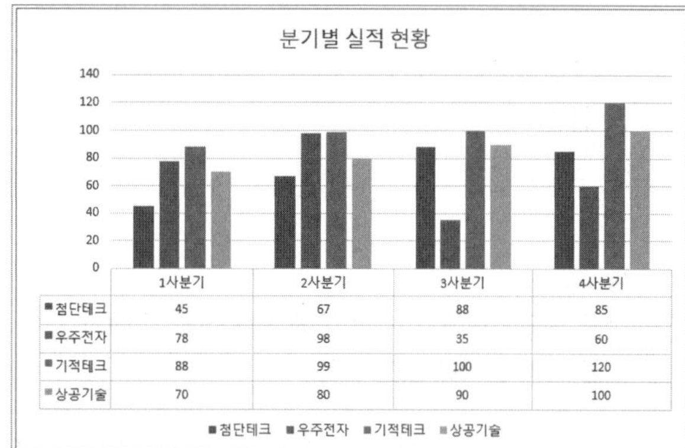

① 범례　② 차트 제목
③ 데이터 테이블　④ 데이터 레이블

33 다음 중 조건부 서식을 이용하여 [A2:C5] 영역에 EXCEL과 ACCESS 점수의 합계가 170 이하인 행 전체에 셀 배경색을 지정하기 위한 수식으로 옳은 것은?

	A	B	C
1	이름	EXCEL	ACCESS
2	김경희	75	73
3	원은형	89	88
4	나도향	65	68
5	최은심	98	96

① =B$2+C$2<=170
② =$B2+$C2<=170
③ =$B$2+$C$2<=170
④ =B2+C2<=170

34 다음 중 작성된 매크로를 실행하는 방법으로 옳지 않은 것은?

① 매크로 대화 상자에서 매크로를 선택하여 실행한다.
② 매크로를 작성할 때 지정한 바로 가기 키를 이용하여 실행한다.
③ 매크로를 지정한 도형을 클릭하여 실행한다.
④ 매크로가 적용되는 셀의 바로 가기 메뉴를 이용하여 실행한다.

35 다음 중 판매관리표에서 수식으로 작성된 판매액의 총합계가 원하는 값이 되기 위한 판매 수량을 예측하는 데 가장 적절한 데이터 분석 도구는?(단, 판매액의 총합계를 구하는 수식은 판매 수량을 참조하여 계산됨)

① 데이터 표
② 목표값 찾기
③ 고급 필터
④ 데이터 통합

36 다음 중 이미 부분합이 계산된 상태에서 새로운 부분합을 추가하고자 할 때 수행해야 할 작업으로 옳은 것은?

① [모두 제거] 단추를 클릭
② '새로운 값으로 대치' 설정을 해제
③ '그룹 사이에 페이지 나누기'를 설정
④ '데이터 아래에 요약 표시' 설정을 해제

37 다음 중 피벗 테이블에 대한 설명으로 옳지 않은 것은?

① 예상 값을 계산하는 데 유용하다.
② 원본 데이터가 변경되어도 피벗 테이블은 자동으로 변경되지 않는다.
③ 합계, 평균, 최대값, 최소값을 구할 수 있다.
④ 원본 데이터 목록의 행이나 열의 위치를 변경하여 다양한 형태로 표시할 수 있다.

상 중 하

38 **다음 중 아래 그림에서 수식 =DMIN(A1:C6,2,E2:E3)을 실행하였을 때의 결과 값으로 옳은 것은?**

합격 강의

	A	B	C	D	E
1	성명	키	몸무게		
2	이대한	165	67		몸무게
3	한상공	170	69		>=60
4	홍길동	177	78		
5	정민국	162	58		
6	이우리	180	80		

① 165　　② 170
③ 177　　④ 162

상 중 하

39 **다음 중 아래의 괄호 안에 들어갈 기능으로 옳은 것은?**

> (㉠)은/는 특정 값의 변화에 따른 결과 값의 변화 과정을 한 번의 연산으로 빠르게 계산하여 표의 형태로 표시해 주는 도구이고, (㉡)은/는 비슷한 형식의 여러 데이터의 결과를 하나의 표로 통합하여 요약해 주는 도구이다.

① ㉠ : 데이터 표　㉡ : 통합
② ㉠ : 정렬　㉡ : 시나리오 관리자
③ ㉠ : 부분합　㉡ : 피벗 테이블
④ ㉠ : 해 찾기　㉡ : 데이터 유효성 검사

상 중 하

40 **다음 중 [페이지 나누기] 기능에 대한 설명으로 옳지 않은 것은?**

합격 강의

① [보기] 탭의 [페이지 나누기 미리 보기]를 클릭하면 페이지가 나누어진 상태가 더 명확하게 구분된다.
② [페이지 나누기 미리 보기] 상태에서는 페이지 구분선을 마우스로 드래그하여 페이지 나눌 위치를 조정할 수 있다.
③ [페이지 레이아웃] 탭의 [나누기]-[페이지 나누기 모두 원래대로]를 클릭하여 페이지 나누기 전 상태로 원상 복귀할 수 있다.
④ [페이지 나누기 미리 보기] 상태에서는 데이터를 입력하거나 편집할 수 없으므로 [기본] 보기 상태로 변경해야 한다.

합격 강의

해설과 따로 보는 2022년 상시 기출문제 03회

2급	소요시간	문항수
	총40분	총40개

풀이 시간 : ________ 채점 점수 : ________

1과목 컴퓨터 일반

상중하

01 다음 중 한글 Windows 10의 [메모장]에 대한 설명으로 옳지 않은 것은?

합격 강의

① 작성한 문서를 저장할 때 확장자는 기본적으로 .txt가 부여된다.
② 특정한 문자열을 찾을 수 있는 찾기 기능이 있다.
③ 그림, 차트 등의 OLE 개체를 삽입할 수 있다.
④ 현재 시간을 삽입하는 기능이 있다.

상중하

02 다음 중 정보 보안을 위협하는 형태에 대한 설명으로 옳은 것은?

① 스니핑(Sniffing) : 검증된 사람이 네트워크를 통해 데이터를 보낸 것처럼 데이터를 변조하여 접속을 시도한다.
② 피싱(Phishing) : 적절한 사용자 동의 없이 사용자 정보를 수집하는 프로그램을 설치하여 사생활을 침해한다.
③ 스푸핑(Spoofing) : 실제로는 악성 코드로 행동하지 않으면서 겉으로는 악성 코드인 것처럼 가장한다.
④ 키로거(Key Logger) : 키보드상의 키 입력 캐치 프로그램을 이용하여 개인 정보를 빼낸다.

상중하

03 다음은 IPv4와 IPv6를 비교한 것이다. 다음 중 옳지 않은 것은?

합격 강의

	항목	IPv4	IPv6
①	크기	32비트 (8비트씩 4부분)	128비트 (16비트씩 8부분)
②	표현	10진수	16진수
③	주소 개수	약 43억	약 43억의 네제곱
④	구분	콜론(:)	점(.)

상중하

04 다음 중 하드웨어 장치의 설치나 드라이버 확장 시 사용자의 편의를 돕기 위해 사용자가 직접 설정할 필요 없이 운영체제가 자동으로 인식하게 하는 기능은?

합격 강의

① 원격 지원
② 플러그 앤 플레이
③ 핫 플러그인
④ 멀티스레딩

상중하

05 다음 중 연결 프로그램에 대한 설명으로 옳지 않은 것은?

① 연결 프로그램을 삭제하면 연결된 데이터 파일도 함께 삭제된다.
② 서로 다른 확장명의 파일들이 하나의 연결 프로그램에 지정될 수 있고, 필요에 따라 연결 프로그램을 바꿀 수 있다.
③ 파일의 확장명에 따라 연결 프로그램이 자동으로 결정된다.
④ 연결 프로그램은 파일을 열어서 보여주는 해당 프로그램을 의미한다.

상중하

06 다음 중 한글 Windows 10에서 작업 표시줄의 바로 가기 메뉴에서 설정할 수 있는 항목으로 옳지 않은 것은?

① 계단식 창 배열
② 창 가로 정렬 보기
③ 작업 표시줄 잠금
④ 아이콘 자동 정렬

상 중 하

07 다음 중 전자우편과 관련하여 스팸(SPAM)에 관한 설명으로 옳은 것은?

① 바이러스를 유포시키는 행위이다.
② 수신인이 원하지 않는 메시지나 정보를 일방적으로 보내는 행위이다.
③ 다른 사용자의 개인 정보를 허락없이 가져가는 행위이다.
④ 고의로 컴퓨터 프로그램 파일이나 데이터를 파괴하는 행위이다.

상 중 하

08 다음 중 한글 Windows 10의 [폴더 옵션] 창에서 할 수 있는 작업으로 옳지 않은 것은?

① 선택된 폴더에 암호를 설정할 수 있다.
② 한 번 클릭해서 창 열기를 하도록 설정할 수 있다.
③ 새 창에서 폴더 열기를 할 수 있게 설정할 수 있다.
④ 알려진 파일 형식의 파일 확장명 숨기기를 설정할 수 있다.

상 중 하

09 다음 중 한글 Windows 10의 인쇄 기능에 대한 설명으로 옳지 않은 것은?

① 기본 프린터란 인쇄 시 특정 프린터를 지정하지 않아도 자동으로 인쇄되는 프린터를 말한다.
② 프린터 속성 창에서 공급용지의 종류, 공유, 포트 등을 설정할 수 있다.
③ 인쇄 대기 중인 작업은 취소시킬 수 있다.
④ 인쇄 중인 작업은 취소할 수는 없으나 잠시 중단시킬 수 있다.

상 중 하

10 다음 중 이미지를 트루컬러로 표현하기 위해서 필요한 비트(Bit) 수로 옳은 것은?

합격 강의

① 4 ② 8
③ 16 ④ 24

상 중 하

11 다음 중 컴퓨터를 이용한 가상현실(Virtual Reality)에 관한 설명으로 옳은 것은?

① 고화질 영상을 제작하여 텔레비전에 나타내는 기술이다.
② 고도의 컴퓨터 그래픽 기술과 3차원 기법을 통하여 현실의 세계처럼 구현하는 기술이다.
③ 여러 영상을 통합하여 2차원 그래픽으로 표현하는 기술이다.
④ 복잡한 데이터를 단순화시켜 컴퓨터 화면에 나타내는 기술이다.

상 중 하

12 다음 중 컴퓨터에서 사용하는 캐시 메모리에 관한 설명으로 옳은 것은?

① 중앙 처리 장치와 주기억 장치 사이에 위치하여 컴퓨터의 처리 속도를 향상시키는 역할을 한다.
② RAM의 종류 중 DRAM이 캐시 메모리로 사용된다.
③ 보조 기억 장치의 일부를 주기억 장치처럼 사용하는 메모리이다.
④ 주기억 장치의 용량보다 큰 프로그램을 로딩하여 실행할 경우에 사용된다.

상 중 하

13 다음 중 개인용 컴퓨터의 메인 보드의 구성 요소와 관련된 설명으로 옳지 않은 것은?

합격 강의

① 칩셋(Chip Set)의 종류에는 사우스 브리지와 노스 브리지 칩이 있으며, 메인 보드를 관리하기 위한 정보와 각 장치를 지원하기 위한 정보가 들어 있다.
② 메인 보드의 버스(Bus)는 컴퓨터에서 데이터를 주고받는 통로로, 사용 용도에 따라 내부 버스, 외부 버스, 확장 버스가 있다.
③ 포트(Port)는 메인 보드와 주변 장치를 연결하기 위한 접속 장치로 직렬 포트, 병렬 포트, PS/2 포트, USB 포트 등이 있다.
④ 바이오스(BIOS)는 컴퓨터의 기본 입출력 장치나 메모리 등의 하드웨어 작동에 필요한 명령을 모아놓은 프로그램으로 RAM에 위치한다.

상 중 하

14 다음 중 인터넷에서 제공되는 서비스로 옳지 않은 것은?

① FTP
② TELNET
③ USB
④ WWW

상 중 하

15 다음 중 사용자의 기본 설정을 사이트가 인식하도록 하거나, 사용자가 웹 사이트로 이동할 때마다 로그인해야 하는 번거로움을 생략할 수 있도록 사용자 환경을 향상시키는 것은?

합격 강의

① 쿠키(Cookie)
② 즐겨찾기(Favorites)
③ 웹서비스(Web Service)
④ 히스토리(History)

상 중 하

16 다음 중 Windows에서 [디스크 정리]를 수행할 때 정리 대상 파일에 해당하지 않는 것은?

① 임시 인터넷 파일
② 사용하지 않은 폰트(*.TTF) 파일
③ 휴지통에 있는 파일
④ 다운로드한 프로그램 파일

상 중 하

17 다음 중 컴퓨터 시스템을 안정적으로 사용하기 위한 관리 방법으로 적절하지 않은 것은?

① 컴퓨터를 이동하거나 부품을 교체할 때에는 반드시 전원을 끄고 작업하는 것이 좋다.
② 직사광선을 피하고 습기가 적으며 통풍이 잘되고 먼지 발생이 적은 곳에 설치한다.
③ 시스템 백업 기능을 자주 사용하면 시스템 바이러스 감염 가능성이 높아진다.
④ 디스크 조각 모음에 대해 예약 실행을 설정하여 정기적으로 최적화한다.

상 중 하

18 다음 중 7개의 데이터 비트(Data Bit)와 1개의 패리티 비트(Parity Bit)를 사용하며, 128개의 문자를 표현할 수 있는 코드로 옳은 것은?

① BCD 코드
② ASCII 코드
③ EBCDIC 코드
④ UNI 코드

상 중 하

19 다음 중 Windows의 에어로 피크(Aero Peek) 기능에 대한 설명으로 옳은 것은?

① 파일이나 폴더의 저장된 위치에 상관없이 종류별로 파일을 구성하고 파일에 액세스할 수 있게 한다.
② 모든 창을 최소화할 필요 없이 바탕 화면을 빠르게 미리 보거나 작업 표시줄의 해당 아이콘을 가리켜서 열린 창을 미리 볼 수 있게 한다.
③ 바탕 화면의 배경으로 여러 장의 사진을 선택하여 슬라이드 쇼 효과를 주면서 번갈아 표시할 수 있게 한다.
④ 작업 표시줄에서 프로그램 아이콘을 마우스 오른쪽 단추로 클릭하여 최근에 열린 파일 목록을 확인할 수 있게 한다.

상 중 하

20 다음 중 USB 인터페이스에 대한 설명으로 옳지 않은 것은?

① 직렬 포트보다 USB 포트의 데이터 전송 속도가 더 빠르다.
② USB는 컨트롤러 당 최대 127개까지 포트의 확장이 가능하다.
③ 핫 플러그 인(Hot Plug In)과 플러그 앤 플레이(Plug & Play)를 지원한다.
④ USB 커넥터를 색상으로 구분하는 경우 USB 3.0은 빨간색, USB 2.0은 파란색을 사용한다.

2과목 스프레드시트 일반

상중하

21 **다음 중 수식으로 계산된 결과 값은 알고 있지만 그 결과 값을 계산하기 위해 수식에 사용된 입력 값을 모를 경우 사용하는 기능으로 옳은 것은?**

① 목표값 찾기
② 피벗 테이블
③ 시나리오
④ 레코드 관리

상중하

22 **다음 아래의 시트에서 채우기 핸들을 [F1] 셀까지 드래그했을 때 [F1] 셀의 결과로 옳은 것은?**

합격강의

	A	B	C	D	E	F
1	5		1			
2						

① 3　② 7
③ −3　④ −7

상중하

23 **다음 중 피벗 테이블에 대한 설명으로 옳지 않은 것은?**

① 원본의 자료가 변경되면 [모두 새로 고침] 기능을 이용하여 일괄 피벗 테이블에 반영할 수 있다.
② 작성된 피벗 테이블을 삭제하는 경우 함께 작성한 피벗 차트는 자동으로 삭제된다.
③ 피벗 테이블을 삭제하려면 피벗 테이블 전체를 범위로 지정한 후 Delete를 누른다.
④ 피벗 테이블의 삽입 위치는 새 워크시트뿐만 아니라 기존 워크시트에서 시작 위치를 선택할 수도 있다.

상중하

24 **다음 중 부분합 기능을 이용하여 구할 수 있는 각 집단의 특성 값이 아닌 것은?**

① 합계
② 평균
③ 중앙값
④ 개수

상중하

25 **다음 중 데이터 유효성 검사에 대한 설명으로 옳지 않은 것은?**

① 목록의 값들을 미리 지정하여 데이터 입력을 제한할 수 있다.
② 입력할 수 있는 정수의 범위를 제한할 수 있다.
③ 목록으로 값을 제한하는 경우 드롭다운 목록의 너비를 지정할 수 있다.
④ 유효성 조건 변경 시 변경 내용을 범위로 지정된 모든 셀에 적용할 수 있다.

상중하

26 **다음 중 아래의 고급 필터 조건에 대한 설명으로 옳은 것은?**

국사	영어	평균
>=80	>=85	
		>=85

① 국사가 80 이상이거나, 영어가 85 이상이거나, 평균이 85 이상인 경우
② 국사가 80 이상이거나, 영어가 85 이상이면서 평균이 85 이상인 경우
③ 국사가 80 이상이면서 영어가 85 이상이거나, 평균이 85 이상인 경우
④ 국사가 80 이상이면서 영어가 85 이상이면서 평균이 85 이상인 경우

상중하

27 **다음 중 오름차순 정렬에 관한 설명으로 옳지 않은 것은?**

① 숫자는 가장 작은 음수에서 가장 큰 양수의 순서로 정렬된다.
② 영숫자 텍스트는 왼쪽에서 오른쪽으로 정렬된다. 예를 들어, 텍스트 "A100"이 들어 있는 셀은 "A1"이 있는 셀보다 뒤에, "A11"이 있는 셀보다 앞에 정렬된다.
③ 논리 값은 TRUE보다 FALSE가 앞에 정렬되며 오류 값의 순서는 모두 같다.
④ 공백(빈 셀)은 항상 가장 앞에 정렬된다.

28 다음 중 아래의 워크시트에서 '박지성'의 결석 값을 찾기 위한 함수식은?

	A	B	C	D
1	성적표			
2	이름	중간	기말	결석
3	김남일	86	90	4
4	이천수	70	80	2
5	박지성	95	85	5

① =VLOOKUP("박지성", $A$3:$D$5, 4, 1)
② =VLOOKUP("박지성", $A$3:$D$5, 4, 0)
③ =HLOOKUP("박지성", $A$3:$D$5, 4, 0)
④ =HLOOKUP("박지성", $A$3:$D$5, 4, 1)

29 다음 중 시스템의 현재 날짜에서 연도를 구하는 수식으로 가장 올바른 것은?

① =year(days( ))
② =year(day( ))
③ =year(today( ))
④ =year(date( ))

30 다음 중 '=SUM(A3:A9)' 수식이 '=SUM(A3A9)'와 같이 범위 참조의 콜론(:)이 생략된 경우 나타나는 오류 메시지로 옳은 것은?

① #N/A
② #NULL!
③ #REF!
④ #NAME?

31 다음 중 동일한 통합 문서에서 Sheet1의 [C5] 셀, Sheet2의 [C5] 셀, Sheet3의 [C5] 셀의 합을 구하는 수식으로 옳은 것은?

① =SUM([Sheet1:Sheet3]!C5)
② =SUM(Sheet1:Sheet3![C5])
③ =SUM(Sheet1:Sheet3!C5)
④ =SUM(['Sheet1:Sheet3'!C5])

32 다음 중 셀에 입력한 자료를 숨기고자 할 때의 사용자 지정 표시 형식으로 옳은 것은?

① @@@
② ;;;
③ 000
④ ### 2

33 다음 중 데이터가 입력된 셀에서 Delete를 눌렀을 때의 상황에 대한 설명으로 옳지 않은 것은?

① 셀에 설정된 서식은 지워지지 않고 내용만 지워진다.
② 셀에 설정된 내용, 서식이 함께 모두 지워진다.
③ [홈] 탭–[편집] 그룹–[지우기]–[내용 지우기]를 실행한 것과 동일하다.
④ 마우스 오른쪽 단추를 클릭한 후 표시되는 단축 메뉴에서 [내용 지우기]를 선택해도 된다.

34 다음 중 하이퍼링크에 대한 설명으로 옳지 않은 것은?

① 단추에는 하이퍼링크를 지정할 수 있지만 도형에는 하이퍼링크를 지정할 수 없다.
② 다른 통합 문서에 있는 특정 시트의 특정 셀로 하이퍼링크를 지정할 수 있다.
③ 특정 웹 사이트로 하이퍼링크를 지정할 수 있다.
④ 현재 사용 중인 통합 문서의 다른 시트로 하이퍼링크를 지정할 수 있다.

35 다음 중 날짜 및 시간 데이터에 관한 설명으로 옳지 않은 것은?

① 날짜 데이터를 입력할 때 연도와 월만 입력하면 일자는 자동으로 해당 월의 1일로 입력된다.
② 셀에 '4/9'를 입력하고 Enter를 누르면 셀에는 '04월 09일'로 표시된다.
③ 날짜 및 시간 데이터의 텍스트 맞춤은 기본 왼쪽 맞춤으로 표시된다.
④ Ctrl+;을 누르면 시스템의 오늘 날짜, Ctrl+Shift+;을 누르면 현재 시간이 입력된다.

상 중 하

36 다음 중 아래의 데이터를 이용하여 각 데이터 간 값을 비교하는 차트를 작성하려고 할 때 가장 적절하지 않은 차트는?

합격 강의

	A	B	C	D	E
1	성명	1사분기	2사분기	3사분기	4사분기
2	홍길동	83	90	95	70
3	성춘향	91	70	70	88
4	이몽룡	93	98	91	93

① 세로 막대형
② 꺾은선형
③ 원형
④ 방사형

상 중 하

37 다음 중 다른 엑셀 통합 문서로 작업 화면을 전환할 때 사용되는 바로 가기 키로 옳은 것은?

① Ctrl + Tab
② Shift + Tab
③ Home
④ Ctrl + Enter

상 중 하

38 다음 중 시트 관리에 대한 설명으로 옳지 않은 것은?

① Shift를 이용하여 시트 그룹을 설정할 수 있다.
② 여러 개의 워크시트를 선택한 후 Ctrl을 누른 채 시트 탭을 드래그하면 선택된 시트들이 복사된다.
③ 시트 이름에는 공백을 사용할 수 없으며, 최대 31자까지 지정할 수 있다.
④ 시트 보호를 설정해도 시트의 이름 바꾸기 및 숨기기 작업을 수행할 수 있다.

상 중 하

39 [다른 이름으로 저장] 메뉴 중 [도구]-[일반 옵션] 메뉴에서 설정할 수 있는 기능이 아닌 것은?

① 백업 파일 항상 만들기
② 열기/쓰기 암호 설정
③ 읽기 전용 권장
④ 통합 문서 보호

상 중 하

40 다음 차트에서 무, 배추, 시금치 순서를 시금치, 배추, 무 순서로 변경하려고 할 때 사용하는 것은?

합격 강의

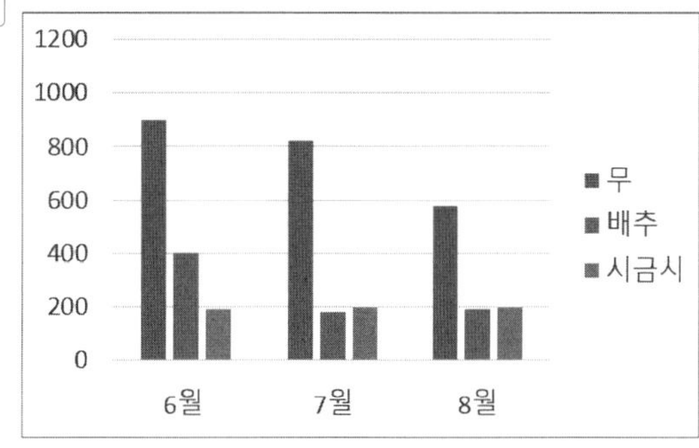

① 차트 영역 서식
② 그림 영역 서식
③ 데이터 선택
④ 축 서식

합격 강의

해설과 따로 보는 2022년 상시 기출문제 04회

2급	소요시간	문항수
	총40분	총40개

풀이 시간 : ______________ 채점 점수 : ______________

1과목 컴퓨터 일반

상 중 하

01 다음 중 컴퓨터를 처리 능력에 따라 분류할 때, 분류 범주에 속하지 않는 것은?

① 미니 컴퓨터(Mini Computer)
② 범용 컴퓨터(General Computer)
③ 마이크로 컴퓨터(Micro Computer)
④ 슈퍼 컴퓨터(Super Computer)

상 중 하

02 다음 중 정보통신망의 네트워크 관련 장비에 대한 설명으로 옳지 않은 것은?

합격 강의

① 허브(Hub) : 네트워크를 구성할 때 한꺼번에 여러 대의 컴퓨터를 연결하는 장치로, 각 회선을 통합적으로 관리하는 장치
② 라우터(Router) : LAN을 연결해 주는 장치로서 정보에 담긴 수신처 주소를 읽고 가장 적절한 통신 통로를 이용하여 다른 통신망으로 전송하는 장치
③ MAN(Metropolitan Area Network) : LAN의 기능을 포함하면서 WAN보다 넓은 범위의 지역에서 고속으로 전송할 수 있는 통신망
④ 리피터(Repeater) : 디지털 방식의 통신선로에서 전송 신호를 재생하여 전달하는 전자 통신 장치

상 중 하

03 인터넷상에서 비디오 데이터를 전송하려고 한다. 이때 사용되는 비디오 데이터 포맷으로 옳지 않은 것은?

① AVI
② MOV
③ JPEG
④ MPEG

상 중 하

04 다음은 기억 장치에서 사용하는 기억 용량 단위이다. 이 중에서 기억 용량 단위로 가장 큰 것은 무엇인가?

합격 강의

㉮ TB	㉯ GB	㉰ MB	㉱ KB

① ㉮
② ㉯
③ ㉰
④ ㉱

상 중 하

05 한글 Windows 10에서 하드웨어 장치를 추가할 때 운영체제가 이를 자동적으로 인식하여 설치 및 환경 설정을 용이하게 하는 기능 혹은 규약을 무엇이라 부르는가?

① 가상 디바이스 마법사
② 플러그인
③ 장치 관리자
④ 플러그 앤 플레이

상 중 하

06 인터넷 주소(IP Address)를 물리적 하드웨어 주소(MAC Address)로 변환하는 프로토콜은?

① SNMP
② ARP
③ ICMP
④ DHCP

상 중 하

07 다음의 한글 Windows 10에서 사용하는 바로 가기 키에 대한 설명으로 가장 옳지 않은 것은?

합격 강의

① Alt+Space Bar : 시작 메뉴를 표시한다.
② Alt+Tab : 실행 중인 앱 간에 작업 전환을 한다.
③ Alt+Print Screen : 활성 창을 갈무리(Capture)하여 클립보드에 복사한다.
④ Alt+Enter : 선택한 항목에 대한 속성을 표시한다.

상중하

08 **컴퓨터 그래픽에서 그림자나 색상과 농도의 변화 등과 같은 3차원 질감을 넣음으로써 사실감을 추가하는 과정을 의미하는 용어로 가장 적절한 것은?**

① 디더링(Dithering)
② 렌더링(Rendering)
③ 블러링(Blurring)
④ 모핑(Morphing)

상중하

09 **컴퓨터의 특징을 나타내는 다음 용어들 중 "다른 컴퓨터나 매체에서 작성한 자료도 공유하여 처리할 수 있다."는 의미로 가장 적절하게 사용될 수 있는 것은?**

① 선점형 멀티태스킹(Preemptive MultiTasking)
② 범용성(General-purpose)
③ 신뢰성(Reliability)
④ 호환성(Compatibility)

상중하

10 **영상(Image)은 픽셀의 2차원 배열로 구성되는데 한 픽셀이 4비트를 사용한다면 한 픽셀은 몇 가지 색을 표현할 수 있는가?**

① 16
② 8
③ 4
④ 2

상중하

11 **다음 중 연산 장치에 사용되는 레지스터나 회로가 아닌 것은?**

① 인덱스 레지스터(Index Register)
② 프로그램 카운터(Program Counter)
③ 누산기(Accumulator)
④ 보수기(Complementor)

상중하

12 **다음 중 삭제된 파일이 [휴지통]에 임시 보관되어 복원이 가능한 경우는?**

① Shift+Delete로 삭제한 경우
② USB 메모리에 저장된 파일을 Delete로 삭제한 경우
③ 네트워크 드라이브의 파일을 바로 가기 메뉴의 [삭제]를 클릭하여 삭제한 경우
④ 바탕 화면에 있는 파일을 [휴지통]으로 드래그 앤 드롭하여 삭제한 경우

상중하

13 **다음 중 Windows의 사용자 계정을 통해 사용할 수 있는 기능으로 옳지 않은 것은?**

① 관리자 계정의 사용자는 다른 계정의 컴퓨터 사용 시간을 제어할 수 있다.
② 관리자 계정의 사용자는 다른 계정의 등급 및 콘텐츠, 제목별로 게임을 제어할 수 있다.
③ 표준 계정의 사용자는 컴퓨터 보안에 영향을 주는 설정을 변경할 수 있다.
④ 표준 계정의 사용자는 컴퓨터에 설치된 대부분의 프로그램을 사용할 수 있고, 자신의 계정에 대한 암호 등을 설정할 수 있다.

상중하

14 **다음은 외부로부터의 데이터 침입 행위에 관한 유형이다. 이 중에서 가로채기(Interception)에 관한 설명으로 옳은 것은?**

합격강의

① 자료가 수신측으로 전달되는 것을 방해하는 행위
② 전송한 자료가 수신지로 가는 도중에 몰래 보거나 도청하는 행위
③ 원래의 자료를 다른 내용으로 바꾸는 행위
④ 자료가 다른 송신자로부터 전송된 것처럼 꾸미는 행위

상 중 하

15 다음 중 비대칭형(Public Key) 암호화 방식의 특징이 아닌 것은?

합격 강의

① 암호키와 해독키가 분리되어 있다.
② RSA 방식이 많이 사용된다.
③ 공개키만으로는 암호화된 내용을 복호화할 수 없다.
④ 송신자와 수신자 사이에 동일한 키를 사용한다.

상 중 하

16 다음 중 주기억 장치의 크기보다 큰 프로그램을 실행하기 위해 디스크의 일부 영역을 주기억 장치처럼 사용하게 하는 메모리 관리 방식으로 옳은 것은?

① 캐시 메모리
② 버퍼 메모리
③ 연관 메모리
④ 가상 메모리

상 중 하

17 다음 중 HTML의 단점을 보완하여 이미지의 애니메이션을 지원하며, 사용자와의 상호 작용에 따른 동적인 웹 페이지의 제작이 가능한 언어는?

① JAVA
② DHTML
③ VRML
④ WML

상 중 하

18 다음 중 버전에 따른 소프트웨어에 대한 설명으로 옳지 않은 것은?

① 트라이얼 버전(Trial Version)은 특정한 하드웨어나 소프트웨어를 구매하였을 때 무료로 주는 프로그램이다.
② 베타 버전(Beta Version)은 소프트웨어의 정식 발표 전 테스트를 위하여 사용자들에게 무료로 배포하는 시험용 프로그램이다.
③ 데모 버전(Demo Version)은 정식 프로그램을 홍보하기 위해 사용 기간이나 기능을 제한하여 배포하는 프로그램이다.
④ 패치 버전(Patch Version)은 이미 제작하여 배포된 프로그램의 오류 수정이나 성능 향상을 위해 프로그램의 일부 파일을 변경해 주는 프로그램이다.

상 중 하

19 다음 중 인터넷에서 사용하는 IPv6 주소 체계에 대한 설명으로 옳지 않은 것은?

① 16비트씩 8부분으로 총 128비트로 구성된다.
② 각 부분은 16진수로 표현하고, 세미콜론(;)으로 구분한다.
③ 유니캐스트, 멀티캐스트, 애니캐스트 등의 3가지 주소 체계로 나누어진다.
④ IPv4의 주소 부족 문제를 해결해 줄 수 있다.

상 중 하

20 기업 내에서 업무에 활용되는 전자결재, 전자우편, 게시판 등으로 여러 사람이 공통의 업무를 수행하는 데 있어 공동으로 사용할 수 있는 프로그램을 무엇이라고 하는가?

합격 강의

① 방화벽(Firewall)
② 그룹웨어(Groupware)
③ 블루투스(Bluetooth)
④ 운영체제(Operating System)

2과목 스프레드시트 일반

상 중 하

21 아래의 시트에서 총무팀의 컴퓨터일반 점수의 평균을 구하는 수식으로 옳은 것은?

합격 강의

	A	B	C	D	E
1	이름	소속	컴퓨터일반	스프레드시트	평균
2	한상공	총무팀	70	60	65
3	이대한	영업팀	75	75	75
4	왕정보	총무팀	86	50	68
5	최첨단	영업팀	90	80	85
6	진선미	총무팀	88	90	89
7					
8	소속	평균			
9	총무팀				
10					

① =DAVERAGE(A1:E6, 3, A8:A9)
② =DAVERAGE(A1:E6, 2, A8:A9)
③ =DAVERAGE(A8:A9, 3, A1:E6)
④ =DAVERAGE(A8:A9, 2, A1:E6)

상 중 하

22 아래의 시트에서 급여총액은 기본급+기타수당으로 구할 때, 목표값 찾기를 이용하여 급여총액이 1,000,000이 되기 위해서는 기타수당이 얼마가 되어야 하는지를 알아보기 위한 설명으로 옳지 않은 것은?

합격 강의

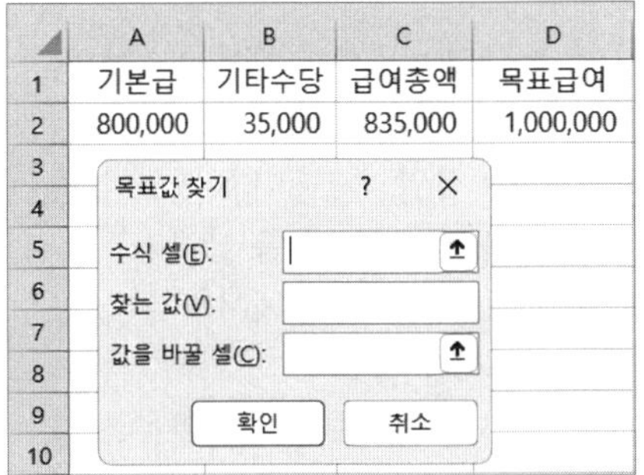

① 수식 셀은 [C2] 셀을 입력한다.
② 찾는 값에는 [D2] 셀을 입력한다.
③ 값을 바꿀 셀에서는 [B2] 셀을 입력한다.
④ 목표값 찾기는 하나의 변수 입력 값에서만 작동한다.

상 중 하

23 다음 중 주어진 함수식에 대한 실행 결과로 옳지 않은 것은?

① =RIGHT("COMMUNICATION",6), 실행 결과 : CATION
② =OR(4<5,8>9), 실행 결과 : FALSE
③ =INT(35.89), 실행 결과 : 35
④ =COUNT(7,8,"컴활"), 실행 결과 : 2

상 중 하

24 다음 중 시트를 복사하는 방법에 대한 설명으로 올바른 것은?

① Shift를 누른 상태로 해당 시트의 탭을 클릭하여 원하는 위치까지 드래그한다.
② Ctrl을 누른 상태로 해당 시트의 탭을 클릭하여 원하는 위치까지 드래그한다.
③ Alt를 누른 상태로 해당 시트의 탭을 클릭하여 원하는 위치까지 드래그한다.
④ Tab을 누른 상태로 해당 시트의 탭을 클릭하여 원하는 위치까지 드래그한다.

상 중 하

25 다음 중 원형 차트와 비슷하지만 다중 계열을 설정할 수 있는 차트 종류는?

① 원형 대 가로 막대형
② 원통형
③ 거품형
④ 도넛형

상 중 하

26 다음 중 매크로 작성에 대한 설명으로 옳지 않은 것은?

① 매크로 이름은 공백을 포함하여 작성할 수 있으며 항상 문자로 시작하여야 한다.
② 바로 가기 키는 기본적으로 Ctrl이 지정되어 있다.
③ 매크로 이름은 첫 글자 외에는 문자, 숫자 등을 혼합하여 사용할 수 있다.
④ 바로 가기 키 지정 시 대문자를 입력하면 자동으로 Shift가 붙여진다.

상 중 하

27 고급 필터 기능을 활용하기 위해 다음과 같이 필터 조건을 지정하였을 때의 검색 결과에 대한 설명으로 올바른 것은?

	A	B
1	거주지	연령
2	서울	<=25
3		

① 거주지가 서울이거나 연령이 25세 이하인 사람
② 거주지가 서울이면서 연령이 25세 이하인 사람
③ 거주지가 서울이거나 연령이 25세 이상인 사람
④ 거주지가 서울이면서 연령이 25세 이상인 사람

상 중 하

28 다음 중 화면 제어 방법에 대한 설명으로 옳지 않은 것은?

합격 강의

① 창 나누기는 워크 시트의 내용이 많은 경우 하나의 화면으로는 모두 표시하기 어려울 때 워크시트를 여러 개의 창으로 분리하는 기능으로 화면은 최대 4개로 분할할 수 있다.
② 창 나누기를 위해서는 셀 포인터를 창을 나눌 기준 위치로 옮긴 후 [창]-[나누기]를 클릭하면 셀 포인터의 위치에 따라 화면을 수평/수직으로 분할해 준다.
③ 틀 고정은 셀 포인터의 이동과 관계 없이 항상 제목 행이나 제목 열을 표시하고자 할 때 설정한다.
④ 통합 문서 창을 [창]-[숨기기]를 이용하여 숨긴 채로 엑셀을 종료하면 다음에 파일을 열 때 숨겨진 창에 대해 숨기기 취소를 할 수 없으므로 주의하여야 한다.

상 중 하

29 **다음 워크시트에서 아래의 [수당기준표]를 이용하여 각 직급별 근속 수당을 구하는 수식을 [C2] 셀에 작성한 후 채우기 핸들로 나머지 근속수당을 계산하기 위한 수식으로 올바른 것은?**

합격강의

	A	B	C	D
1	성명	직급	근속수당	
2	홍길동	이사		
3	김민수	부장		
4	박기철	과장		
5				
6	[수당기준표]			
7	직급	과장	부장	이사
8	식대	75,000	95,000	100,000
9	근속수당	50,000	70,000	80,000

① =VLOOKUP(B2,$B$7:$D$9,2,FALSE)
② =VLOOKUP(B2,$B$7:$D$9,3,FALSE)
③ =HLOOKUP(B2,$B$7:$D$9,2,FALSE)
④ =HLOOKUP(B2,$B$7:$D$9,3,FALSE)

상 중 하

30 **다음 중 날짜/시간 데이터를 입력하는 방법에 관한 설명으로 틀린 것은?**

① 현재의 날짜를 입력하려면 Ctrl+;을 누른다.
② 현재 시간을 입력하려면 Ctrl+Shift+;을 누른다.
③ 시간을 입력할 때는 슬래시(/)나 하이픈(-)을 사용한다.
④ 서식에 AM이나 PM이 있으면 시간을 12시간제로 나타내는 것이다.

상 중 하

31 **다음 중 셀 범위를 선택한 후 그 범위에 이름을 정의하여 사용하는 것에 대한 설명으로 옳지 않은 것은?**

① 이름은 기본적으로 상대 참조를 사용한다.
② 이름에는 공백이 없어야 한다.
③ 이름은 대소문자를 구별하지 않는다.
④ 정의된 이름은 다른 시트에서도 사용할 수 있다.

상 중 하

32 **아래 숫자의 아이콘 표시가 순서대로 바르게 연결된 것은?**

합격강의

① ㉮ 페이지 번호 삽입, ㉯ 전체 페이지 수 삽입, ㉰ 파일 경로 삽입, ㉱ 파일 이름 삽입
② ㉮ 전체 페이지 수 삽입, ㉯ 페이지 번호 삽입, ㉰ 시트 이름 삽입, ㉱ 파일 이름 삽입
③ ㉮ 페이지 번호 삽입, ㉯ 전체 페이지 수 삽입, ㉰ 날짜 삽입, ㉱ 시간 삽입
④ ㉮ 전체 페이지 수 삽입, ㉯ 페이지 번호 삽입, ㉰ 그림 삽입, ㉱ 그림 서식

상 중 하

33 **아래 워크시트에서 [A] 열에 [셀 서식]-[표시 형식]-[사용자 지정]을 이용하여 [C]열과 같이 나타내고자 한다. 다음 중 입력하여야 할 사용자 지정 형식으로 옳은 것은?**

	A	B	C
1	김대일	➡	김대일님
2	김보람		김보람님
3	홍길동		홍길동님
4	남일동		남일동님

① #님　② @'님'
③ #'님'　④ @님

상 중 하

34 **시트를 그룹화한 상태에서 [A1] 셀에 '스프레드시트' 단어를 입력하였을 때 나타나는 결과로 옳은 것은?**

① 첫 번째 시트에만 입력되어 나타난다.
② 선택한 시트의 [A1] 셀에 모두 입력되어 나타난다.
③ 오류가 나타난다.
④ 마지막 시트에만 입력되어 나타난다.

상 중 하

35 **모두 10페이지 분량의 문서를 매 페이지마다 제목 행 부분을 반복하여 인쇄하려고 한다. 다음 중 설정 방법으로 옳은 것은?**

① [페이지 설정]-[페이지]에서 '반복할 행'을 지정한다.
② [페이지 설정]-[여백]에서 '반복할 행'을 지정한다.
③ [페이지 설정]-[머리글/바닥글]에서 '반복할 행'을 지정한다.
④ [페이지 설정]-[시트]에서 '반복할 행'을 지정한다.

36 **다음 중 아래의 <수정 전> 차트를 <수정 후> 차트와 같이 변경하려고 할 때 사용해야 할 서식은?**

〈수정 전〉

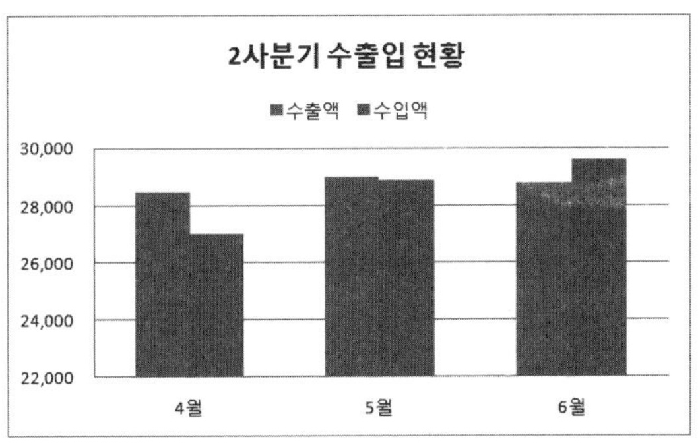

〈수정 후〉

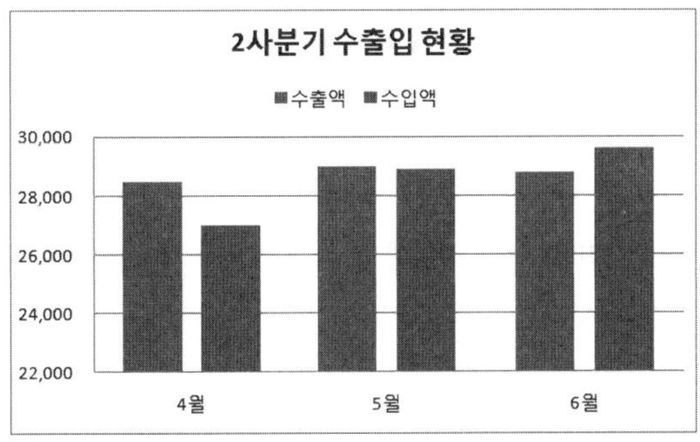

① 차트 영역 서식
② 그림 영역 서식
③ 데이터 계열 서식
④ 축 서식

37 **엑셀에서 오름차순과 내림차순이 아닌 사용자 지정 목록 기준으로 정렬이 가능하다. 이러한 새로운 정렬 방법은 어디서 미리 정의해 주어야 하는가?**

① [Excel 옵션]–[고급]–[사용자 지정 목록 편집]
② [Excel 옵션]–[일반]–[사용자 지정 목록 편집]
③ [Excel 옵션]–[수식]–[등록 정보]
④ [Excel 옵션]–[고급]–[데이터 정렬]–[사용자 지정 목록 편집]

38 **워크시트상에 천 단위 수치를 많이 다루는 회사에서, 수치 데이터를 입력할 때 5를 입력하면 셀에 5000으로 입력되게 하려고 한다. 다음 중 [Excel 옵션]–[고급]에서 어떤 항목을 선택하여야 하는가?**

합격강의

① 자동 % 입력 사용
② 셀에서 직접 편집
③ 소수점 자동 삽입
④ 셀 내용을 자동 완성

39 **아래의 시트에서 채우기 핸들을 끌었을 때 [A3] 셀에 입력되는 값으로 올바른 것은?**

	A	B
1	10.3	
2	10	
3		
4		

① 10.3　　② 9.7
③ 10　　④ 11

40 **다음 중 통합 문서 공유에 대한 설명으로 옳지 않은 것은?**

① 병합된 셀, 조건부 서식, 데이터 유효성 검사, 차트, 그림과 같은 일부 기능은 공유 통합 문서에서 추가하거나 변경할 수 없다.
② 공유된 통합 문서는 여러 사용자가 동시에 변경할 수 없다.
③ 통합 문서를 공유하는 경우 저장 위치는 웹 서버가 아니라 공유 네트워크 폴더를 사용해야 한다.
④ 셀을 잠그고 워크시트를 보호하여 액세스를 제한하지 않으면 네트워크 공유에 액세스할 수 있는 모든 사용자가 공유 통합 문서에 대한 모든 액세스 권한을 갖게 된다.

합격 강의

해설과 따로 보는 2022년 상시 기출문제 05회

2급	소요시간	문항수
	총40분	총40개

풀이 시간 : ______ 채점 점수 : ______

1과목 컴퓨터 일반

상 중 하

01 다음 중 컴퓨터의 처리시간 단위가 빠른 것에서 느린 순서로 바르게 나열된 것은?

합격 강의

① ps – as – fs – ns – ms – ㎲
② as – fs – ps – ns – ㎲ – ms
③ ms – ㎲ – ns – ps – fs – as
④ fs – ns – ps – ㎲ – as – ms

상 중 하

02 네트워크를 서로 물리적, 논리적으로 연결해 주기 위해서는 인터넷 워킹 기기가 필요하다. 다음 중에서 이와 관련이 없는 것은 어느 것인가?

① 리피터(Repeater)
② 라우터(Router)
③ 브리지(Bridge)
④ 패킷(Packet)

상 중 하

03 다음 중 컴퓨터의 Windows 환경을 최적화시켜 효과적으로 운영하는 방법으로 가장 적절하지 못한 것은?

합격 강의

① 바탕 화면에 불필요한 아이콘을 많이 만들지 않는다.
② 불필요한 프로그램이나 파일은 지우고 부품에 맞는 드라이버를 선택한다.
③ 레지스트리를 크게 설정하고 IP 주소가 충돌하지 않도록 신경을 쓴다.
④ 디스크를 검사하고 파일 조각을 모으는 작업을 한다.

상 중 하

04 다음에 제시하는 압축 기술 가운데, 프레임 중에 중복되는 정보를 삭제하여 컬러 정지 화상의 데이터를 압축하는 방식으로 대표적인 것은?

① JPEG
② MPEG
③ AVI
④ MOV

상 중 하

05 중앙 처리 장치의 성능을 나타내는 단위가 아닌 것은?

합격 강의

① MIPS
② FLOPS
③ 클럭 속도(Hz)
④ RPM

상 중 하

06 1기가 바이트(Giga Byte)는 몇 바이트(Byte)인가?

① 1024Byte
② 1024×1024Byte
③ 1024×1024×1024Byte
④ 1024×1024×1024×1024Byte

상 중 하

07 한글 Windows 10은 다수의 프로그램을 동시에 실행시킬 수 있다. 이때 한 프로그램이 잘못 실행되어 도중에 강제 종료시킬 때 처음 사용하는 키는 어떤 것인가?

합격 강의

① Ctrl+Shift+Esc
② Ctrl+Alt+Shift
③ Ctrl+Alt+Space Bar
④ Ctrl+Alt+Esc

상 중 하

08 일반적으로 주기억 장치로 사용하는 RAM을 보조 기억 장치로는 사용하고 있지 않다. 그 이유를 바르게 설명한 것은?

합격강의

① RAM은 접근 속도가 너무 빨라 보조 기억 장치로 사용할 수 없기 때문이다.
② RAM의 제품 생산량이 수요에 미치지 못하기 때문이다.
③ RAM에 기억된 정보를 유지하려면 지속적으로 전원 공급이 필요하기 때문이다.
④ RAM의 수명이 짧기 때문이다.

상 중 하

09 원격지에 있는 다른 시스템과의 원활한 통신이 가능하도록 상호 간에 준수해야 하는 규범을 무엇이라고 하는가?

① 프로토콜
② 데이터 통신
③ 프로그램
④ 인터페이스

상 중 하

10 다음 중 정전이 발생한 경우 사용자가 작업 중인 데이터를 잃어버리지 않도록 해 주는 장치는?

① AVR
② CVCF
③ UPS
④ 항온 항습 장치

상 중 하

11 다음은 컴퓨터 세대와 주요 회로를 연결한 것이다. 잘못 연결된 것은?

① 1세대 – 진공관
② 2세대 – 트랜지스터
③ 3세대 – 자기드럼
④ 4세대 – 고밀도 집적 회로

상 중 하

12 디스크의 논리적, 물리적 오류를 검사하고 논리적 오류를 수정할 수 있는 것은?

① 디스크 검사
② 바이러스 검사
③ 디스크 압축
④ 디스크 포맷

상 중 하

13 정보 통신망의 범위를 기준으로 작은 것부터 큰 순서대로 옳게 나열한 것은?

① WAN – MAN – LAN
② LAN – MAN – WAN
③ MAN – LAN – WAN
④ LAN – WAN – MAN

상 중 하

14 컴퓨터 장애로 인한 작업 중단을 방지하고 업무 처리의 신뢰도를 높이기 위해 2개의 CPU가 같은 업무를 동시에 처리하여 그 결과를 상호 점검하면서 운영하는 시스템을 무엇이라 부르는가?

① 듀얼 시스템
② 듀플렉스 시스템
③ 다중 처리 시스템
④ 다중 프로그래밍 시스템

상 중 하

15 컴퓨터 주변 장치에서 CPU의 관심을 끌기 위해 발생하는 신호로서 발생한 장치 중 우선순위가 가장 높은 장치에 이것을 허용한다. 두 개 이상의 하드웨어가 동일한 이것을 사용하면 충돌이 발생하게 되는데 이때 이것을 무엇이라고 하는가?

① DMA
② I/O
③ IRQ
④ Plug & Play

상 중 하

16 한글 Windows에서 [프린터 설치]에 관련된 설명 중 옳지 않은 것은?

① 로컬 프린터와 네트워크 프린터로 구분하여 설치할 수 있다.
② PC에 직접 연결되지 않고 네트워크상에 연결된 프린터도 기본 프린터로 설정할 수 있다.
③ 하나의 시스템에 여러 대의 프린터를 모두 설치할 수 있다.
④ 두 대 이상의 프린터를 기본 프린터로 지정할 수 있으며, 기본 프린터로 설정된 프린터도 삭제할 수 있다.

상 중 하

17 다음 중 일반적으로 RAID(Redundant Array of Inexpensive Disk)를 사용하는 목적으로 볼 수 없는 것은?

합격강의

① 전송 속도 향상
② 한 개의 대용량 디스크를 여러 개의 디스크처럼 나누어 관리
③ 안정성 향상
④ 데이터 복구의 용이성

상 중 하

18 다음 중 Windows [설정]의 [접근성]에서 설정할 수 없는 기능은?

① 다중 디스플레이를 설정하여 두 대의 모니터에 화면을 확장하여 표시할 수 있다.
② 돋보기를 사용하여 화면에서 원하는 영역을 확대하여 크게 표시할 수 있다.
③ 내레이터를 사용하여 화면의 모든 텍스트를 소리 내어 읽어 주도록 설정할 수 있다.
④ 키보드가 없어도 입력 가능한 화상 키보드를 표시할 수 있다.

상 중 하

19 다음 중 시스템 보안을 위해 사용하는 방화벽(Firewall)에 대한 설명으로 적절하지 않은 것은?

① IP주소 및 포트 번호를 이용하거나 사용자 인증을 기반으로 접속을 차단하여 네트워크의 출입로를 단일화한다.
② '명백히 허용되지 않은 것은 금지한다.'라는 적극적 방어 개념을 가지고 있다.
③ 방화벽을 운영하면 바이러스와 내/외부의 새로운 위험에 효과적으로 대처할 수 있다.
④ 로그 정보를 통해 외부 침입의 흔적을 찾아 역추적할 수 있다.

상 중 하

20 다음 중 웹 프로그래밍 언어에 대한 설명으로 옳지 않은 것은?

① ASP는 서버 측에서 동적으로 수행되는 페이지를 만들기 위한 언어로 Windows 계열의 운영체제에서 실행 가능하다.
② PHP는 클라이언트 측에서 동적으로 수행되는 스크립트 언어로 Unix 운영체제에서 실행 가능하다.
③ XML은 HTML의 단점을 보완하여 웹에서 구조화된 폭넓고 다양한 문서들을 상호 교환할 수 있도록 설계된 언어이다.
④ JSP는 자바로 만들어진 서버 스크립트로 다양한 운영체제에서 사용 가능하다.

2과목 스프레드시트 일반

상 중 하

21 다음 중 날짜 데이터의 자동 채우기 옵션에 포함되지 않는 내용은?

① 일 단위 채우기
② 주 단위 채우기
③ 월 단위 채우기
④ 평일 단위 채우기

상 중 하

22 다음 중 고급 필터 실행을 위한 조건 지정 방법에 대한 설명으로 옳지 않은 것은?

합격강의

① 함수나 식을 사용하여 조건을 입력하면 셀에는 비교되는 현재 대상의 값에 따라 TRUE나 FALSE가 표시된다.
② 함수를 사용하여 조건을 입력하는 경우 원본 필드명과 동일한 필드명을 조건 레이블로 사용해야 한다.
③ 다양한 함수와 식을 혼합하여 조건을 지정할 수 있다.
④ 고급 필터에서 다른 필드와의 결합을 OR 조건으로 지정하려면 조건을 다른 행에 입력한다.

상 중 하

23 다음 중 데이터 표에 대한 설명으로 옳지 않은 것은?

① 표 기능은 특정한 값이나 수식을 입력한 후 이를 이용하여 표를 자동으로 만들어 주는 기능이다.
② 표 기능은 수식이 입력될 범위를 설정한 후 표 기능을 실행해야 한다.
③ 표 기능을 이용하여 수식을 입력하는 방법에는 [열 입력 셀]만 지정하는 경우, [행 입력 셀]만 지정하는 경우, [행 입력 셀]과 [열 입력 셀]을 모두 지정하는 경우가 있다.
④ 표 기능을 통해 입력된 셀 중에서 표 범위의 일부분만 수정할 수 있다.

상 중 하

24 다음 중 엑셀에서 기본 오름차순 정렬 순서에 대한 설명으로 옳지 않은 것은?

① 날짜는 가장 이전 날짜에서 가장 최근 날짜의 순서로 정렬된다.
② 논리 값의 경우 TRUE 다음 FALSE의 순서로 정렬된다.
③ 숫자는 가장 작은 음수에서 가장 큰 양수의 순서로 정렬된다.
④ 빈 셀은 오름차순과 내림차순 정렬에서 항상 마지막에 정렬된다.

상 중 하

25 아래의 워크시트를 참조하여 작성된 수식에 대한 계산 결과 값이 옳지 않은 것은?

합격 강의

	A	B	C
1	2	3	324.754
2	2	7	
3		6	247
4	4	4	
5		2	

① =COUNTA(A1:A5), 결과 값 : 3
② =LARGE(B1:B5,3), 결과 값 : 4
③ =ROUNDUP(C1,2), 결과 값 : 324.76
④ =MODE.SNGL(A1:B5), 결과 값 : 4

상 중 하

26 다음 워크시트에서 [B6] 셀에 =B2*B4의 수식이 입력되어 있을 때, 목표값 찾기를 이용해서 주행거리가 450Km가 되려면 주행시간이 얼마가 되어야 하는지를 찾는 대화 상자의 '수식 셀', '찾는 값', '값을 바꿀 셀'의 내용을 순서대로 올바르게 나열한 것은 어느 것인가?

합격 강의

	A	B	C	D	E	F	G
1		주행시간	단위				
2		1	시간				
3		시속					
4		80	Km				
5		주행거리					
6		80	Km				
7							
8		목표 주행거리					
9		450	Km				
10							

목표값 찾기 ? ×
수식 셀(E):
찾는 값(V):
값을 바꿀 셀(C):
확인 취소

① $B$6, 450, $B$9
② $B$6, $B$9, $B$2
③ $B$6, $B$9, $B$4
④ $B$6, 450, $B$2

상 중 하

27 다음 중 선택 가능한 매크로 보안 설정으로 옳지 않은 것은?

① 알림이 없는 매크로 사용 안 함
② 알림이 포함된 VBA 매크로 사용 안 함
③ 디지털 서명된 매크로를 제외하고 VBA 매크로 사용 안 함
④ VBA 매크로 사용 안 함(권장, 위험한 코드가 시행되지 않음)

상 중 하

28 다음 중 데이터 유효성 검사에서 유효성 조건의 제한 대상으로 '목록'을 설정하였을 때의 설명으로 옳지 않은 것은?

① 목록의 원본으로 정의된 이름의 범위를 사용하려면 등호(=)와 범위의 이름을 입력한다.
② 유효하지 않은 데이터를 입력할 때 표시할 메시지 창의 내용은 [오류 메시지] 탭에서 설정한다.
③ 드롭다운 목록의 너비는 데이터 유효성 설정이 있는 셀의 너비에 의해 결정된다.
④ 목록 값을 입력하여 원본을 설정하려면 세미콜론(;)으로 구분하여 입력한다.

상 중 하

29 다음 중 [인쇄 미리 보기]에 관한 설명으로 옳지 않은 것은?

① [인쇄 미리 보기] 창에서 셀 너비를 조절할 수 있으나 워크시트에는 변경된 너비가 적용되지 않는다.
② [인쇄 미리 보기]를 실행한 상태에서 [페이지 설정]을 클릭하여 [여백] 탭에서 여백을 조절할 수 있다.
③ [인쇄 미리 보기] 상태에서 '확대/축소'를 누르면 화면에는 적용되지만 실제 인쇄 시에는 적용되지 않는다.
④ [인쇄 미리 보기]를 실행한 상태에서 [여백 표시]를 체크한 후 마우스 끌기를 통하여 여백을 조절할 수 있다.

상 중 하

30 왼쪽 워크시트의 성명 데이터를 오른쪽 워크시트와 같이 성과 이름 두 개의 열로 분리하기 위해 [텍스트 나누기] 기능을 사용하고자 한다. 다음 중 [텍스트 나누기]의 분리 방법으로 가장 적절한 것은?

	A
1	김철수
2	박선영
3	최영희
4	한국인

	A	B
1	김	철수
2	박	선영
3	최	영희
4	한	국인

① 열 구분선을 기준으로 내용 나누기
② 구분 기호를 기준으로 내용 나누기
③ 공백을 기준으로 내용 나누기
④ 탭을 기준으로 내용 나누기

상 중 하

31 다음 중 아래의 수식을 [A7] 셀에 입력한 경우 표시되는 결과 값으로 옳은 것은?

```
=IFERROR(VLOOKUP(A6,$A$1:$B$4,2),"입력오류")
```

	A	B	C
1	0	미흡	
2	10	분발	
3	20	적정	
4	30	우수	
5			
6	-5		
7			
8			

① 미흡 ② 분발
③ 입력오류 ④ #N/A

상 중 하

32 다음 중 사용자가 자주 사용하거나 원하는 기능에 해당하는 명령들을 버튼으로 표시하며, 리본 메뉴의 위쪽이나 아래에 표시하는 엑셀의 화면 구성 요소는?

① [파일] 탭
② 빠른 실행 도구 모음
③ 리본 메뉴
④ 제목 표시줄

상 중 하

33 다음 중 아래 차트와 같이 X축을 위쪽에 표시하기 위한 방법으로 옳은 것은?

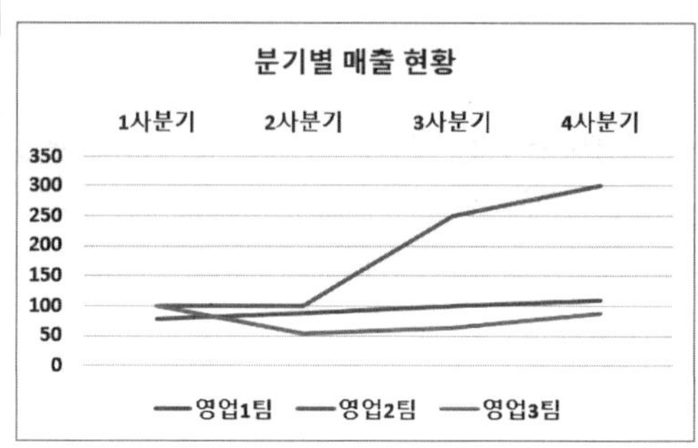

① 가로 축을 선택한 후 [축 서식]의 축 옵션에서 세로 축 교차를 '최대 항목'으로 설정한다.
② 가로 축을 선택한 후 [축 서식]의 축 옵션에서 '항목을 거꾸로'를 설정한다.
③ 세로 축을 선택한 후 [축 서식]의 축 옵션에서 가로 축 교차를 '축의 최대값'으로 설정한다.
④ 세로 축을 선택한 후 [축 서식]의 축 옵션에서 '값을 거꾸로'를 설정한다.

상 중 하

34 다음 중 셀의 내용을 편집할 수 있는 셀 편집 모드로 전환하는 방법에 대한 설명으로 옳지 않은 것은?

① 편집하려는 데이터가 입력된 셀을 두 번 클릭한다.
② 편집하려는 데이터가 입력된 셀을 클릭하고 수식 입력줄을 클릭한다.
③ 편집하려는 데이터가 입력된 셀의 바로 가기 메뉴에서 [셀 편집]을 클릭한다.
④ 편집하려는 데이터가 입력된 셀을 클릭하고 F2를 누른다.

상 중 하

35 **다음 중 [페이지 설정] 대화 상자에 대한 설명으로 옳지 않은 것은?**

① [페이지] 탭 '자동 맞춤'에서 용지 너비와 용지 높이를 모두 1로 설정하면 확대/축소 배율이 항상 100%로 인쇄된다.
② [여백] 탭 '페이지 가운데 맞춤'의 가로 및 세로를 체크하면 인쇄 내용이 용지의 가운데에 맞춰 인쇄된다.
③ [머리글/바닥글] 탭의 '페이지 여백에 맞추기'를 체크하면 머리글이나 바닥글을 표시하기에 충분한 머리글 또는 바닥글 여백이 확보된다.
④ [시트] 탭 '페이지 순서'에서 행 우선을 선택하면 여러 장에 인쇄될 경우 행 방향으로 인쇄된 후 나머지 열들을 인쇄한다.

상 중 하

36 **다음 중 엑셀의 바로 가기 키 및 기능 키에 대한 설명으로 옳지 않은 것은?**

① Ctrl+Shift+U : 수식 입력줄이 확장되거나 축소된다.
② Ctrl+1 : 셀 서식 대화 상자를 표시한다.
③ Ctrl+F1 : 리본 메뉴가 표시되거나 숨겨진다.
④ F12 : 새 워크시트가 삽입된다.

상 중 하

37 **다음 중 [셀 서식] 대화 상자의 [맞춤] 탭에 '텍스트 방향'에서 설정할 수 없는 항목은?**

① 텍스트 방향대로
② 텍스트 반대 방향으로
③ 왼쪽에서 오른쪽
④ 오른쪽에서 왼쪽

상 중 하

38 **다음 중 수식에 잘못된 인수나 피연산자를 사용한 경우 표시되는 오류 메시지는?**

① #DIV/0!
② #NUM!
③ #NAME?
④ #VALUE!

상 중 하

39 **다음 중 매크로에 관한 설명으로 옳지 않은 것은?**

① 서로 다른 매크로에 동일한 이름을 부여할 수 없다.
② 매크로는 반복적인 작업을 자동화하여 복잡한 작업을 단순한 명령으로 실행할 수 있도록 한다.
③ 매크로 기록 시 사용자의 마우스 동작은 기록되지만 키보드 작업은 기록되지 않는다.
④ 현재 셀의 위치를 기준으로 매크로가 실행되도록 하려면 '상대 참조로 기록'을 설정한 후 매크로를 기록한다.

상 중 하

40 **다음 중 추세선을 추가할 수 있는 차트 종류는?**

합격 강의

① 방사형
② 분산형
③ 원형
④ 표면형

합격 강의

해설과 따로 보는 2023년 상시 기출문제 06회

2급	소요시간	문항수
	총40분	총40개

풀이 시간 : ______________ 채점 점수 : ______________

1과목 컴퓨터 일반

상 중 하

01 다음 중 웹상에서 정보를 효과적으로 나타내기 위해 문서와 문서를 연결하여 관련된 정보를 쉽게 찾아볼 수 있도록 하는 기능으로 옳은 것은?

합격 강의

① 멀티미디어
② 프레젠테이션
③ 하이퍼링크
④ 인덱스

상 중 하

02 다음 중 현재 수행 중인 명령어의 내용을 기억하는 레지스터는?

① 명령 레지스터(Instruction Register)
② 명령 해독기(Instruction Decoder)
③ 부호기(Encoder)
④ 프로그램 계수기(Program Counter)

상 중 하

03 다음 중 한글 Windows 10에서 cmd 명령의 사용 용도로 옳은 것은?

① 실행 명령 목록을 표시한다.
② 명령 프롬프트 창을 표시한다.
③ 작업 표시줄을 표시한다.
④ 하드디스크를 포맷한다.

상 중 하

04 다음 중 사물에 전자 태그를 부착하고 무선 통신을 이용하여 사물의 정보 및 주변 상황 정보를 감지하는 센서 기술로 옳은 것은?

합격 강의

① 텔레매틱스 서비스
② DMB 서비스
③ W-CDMA 서비스
④ RFID 서비스

상 중 하

05 다음 중 컴퓨터 보조 기억 장치로 자기디스크 방식의 HDD와는 달리 반도체를 이용하여 데이터를 저장, 크기가 작고 충격에 강하며, 소음 발생이 없는 대용량 저장 장치에 해당하는 것은?

① BIOS
② DVD
③ SSD
④ CD-RW

상 중 하

06 다음 중 인터넷을 이용한 전자우편에 관한 설명으로 옳지 않은 것은?

① 인터넷에 접속하여 사용자들끼리 서로 편지를 주고 받을 수 있는 서비스를 말한다.
② 전자우편 주소는 '사용자ID@호스트' 주소의 형식으로 이루어진다.
③ 일반적으로 SMTP는 메일을 수신하는 용도로, MIME는 송신하는 용도로 사용되는 프로토콜이다.
④ POP3를 이용하면 전자메일 클라이언트를 통해 전자메일을 받아 볼 수 있다.

상 중 하

07 다음 중 멀티미디어의 특징에 대한 설명으로 옳지 않은 것은?

① 멀티미디어(Multimedia)는 다중 매체의 의미를 가지며 다양한 매체를 통해 정보를 전달한다는 의미이다.
② 멀티미디어 데이터는 정보량이 크기 때문에 일반적으로 압축하여 저장한다.
③ 대용량의 멀티미디어 데이터를 저장하기 위해 CD-ROM, DVD, 블루레이 디스크 등의 저장 장치가 발전하였다.
④ 멀티미디어 동영상 정보는 용량이 크고 통합 처리하기 어려워 사운드와 영상이 분리되어 전송된다.

상 중 하

08 다음 중 컴퓨터 바이러스의 예방법으로 적절하지 않은 것은?

① 최신 버전의 백신 프로그램을 사용한다.
② 다운로드 받은 파일은 사용하기 전에 바이러스 검사 후 사용한다.
③ 전자우편에 첨부된 파일은 파일명을 다른 이름으로 저장하여 사용한다.
④ 네트워크 공유 폴더에 있는 파일을 사용하기 전에 바이러스 검사 후 사용한다.

상 중 하

09 다음 중 플래시 메모리에 대한 설명으로 옳지 않은 것은?

합격 강의

① 블록 단위로 저장된다.
② 전력 소모가 적다.
③ 정보의 입출력이 자유로우며 전송 속도가 빠르다.
④ 전원이 끊어지면 그 안에 저장된 정보가 지워지는 휘발성 기억 장치이다.

상 중 하

10 다음 중 인터넷에 존재하는 정보나 서비스에 대해 접근 방법, 존재 위치, 자료 파일명 등의 요소를 표시하는 것은?

합격 강의

① DHCP
② CGI
③ DNS
④ URL

상 중 하

11 다음 중 한글 Windows 10에서 프린터 인쇄에 대한 설명으로 옳지 않은 것은?

① 특정한 지정 없이 문서의 인쇄를 선택하면 기본 프린터로 인쇄된다.
② 인쇄 관리자 창에서 파일의 인쇄 진행 상황을 파악할 수 있다.
③ 인쇄 관리자 창에서 인쇄 대기 중인 문서를 편집할 수 있다.
④ 인쇄 관리자 창에서 문서 파일의 인쇄 작업을 취소할 수 있다.

상 중 하

12 다음 중 컴퓨터에서 사용하는 유니코드(Unicode)에 대한 설명으로 옳은 것은?

① 문자를 2Byte로 표현한다.
② 표현 가능한 최대 문자수는 256자이다.
③ 영문자는 7Bit, 한글이나 한자는 16Bit로 표현한다.
④ 한글은 KS 완성형으로 표현한다.

상 중 하

13 다음 중 컴퓨터 내부의 디지털 신호를 전화선을 통해 전송할 수 있도록 아날로그 신호로 변조해 주고 전화선을 통해 전송된 아날로그 신호를 컴퓨터 내부에서 처리할 수 있도록 디지털 신호로 복조해 주는 역할을 담당하는 것은?

① 모뎀 장치
② 게이트웨이 장치
③ 라우터 장치
④ 허브 장치

상 중 하

14 다음 중 컴퓨터에서 가상 기억 장치를 사용할 때 장점으로 옳은 것은?

합격강의

① 컴퓨터의 구조가 간편해지고 손쉽게 구현할 수 있다.
② 보조 기억 장치의 실제 용량이 증대된다.
③ 주기억 장치의 용량보다 큰 프로그램을 실행할 수 있다.
④ 명령을 수행하는 시간이 단축된다.

상 중 하

15 다음 중 한글 Windows의 스풀(SPOOL) 기능에 관한 설명으로 옳지 않은 것은?

① 스풀 기능을 설정하면 보다 인쇄 속도가 빨라지고 동시 작업 처리도 가능하다.
② 인쇄할 내용을 하드디스크 장치에 임시로 저장한 후에 인쇄 작업을 수행한다.
③ 컴퓨터 내부 장치에 비해 상대적으로 처리 속도가 느린 프린터 작업을 효율적으로 처리하기 위하여 사용하는 기능이다.
④ 스풀 기능을 선택하면 문서 전체 또는 일부를 스풀한 다음 인쇄를 시작할 수 있게 하는 기능을 선택할 수 있다.

상 중 하

16 다음 중 패치 프로그램에 대한 설명으로 옳은 것은?

합격강의

① 컴퓨터 하드웨어 및 소프트웨어 성능을 비교 평가하는 프로그램이다.
② 프로그램의 오류 수정이나 성능 향상을 위해 프로그램의 일부를 변경해 주는 프로그램이다.
③ 베타 테스트를 하기 전에 프로그램 개발사 내부에서 미리 평가하고 오류를 찾아 수정하기 위해 시험해 보는 프로그램이다.
④ 정식으로 프로그램을 공개하기 전에 한정된 집단 또는 일반인에게 공개하여 기능을 시험하는 프로그램이다.

상 중 하

17 다음 중 디지털 컴퓨터의 특성을 설명한 것으로 옳지 않은 것은?

① 부호화된 숫자와 문자, 이산 데이터 등을 사용한다.
② 산술 논리 연산을 주로 한다.
③ 증폭 회로를 사용한다.
④ 연산 속도가 아날로그 컴퓨터보다 느리다.

상 중 하

18 다음 중 컴퓨터 범죄에 해당하지 않는 것은?

① 전산망을 이용하여 개인 정보를 유출한다.
② 전자문서를 불법 복사한다.
③ 인터넷 쇼핑몰에서 상품 가격을 비교하여 가격 비교표를 작성한다.
④ 해킹을 통해 중요 정보를 위조하거나 변조한다.

상 중 하

19 다음 중 컴퓨터 운영체제에 관한 설명으로 옳지 않은 것은?

① 운영체제는 컴퓨터가 작동하는 동안 하드디스크에 위치하여 실행된다.
② 프로세스, 기억 장치, 주변 장치, 파일 등의 관리가 주요 기능이다.
③ 운영체제의 평가 항목으로 처리 능력, 응답 시간, 사용 가능도, 신뢰도 등이 있다.
④ 사용자들 간의 하드웨어 공동 사용 및 자원의 스케줄링을 수행한다.

상 중 하

20 다음 중 영상의 표현과 압축 방식들에 대해서는 관여하지 않으며 특징 추출을 통해 디지털 방송과 전자도서관, 전자상거래 등에서 멀티미디어 데이터를 효과적으로 검색할 수 있는 영상 압축 기술은?

① MPEG-1
② MPEG-4
③ MPEG-7
④ MPEG-21

2 과목 **스프레드시트 일반**

상중하

21 다음 중 시스템의 현재 날짜에서 연도를 구하는 수식으로 가장 올바른 것은?

① =year(days( ))
② =year(day( ))
③ =year(today( ))
④ =year(date( ))

상중하

22 다음 중 엑셀의 화면 제어에 관한 설명으로 옳지 않은 것은?

① 화면의 확대/축소는 화면에서 워크시트를 더 크게 또는 작게 표시하는 것으로 실제 인쇄할 때도 설정된 화면의 크기로 인쇄된다.
② 리본 메뉴는 화면 해상도와 엑셀 창의 크기에 따라 다른 형태로 표시될 수 있다.
③ 워크시트에서 특정 영역을 마우스로 드래그하여 블록을 설정한 후 '선택 영역 확대/축소'를 클릭하면 워크시트가 확대/축소되어 블록으로 지정한 영역이 전체 창에 맞게 보인다.
④ 리본 메뉴가 차지하는 공간 때문에 작업이 불편한 경우 리본 메뉴의 활성 탭 이름을 더블 클릭하여 리본 메뉴를 최소화할 수 있다.

상중하

23 다음 중 매크로에 대한 설명으로 옳지 않은 것은?

① 매크로 이름의 첫 글자는 반드시 문자여야 한다.
② 매크로란 반복적인 작업을 단순화하기 위해 작업 과정을 기록하였다가 그대로 재생하는 기능이다.
③ 한 번 기록된 매크로는 수정하여 편집할 수 없다.
④ 매크로 이름에는 공백이 포함될 수 없다.

상중하

24 다음 중 아래의 워크시트에서 [A1:B2] 영역을 선택한 후 채우기 핸들을 이용하여 [B4] 셀까지 드래그했을 때 [A4:B4] 영역의 값으로 옳은 것은?

합격강의

	A	B	C
1	일	1	
2	월	2	
3			
4			

① 월, 4　　② 수, 4
③ 월, 2　　④ 수, 2

상중하

25 다음 중 시트 보호에 관한 설명으로 옳지 않은 것은?

① 차트 시트의 경우 차트 내용만 변경하지 못하도록 보호할 수 있다.
② '셀 서식' 대화 상자의 '보호' 탭에서 '잠금'이 해제된 셀은 보호되지 않는다.
③ 시트 보호 설정 시 암호의 설정은 필수 사항이다.
④ 시트 보호가 설정된 상태에서 데이터를 수정하면 경고 메시지가 나타난다.

상중하

26 다음 중 정렬에 대한 설명으로 옳은 것은?

합격강의

① 최대 24개의 열을 기준으로 정렬할 수 있다.
② 글꼴 색을 기준으로 정렬할 수 있다.
③ 정렬 대상 범위에 병합된 셀이 포함되어 있어도 정렬할 수 있다.
④ 숨겨진 행은 정렬 결과에 포함되나 숨겨진 열은 정렬 결과에 포함되지 않는다.

상중하

27 **고급 필터에서 다음과 같은 조건을 적용하였을 때 선택되는 데이터들은 어느 것인가?**

합격강의

목표액	목표액
>4500	<5000
	<4000

① [목표액]이 4000 미만이거나 [목표액]이 4500 넘는 데이터를 모두 나타낸다.
② [목표액]이 4000 미만이거나 [목표액]이 5000 넘는 데이터를 모두 나타낸다.
③ [목표액]이 4500을 초과하고 5000 미만이거나 [목표액]이 4000 미만인 데이터를 모두 나타낸다.
④ [목표액]이 5000 미만인 데이터를 모두 나타낸다.

상중하

28 **아래 [A1] 셀과 같이 한 셀에 두 줄 이상의 데이터를 입력하려고 할 때 사용하는 키는?**

합격강의

	A	B
1	대한 상공회의소	
2		

① Tab
② Ctrl+Enter
③ Shift+Enter
④ Alt+Enter

상중하

29 **다음 중 아래 그림의 시나리오 요약 보고서에 대한 설명으로 옳지 않은 것은?**

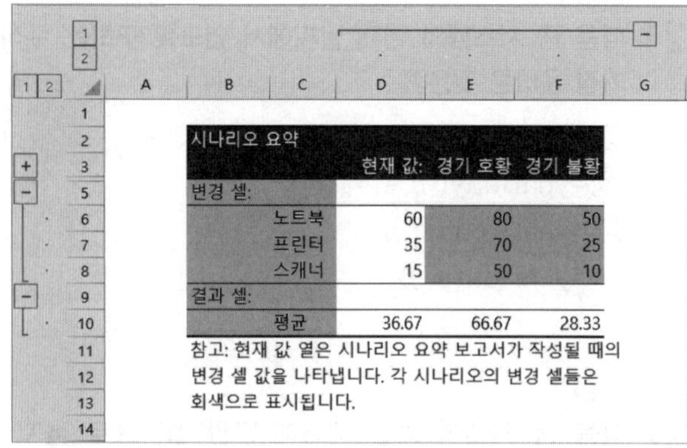

시나리오 요약	현재 값:	경기 호황	경기 불황
변경 셀:			
노트북	60	80	50
프린터	35	70	25
스캐너	15	50	10
결과 셀:			
평균	36.67	66.67	28.33

참고: 현재 값 열은 시나리오 요약 보고서가 작성될 때의 변경 셀 값을 나타냅니다. 각 시나리오의 변경 셀들은 회색으로 표시됩니다.

① 노트북, 프린터, 스캐너 값의 변화에 따른 평균 값을 확인할 수 있다.
② '경기 호황'과 '경기 불황' 시나리오에 대한 시나리오 요약 보고서이다.
③ 시나리오의 값을 변경하면 해당 변경 내용이 기존 요약 보고서에 자동으로 다시 계산되어 표시된다.
④ 시나리오 요약 보고서를 실행하기 전에 변경 셀과 결과 셀에 대해 이름을 정의하였다.

상중하

30 **다음 중 [셀 서식] 대화 상자에서 '표시 형식'의 각 범주에 대한 설명으로 옳지 않은 것은?**

① '일반' 서식은 각 자료형에 대한 특정 서식을 지정하는 데 사용된다.
② '숫자' 서식은 일반적인 숫자를 나타내는 데 사용된다.
③ '회계' 서식은 통화 기호와 소수점에 맞추어 열을 정렬하는 데 사용된다.
④ '기타' 서식은 우편번호, 전화번호, 주민등록번호 등의 형식을 설정하는 데 사용된다.

상중하

31 다음 차트는 기대수명 20년에 대한 예측을 표시한 것이다. 이때 사용한 기능으로 옳은 것은?

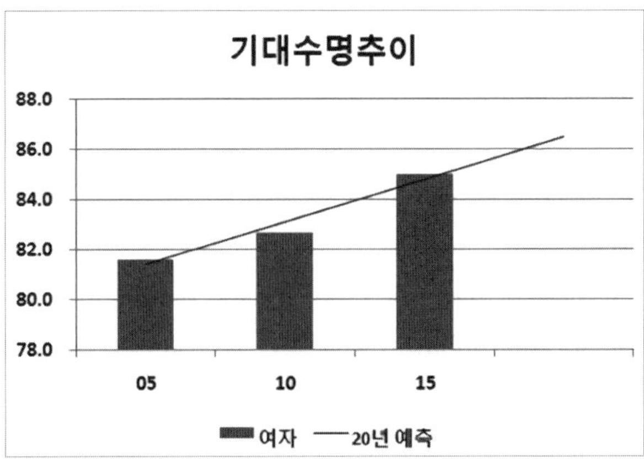

① 자동 합계 ② 추세선
③ 오차 막대 ④ 평균 구하기

상중하

32 다음 중 입력한 수식에서 발생한 오류 메시지와 그 발생 원인으로 옳지 않은 것은?

① #VALUE! : 잘못된 인수나 피연산자를 사용했을 때
② #DIV/0! : 특정 값(셀)을 0 또는 빈 셀로 나누었을 때
③ #NAME? : 함수 이름을 잘못 입력하거나 인식할 수 없는 텍스트를 수식에 사용했을 때
④ #REF! : 숫자 인수가 필요한 함수에 다른 인수를 지정했을 때

상중하

33 다음 중 함수식에 대한 결과가 옳지 않은 것은?

① =Trunc(−5.6) → −5
② =Power(2,3) → 6
③ =Int(−7.2) → −8
④ =Mod(−7,3) → 2

상중하

34 다음 중 원본 데이터를 지정된 서식으로 설정하였을 때 결과가 옳지 않은 것은?

	원본 데이터	서식	결과 데이터
①	314826	#,##0,	314,826,
②	281476	#,##0.0	281,476.0
③	12:00:00 AM	0	0
④	2018-03-25	yyyy-mmmm	2018-March

상중하

35 다음 중 아래의 차트와 같이 데이터를 선으로 표시하여 데이터 계열의 총값을 비교하고, 상호 관계를 살펴보고자 할 때 사용하는 차트 종류는?

합격 강의

① 도넛형 차트
② 방사형 차트
③ 분산형 차트
④ 주식형 차트

상중하

36 [페이지 설정] 대화 상자의 [시트] 탭에서 '반복할 행'에 [$4:$4]을 지정하고 워크시트 문서를 출력하였다. 다음 중 출력 결과에 대한 설명으로 옳은 것은?

① 첫 페이지만 1행부터 4행의 내용이 반복되어 인쇄된다.
② 모든 페이지에 4행의 내용이 반복되어 인쇄된다.
③ 모든 페이지에 4열의 내용이 반복되어 인쇄된다.
④ 모든 페이지에 4행과 4열의 내용이 반복되어 인쇄된다.

상 중 하

37 다음 중 매크로 이름으로 지정할 수 없는 것은?

① 매크로_1
② Goal2024
③ 3사분기
④ 매출평균

상 중 하

38 다음 중 틀 고정 및 창 나누기에 대한 설명으로 옳지 않은 것은?

① 화면에 나타나는 창 나누기 형태는 인쇄 시 적용되지 않는다.
② 창 나누기를 수행하면 셀 포인트의 오른쪽과 아래쪽으로 창 구분선이 표시된다.
③ 창 나누기는 셀 포인트의 위치에 따라 수직, 수평, 수직 · 수평 분할이 가능하다.
④ 첫 행을 고정하려면 셀 포인트의 위치에 상관없이 [틀 고정]-[첫 행 고정]을 선택한다.

상 중 하

39 다음 중 부분합 계산에서 사용할 수 없는 함수는 어느 것인가?

① 절대 표준 편차
② 표준 편차
③ 최대값
④ 평균

상 중 하

40 다음 중 아래의 워크시트에서 몸무게가 70Kg 이상인 사람의 수를 구하고자 할 때 [E7] 셀에 입력할 수식으로 옳지 않은 것은?

합격강의

	A	B	C	D	E	F
1	번호	이름	키(Cm)	몸무게(Kg)		
2	12001	홍길동	165	67		몸무게(Kg)
3	12002	이대한	171	69		>=70
4	12003	한민국	177	78		
5	12004	이우리	162	80		
6						
7	몸무게가 70Kg 이상인 사람의 수?				2	
8						

① =DCOUNT(A1:D5,2,F2:F3)
② =DCOUNTA(A1:D5,2,F2:F3)
③ =DCOUNT(A1:D5,3,F2:F3)
④ =DCOUNTA(A1:D5,3,F2:F3)

해설과 따로 보는 2023년 상시 기출문제 07회

2급	소요시간	문항수
	총40분	총40개

풀이 시간 : ________ 채점 점수 : ________

1과목 컴퓨터 일반

상중하

01 다음 중 네트워크 주변을 지나다니는 패킷을 엿보면서 계정과 비밀번호를 알아내는 보안 위협 행위는?

합격 강의

① 스푸핑(Spoofing)
② 스니핑(Sniffing)
③ 키로거(Key Logger)
④ 백도어(Back Door)

상중하

02 정보 통신망의 범위를 기준으로 작은 것부터 큰 순서대로 옳게 나열한 것은?

① WAN – MAN – LAN
② LAN – MAN – WAN
③ MAN – LAN – WAN
④ LAN – WAN – MAN

상중하

03 다음 중 USB 인터페이스에 대한 설명으로 옳지 않은 것은?

① 직렬포트보다 USB 포트의 데이터 전송 속도가 더 빠르다.
② USB는 컨트롤러당 최대 127개까지 포트의 확장이 가능하다.
③ 핫 플러그인(Hot Plug In)과 플러그 앤드 플레이(Plug & Play)를 지원한다.
④ USB 커넥터를 색상으로 구분하는 경우 USB 3.0은 빨간색, USB 2.0은 파란색을 사용한다.

상중하

04 다음 중 폴더의 [속성] 창에 대한 설명으로 옳지 않은 것은?

① 폴더 안 파일의 개수를 알 수 있다.
② 폴더를 만든 날짜를 알 수 있다.
③ '읽기 전용'과 '숨김' 속성을 설정하거나 해제할 수 있다.
④ 폴더의 저장 위치를 변경할 수 있다.

상중하

05 다음 중 컴퓨터의 처리 속도를 높이기 위한 가장 효율적인 방법은?

① EIDE 포트 확장
② 모니터 교체
③ RAM 확장
④ CD-ROM 교체

상중하

06 다음 중 처리 속도의 단위에 대한 설명으로 옳지 않은 것은?

합격 강의

① ps = 10^{-12} sec
② ns = 10^{-6} sec
③ ms = 10^{-3} sec
④ fs = 10^{-15} sec

상중하

07 다음 중 누산기(ACC)에 대한 설명으로 옳은 것은?

① 연산의 결과를 일시적으로 기억하는 장치이다.
② 명령어를 기억하는 장치이다.
③ 명령을 해독하는 장치이다.
④ 다음에 실행할 명령의 주소를 갖는 장치이다.

상 중 하

08 다음 중 한글 Windows의 인쇄 작업에 대한 설명으로 옳지 않은 것은?

① 프린터에서 인쇄 작업이 시작된 경우라도 잠시 중지시켰다가 다시 이어서 인쇄할 수 있다.
② 여러 개의 출력 파일들의 출력 대기 상태를 확인할 수 있다.
③ 여러 개의 출력 파일들이 출력 대기할 때 출력 순서를 임의로 조정할 수 있다.
④ 일단 프린터에서 인쇄 작업에 들어간 것은 프린터 전원을 끄기 전에는 강제로 종료시킬 수 없다.

상 중 하

09 다음 중 전시장이나 쇼핑 센터 등에 설치하여 방문객이 각종 안내를 받을 수 있도록 한 것으로, 터치 패널을 이용해 메뉴를 손가락으로 선택해서 정보를 얻을 수 있는 것이 특징인 것은?

합격강의

① 킨들
② 프리젠터
③ 키오스크
④ UPS

상 중 하

10 다음 중 인터넷 주소 체계인 IPv6에 대한 설명으로 옳은 것은?

① 주소는 8비트씩 16개 부분으로 총 128비트로 구성되어 있다.
② 주소를 네트워크 부분의 길이에 따라 A클래스에서 E클래스까지 총 5단계로 구분한다.
③ IPv4와의 호환성은 낮으나 IPv4에 비해 품질 보장은 용이하다.
④ 주소의 단축을 위해 각 블록에서 선행되는 0은 생략할 수 있다.

상 중 하

11 다음 중 컴퓨터를 이용한 가상현실(Virtual Reality)에 관한 설명으로 옳은 것은?

① 고화질 영상을 제작하여 텔레비전에 나타내는 기술이다.
② 고도의 컴퓨터 그래픽 기술과 3차원 기법을 통하여 현실의 세계처럼 구현하는 기술이다.
③ 여러 영상을 통합하여 2차원 그래픽으로 표현하는 기술이다.
④ 복잡한 데이터를 단순화시켜 컴퓨터 화면에 나타내는 기술이다.

상 중 하

12 다음 중 한글 Windows에서 사용하는 바로 가기 키의 기능이 옳지 못한 것은?

① F2 : 이름 바꾸기
② F3 : 파일이나 폴더 검색
③ F4 : 주소 표시줄 목록 표시
④ F5 : 창이나 바탕 화면의 화면 요소들을 순환

상 중 하

13 다음 중 아날로그 컴퓨터와 비교하여 디지털 컴퓨터의 특징으로 옳지 않은 것은?

합격강의

① 데이터의 각 자리마다 0 혹은 1의 비트로 표현한 이산적인 데이터를 처리한다.
② 데이터 처리를 위한 명령어들로 구성된 프로그램에 의해 동작된다.
③ 온도, 전압, 진동 등과 같이 연속적으로 변하는 데이터를 효율적으로 처리할 수 있다.
④ 산술 및 논리 연산을 처리하는 회로에 기반을 둔 범용 컴퓨터로 사용된다.

상 중 하

14 다음 중 컴퓨터에서 사용하는 데이터의 논리적 구성 단위를 작은 것에서 큰 것 순으로 바르게 나열한 것은?

① 비트 – 바이트 – 워드 – 필드
② 워드 – 필드 – 바이트 – 레코드
③ 워드 – 필드 – 파일 – 레코드
④ 필드 – 레코드 – 파일 – 데이터베이스

상 중 하

15 다음 중 네트워크 연결 장치와 관련하여 패킷의 헤더 정보를 보고 목적지를 파악하여 다음 목적지로 전송하기 위한 최선의 경로를 선택할 수 있는 것으로 옳은 것은?

합격강의

① 허브(Hub)
② 브리지(Bridge)
③ 스위치(Switch)
④ 라우터(Router)

상 중 하

16 다음 중 Windows의 드라이브 최적화(디스크 조각 모음) 기능에 관한 설명으로 옳지 않은 것은?

① 하드디스크에 단편화되어 조각난 파일들을 모아 준다.
② USB 플래시 드라이브와 같은 이동식 저장 장치도 조각화 될 수 있다.
③ 수행 후에는 디스크 공간의 최적화가 이루어져 디스크의 용량이 증가한다.
④ 일정을 구성하여 드라이브 최적화(디스크 조각 모음)를 예약 실행할 수 있다.

상 중 하

17 인터넷의 보안에 대한 해결책으로 공개키(Public Key)를 이용한 암호화 기법이 있다. 이 기법에서는 암호키(Encryption Key)와 해독키(Decryption Key) 두 개의 키를 사용하는데, 공개 여부에 대한 설명으로 맞는 것은?

① 암호키와 해독키를 모두 공개한다.
② 암호키와 해독키를 모두 비공개한다.
③ 암호키는 공개하고 해독키는 비공개한다.
④ 해독키는 공개하고 암호키는 비공개한다.

상 중 하

18 다음 아래의 〈보기〉에서 설명하는 기억 장치로 옳은 것은?

합격강의

〈보기〉

- 보조 기억 장치인 하드디스크의 일부를 주기억 장치처럼 사용함
- 주기억 장치보다 큰 프로그램을 로드하여 실행할 경우에 유용함
- 기억 공간의 확대에 목적이 있음

① 플래시 메모리(Flash Memory)
② 캐시 메모리(Cache Memory)
③ 연관 메모리(Associative Memory)
④ 가상 메모리(Virtual Memory)

상 중 하

19 다음 중 정보의 기밀성을 저해하는 데이터 보안 침해 형태는?

① 수정
② 가로채기
③ 위조
④ 가로막기

상 중 하

20 다음 중 컴퓨터에서 사용하는 ASCII 코드에 관한 설명으로 옳은 것은?

① 패리티 비트를 이용하여 오류 검출과 오류 교정이 가능하다.
② 표준 ASCII 코드는 3개의 존 비트와 4개의 디지트 비트로 구성되며, 주로 대형 컴퓨터의 범용 코드로 사용된다.
③ 표준 ASCII 코드는 7비트를 사용하여 영문 대소문자, 숫자, 문장 부호, 특수 제어 문자 등을 표현한다.
④ 확장 ASCII 코드는 8비트를 사용하며 멀티미디어 데이터 표현에 적합하도록 확장된 코드표이다.

2과목 스프레드시트 일반

상중하

21 다음 중 엑셀의 [데이터] 탭–[데이터 도구] 그룹에 있는 [빠른 채우기]는 패턴에 대한 값을 자동으로 채워주는 기능이다. 바로 가기 키로 옳은 것은?

합격강의

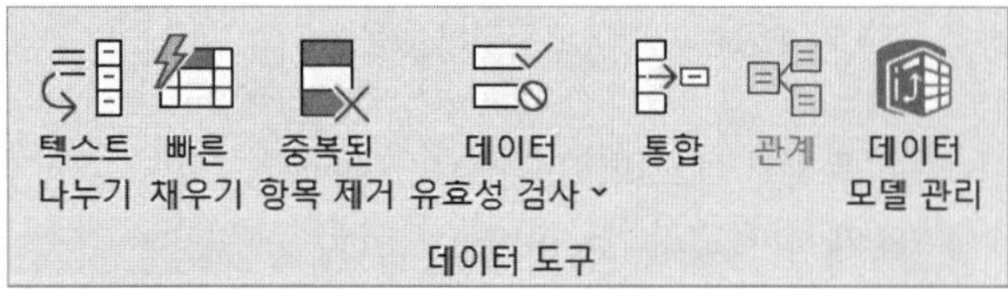

① Ctrl+E
② Ctrl+F
③ Ctrl+T
④ Ctrl+Shift+L

상중하

22 다음 중 자동 필터에 관한 설명으로 옳지 않은 것은?

① 날짜가 입력된 열에서 요일로 필터링하려면 '날짜 필터' 목록에서 필터링 기준으로 사용할 요일을 하나 이상 선택하거나 취소한다.
② 두 개 이상의 필드에 조건을 설정하는 경우 필드 간에는 AND 조건으로 결합하여 필터링된다.
③ 열 머리글에 표시되는 드롭다운 화살표에는 해당 열에서 가장 많이 나타나는 데이터 형식에 해당하는 필터 목록이 표시된다.
④ 검색 상자를 사용하여 텍스트와 숫자를 검색할 수 있으며, 배경 또는 텍스트에 색상 서식이 적용된 경우 셀의 색상을 기준으로 필터링할 수도 있다.

상중하

23 다음 중 [찾기 및 바꾸기] 대화 상자에 대한 설명으로 옳지 않은 것은?

합격강의

① [서식] 단추를 이용하면 특정 셀의 서식을 선택하여 동일한 셀 서식이 적용된 셀을 찾을 수도 있다.
② [범위]에서 행 방향을 우선하여 찾을 것인지 열 방향을 우선하여 찾을 것인지를 지정할 수 있다.
③ [찾기] 탭에서 찾는 위치는 '수식, 값, 메모'를 사용할 수 있고, [바꾸기] 탭에서는 '수식'만 사용할 수 있다.
④ [찾기]의 바로 가기 키는 Ctrl+F, [바꾸기]의 바로 가기 키는 Ctrl+H를 사용한다.

상중하

24 아래의 워크시트에서 보기의 수식을 [A3:D3] 셀에 순서대로 입력하려고 한다. 다음 중 입력된 수식의 결과가 다른 것은?

합격강의

	A	B	C	D	E
1	컴퓨	터활용	컴퓨터활용		
2	컴퓨	퓨	터	활	용

① =LEFT(B1,2)&E2
② =MID(C1,3,2)
③ =RIGHT(C1,3)
④ =C2&D2&E2

상중하

25 다음 중 워크시트에서 계산을 원하는 셀 영역을 선택한 후 상태 표시줄의 바로 가기 메뉴인 [상태 표시줄 사용자 지정]에서 선택할 수 있는 자동 계산에 해당되지 않는 것은?

① 합계
② 평균
③ 숫자 셀 수
④ 표준 편차

상중하

26 다음 중 'Sheet1'에서 'Sheet1'의 [A10] 셀과 '2월 매출' 시트의 [A1] 셀을 곱하는 수식으로 옳은 것은?

① =A1*2월 매출!A1
② =A10*[2월 매출]!A1
③ =A10*'2월 매출'!A1
④ =A10*"2월 매출"!A1

상 중 하

27 다음 표는 어린이 비타민 한 알에 포함된 비타민의 성분표이다. 전체 항목의 합에 대한 각 항목의 비율을 보기 위해서 다음 중 어떤 차트로 나타내는 것이 가장 적당한가?

비타민 성분	함량(mg)
A	0.1
B1	0.35
B2	0.45
B3	4.5
B6	0.1
C	3
E	2

① 방사형 차트
② 주식형 차트
③ 원형 차트
④ 표면형 차트

상 중 하

28 다음 중 [페이지 설정] 대화 상자의 [시트] 탭에 대한 설명으로 옳지 않은 것은?

① [행/열 머리글] 항목은 행/열 머리글이 인쇄되도록 설정하는 기능이다.
② [인쇄 제목] 항목을 이용하면 특정 부분을 매 페이지마다 반복적으로 인쇄할 수 있다.
③ [눈금선] 항목을 선택하여 체크 표시하면 작업시트의 셀 구분선은 인쇄되지 않는다.
④ [메모] 항목에서 '(없음)'을 선택하면 셀에 메모가 있더라도 인쇄되지 않는다.

상 중 하

29 다음 중 데이터 입력에 대한 설명으로 옳지 않은 것은?

① 동일한 문자를 여러 개의 셀에 입력하려면 셀에 문자를 입력한 후 채우기 핸들을 드래그한다.
② 숫자 데이터의 경우 두 개의 셀을 선택하고 채우기 핸들을 선택 방향으로 드래그하면 두 값의 차이만큼 증가/감소하며 자동 입력된다.
③ 일정 범위 내에 동일한 데이터를 한 번에 입력하려면 범위를 지정하여 데이터를 입력한 후 바로 이어서 Shift+Enter를 누른다.
④ 사용자 지정 연속 데이터 채우기를 사용하여 데이터를 입력하는 경우 사용자 지정 목록에는 텍스트나 텍스트/숫자 조합만 포함될 수 있다.

상 중 하

30 다음 중 가상 분석 도구인 [데이터 표]에 대한 설명으로 옳지 않은 것은?

① 테스트 할 변수의 수에 따라 변수가 한 개이거나 두 개인 데이터 표를 만들 수 있다.
② 데이터 표를 이용하여 입력된 데이터는 부분적으로 수정 또는 삭제할 수 있다.
③ 워크시트가 다시 계산될 때마다 데이터 표도 변경 여부에 관계없이 다시 계산된다.
④ 데이터 표의 결과 값은 반드시 변화하는 변수를 포함한 수식으로 작성해야 한다.

상 중 하

31 다음 시트에서 함수식의 결과가 잘못된 것은?

합격 강의

	A	B	C	D
1	5	10	15	20
2	10	0.02	0.51	0.78
3	15	0.88	0.44	2.22
4	20	4.33	1.27	3.33
5	25	1.95	2.35	4.44

① =VLOOKUP(28,A1:D5,3) → 2.35
② =VLOOKUP(22,A1:D5,3) → 2.22
③ =HLOOKUP(17,A1:D5,4) → 1.27
④ =INDEX(A1:D5,3,4) → 2.22

상 중 하

32 다음 중 윗주에 대한 설명으로 옳은 것은?

① 윗주의 서식은 변경할 수 없다.
② 윗주는 데이터를 삭제하면 같이 삭제된다.
③ 문자, 숫자 데이터 모두 윗주를 표시할 수 있다.
④ 윗주 필드 표시는 인쇄 미리 보기에서는 표시되지만 인쇄할 때는 같이 인쇄되지 않는다.

상 중 하

33 다음 중 매크로와 관련된 바로 가기 키에 대한 설명으로 옳지 않은 것은?

① Alt+M을 누르면 [매크로 기록] 대화 상자가 표시되어 매크로를 기록할 수 있다.
② Alt+F11을 누르면 Visual Basic Editor가 실행되며, 매크로를 수정할 수 있다.
③ Alt+F8을 누르면 [매크로] 대화 상자가 표시되어 매크로 목록에서 매크로를 선택하여 실행할 수 있다.
④ 매크로 기록 시 Ctrl과 영문 문자를 조합하여 해당 매크로의 바로 가기 키를 지정할 수 있다.

상 중 하

34 다음 중 [데이터 유효성] 기능의 오류 메시지 스타일에 해당하지 않는 것은?

합격강의

① 경고( )
② 중지( )
③ 정보( )
④ 확인( )

상 중 하

35 워크시트의 [F8] 셀에 수식 "=E8/$F5"를 입력하는 중 '$'를 한글 'ㄴ'으로 잘못 입력하였다. 이 경우 [F8]셀에 나타나는 오류 메시지로 옳은 것은?(단, [E8] 셀과 [F5] 셀에는 숫자 100과 20이 입력되어 있다.)

① #N/A
② #NAME?
③ #NULL!
④ #VALUE!

상 중 하

36 다음 중 아래의 고급 필터 조건에 대한 설명으로 옳은 것은?

국사	영어	평균
>=80	>=85	
		>=85

① 국사가 80 이상이거나, 영어가 85 이상이거나, 평균이 85 이상인 경우
② 국사가 80 이상이거나, 영어가 85 이상이면서 평균이 85 이상인 경우
③ 국사가 80 이상이면서 영어가 85 이상이거나, 평균이 85 이상인 경우
④ 국사가 80 이상이면서 영어가 85 이상이면서 평균이 85 이상인 경우

상 중 하

37 다음 중 날짜 데이터의 입력에 대한 설명으로 옳은 것은?

① 날짜는 1900년 1월 1일을 1로 시작하는 일련번호로 저장된다.
② 날짜 데이터는 슬래시(/)나 점(.) 또는 하이픈(–)으로 연, 월, 일을 구분하여 입력한다.
③ 수식에서 날짜 데이터를 직접 입력할 때에는 작은따옴표(' ')로 묶어서 입력한다.
④ 단축키 Ctrl+Alt+;을 누르면 오늘 날짜가 입력된다.

상 중 하

38 다음 중 입사일이 1989년 6월 3일인 직원의 오늘 현재까지의 근속 일수를 구하려고 할 때 가장 적당한 함수 사용법은?

합격강의

① =TODAY( )–DAY(1989,6,3)
② =TODAY( )–DATE(1989,6,3)
③ =DATE(6,3,1989)–TODAY( )
④ =DAY(6,3,1989)–TODAY( )

상 중 하

39 **다음 중 차트의 데이터 계열 서식에 대한 설명으로 옳지 않은 것은?**

① 계열 겹치기 수치를 양수로 지정하면 데이터 계열 사이가 벌어진다.
② 차트에서 데이터 계열의 간격을 넓게 또는 좁게 지정할 수 있다.
③ 특정 데이터 계열의 값이 다른 데이터 계열 값과 차이가 많이 나거나 데이터 형식이 혼합되어 있는 경우 하나 이상의 데이터 계열을 보조 세로 (값) 축에 표시할 수 있다.
④ 보조 축에 그려지는 데이터 계열을 구분하기 위하여 보조 축의 데이터 계열만 선택하여 차트 종류를 변경할 수 있다.

상 중 하

40 **다음 중 부분합에 대한 설명으로 옳지 않은 것은?**

① 부분합은 SUBTOTAL 함수를 사용하여 합계나 평균 등의 요약 값을 계산한다.
② 첫 행에는 열 이름표가 있어야 하며, 데이터는 그룹화할 항목을 기준으로 정렬되어 있어야 한다.
③ 항목 및 하위 항목별로 데이터를 요약하며, 사용자 지정 계산과 수식을 만들 수 있다.
④ 부분합을 제거하면 부분합과 함께 표에 삽입된 개요 및 페이지 나누기도 제거된다.

합격 강의

해설과 따로 보는 2023년 상시 기출문제 08회

2급	소요시간	문항수
	총40분	총40개

풀이 시간 : __________ 채점 점수 : __________

1과목 컴퓨터 일반

상 중 하

01 다음 중 각 소프트웨어에 대한 설명으로 옳지 않은 것은?

합격 강의

① 패치 버전(Patch Version) : 이미 제작하여 배포된 프로그램의 오류 수정이나 성능 향상을 위해 프로그램의 일부 파일을 변경해 주는 프로그램
② 데모 버전(Demo Version) 정식 프로그램의 기능을 홍보하기 위해 사용 기간이나 기능을 제한하여 배포하는 프로그램
③ 셰어웨어(Shareware) : 정식 프로그램의 구매를 유도하기 위해 기능이나 사용 기간에 제한을 두어 무료로 배포하는 프로그램
④ 공개 소프트웨어(Freeware) : 특정한 하드웨어나 소프트웨어를 구매하였을 때 끼워주는 소프트웨어

상 중 하

02 다음 중 아래 설명에 해당하는 네트워크 구성 장비는?

합격 강의

- 두 개의 근거리 통신망(LAN) 시스템을 이어주는 접속 장치이다.
- 양쪽 방향으로 데이터의 전송만 해줄 뿐 프로토콜 변환 등 복잡한 처리는 불가능하다.
- 네트워크 프로토콜과는 독립적으로 작용하므로 네트워크에 연결된 여러 단말들의 통신 프로토콜을 바꾸지 않고도 네트워크를 확장할 수 있다.

① 라우터
② 스위칭 허브
③ 브리지
④ 모뎀

상 중 하

03 다음 중 산술 논리 연산 장치(Arithmetic and Logic Unit)의 구성 요소가 아닌 것은?

① 상태 레지스터
② 누산기
③ 프로그램 카운터
④ 보수기

상 중 하

04 다음 중 개인용 컴퓨터(PC)에서 문자를 표현하기 위해 일반적으로 사용하는 코드 형식에 해당하는 것은?

① ASCII 코드
② BCD코드
③ ISO 코드
④ EBCDIC 코드

상 중 하

05 다음 중 IPv6에서 사용하는 주소의 비트 수로 옳은 것은?

① 32비트
② 64비트
③ 128비트
④ 256비트

상 중 하

06 다음 중 비트맵 이미지를 확대하였을 때 이미지의 경계선이 매끄럽지 않고 계단 형태로 나타나는 현상을 의미하는 용어는?

합격 강의

① 엘리어싱(Aliasing)
② 디더링(Dithering)
③ 모델링(Modeling)
④ 렌더링(Rendering)

상 중 하

07 다음 중 중앙 처리 장치와 주기억 장치 사이의 속도 차를 해결하기 위해 사용하는 기억 장치는?

① 가상 기억 장치
② 캐시 메모리
③ 플래시 메모리
④ 연상 기억 장치

상 중 하

08 다음 중 그래픽 파일 형식 중 GIF에 대한 설명으로 옳지 않은 것은?

① 비손실 압축과 손실 압축을 모두 지원한다.
② 여러 번 압축을 하여도 원본과 비교해 화질의 손상은 없다.
③ 최대 256 색상까지만 표현할 수 있다.
④ 배경을 투명하게 처리할 수 있다.

상 중 하

09 다음 중 ⓐ와 ⓑ에 대한 답으로 옳은 것은?

합격 강의

> 컴퓨터의 처리 대상이 되는 것으로 어떤 조건이나 상황을 나타내는 문자, 숫자, 그림, 음성, 영상 등을 (ⓐ)(이)라고 하며, (ⓐ)를 가공한 것으로 유용하게 사용되는 것을 (ⓑ)(이)라고 한다.

① ⓐ : 파일 ⓑ : 미디어
② ⓐ : 멀티미디어 ⓑ : 미디어
③ ⓐ : 데이터베이스 ⓑ : 소프트웨어
④ ⓐ : 자료 ⓑ : 정보

상 중 하

10 다음 중 한글 Windows 10에서 사용 중인 프로그램을 닫거나 실행 중인 프로그램을 끝내기 위한 바로 가기 키는?

① Ctrl+R
② Alt+Enter
③ Alt+Tab
④ Alt+F4

상 중 하

11 다음 중 컴퓨터 시스템을 안정적으로 사용하기 위한 관리 방법으로 적절하지 않은 것은?

① 컴퓨터를 이동하거나 부품을 교체할 때에는 반드시 전원을 끄고 작업하는 것이 좋다.
② 직사광선을 피하고 습기가 적으며 통풍이 잘되고 먼지 발생이 적은 곳에 설치한다.
③ 시스템 백업 기능을 자주 사용하면 시스템 바이러스 감염 가능성이 높아진다.
④ 디스크 조각 모음에 대해 예약 실행을 설정하여 정기적으로 최적화시킨다.

상 중 하

12 다음은 운영 체제 구성 중 언어 번역 프로그램에 대한 설명이다. 다음 중 설명이 잘못된 것은?

① 입력되는 프로그램을 원시 프로그램이라 하고, 출력되는 프로그램을 목적 프로그램이라 한다.
② 인터프리터는 원시 프로그램을 입력으로 받아 기계어로 변환하고 이를 실행해서 그 결과를 출력하여 주는 프로그램이다.
③ 어셈블리 언어는 어셈블러라고 하는 언어 번역기에 의해서 기계어로 번역된다.
④ 여러 형태의 컴퓨터 언어에 따라 프로그램 언어는 각각의 언어 번역 프로그램을 갖고 있다.

상 중 하

13 다음 중 레지스터에 관한 설명으로 옳은 것은?

① CPU 내부에서 특정한 목적에 사용되는 일시적인 기억 장소이다.
② 메모리 중에서 가장 속도가 느리며, 플립플롭이나 래치 등으로 구성된다.
③ 컴퓨터의 유지 보수를 위한 시스템 정보를 저장한다.
④ 시스템 부팅 시 운영체제가 로딩되는 메모리이다.

상중하

14 다음 중 한글 Windows 10에서 휴지통에 저장되지 않는 경우로 옳은 것은?

합격강의

① Shift를 누른 상태에서 삭제한 파일
② Ctrl을 누른 상태에서 삭제한 파일
③ Alt를 누른 상태에서 삭제한 파일
④ 바로 가기 메뉴에서 [삭제] 메뉴를 눌러서 삭제한 바로 가기 아이콘

상중하

15 다음 중 문자 형태로 된 도메인 네임을 컴퓨터가 인식할 수 있는 숫자로 된 IP 어드레스로 변환해 주는 것은?

① DHCP
② CGI
③ DNS
④ URL

상중하

16 다음 중 Windows의 [명령 프롬프트] 창에서 사용하는 PING 서비스에 대한 설명으로 옳은 것은?

① 원격으로 다른 컴퓨터를 사용할 수 있는 서비스이다.
② 인터넷이 정상적으로 연결되었는지 확인하는 서비스이다.
③ 인터넷 서버까지의 경로를 추적하는 서비스이다.
④ 특정 시스템을 사용하고 있는 사용자 정보를 알아보는 서비스이다.

상중하

17 다음 중 한글 Windows 10에서 재생할 수 있는 표준 동영상 파일의 형식으로 옳은 것은?

① JPG 파일
② GIF 파일
③ BMP 파일
④ AVI 파일

상중하

18 다음 중 한 대의 시스템을 여러 사용자가 공동으로 이용하는 경우 각 사용자들에게 CPU에 대한 사용권을 일정 시간 동안 할당하여 마치 각자가 컴퓨터를 독점하여 사용하고 있는 것처럼 느끼게 하는 시스템 운영 방식은?

합격강의

① 일괄 처리 시스템
② 다중 프로그래밍 시스템
③ 다중 처리 시스템
④ 시분할 시스템

상중하

19 다음 중 이미지를 트루 컬러로 표현하기 위해서 필요한 비트(Bit) 수로 옳은 것은?

① 4
② 8
③ 16
④ 24

상중하

20 다음 중 컴퓨터의 펌웨어(Firmware)에 관한 설명으로 옳은 것은?

① 주로 하드디스크에 저장되며 부팅 시 동작한다.
② 펌웨어 업데이트만으로도 시스템의 성능을 향상시킬 수 있다.
③ 컴퓨터 바이러스 백신과 관련이 있는 프로그램이다.
④ 컴퓨터 연산 속도를 빠르게 도와주는 하드웨어이다.

2과목 스프레드시트 일반

21 다음 중 함수를 실행한 결과가 옳지 않은 것은?

① =ROUNDUP(3.2,0) → 3
② =MOD(3,2) → 1
③ =ABS(−2) → 2
④ =MID("2026 월드컵",6,3) → 월드컵

22 다음 중 셀 범위를 선택한 후 그 범위에 이름을 정의하여 사용하는 것에 대한 설명으로 옳지 않은 것은?

① 이름은 기본적으로 상대 참조를 사용한다.
② 이름에는 공백이 없어야 한다.
③ 이름은 대소문자를 구별하지 않는다.
④ 정의된 이름은 다른 시트에서도 사용할 수 있다.

23 다음 중 [매크로] 대화 상자에 대한 설명으로 옳지 않은 것은?

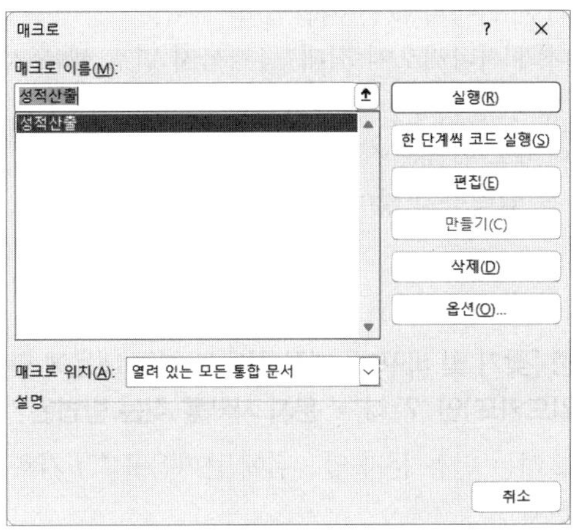

① [실행] 단추를 클릭하면 선택한 매크로를 실행한다.
② [한 단계씩 코드 실행] 단추를 클릭하면 선택한 매크로의 코드를 한 단계씩 실행할 수 있도록 Visual Basic 편집기를 실행한다.
③ [편집] 단추를 클릭하면 선택한 매크로의 명령을 수정할 수 있도록 Visual Basic 편집기를 실행한다.
④ [옵션] 단추를 클릭하면 선택한 매크로의 매크로 이름과 설명을 수정할 수 있는 [매크로 옵션] 대화 상자를 표시한다.

24 다음 중 필터에 대한 설명으로 옳지 않은 것은?

① 필터 기능을 이용하면 워크시트에 입력된 자료들 중 특정한 조건에 맞는 자료들만을 워크시트에 표시할 수 있다.
② 자동 필터에서 여러 필드에 조건을 지정하는 경우 각 조건들은 AND 조건으로 설정된다.
③ 고급 필터를 실행하는 경우 조건을 만족하는 데이터를 다른 곳에 추출할 수 있다.
④ 고급 필터가 적용된 결과 표를 정렬할 경우 숨겨진 레코드도 정렬에 포함된다.

25 다음 중 데이터 유효성 검사에 대한 설명으로 옳지 않은 것은?

① 목록의 값들을 미리 지정하여 데이터 입력을 제한할 수 있다.
② 입력할 수 있는 정수의 범위를 제한할 수 있다.
③ 목록으로 값을 제한하는 경우 드롭다운 목록의 너비를 지정할 수 있다.
④ 유효성 조건 변경 시 변경 내용을 범위로 지정된 모든 셀에 적용할 수 있다.

26 다음 중 엑셀에서 정렬 기준으로 사용할 수 없는 것은?

① 셀 값
② 셀 색
③ 글꼴 색
④ 글꼴 크기

27 다음 중 현재의 화면을 수평이나 수직 또는 수평/수직으로 나누어 볼 수 있는 화면 제어 기능은?

① 창 정렬
② 확대/축소
③ 창 나누기
④ 창 숨기기

상 중 하

28 다음 중 시트 전체를 범위로 선택하는 방법으로 옳지 않은 것은?

합격강의

① 하나의 행이 선택된 상태에서 Shift+Space Bar를 누른다.
② 시트의 임의의 셀에서 Ctrl+A를 누른다.
③ 하나의 열이 선택된 상태에서 Shift+Space Bar를 누른다.
④ 시트 전체 선택 단추를 클릭한다.

상 중 하

29 다음 시트에서 [B11] 셀에 "영업1부"의 인원수를 구하는 수식으로 옳은 것은?

합격강의

	A	B	C
1	성명	부서	
2	이대한	영업3부	
3	한상공	영업1부	
4	김선	영업2부	
5	지유환	영업1부	
6	이상영	영업2부	
7	이선훈	영업1부	
8	홍범도	영업3부	
9	곽기은	영업1부	
10			
11	영업1부 인원수		
12			

① =SUM(B2:B9,"영업1부")
② =SUMIF(B2:B9,"영업1부")
③ =COUNT(B2:B9,"영업1부")
④ =COUNTIF(B2:B9,"영업1부")

상 중 하

30 다음 중 매크로 작성 시 [매크로 기록] 대화 상자에서 선택할 수 있는 매크로의 저장 위치로 옳지 않은 것은?

① 새 통합 문서
② 개인용 매크로 통합 문서
③ 현재 통합 문서
④ 작업 통합 문서

상 중 하

31 다음 중 아래의 차트에 표시되지 않은 차트의 구성 요소는?

합격강의

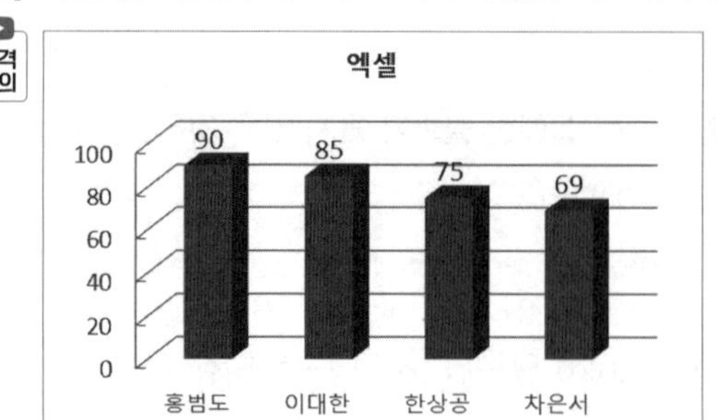

① 데이터 레이블
② 데이터 계열
③ 데이터 테이블
④ 눈금선

상 중 하

32 다음 중 시나리오에 대한 설명으로 옳지 않은 것은?

① 시나리오는 작업 시트에 입력되어 있는 데이터들에 대해 가상의 상황을 만들어서 그 결과를 분석하고 예측하는 기능이다.
② 시나리오를 사용하여 작업 시트에 입력된 값을 변경시키면 원래의 값은 되살릴 수 없다.
③ 하나의 시나리오에 최대 24개까지 변경 셀을 지정할 수 있다.
④ 시나리오 이름은 사용자가 직접 입력해야 하며, 설명은 꼭 입력하지 않아도 된다.

상 중 하

33 다음 중 [찾기 및 바꾸기] 대화 창에서 찾을 내용에 만능 문자(와일드카드)인 '?' 나 '*' 문자 자체를 찾는 방법은?

① 찾으려는 만능 문자 앞 · 뒤에 큰따옴표("") 기호를 입력한다.
② 찾으려는 만능 문자 앞에 퍼센트(%) 기호를 입력한다.
③ 찾으려는 만능 문자 앞에 느낌표(!) 기호를 입력한다.
④ 찾으려는 만능 문자 앞에 물결표(~) 기호를 입력한다.

상중하

34 다음 설명하는 차트의 종류로 옳은 것은?

- 가로 축의 값이 일정한 간격이 아닌 경우
- 가로 축의 데이터 요소 수가 많은 경우
- 데이터 요소 간의 차이점보다는 데이터 집합 간의 유사점을 표시하려는 경우

① 주식형 차트
② 영역형 차트
③ 분산형 차트
④ 방사형 차트

상중하

35 다음 시트에서 [A1:F3] 영역을 제목으로 설정하여 매 페이지마다 반복 인쇄하기 위한 페이지 설정 방법으로 옳은 것은?

합격 강의

	A	B	C	D	E	F
1		컴퓨터 활용능력 필기 상시 검정 점수 현황				
2						
3		응시자명	컴퓨터일반	스프레드시트	데이터베이스	평균
4		최영진	60	75	86	74
5		왕상공	78	88	90	85
6		성정희	37	80	72	63
7		이수정	58	69	33	53
8		허은혜	77	62	56	65

① [페이지 설정] 대화 상자의 [머리글/바닥글] 탭에서 '머리글'에 A:G를 입력한다.
② [페이지 설정] 대화 상자의 [시트] 탭에서 '반복할 행'에 $1:$3을 입력한다.
③ [페이지 설정] 대화 상자의 [머리글/바닥글] 탭에서 '머리글'에 $1:$3을 입력한다.
④ [페이지 설정] 대화 상자의 [시트] 탭에서 '인쇄 영역'에 A:G를 입력한다.

상중하

36 다음 워크시트에서 [A1] 셀에서 Ctrl을 누른 채 채우기 핸들을 이용하여 드래그했을 때 [C1] 셀에 표시되는 값은?

	A	B	C	D
1	29.5			
2				

① 29.5
② 29.7
③ 31.5
④ 32.5

상중하

37 다음 중 목표값 찾기에 관한 설명으로 옳지 않은 것은?

① 수식에서 원하는 결과를 알고 있지만 그 결과를 얻기 위해 필요한 입력 값이 확실하지 않은 경우 목표값 찾기 기능을 사용한다.
② 여러 개의 변수를 조정하여 특정한 목표값을 찾을 때 사용한다.
③ 찾는 값은 수식 셀의 결과로, 원하는 특정한 값을 숫자 상수로 입력한다.
④ 값을 바꿀 셀은 찾는 값(목표값)에 입력한 결과를 얻기 위해 데이터를 조절할 단일 셀로서, 반드시 수식에서 이 셀을 참조하고 있어야 한다.

상중하

38 다음 중 열려 있는 통합 문서의 모든 워크시트를 재계산하기 위한 기능키로 옳은 것은?

① F1
② F2
③ F4
④ F9

상 중 하

39 다음 중 아래 괄호( )에 해당하는 바로 가기 키의 연결이 옳은 것은?

> Visual Basic Editor에서 매크로를 한 단계씩 실행하기 위한 바로 가기 키는 (㉮)이고, 모듈 창의 커서 위치까지 실행하기 위한 바로 가기 키는 (㉯)이며, 매크로를 바로 실행하기 위한 바로 가기 키는 (㉰)이다.

① ㉮－F5, ㉯－Ctrl+F5, ㉰－F8
② ㉮－F5, ㉯－Ctrl+F8, ㉰－F8
③ ㉮－F8, ㉯－Ctrl+F5, ㉰－F5
④ ㉮－F8, ㉯－Ctrl+F8, ㉰－F5

상 중 하

40 다음 SmartArt의 텍스트 창에 대한 설명으로 옳지 않은 것은?

합격 강의

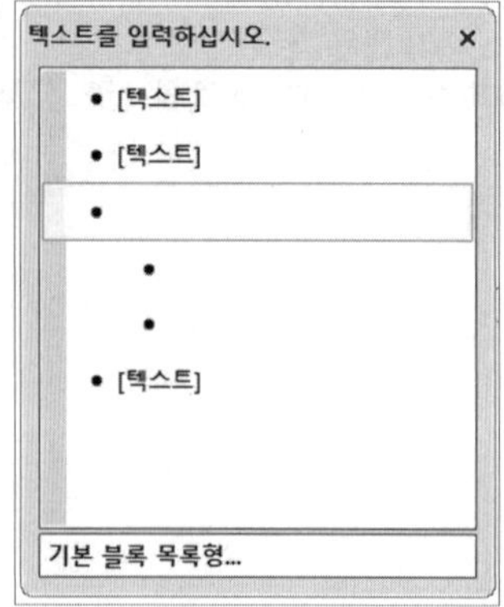

① 텍스트 창에 수식을 입력하는 경우 SmartArt에 결과 값이 계산되어 표시된다.
② 글머리 기호를 추가하여 사용할 수 있다.
③ 텍스트 창의 텍스트를 수정하면 SmartArt도 자동으로 수정된다.
④ 도형의 수가 고정되어 있는 SmartArt의 텍스트 창에서 고정된 도형보다 많은 수의 텍스트를 입력하면 SmartArt에 표시되지 못한 텍스트의 글머리 기호는 빨간색 ×로 표시된다.

▶ 합격 강의

해설과 따로 보는 2023년 상시 기출문제 09회

2급	소요시간	문항수
	총40분	총40개

풀이 시간 : ______________ 채점 점수 : ______________

1과목 컴퓨터 일반

상 중 하

01 다음 중 운영체제를 구성하는 제어 프로그램의 종류에 해당하지 않는 것은?

① 감시 프로그램
② 언어 번역 프로그램
③ 작업 관리 프로그램
④ 데이터 관리 프로그램

상 중 하

02 다음 중 컴퓨터의 특징에 관한 설명으로 옳지 않은 것은?

합격 강의

① 컴퓨터에서 사용되는 용어 중 'GIGO'는 입력 데이터가 옳지 않으면 출력 결과도 옳지 않다는 의미의 용어로 'Garbage In Garbage Out'의 약자이다.
② 호환성은 컴퓨터 기종에 상관없이 데이터 값을 동일하게 공유하여 처리할 수 있는 것을 의미한다.
③ 컴퓨터의 처리 속도 단위는 KB, MB, GB, TB 등으로 표현된다.
④ 컴퓨터 사용에는 사무 처리, 학습, 과학 계산 등 다양한 분야에서 이용될 수 있는 특징이 있으며, 이러한 특징을 범용성이라고 한다.

상 중 하

03 다음 중 멀티미디어와 관련하여 그래픽 처리 기법에 관한 설명으로 옳은 것은?

합격 강의

① 제한된 색상을 조합하여 복잡한 색이나 새로운 색을 만드는 작업을 필터링(Filtering)이라고 한다.
② 3차원 애니메이션을 만드는 과정 중의 하나로 물체의 모형에 명암과 색상을 입혀서 사실감을 더해 주는 작업을 렌더링(Rendering)이라고 한다.
③ 2개의 이미지를 부드럽게 연결하여 변환하거나 통합하는 작업을 모델링(Modelling)이라고 한다.
④ 이미지의 가장자리 부분에 발생한 계단 현상을 제거하는 것을 디더링(Dithering)이라고 한다.

상 중 하

04 다음 중 Windows의 에어로 피크(Aero Peek) 기능에 대한 설명으로 옳은 것은?

① 파일이나 폴더의 저장된 위치에 상관없이 종류별로 파일을 구성하고 액세스할 수 있게 한다.
② 모든 창을 최소화할 필요 없이 바탕 화면을 빠르게 미리 보거나 작업 표시줄의 해당 아이콘을 가리켜서 열린 창을 미리 볼 수 있게 한다.
③ 바탕 화면의 배경으로 여러 장의 사진을 선택하여 슬라이드 쇼 효과를 주면서 번갈아 표시할 수 있게 한다.
④ 작업 표시줄에서 프로그램 아이콘을 마우스 오른쪽 단추로 클릭하여 최근에 열린 파일 목록을 확인할 수 있게 한다.

상 중 하

05 다음 중 ASCII 코드에 대한 설명으로 옳은 것은?

① 2비트 에러를 검출하고 1비트의 에러 교정이 가능한 코드이다.
② Zone 4비트, Digit 4비트로 구성된다.
③ BCD 코드의 확장 코드로 대형 컴퓨터에서 사용된다.
④ 확장 ASCII 코드는 8비트를 사용하여 256가지의 문자를 표현한다.

상 중 하

06 다음 중 Windows의 작업 표시줄에서 열려 있는 프로그램의 미리 보기를 차례대로 표시하는 바로 가기 키는?

① ⊞+L
② ⊞+D
③ ⊞+T
④ ⊞+F

상 중 하

07 다음 중 Windows의 파일 탐색기에 대한 설명으로 옳지 않은 것은?

① 컴퓨터에 설치된 디스크 드라이브, 파일 및 폴더 등을 관리하는 기능을 가진다.
② 폴더와 파일을 계층 구조로 표시하며, 폴더 앞의 [>] 기호는 하위 폴더가 있음을 의미한다.
③ 현재 폴더에서 상위 폴더로 이동하려면 바로 가기 키인 [Home]을 누른다.
④ 검색 상자를 사용하여 파일이나 폴더를 찾을 수 있으며, 검색은 입력과 동시에 시작된다.

상 중 하

08 두 개 이상의 CPU를 가지고 동시에 여러 개의 작업을 처리하는 방식은?

① 일괄 처리 시스템(Batch Processing System)
② 다중 처리 시스템(Multiprocessing System)
③ 듀플렉스 시스템(Duplex System)
④ 다중 프로그래밍 시스템(Multiprogramming System)

상 중 하

09 다음 중 모든 사물을 네트워크로 연결하여 인간과 사물, 사물과 사물 간에 언제 어디서나 서로 소통할 수 있게 하는 새로운 정보통신 환경을 의미하는 것은?

합격 강의

① 클라우드 컴퓨팅(Cloud Computing)
② RSS(Rich Site Summary)
③ IoT(Internet of Things)
④ 빅 데이터(Big Data)

상 중 하

10 다음 중 정보 통신 장비와 관련하여 리피터(Repeater)에 관한 설명으로 옳은 것은?

① 적절한 전송 경로를 선택하여 데이터를 전달하는 장비이다.
② 프로토콜이 다른 네트워크를 결합하는 장비이다.
③ 감쇠된 전송 신호를 증폭하여 다음 구간으로 전달하는 장비이다.
④ 같은 프로토콜을 사용하는 독립적인 2개의 근거리 통신망에 상호 접속하는 장비이다.

상 중 하

11 다음 중 컴퓨터 소프트웨어에서 셰어웨어(Shareware)에 관한 설명으로 옳은 것은?

① 정상 대가를 지불하고 사용하는 소프트웨어이다.
② 특정 기능이나 사용 기간에 제한을 두고 무료로 배포하는 소프트웨어이다.
③ 개발자가 소스를 공개한 소프트웨어이다.
④ 배포 이전의 테스트 버전의 소프트웨어이다.

상 중 하

12 다음 중 인터넷에 존재하는 정보나 서비스에 대해 접근 방법, 존재 위치, 자료 파일명 등의 요소를 표시하는 것은?

합격 강의

① DHCP
② CGI
③ DNS
④ URL

상 중 하

13 다음 중 인터넷을 이용한 전자 우편에 관한 설명으로 옳지 않은 것은?

합격 강의

① 기본적으로 8비트의 유니코드를 사용하여 메시지를 전달한다.
② 전자 우편 주소는 '사용자ID@호스트 주소'의 형식으로 이루어진다.
③ SMTP, POP3, MIME 등의 프로토콜을 사용한다.
④ 보내기, 회신, 첨부, 전달, 답장 등의 기능이 있다.

상 중 하

14 다음 중 데이터 침입 행위와 관련된 '위조(Fabrication)'에 대한 옳은 설명은 무엇인가?

① 자료가 수신측으로 전달되는 것을 방해하는 행위
② 전송한 자료가 수신지로 가는 도중에 몰래 보거나 도청하는 행위
③ 원래의 자료를 다른 내용으로 바꾸는 행위
④ 자료가 다른 송신자로부터 전송된 것처럼 꾸미는 행위

상 중 하

15 **다음 중 컴퓨터 바이러스의 특징으로 옳지 않은 것은?**

① 디스크의 부트 영역이나 프로그램 영역에 숨어 있다.
② 자신을 복제할 수 있으며, 다른 프로그램을 감염시킬 수 있다.
③ 인터넷과 같은 통신 매체를 통해서만 감염된다.
④ 소프트웨어뿐만 아니라 하드웨어의 성능에도 영향을 미칠 수 있다.

상 중 하

16 **다음 중 [개인 설정]에서 설정할 수 있는 기능으로 옳지 않은 것은?**

① 테마
② 글꼴
③ 내레이터
④ 배경

상 중 하

17 **다음 중 정보 사회의 특징으로 적절하지 않은 것은?**

① 정보 자원에 의해서 주도되는 사회를 정보화 사회라고 한다.
② 획기적인 기술 혁신에 의하여 등장한 컴퓨터와 통신 기술을 원동력으로 하고 있다.
③ 정보의 생성, 가공, 유통이 종래의 물품이나 재화의 생산 활동 이상으로 가치를 지니는 새로운 사회이다.
④ 처리하고자 하는 정보의 종류와 양이 감소하였다.

상 중 하

18 **다음 중 컴퓨터에서 사용하는 레이저 프린터에 관한 설명으로 옳지 않은 것은?**

① 회전하는 드럼에 토너를 묻혀서 인쇄하는 방식이다.
② 비충격식이라 비교적 인쇄 소음이 적고 인쇄 속도가 빠르다.
③ 인쇄 방식에는 드럼식, 체인식, 밴드식 등이 있다.
④ 인쇄 해상도가 높으며 복사기와 같은 원리를 사용한다.

상 중 하

19 **다음 중 폴더의 [속성] 창에 대한 설명으로 옳지 않은 것은?**

① 폴더가 포함하고 있는 하위 폴더 및 파일의 개수를 알 수 있다.
② 폴더의 특정 하위 폴더를 삭제할 수 있다.
③ 폴더를 네트워크와 연결된 다른 컴퓨터에서 접근할 수 있도록 공유시킬 수 있다.
④ 폴더에 '읽기 전용' 속성을 설정하거나 해제할 수 있다.

상 중 하

20 **다음 중 네트워크 연결을 위한 동배간 처리(Peer-To-Peer) 방식에 대한 설명으로 옳지 않은 것은?**

합격 강의

① 컴퓨터와 컴퓨터가 동등하게 연결되는 방식이다.
② 각각의 컴퓨터는 클라이언트인 동시에 서버가 될 수 있다.
③ 워크스테이션이나 PC를 단말기로 사용하는 작은 규모의 네트워크에 많이 사용된다.
④ 유지보수가 쉽고 데이터의 보안이 우수하며 주로 데이터의 양이 많을 때 사용한다.

2 과목 스프레드시트 일반

상 중 하

21 **다음 중 엑셀의 화면 구성 요소를 설명한 것으로 옳지 않은 것은?**

① 엑셀에서 열 수 있는 통합 문서 개수는 사용 가능한 메모리와 시스템 리소스에 의해 제한된다.
② 워크시트란 숫자, 문자와 같은 데이터를 입력하고 입력된 결과가 표시되는 작업 공간이다.
③ 각 셀에는 행 번호와 열 번호가 있으며, [A1] 셀은 A행과 1열이 만나는 셀로 그 셀의 주소가 된다.
④ 하나의 통합 문서에는 최대 255개의 워크시트를 포함할 수 있다.

상 중 하

22 다음 중 통합 문서 저장 시 설정할 수 있는 [일반 옵션]에 대한 설명으로 옳지 않은 것은?

일반 옵션 ? ×
☐ 백업 파일 항상 만들기(B)
파일 공유
열기 암호(O):
쓰기 암호(M):
☐ 읽기 전용 권장(R)
확인 취소

① '백업 파일 항상 만들기'에 체크 표시한 경우에는 파일 저장 시 자동으로 백업 파일이 만들어진다.
② '열기 암호'를 지정한 경우에는 열기 암호를 입력해야 파일을 열 수 있고 암호를 모르면 파일을 열 수 없다.
③ '쓰기 암호'가 지정된 경우에는 파일을 수정하고 다른 이름으로 저장 시 '쓰기 암호'를 입력해야 한다.
④ '읽기 전용 권장'에 체크 표시한 경우에는 파일을 열 때 읽기 전용으로 열지를 묻는 메시지가 표시된다.

상 중 하

23 다음 중 워크시트에서 셀 포인터의 이동 및 범위를 설정하는 방법에 대한 설명으로 옳지 않은 것은?

① [A1] 셀로 이동할 경우에는 Alt+Home을 누른다.
② 행이나 열 단위를 지정할 경우에는 행 번호나 열 문자를 누른다.
③ Shift를 누른 채로 방향키를 이동하면 연속된 범위를 설정할 수 있다.
④ F5를 누른 후 이동할 셀 주소를 입력하여 셀 포인터를 이동할 수 있다.

상 중 하

24 다음 중 하이퍼링크에 대한 설명으로 옳지 않은 것은?

① 단추에는 하이퍼링크를 지정할 수 있지만 도형에는 하이퍼링크를 지정할 수 없다.
② 다른 통합 문서에 있는 특정 시트의 특정 셀로 하이퍼링크를 지정할 수 있다.
③ 특정 웹사이트로 하이퍼링크를 지정할 수 있다.
④ 현재 사용 중인 통합 문서의 다른 시트로 하이퍼링크를 지정할 수 있다.

상 중 하

25 다음 중 수식에 잘못된 인수나 피연산자를 사용하였을 때 표시되는 오류 메시지는?

① #DIV/0!　　② #NUM!
③ #NAME?　　④ #VALUE!

상 중 하

26 다음 중 수식의 결과 값이 옳지 않은 것은?

합격 강의

① =RIGHT("Computer",5) → puter
② =ABS(-5) → 5
③ =TRUNC(5.96) → 5
④ =AND(6<5, 7>5) → TRUE

상 중 하

27 다음 중 아래 워크시트에서 [D4] 셀에 입력한 수식의 실행 결과로 옳은 것은?(단, [D4] 셀에 설정된 표시 형식은 '날짜'임)

합격 강의

PERCENT... | × ✓ fx | =EOMONTH(D2,1)

	A	B	C	D	E
1	사원번호	성명	직함	생년월일	
2	101	구민정	영업과장	1980-12-08	
3					
4				=EOMONTH(D2,1)	
5					

① 1980-11-30
② 1980-11-08
③ 1981-01-31
④ 1981-01-08

상 중 하

28 다음 중 매크로에 대한 설명으로 옳지 않은 것은?

① 매크로 실행을 위한 바로 가기 키는 엑셀에서 이미 사용하고 있는 바로 가기 키를 사용할 수 없다.
② 매크로 기록 도중에 선택한 셀은 절대 참조로 기록할 수도 있고 상대 참조로 기록할 수도 있다.
③ 양식 도구에 있는 명령 단추에 매크로를 지정하여 매크로를 실행할 수 있다.
④ Visual Basic Editor에서 코드 편집을 통해 매크로의 이름이나 내용을 바꿀 수 있다.

상중하

29 다음 중 3차원 원형 차트에서 '데이터 레이블'의 레이블 내용으로 옳지 않은 것은?

합격강의

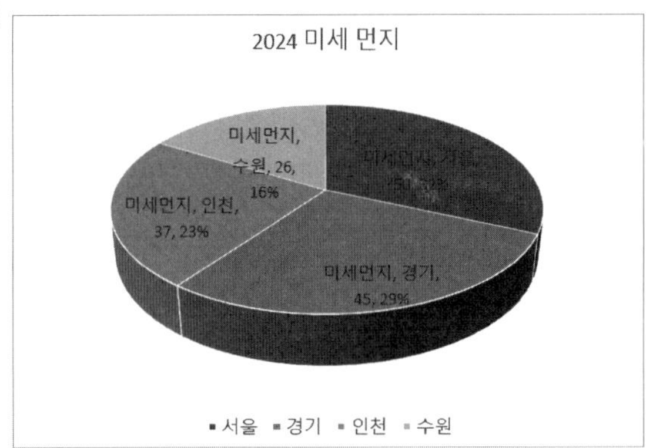

① 차트 제목 ② 계열 이름
③ 항목 이름 ④ 값, 백분율

상중하

30 다음 중 엑셀의 각종 데이터 입력에 관한 설명으로 옳지 않은 것은?

① 수식은 등호(=)로 시작해야 한다.
② 시간 데이터는 콜론(:)으로 시, 분, 초를 구분하여 입력한다.
③ 오늘 날짜를 입력하기 위해서는 TODAY() 함수나 Ctrl+;을 누르면 된다.
④ 범위를 지정하고 데이터를 입력한 후 Alt+Enter를 누르면 동일한 데이터가 한꺼번에 입력된다.

상중하

31 다음 중 [페이지 설정]에서 아래처럼 인쇄에 대한 옵션을 설정할 수 있는 탭은?

합격강의

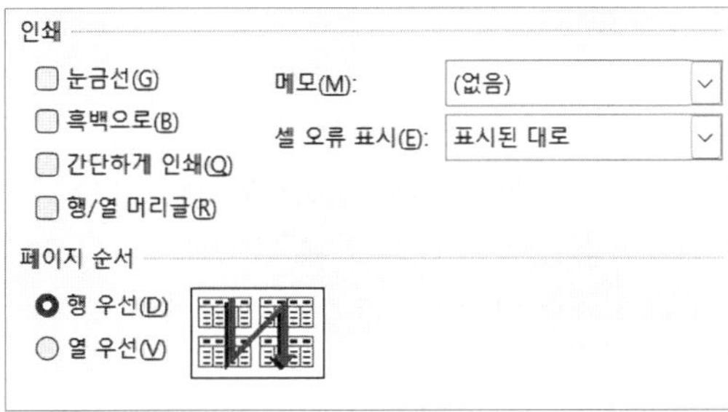

① [페이지] 탭
② [여백] 탭
③ [머리글/바닥글] 탭
④ [시트] 탭

상중하

32 다음 중 자동 필터에 관한 설명으로 옳지 않은 것은?

① 날짜가 입력된 열에서 요일로 필터링하려면 '날짜 필터' 목록에서 필터링 기준으로 사용할 요일을 하나 이상 선택하거나 취소한다.
② 두 개 이상의 필드에 조건을 설정하는 경우 필드 간에는 AND 조건으로 결합하여 필터링된다.
③ 열 머리글에 표시되는 드롭다운 화살표에는 해당 열에서 가장 많이 나타나는 데이터 형식에 해당하는 필터 목록이 표시된다.
④ 자동 필터를 사용하면 목록 값, 서식 또는 조건 등 세 가지 유형의 필터를 만들 수 있으며, 각 셀의 범위나 표 열에 대해 한 번에 한 가지 유형의 필터만 사용할 수 있다.

상중하

33 다음 중 아래에서 설명하는 엑셀의 기능으로 옳은 것은?

- 특정 항목의 구성 비율을 살펴보기 위하여 워크시트에 입력된 수치 값들을 막대나 선, 도형, 그림 등을 사용하여 시각적으로 표현한 것이다.
- 데이터의 상호 관계나 경향 또는 추세를 쉽게 분석할 수 있다.

① 피벗 테이블
② 시나리오
③ 차트
④ 매크로

상중하

34 다음 중 셀에 입력한 자료를 숨기고자 할 때의 사용자 지정 표시 형식으로 옳은 것은?

합격강의

① @@@@
② ;;;
③ #0000
④ ####0

상 중 하

35 다음 중 부분합에 관한 설명으로 옳지 않은 것은?

① 여러 함수를 이용하여 부분합을 작성하려면 두 번째부터 실행하는 [부분합] 대화 상자에서 '새로운 값으로 대치'가 반드시 선택되어 있어야 한다.
② 부분합을 작성한 후 개요 기호를 눌러 특정한 데이터가 표시된 상태에서 차트를 작성하면 화면에 표시된 데이터만 차트에 표시된다.
③ 부분합을 실행하기 전에 그룹시키고자 하는 필드를 기준으로 정렬되어 있어야 올바른 결과를 얻을 수 있다.
④ 그룹별로 페이지를 달리하여 인쇄하기 위해서는 [부분합] 대화 상자에서 '그룹 사이에서 페이지 나누기'를 선택한다.

상 중 하

36 다음 중 셀 영역을 선택한 후 상태 표시줄의 바로 가기 메뉴인 [상태 표시줄 사용자 지정]에서 선택할 수 있는 자동 계산에 해당되지 않는 것은?

합격 강의

① 선택한 영역 중 숫자 데이터가 입력된 셀의 수
② 선택한 영역 중 문자 데이터가 입력된 셀의 수
③ 선택한 영역 중 데이터가 입력된 셀의 수
④ 선택한 영역의 합계, 평균, 최소값, 최대값

상 중 하

37 다음 중 피벗 테이블 보고서와 피벗 차트 보고서에 대한 설명으로 옳지 않은 것은?

① 피벗 테이블 보고서에서는 값 영역에 표시된 데이터 일부를 삭제하거나 추가할 수 없다.
② 피벗 차트 보고서를 만들 때마다 동일한 데이터로 관련된 피벗 테이블 보고서가 자동으로 생성된다.
③ 피벗 차트 보고서는 분산형, 주식형, 거품형 등 다양한 차트 종류로 변경할 수 있다.
④ 행 또는 열 레이블에서의 데이터 정렬은 수동(항목을 끌어 다시 정렬), 오름차순, 내림차순 중 선택할 수 있다.

상 중 하

38 다음 중 시나리오에 대한 설명으로 옳지 않은 것은?

① 시나리오는 별도의 파일로 저장하고 자동으로 바꿀 수 있는 값의 집합이다.
② 시나리오를 사용하여 워크시트 모델의 결과를 예측할 수 있다.
③ 여러 시나리오를 비교하기 위해 시나리오를 한 페이지의 피벗 테이블로 요약할 수 있다.
④ 시나리오 피벗 테이블 보고서에는 결과 셀이 반드시 있어야 한다.

상 중 하

39 다음 중 정렬 기능에 대한 설명으로 옳지 않은 것은?

① 워크시트에 입력된 자료들을 특정한 순서에 따라 재배열하는 기능이다.
② 정렬 옵션 방향은 '위쪽에서 아래쪽' 또는 '왼쪽에서 오른쪽' 중 선택하여 정렬할 수 있다.
③ 오름차순 정렬과 내림차순 정렬에서 공백은 맨 처음에 위치하게 된다.
④ 선택한 데이터 범위의 첫 행을 머리글 행으로 지정할 수 있다.

상 중 하

40 다음 중 아래 시트에서 [C2:G3] 영역을 참조하여 [C5] 셀의 점수 값에 해당하는 학점을 [C6] 셀에 구하기 위한 함수식으로 옳은 것은?

	A	B	C	D	E	F	G	H
1								
2		점수	0	60	70	80	90	
3		학점	F	D	C	B	A	
4								
5		점수	76					
6		학점						
7								

① =VLOOKUP(C5,C2:G3,2,TRUE)
② =VLOOKUP(C5,C2:G3,2,FALSE)
③ =HLOOKUP(C5,C2:G3,2,TRUE)
④ =HLOOKUP(C5,C2:G3,2,FALSE)

합격 강의

해설과 따로 보는 2023년 상시 기출문제 10회

2급	소요시간	문항수
	총40분	총40개

풀이 시간 : ______ 채점 점수 : ______

1과목 컴퓨터 일반

상 중 하

01 다음 중 1TB(Tera Byte)에 해당하는 것은?

① 1024Bytes
② 1024×1024Bytes
③ 1024×1024×1024Bytes
④ 1024×1024×1024×1024Bytes

상 중 하

02 다음 중 아래의 기능이 의미하는 용어는?

> 다중 처리 시스템에서 특정 처리기에 과중한 부하가 걸리지 않도록 시간을 조정하여 부하를 골고루 분배하는 것

① Load Map
② Load Segent
③ Load Balancing
④ Loading Address

상 중 하

03 다음 중 컴퓨터 프로그래밍 언어인 Java 언어에 대한 설명으로 옳은 것은?

① 비객체 지향 언어로 순서적, 선택적, 반복적인 구조의 특징을 가진다.
② 수식 처리를 비롯하여 기호 처리 분야에 사용되고 있으며 특히 AI 분야에서 널리 사용되고 있다.
③ 네트워크 환경이 아닌 오프라인 상태에서 분산 작업이 가능하도록 설계되었다.
④ 특정 컴퓨터 구조와 무관한 가상 바이트 머신코드를 사용하므로 플랫폼이 독립적이다.

상 중 하

04 다음 중 컴퓨터의 기억 장치에 관한 설명으로 옳지 않은 것은?

① 캐시 메모리(Cache Memory)는 CPU와 주기억 장치 사이에 위치하여 컴퓨터의 처리 속도를 향상하는 역할을 하며 주로 동적 램(DRAM)을 사용한다.
② 가상 메모리(Virtual Memory)는 하드디스크 일부를 주기억 장치처럼 사용하는 것으로 주기억 장치보다 큰 프로그램을 실행시킬 수 있다.
③ 버퍼 메모리(Buffer Memory)는 두 개의 장치가 데이터를 주고받을 때 생기는 속도 차이를 해결하기 위하여 중간에 데이터를 임시로 저장해 두는 공간이다.
④ 연관 메모리(Associative Memory)는 저장된 내용 일부를 이용하여 기억 장치에 접근하여 데이터를 읽어오는 기억 장치이다.

상 중 하

05 다음 중 운영체제의 목적으로 가장 거리가 먼 것은?

① 처리 능력 증대
② 신뢰도 향상
③ 응답 시간 단축
④ 언어 번역 및 파일 전송

상 중 하

06 다음 중 Windows의 특징인 핫 스왑(Hot Swap)에 대한 설명으로 옳은 것은?

① 사용을 위해 요구된 만큼 프로그램의 필요한 부분을 메모리에 적재하는 것
② 전원을 끄지 않고도 컴퓨터에 장착된 장비를 제거하거나 교환할 수 있는 기능
③ 응용 프로그램이 운영체제의 서비스를 요구할 때 사용하는 기능
④ 필요한 만큼의 공간을 만들기 위해 메모리로부터 불필요한 부분을 삭제하는 것

상 중 하

07 다음 중 컴퓨터 통신 기술을 이용한 멀티미디어 자료 전송 방법에서 스트리밍(Streaming) 기술에 관한 설명으로 옳지 않은 것은?

합격 강의

① 파일을 완전히 다운로드하지 않고도 오디오 및 비디오 파일을 재생할 수 있다.
② 스트리밍 기술을 적용한 것으로는 인터넷 방송이나 원격 교육 등이 있다.
③ 스트리밍 기술로 재생 가능한 데이터 형식에는 *.ram, *.asf, *.wmv 등이 있다.
④ 스트리밍 기술을 이용하면 쌍방향 의사소통을 원활하게 할 수 있다.

상 중 하

08 다음 중 멀티미디어 콘텐츠에서 각 객체의 배치나 출력의 타이밍, 사용자의 조작에 대한 응답 방법 등을 기술하는 언어의 표준을 책정하는 ISO의 전문가 위원회의 명칭 및 그 규격 명을 의미하는 것으로 옳은 것은?

① MPEG
② ASF
③ MHEG
④ SGML

상 중 하

09 다음 중 컴퓨터를 이용한 자료 처리 방식을 발달 과정 순서대로 올바르게 나열한 것은?

① 실시간 처리 시스템 – 일괄 처리 시스템 – 분산 처리 시스템
② 일괄 처리 시스템 – 실시간 처리 시스템 – 분산 처리 시스템
③ 분산 처리 시스템 – 실시간 처리 시스템 – 일괄 처리 시스템
④ 실시간 처리 시스템 – 분산 처리 시스템 – 일괄 처리 시스템

상 중 하

10 다음 중 한글 Windows의 바탕 화면에 있는 바로 가기 아이콘에 관한 설명으로 옳지 않은 것은?

합격 강의

① 바로 가기 아이콘의 왼쪽 아래에는 화살표 모양의 그림이 표시된다.
② 바로 가기 아이콘의 이름, 크기, 항목 유형, 수정한 날짜 등의 순으로 정렬하여 표시할 수 있다.
③ 바로 가기 아이콘의 속성 창에서 연결된 대상 파일을 변경할 수 있다.
④ 바로 가기 아이콘을 삭제하면 연결된 실제의 대상 파일도 삭제된다.

상 중 하

11 다음 중 Windows에서 작업 표시줄의 바로 가기 메뉴에서 설정할 수 있는 항목으로 옳지 않은 것은?

① 계단식 창 배열
② 창 가로 정렬 보기
③ 작업 표시줄 잠금
④ 아이콘 자동 정렬

상 중 하

12 다음 중 사물에 전자 태그를 부착하고 무선 통신을 이용하여 사물의 정보 및 주변 상황 정보를 감지하는 센서 기술은?

① 텔레매틱스 ② DMB
③ W–CDMA ④ RFID

상 중 하

13 다음 중 디지털 컴퓨터와 아날로그 컴퓨터의 차이점에 관한 설명으로 옳은 것은?

합격 강의

① 디지털 컴퓨터는 전류, 전압, 온도 등 다양한 입력 값을 처리하며, 아날로그 컴퓨터는 숫자 데이터만을 처리한다.
② 디지털 컴퓨터는 증폭 회로로 구성되며, 아날로그 컴퓨터는 논리회로로 구성된다.
③ 아날로그 컴퓨터는 미분이나 적분 연산을 주로 하며, 디지털 컴퓨터는 산술이나 논리 연산을 주로 한다.
④ 아날로그 컴퓨터는 범용이며, 디지털 컴퓨터는 특수 목적용으로 많이 사용된다.

상 중 하

14 **다음 중 Windows의 [휴지통]에 관한 설명으로 옳지 않은 것은?**

① 휴지통에 지정된 최대 크기를 초과하면 보관된 파일 중 가장 용량이 큰 파일부터 자동 삭제된다.
② 휴지통에 보관된 실행 파일은 복원은 가능하지만 휴지통에서 실행하거나 이름을 변경할 수는 없다.
③ 휴지통 속성에서 파일이나 폴더가 삭제될 때마다 삭제 확인 대화 상자가 표시되지 않도록 설정할 수 있다.
④ 휴지통의 파일이 실제 저장된 폴더 위치는 일반적으로 C:₩$Recycle.Bin이다.

상 중 하

15 **다음 중 컴퓨터와 컴퓨터 사이에서 파일을 주고받을 수 있도록 하는 원격 파일 전송 프로토콜은?**

① SSL
② FTP
③ Telnet
④ Usenet

상 중 하

16 **다음 파일 형식 중에서 압축 파일 형식으로 옳지 않은 것은?**

① SAS ② ZIP
③ ARJ ④ RAR

상 중 하

17 **다음 중 패치 프로그램에 대한 설명으로 옳은 것은?**

합격 강의

① 컴퓨터 하드웨어 및 소프트웨어 성능을 비교 평가하는 프로그램이다.
② 프로그램의 오류 수정이나 성능 향상을 위해 프로그램의 일부를 변경해 주는 프로그램이다.
③ 베타 테스트를 하기 전에 프로그램 개발사 내부에서 미리 평가하고 오류를 찾아 수정하기 위해 시험해 보는 프로그램이다.
④ 정식으로 프로그램을 공개하기 전에 한정된 집단 또는 일반인에게 공개하여 기능을 시험하는 프로그램이다.

상 중 하

18 **다음 멀티미디어 파일 형식 중에서 이미지 형식에 해당하지 않는 것은?**

① BMP
② GIF
③ TIFF
④ WAV

상 중 하

19 **다음 중 인터넷을 이용할 때 자주 방문하게 되는 웹사이트로 전자우편, 뉴스, 쇼핑, 게시판 등 다양한 서비스를 통합하여 제공하는 사이트는?**

합격 강의

① 미러 사이트
② 포털 사이트
③ 커뮤니티 사이트
④ 멀티미디어 사이트

상 중 하

20 **다음 중 인터넷에서 사용하는 TCP/IP 프로토콜에서 TCP에 해당하는 설명으로 옳지 않은 것은?**

① TCP는 메시지를 송수신자의 주소와 정보를 묶어서 패킷(Packet) 단위로 나누어 데이터를 전송한다.
② TCP는 전송 데이터의 흐름을 제어하고 데이터의 에러 유무를 검사한다.
③ TCP는 패킷의 주소를 해석하고 경로를 결정하여 다음 호스트로 전송한다.
④ TCP는 OSI 7계층에서 전송(Transport) 계층에 해당한다.

2과목 스프레드시트 일반

상중하

21 다음 중 엑셀에서 사용할 수 있는 파일 형식과 그에 대한 설명이 바르게 연결된 것은?

① *.txt : 공백으로 분리된 텍스트 파일
② *.prn : 탭으로 분리된 텍스트 파일
③ *.xlsm : Excel 매크로 사용 통합 문서
④ *.xltm : Excel 추가 기능

상중하

22 다음 중 아래 워크시트에서 [E2] 셀의 함수식이 '=CHOOSE(RANK.EQ(D2,$D$2:$D$5), "천하","대한", "영광","기쁨")'일 때 결과로 옳은 것은?

합격강의

	A	B	C	D	E	F
1	성명	이론	실기	합계	수상	
2	김나래	47	45	92		
3	이석주	38	47	85		
4	박명호	46	48	94		
5	장영민	49	48	97		
6						

① 천하
② 대한
③ 영광
④ 기쁨

상중하

23 다음 중 메모에 대한 설명으로 옳지 않은 것은?

① 새 메모를 작성하려면 바로 가기 키 Shift+F2를 누른다.
② 작성된 메모가 표시되는 위치를 자유롭게 지정할 수 있고, 메모가 항상 표시되도록 설정할 수 있다.
③ 피벗 테이블의 셀에 메모를 삽입한 경우 데이터를 정렬하면 메모도 데이터와 함께 정렬된다.
④ 메모의 텍스트 서식을 변경하거나 메모에 입력된 텍스트에 맞도록 메모 크기를 자동으로 조정할 수 있다.

상중하

24 다음 중 아래의 워크시트에서 [A1:B2] 영역을 선택한 후 채우기 핸들을 이용하여 [B4] 셀까지 드래그했을 때 [A4:B4] 영역의 값으로 옳은 것은?

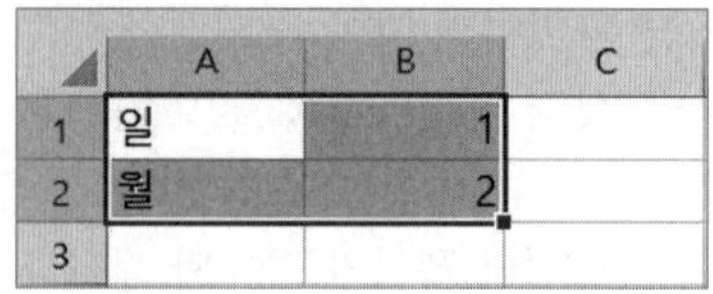

	A	B	C
1	일	1	
2	월	2	
3			

① 월, 4
② 수, 4
③ 월, 2
④ 수, 2

상중하

25 현재 작업하고 있는 통합 문서의 시트 'Sheet1', 'Sheet2', 'Sheet3'의 [A2] 셀의 합을 구하고자 한다. 다음 중 참조 방법이 옳지 않은 것은?

① =SUM(Sheet1:Sheet3!A2)
② =SUM(Sheet1!A2:Sheet3!A2)
③ =SUM(Sheet1!A2,Sheet2!A2,Sheet3!A2)
④ =SUM('Sheet1'!A2,'Sheet2'!A2,'Sheet3'!A2)

상중하

26 어떤 시트의 [D2] 셀에 문자열 '123456-1234567'이 입력되어 있을 때 수식의 결과가 다른 하나는 무엇인가?

합격강의

① =IF(MOD(MID(D2,8,1),2)=1,"남","여")
② =IF(OR(MID(D2,8,1)="2",MID(D2,8,1)="4"),"여","남")
③ =IF(AND(MID(D2,8,1)=1,MID(D2,8,1)=3),"남","여")
④ =CHOOSE(MID(D2,8,1),"남","여","남","여")

상 중 하

27 다음 중 아래의 <수정 전> 차트를 <수정 후> 차트와 같이 변경하려고 할 때 사용해야 할 서식은?

합격 강의

〈수정 전〉

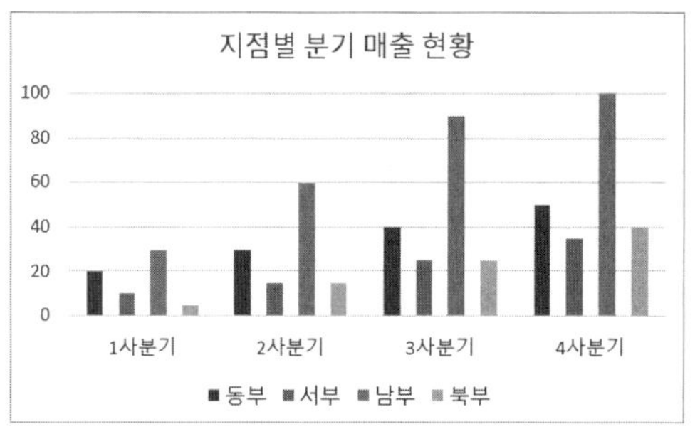

〈수정 후〉

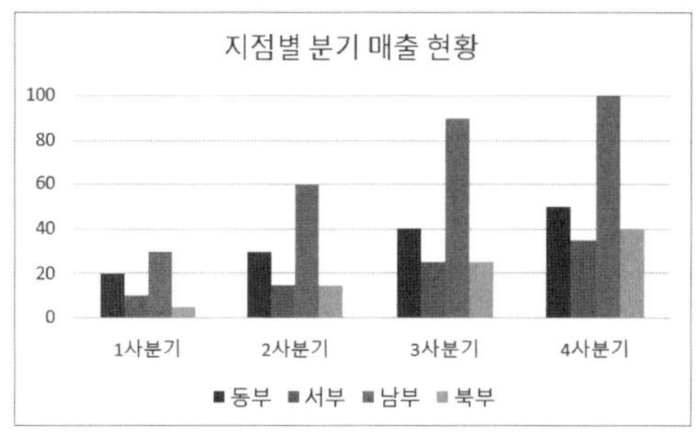

① 차트 영역 서식
② 그림 영역 서식
③ 데이터 계열 서식
④ 축 서식

상 중 하

28 성명 필드에 아래와 같이 [사용자 지정 자동 필터]의 조건을 설정하였다. 다음 중 결과로 표시되는 성명으로 옳지 않은 것은?

합격 강의

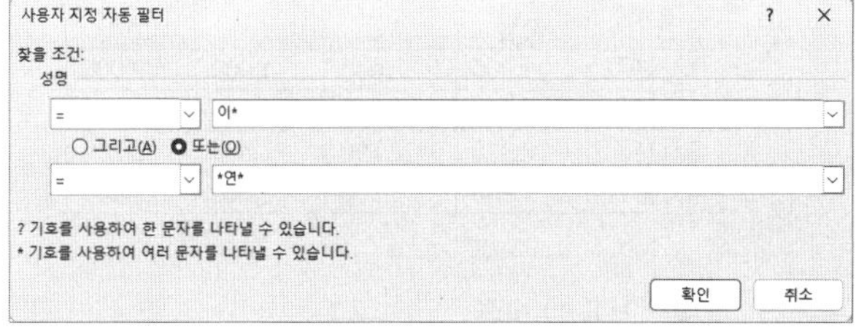

① 남이수
② 이연
③ 연지혜
④ 홍지연

상 중 하

29 다음 중 인쇄할 시트의 이름이 'Sheet6'인 경우 아래와 같이 머리글에 시트 이름을 표시하는 방법으로 옳은 것은?

Sheet6

	A	B	C	D	E	F	G	H
1	판매실적	2021년	2022년	2023년	2024년			
2	노트북	1000	2000	1500	2000			
3	냉장고	900	1000	1200	1500			
4	에어컨	500	1000	1500	2000			
5								
6								

① [페이지 설정] 대화 상자의 [시트] 탭에서 [행/열 머리글]을 선택한다.
② [페이지 설정] 대화 상자의 [머리글/바닥글] 탭에서 [머리글 편집]을 선택한다.
③ [페이지 설정] 대화 상자의 [머리글/바닥글] 탭에서 [행/열 머리글]을 선택한다.
④ [인쇄] 대화 상자에서 [시트명 포함]을 선택한다.

상 중 하

30 다음 워크시트에서 [A1] 셀에서 Ctrl을 누른 채 채우기 핸들을 이용하여 드래그했을 때 [C1] 셀에 표시되는 값은?

	A	B	C	D
1	29.5			
2				

① 29.5 ② 31.5
③ 29.7 ④ 49.5

상 중 하

31 다음 중 매크로의 특징에 대한 설명으로 옳지 않은 것은?

① 키보드나 마우스 동작에 의해 매크로를 작성하면 VBA 언어로 작성된 매크로 프로그램이 자동으로 생성된다.
② 기록한 매크로는 편집할 수 없으므로 기능과 조작을 추가 또는 삭제할 수 없다.
③ 매크로 실행의 바로 가기 키가 엑셀의 바로 가기 키보다 우선이다.
④ 도형을 이용하여 작성된 텍스트 상자에 매크로를 지정한 후 매크로를 실행할 수 있다.

상 중 하

32 다음 중 메모에 대한 설명으로 옳지 않은 것은?

① 통합 문서에 포함된 메모를 시트에 표시된 대로 인쇄하거나 시트 끝에 인쇄할 수 있다.

② 메모에는 어떠한 문자나 숫자, 특수 문자도 지정하여 표현할 수 있다.

③ 모든 메모를 표시하려면 [검토] 탭의 [메모] 그룹에서 '메모 모두 표시'를 클릭한다.

④ 셀에 입력된 데이터를 지우면 메모도 자동으로 삭제된다.

상 중 하

33 아래 시트에서 할인율을 변경하여 "판매가격"의 목표값을 150000으로 변경하려고 할 때, [목표값 찾기] 대화 상자의 수식 셀에 입력할 값으로 옳은 것은?

	A	B	C	D
1				
2	할인율	10%		
3	품명	단가	수량	판매가격
4	박스	1000	200	180,000
5				
6				
7				
8				
9				
10				
11				
12				

목표값 찾기 ? ×

수식 셀(E):

찾는 값(V): 150000

값을 바꿀 셀(C):

확인 취소

① D4　　② C4

③ B2　　④ B4

상 중 하

34 다음 중 시트 관리에 대한 설명으로 옳지 않은 것은?

① Shift를 이용하여 시트 그룹을 설정할 수 있다.

② 여러 개의 워크시트를 선택한 후 Ctrl을 누른 채 시트 탭을 드래그하면 선택된 시트들이 복사된다.

③ 시트 이름에는 공백을 사용할 수 없으며, 최대 255자까지 지정할 수 있다.

④ 시트 보호를 설정해도 시트의 이름 바꾸기 및 숨기기 작업을 수행할 수 있다.

상 중 하

35 아래 시트에서 고급 필터 기능을 이용하여 TOEIC 점수 상위 5위까지의 데이터를 추출하고자 한다. 다음 중 고급 필터의 조건식으로 옳은 것은?

합격강의

	A	B	C	D
1	학과명	성명	TOEIC	
2	경영학과	김영민	790	
3	영어영문학과	박찬진	940	
4	컴퓨터학과	최우석	860	
5	물리학과	황종규	750	
6	역사교육과	서진동	880	
7	건축학과	강석우	900	
8	기계공학과	한경수	740	
9				

①

TOEIC
=RANK.EQ(C2,$C$2:$C$8)<=5

②

TOEIC
=LARGE($C$2:$C$8,5)

③

점수
=RANK.EQ(C2,$C$2:$C$8)<=5

④

점수
=LARGE($C$2:$C$8,5)

상 중 하

36 아래 시트를 이용하여 차트를 작성할 때 데이터를 제대로 표현할 수 없는 차트는 어느 것인가?

	A	B	C	D	E	F
1	분기	강남	강동	강서	강북	
2	1사분기	1,300	2,040	1,900	2,000	
3	2사분기	2,100	3,200	2,400	1,950	
4	3사분기	2,300	2,790	2,500	2,200	
5	4사분기	1,200	1,300	2,000	22,000	
6						

① 세로 막대 그래프

② 꺾은선형 그래프

③ 원형 차트

④ 도넛형 차트

상중하

37 다음 중 시나리오에 대한 설명으로 옳지 않은 것은?

① 시나리오 관리자에서 시나리오를 삭제하면 시나리오 요약 보고서의 해당 시나리오도 자동으로 삭제된다.
② 특정 셀의 변경에 따라 연결된 결과 셀의 값이 자동으로 변경되어 결과 값을 예측할 수 있다.
③ 여러 시나리오를 비교하기 위해 시나리오를 피벗 테이블로 요약할 수 있다.
④ 변경 셀과 결과 셀에 이름을 지정한 후 시나리오 요약 보고서를 작성하면 결과에 셀 주소 대신 지정한 이름이 표시된다.

상중하

38 다음 중 1을 넣으면 화면에 1000이 입력되는 것처럼 일정한 소수점의 위치를 지정하여 입력을 빠르게 하기 위한 방법으로 옳은 것은?

① [Excel 옵션]–[수식]–[데이터 범위의 서식과 수식을 확장]에서 소수점의 위치를 지정한다.
② [Excel 옵션]–[고급]–[소수점 자동 삽입]에서 소수점의 위치를 지정한다.
③ [Excel 옵션]–[편집]–[셀에서 직접 편집]에서 소수점의 위치를 지정한다.
④ [Excel 옵션]–[고급]–[셀 내용 자동 완성]에서 소수점의 위치를 지정한다.

상중하

39 다음 중 한자와 특수 문자 입력에 대한 설명으로 옳지 않은 것은?

① 한글 자음 중 하나를 입력한 후 [한자]를 누르면 화면 하단에 특수 문자 목록이 표시된다.
② '국'과 같이 한자의 음이 되는 글자를 한 글자를 입력한 후 [한자]를 누르면 화면 하단에 해당 글자에 대한 한자 목록이 표시된다.
③ 한글 모음을 입력한 후 [한자]를 이용하면 그리스 문자를 편리하게 사용할 수 있다.
④ 한글 자음에 따라서 화면 하단에 표시되는 특수 문자가 다르다.

상중하

40 아래 워크시트에서 코드표[E3:F6]를 참조하여 과목코드에 대한 과목명[B3:B5]을 구하되 코드표에 과목 코드가 존재하지 않으면 과목명을 공백으로 표시하고자 한다. 다음 중 [B3] 셀에 수식을 입력한 후 나머지 셀은 채우기 핸들을 이용하여 입력하고자 할 때 [B3] 셀의 수식으로 옳은 것은?

합격강의

	A	B	C	D	E	F	G
1	시험 결과				코드표		
2	과목코드	과목명	점수		코드	과목명	
3	W		85		W	워드	
4	P		90		E	엑셀	
5	X		75		P	파워포인트	
6					A	액세스	
7							

① =IFERROR(VLOOKUP(A3,E3:F6,2,TRUE),"")
② =IFERROR(VLOOKUP(A3,$E$3:$F$6,2,FALSE),"")
③ =IFERROR("",VLOOKUP(A3,$E$3:$F$6,2,TRUE))
④ =IFERROR("",VLOOKUP(A3,E3:F6,2,FALSE))

합격 강의

해설과 따로 보는 2024년 상시 기출문제 11회

2급	소요시간	문항수
	총40분	총40개

풀이 시간 : ______ 채점 점수 : ______

1과목 컴퓨터 일반

상 중 하

01 다음 중 정당한 사용자가 정상적으로 시스템을 종료하지 않고 자리를 떠났을 때 비인가된 사용자가 바로 그 자리에서 계속 작업을 수행하여 불법적 접근을 행하는 범죄 행위는?

합격 강의

① 스패밍(Spamming)
② 스푸핑(Spoofing)
③ 스니핑(Sniffing)
④ 피기배킹(Piggybacking)

상 중 하

02 다음 중 Windows 10에서 실행 중인 프로그램 사이의 작업 전환을 위해 사용되는 바로 가기 키로 옳은 것은?

① Alt+Tab
② Alt+Enter
③ Alt+F4
④ Shift+Delete

상 중 하

03 다음 중 컴퓨터의 인터럽트에 관한 설명으로 옳지 않은 것은?

합격 강의

① 프로그램 실행 중에 현재의 처리 순서를 중단시키고 다른 동작을 수행하도록 하는 것이다.
② 인터럽트 수행을 위한 인터럽트 서비스 루틴 프로그램이 따로 있다.
③ 하드웨어 결함이 생긴 경우에는 인터럽트가 발생하지 않는다.
④ 인터럽트 서브루틴이 끝나면 주프로그램으로 돌아간다.

상 중 하

04 다음 중 IPv6 주소에 대한 설명으로 옳지 않은 것은?

① 각 부분은 세미콜론(;)으로 구분되어 있다.
② 각 부분은 16진수로 표현된다.
③ 총 128비트로 구성된다.
④ 8개 부분으로 구성된다.

상 중 하

05 다음 중 웹 서버와 사용자의 인터넷 브라우저 간에 하이퍼텍스트 문서 전송을 위해 사용되는 통신 규약으로 옳은 것은?

① FTP
② HTTP
③ SMTP
④ TCP

상 중 하

06 다음 중 가상현실(Virtual Reality)에 대한 설명으로 옳은 것은?

① 복잡한 데이터를 단순 가상화하여 컴퓨터 화면에 나타내는 기술이다.
② 여러 영상을 분해, 통합하여 2차원 그래픽으로 표현하는 기술이다.
③ 고화질 영상을 제작하여 TV로 전송하는 기술이다.
④ 고도의 컴퓨터 그래픽 기술과 3차원 기법을 통하여 현실의 세계처럼 구현하는 기술이다.

상 중 하

07 다음 중 롬(ROM)에 기록되어 하드웨어를 제어하는 기능을 수행하며, 하드웨어의 성능 향상을 위해 업그레이드할 수 있는 마이크로 프로그램의 집합은?

합격 강의

① 프리웨어(Freeware)
② 셰어웨어(Shareware)
③ 펌웨어(Firmware)
④ 에드웨어(Adware)

상 중 하

08 다음 중 컴퓨터의 하드웨어가 올바르게 작동하는지 확인할 수 있고, 문제가 있거나 불필요한 하드웨어 장치를 제거할 수 있는 항목으로 옳은 것은?

① 앱 및 기능
② 장치 관리자
③ 디스플레이
④ 개인 설정

상 중 하

09 다음 중 정보의 기밀성을 저해하는 데이터 보안 침해 형태로 옳은 것은?

합격 강의

① 가로채기
② 가로막기
③ 변조/수정
④ 위조

상 중 하

10 다음 중 추상화, 캡슐화, 상속성, 다형성 등의 특징을 지니고 있으며, 크고 복잡한 프로그램 구축이 어려운 절차형 언어의 문제점을 해결하기 위해 개발된 프로그래밍 기법은?

① 구조적 프로그래밍
② 객체 지향 프로그래밍
③ 하향식 프로그래밍
④ 비주얼 프로그래밍

상 중 하

11 다음 중 컴퓨터의 특징에 관한 설명으로 옳지 않은 것은?

① 컴퓨터에서 사용되는 용어 중 'GIGO'는 입력 데이터가 옳지 않으면 출력 결과도 옳지 않다는 의미의 용어로 'Garbage In Garbage Out'의 약자이다.
② 호환성은 컴퓨터 기종에 상관없이 데이터 값을 동일하게 공유하여 처리할 수 있는 것을 의미한다.
③ 컴퓨터의 처리 속도 단위는 KB, MB, GB, TB 등으로 표현된다.
④ 컴퓨터 사용에는 사무 처리, 학습, 과학 계산 등 다양한 분야에서 이용될 수 있는 특징이 있으며, 이러한 특징을 범용성이라고 한다.

상 중 하

12 다음 중 컴퓨터의 보조 기억 장치로 사용하는 SSD(Solid State Drive)의 특징으로 옳지 않은 것은?

① HDD보다 빠른 속도로 데이터의 읽기나 쓰기가 가능하다.
② 물리적인 외부 충격에 약하며 불량 섹터가 발생할 수 있다.
③ 작동 소음이 없으며 전력 소모가 적다.
④ 자기 디스크가 아닌 반도체를 이용하여 데이터를 저장한다.

상 중 하

13 다음 중 컴퓨터의 연산 장치에 있는 누산기(Accumulator)에 관한 설명으로 옳은 것은?

① 연산 결과를 일시적으로 기억하는 장치이다.
② 명령의 순서를 기억하는 장치이다.
③ 명령어를 기억하는 장치이다.
④ 명령을 해독하는 장치이다.

상 중 하

14 다음 중 운영체제의 기능에 대한 설명으로 옳지 않은 것은?

① 자원의 효율적 관리를 위해 자원의 스케줄링 기능을 지원한다.
② 데이터 및 자원을 공유할 수 있는 기능을 제공한다.
③ 컴퓨터 시스템과 사용자 간에 시각적이고 편리한 인터페이스 기능을 제공한다.
④ 운영체제는 제어 프로그램과 감시 프로그램, 응용 프로그램으로 구성된다.

15 다음 중 아래 내용이 설명하는 네트워크 장비는?

> 네트워크에서 디지털 신호를 일정한 거리 이상으로 전송시키면 신호가 감쇠하므로 디지털 신호의 장거리 전송을 위해 수신한 신호를 재생하거나 출력 전압을 높여 전송한다.

① 라우터
② 리피터
③ 브리지
④ 게이트웨이

16 다음 중 컴퓨터 바이러스의 예방법으로 가장 거리가 먼 것은?

① 최신 버전의 백신 프로그램을 사용한다.
② 다운로드 받은 파일은 작업에 사용하기 전에 바이러스 검사 후 사용한다.
③ 전자우편에 첨부된 파일은 다른 이름으로 저장하고 사용한다.
④ 네트워크 공유 폴더에 있는 파일은 읽기 전용으로 지정한다.

17 다음 중 외부로부터의 손상이나 변형을 대비할 수 있어 최근에 저작권을 보호하기 위한 기술 중 하나로 많이 사용되는 것은?

① 디지털 워터마크(Digital Watermark)
② 방화벽
③ 펌웨어
④ 트랩 도어(Trap Door)

18 다음 중 TCP/IP 프로토콜에서 IP 프로토콜의 개요 및 기능에 관한 설명으로 옳은 것은?

① 메시지를 송수신의 주소와 정보로 묶어 패킷 단위로 나눈다.
② 패킷 주소를 해석하고 경로를 결정하여 다음 호스트로 전송한다.
③ 전송 데이터의 흐름을 제어하고 데이터의 에러 유무를 검사한다.
④ OSI 7계층 중 전송(Transport) 계층에 해당한다.

19 다음 중 컴퓨터에서 사용하는 USB 장치에 대한 설명으로 옳지 않은 것은?

① 최대 127개의 주변 기기 연결이 가능하다.
② 전원이 연결된 상태에서도 연결 및 제거가 가능하다.
③ 기존의 직렬, 병렬, PS/2 포트 등을 하나의 포트로 대체하기 위한 범용 직렬 버스 장치이다.
④ 한 번에 8비트의 데이터가 동시에 전송되는 방식이다.

20 다음 중 삭제된 파일이 [휴지통]에 임시 보관되어 복원이 가능한 경우는?

① 바탕 화면에 있는 파일을 [휴지통]으로 드래그 앤 드롭하여 삭제한 경우
② USB 메모리에 저장되어 있는 파일을 Delete로 삭제한 경우
③ 네트워크 드라이브의 파일을 바로 가기 메뉴의 [삭제]를 클릭하여 삭제한 경우
④ Shift+Delete로 삭제한 경우

2과목 스프레드시트 일반

21 다음 중 함수식에 대한 결과가 옳지 않은 것은?

① =Trunc(−5.6) → −5
② =Power(2,3) → 6
③ =Int(−7.2) → −8
④ =Mod(−7,3) → 2

22 다음 중 아래의 워크시트에서 '=INDEX(B2:D11,3,3)' 수식을 실행한 결과로 옳은 것은?

합격강의

	A	B	C	D
1	코드	정가	판매수량	판매가격
2	a-001	12,500	890	11,125,000
3	a-002	23,000	690	15,870,000
4	a-003	32,000	300	9,600,000
5	a-004	44,000	500	22,000,000
6	a-005	19,000	120	2,280,000
7	b-001	89,000	300	26,700,000
8	b-002	25,000	90	2,250,000
9	b-003	26,000	110	2,860,000
10	b-004	11,000	210	2,310,000
11	b-005	33,000	500	16,500,000

① 690
② 15,870,000
③ 9,600,000
④ 22,000,000

23 다음 중 아래의 차트에 대한 설명으로 옳지 않은 것은?

합격강의

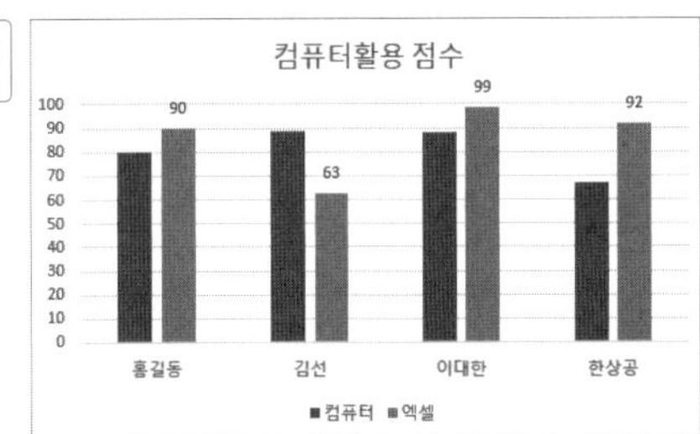

① 엑셀 계열에만 데이터 레이블이 표시되어 있다.
② '계열 겹치기' 값이 음수로 설정되어 있다.
③ [차트 디자인] 탭−[데이터] 그룹에서 '행/열 전환'을 실행하면 세로(값) 축과 가로(항목) 축이 상호 변경된다.
④ 범례는 아래쪽으로 설정되어 있다.

24 다음 중 정렬에 관한 설명으로 옳지 않은 것은?

① 특정 글꼴 색이 적용된 셀을 포함한 행이 위에 표시되도록 정렬할 수 있다.
② 사용자 지정 목록을 사용하여 사용자가 정의한 순서대로 정렬할 수 있다.
③ 최대 64개의 열을 기준으로 정렬할 수 있다.
④ 위쪽에서 아래쪽으로 정렬 시 숨겨진 행도 포함하여 정렬할 수 있다.

25 다음 중 워크시트에서 셀에 데이터를 입력하는 중에 Alt + Enter를 누른 경우 발생하는 현상으로 옳은 것은?

① 다음 입력할 셀로 이동한다.
② 데이터의 입력이 종료된다.
③ 현재 입력하는 셀에서 줄 바꿈이 일어난다.
④ 이미 입력 중인 데이터가 삭제된다.

26 다음 중 3차원 차트로 작성이 가능한 차트로 옳은 것은?

① 주식형 차트
② 방사형 차트
③ 도넛형 차트
④ 표면형 차트

27 다음 중 피벗 테이블에 대한 설명으로 옳지 않은 것은?

① 예상 값을 계산하는 데 유용하다.
② 원본 데이터가 변경되어도 피벗 테이블은 자동으로 변경되지 않는다.
③ 합계, 평균, 최대값, 최소값을 구할 수 있다.
④ 원본 데이터 목록의 행이나 열의 위치를 변경하여 다양한 형태로 표시할 수 있다.

상 중 하

28 다음 중 자동 필터가 설정된 표에서 사용자 지정 필터를 사용하여 검색이 불가능한 조건은?

① 성별이 '남자'인 데이터
② 성별이 '남자'이고, 주소가 '서울'인 데이터
③ 나이가 '20'세 이하이거나 '60'세 이상인 데이터
④ 주소가 '서울'이거나 직업이 '학생'인 데이터

상 중 하

29 다음 중 워크시트의 [틀 고정] 기능에 관한 설명으로 옳지 않은 것은?

① 워크시트에서 화면을 스크롤할 때 행 또는 열 레이블이 계속 표시되도록 설정하는 기능이다.
② 행과 열을 모두 잠그려면 창을 고정할 위치의 오른쪽 아래 셀을 클릭한 후 '틀 고정'을 실행한다.
③ [틀 고정] 기능에는 현재 선택 영역을 기준으로 하는 '틀 고정' 외에도 '첫 행 고정', '첫 열 고정' 등의 옵션이 있다.
④ 화면에 표시되는 틀 고정 형태는 인쇄 시에도 그대로 적용되어 출력된다.

상 중 하

30 다음 중 새 매크로를 기록할 때의 과정에 대한 설명으로 옳지 않은 것은?

① Alt+F8을 눌러 매크로 기록 대화 상자를 실행시켰다.
② 매크로 이름을 '서식변경'으로 지정하였다.
③ 바로 가기 키를 Ctrl+Shift+C로 지정하였다.
④ 매크로 저장 위치를 '새 통합 문서'로 지정하였다.

상 중 하

31 다음 중 아래 워크시트에서 [A1:A2] 영역은 '범위1', [B1:B2] 영역은 '범위2'로 이름이 정의되어 있는 경우 각 수식의 결과로 옳지 않은 것은?

합격강의

	A	B
1	1	2
2	3	4

① =COUNT(범위1, 범위2) → 4
② =AVERAGE(범위1, 범위2) → 2.5
③ =MODE.SNGL(범위1, 범위2) → 4
④ =SUM(범위1, 범위2) → 10

상 중 하

32 다음 중 메모에 대한 설명으로 옳지 않은 것은?

① 통합 문서에 포함된 메모를 시트에 표시된 대로 인쇄하거나 시트 끝에 인쇄할 수 있다.
② 메모에는 어떠한 문자나 숫자, 특수 문자도 지정하여 표현할 수 있다.
③ 모든 메모를 표시하려면 [검토] 탭의 [메모] 그룹에서 '메모 모두 표시'를 클릭한다.
④ 셀에 입력된 데이터를 지우면 메모도 자동으로 삭제된다.

상 중 하

33 다음 중 [페이지 설정] 대화 상자에서 실행 가능한 작업이 아닌 것은?

① [페이지] 탭에서 '자동 맞춤' 옵션을 이용하여 한 장에 모아서 인쇄할 수 있다.
② [여백] 탭에서 '페이지 나누기' 옵션을 이용하여 새 페이지가 시작되는 위치를 설정할 수 있다.
③ [머리글/바닥글] 탭에서 머리말과 꼬리말이 짝수와 홀수 페이지에 다르게 표시되도록 설정할 수 있다.
④ [시트] 탭에서 '간단하게 인쇄' 옵션을 이용하여 워크시트에 삽입된 차트나 일러스트레이션 개체 등이 인쇄되지 않도록 설정할 수 있다.

상 중 하

34 아래 워크시트에서 할인율을 변경하여 '판매가격'의 목표값을 800,000으로 변경하려고 할 때, [목표값 찾기] 대화 상자의 수식 셀에 입력할 값으로 옳은 것은?

	A	B	C	D
1	할인율	10%		
2	제품명	수량	단가	판매가격
3	마이크	10	100,000	900,000

목표값 찾기
수식 셀(E):
찾는 값(V): 800000
값을 바꿀 셀(C):
확인 취소

① D3 ② C3
③ B1 ④ B3

상 중 하

35 다음 중 워크시트 관리에 대한 설명으로 옳지 않은 것은?

① Shift를 이용하여 시트 그룹을 설정할 수 있다.

② 여러 개의 워크시트를 선택한 후 Ctrl을 누른 채 시트 탭을 드래그하면 선택된 시트들이 복사된다.

③ 시트 이름에는 공백을 사용할 수 없으며, 최대 256자까지 지정할 수 있다.

④ 시트 보호를 설정해도 시트의 이름 바꾸기 및 숨기기 작업을 수행할 수 있다.

상 중 하

36 다음 중 근무 기간이 15년 이상이면서 나이가 50세 이상인 직원의 데이터를 조회하기 위한 고급 필터의 조건으로 옳은 것은?

①

근무 기간	나이
>=15	>=50

②

근무 기간	나이
>=15	
	>=50

③

근무 기간	>=15
나이	>=50

④

근무 기간	>=50	
나이		>=50

상 중 하

37 다음 중 부분합에 대한 설명으로 옳지 않은 것은?

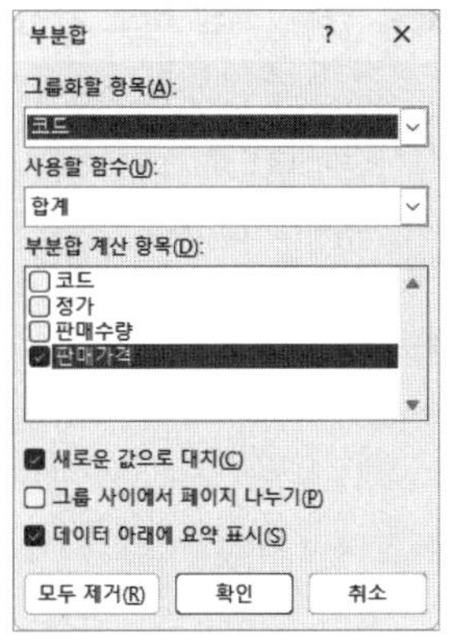

① 부분합을 실행하면 각 부분합에 대한 정보 행을 표시하거나 숨길 수 있도록 목록에 개요가 자동으로 설정된다.

② 부분합은 한 번에 한 개의 함수만 계산할 수 있으므로 두 개 이상의 함수를 이용하려면 함수의 개수만큼 부분합을 중첩해서 삽입해야 한다.

③ '새로운 값으로 대치'를 선택하면 이전의 부분합의 결과는 제거되고 새로운 부분합의 결과로 변경된다.

④ 그룹화할 항목으로 선택된 필드는 자동으로 오름차순 정렬하여 부분합이 계산된다.

상 중 하

38 다음 중 학점 [B3:B10]을 이용하여 [E3:E7] 영역에 학점별 학생 수만큼 '♣' 기호를 표시하고자 할 때, [E3] 셀에 입력해야 할 수식으로 옳은 것은?

합격 강의

	A	B	C	D	E
1	엑셀 성적 분포				
2	이름	학점		학점	성적그래프
3	김현미	A		A	♣
4	조미림	B		B	♣♣♣♣
5	심기훈	F		C	♣
6	박원석	C		D	
7	이영준	B		F	♣♣
8	최세종	F			
9	김수현	B			
10	이미도	B			
11					

① =REPT("♣", COUNTIF(D3, $B$3:$B$10))

② =REPT(COUNTIF(D3, $B$3:$B$10), "♣")

③ =REPT("♣", COUNTIF($B$3:$B$10, D3))

④ =REPT(COUNTIF($B$3:$B$10, D3), "♣")

상 중 하

39 **다음 중 엑셀에서 사용하는 바로 가기 키와 같은 키로 매크로의 바로 가기 키를 지정했을 경우, 해당 바로 가기 키를 눌렀을 때 실행되는 것은?**

① 충돌하므로 오류 메시지가 표시된다.
② 매크로의 바로 가기 키가 동작한다.
③ 엑셀의 바로 가기 키가 동작한다.
④ 아무런 동작도 수행되지 않는다.

상 중 하

40 **아래 표에서 원금 [C4:F4]과 이율 [B5:B8]을 각각 곱하여 수익금액 [C5:F8]을 계산하기 위해서, [C5] 셀에 수식을 입력하고 나머지 모든 셀은 [자동 채우기] 기능으로 채우려고 한다. 다음 중 [C5] 셀에 입력할 수식으로 옳은 것은?**

합격 강의

	A	B	C	D	E	F
1			이율과 원금에 따른 수익금액			
2						
3			원금			
4			5,000,000	10,000,000	30,000,000	500,000,000
5	이율	1.5%				
6		2.3%				
7		3.0%				
8		5.0%				

① =C4*B5
② =$C4*B$5
③ =C$4*$B5
④ =$C$4*$B$5

합격 강의

해설과 따로 보는 2024년 상시 기출문제 12회

2급	소요시간	문항수
	총40분	총40개

풀이 시간 : ________ 채점 점수 : ________

1과목 컴퓨터 일반

상중하

01 다음 중 비정상적 접근을 탐지할 위장 서버를 의도적으로 설치하여 해커를 유인한 뒤, 추적 장치를 통해 해킹에 대비하고 사이버 테러를 방지하는 기술은?

합격 강의

① 방화벽
② DDoS
③ 허니팟(Honeypot)
④ 루트킷(Rootkit)

상중하

02 다음 중 마이크로소프트사의 엑셀이나 워드와 같은 파일을 매개로 하고 특정 응용 프로그램으로 매크로가 사용되면 감염이 확산하는 형태의 바이러스는?

① 부트(Boot) 바이러스
② 파일(File) 바이러스
③ 부트(Boot) & 파일(File) 바이러스
④ 매크로(Macro) 바이러스

상중하

03 다음 중 컴퓨터 내부에서 중앙 처리 장치와 메모리 사이의 데이터 전송을 위해 사용되는 버스(Bus)로 옳지 않은 것은?

① 제어 버스(Control Bus)
② 프로그램 버스(Program Bus)
③ 데이터 버스(Data Bus)
④ 주소 버스(Address Bus)

상중하

04 다음 중 멀티미디어 파일 형식 중에서 형식이 다른 것은?

① .wmv ② .png
③ .gif ④ .jpg

상중하

05 다음 중 플래시 메모리(Flash Memory)에 관한 설명으로 옳지 않은 것은?

합격 강의

① 비휘발성 메모리이다.
② 전송 속도가 빠르다.
③ 트랙 단위로 저장된다.
④ 전력 소모가 적다.

상중하

06 다음 중 모니터 화면의 이미지를 얼마나 세밀하게 표시할 수 있는가를 나타내는 정보로 픽셀 수에 따라 결정되는 것은?

① 재생률(Refresh Rate)
② 해상도(Resolution)
③ 색깊이(Color Depth)
④ 색공간(Color Space)

상중하

07 다음 중 컴퓨터 범죄에 해당하지 않는 것은?

① 인터넷 쇼핑몰 상품 가격 비교표 작성
② 전자 문서의 불법 복사
③ 전산망을 이용한 개인 정보 유출
④ 컴퓨터 시스템 해킹을 통한 중요 정보의 위조나 변조

상중하

08 다음 중 한글 Windows에서 하드디스크에 저장된 파일을 다시 정렬하는 단편화 제거 과정을 통해 디스크의 파일 읽기/쓰기 성능을 향상시키는 프로그램으로 옳은 것은?

합격 강의

① 디스크 검사
② 디스크 정리
③ 디스크 포맷
④ 드라이브 조각 모음 및 최적화

상 중 하

09 **다음 중 디지털 컴퓨터와 아날로그 컴퓨터의 차이점에 대한 설명으로 옳은 것은?**

① 아날로그 컴퓨터는 미분이나 적분 연산을 수행한다.
② 디지털 컴퓨터는 전류, 전압, 온도 등 다양한 입력 값을 처리한다.
③ 아날로그 컴퓨터는 범용이다.
④ 디지털 컴퓨터는 증폭 회로로 구성된다.

상 중 하

10 **다음 중 컴퓨터에서 문자 데이터를 표현하는 코드로 옳지 않은 것은?**

합격 강의

① BCD
② ASCII
③ EBCDIC
④ Hamming Code

상 중 하

11 **다음 중 한글 Windows 10에서 하드디스크를 포맷하기 위한 [포맷] 창에서 수행 가능한 작업으로 옳지 않은 것은?**

합격 강의

① 파일 시스템 선택
② 볼륨 레이블 입력
③ 파티션 제거
④ 빠른 포맷

상 중 하

12 **다음 중 컴퓨터에서 사용하는 캐시 메모리에 관한 설명으로 옳은 것은?**

① RAM의 종류 중 DRAM이 캐시 메모리로 사용된다.
② 주기억 장치의 용량보다 큰 프로그램을 로딩하여 실행시킬 경우에 사용된다.
③ 보조 기억 장치의 일부를 주기억 장치처럼 사용하는 메모리이다.
④ 중앙 처리 장치와 주기억 장치 사이에 위치하여 컴퓨터의 처리 속도를 향상시키는 역할을 한다.

상 중 하

13 **다음 중 한글 Windows 10의 [설정]-[접근성]에서 설정할 수 없는 기능은?**

① 다중 디스플레이 설정으로 두 대의 모니터에 화면을 확장하여 표시할 수 있다.
② 돋보기를 사용하여 화면에서 원하는 영역을 확대하여 크게 표시할 수 있다.
③ 내레이터를 사용하여 화면의 모든 텍스트를 소리 내어 읽도록 설정할 수 있다.
④ 키보드가 없어도 입력 가능한 화상 키보드를 표시할 수 있다.

상 중 하

14 **다음 중 컴퓨터에서 사용하는 일반 하드디스크에 비하여 속도가 빠르고 기계적 지연이나 에러의 확률 및 발열 소음이 적으며, 소형화, 경량화할 수 있는 하드디스크 대체 저장 장치로 옳은 것은?**

① DVD
② HDD
③ SSD
④ ZIP

상 중 하

15 **다음 중 한글 Windows 10의 파일 탐색기에서 파일이나 폴더를 선택하는 방법으로 옳은 것은?**

합격 강의

① 폴더 내의 모든 항목을 선택하려면 Alt+A를 누른다.
② 선택한 항목 중에서 하나 이상의 항목을 제외하려면 Ctrl을 누른 상태에서 제외할 항목을 클릭한다.
③ 연속되어 있지 않은 파일이나 폴더를 선택하려면 Shift를 누른 상태에서 선택하려는 각 항목을 클릭한다.
④ 연속되는 여러 개의 파일이나 폴더 그룹을 선택하려면 첫째 항목을 클릭한 다음 Ctrl을 누른 상태에서 마지막 항목을 클릭한다.

상 중 하

16 다음 중 사물인터넷(IoT)에 대한 설명으로 옳지 않은 것은?

① 전기 생산부터 소비까지 전 과정에 정보 통신 기술을 접목하여 에너지 효율성을 높인다.
② 스마트 센싱 기술과 무선 통신 기술을 융합하여 실시간으로 데이터를 주고받는다.
③ 모든 사물을 네트워크로 연결하여 소통하는 정보 통신 환경을 의미한다.
④ 개방형 정보 공유에 대한 부작용을 최소화하기 위해 정보보안 기술의 적용이 필요하다.

상 중 하

17 다음 중 인터넷상에 존재하는 각종 자원들의 위치를 같은 형식으로 나타내기 위한 표준주소 체계를 뜻하는 용어로 옳은 것은?

① DNS
② URL
③ HTTP
④ NIC

상 중 하

18 다음 중 소형화, 경량화 등 음성과 동작을 인식하는 기술이 적용되어 장소에 구애받지 않고 컴퓨터를 이용할 수 있도록 몸에 착용하는 컴퓨터를 의미하는 것으로 옳은 것은?

① 인공 지능 컴퓨터
② 마이크로 컴퓨터
③ 서버 컴퓨터
④ 웨어러블 컴퓨터

상 중 하

19 다음 중 [메모장]의 기능에 대한 설명으로 옳지 않은 것은?

① 자동 줄 바꿈 기능이 지원된다.
② 머리글/바닥글을 설정할 수 있다.
③ F5를 눌러 시간과 날짜를 입력할 수 있다.
④ 문단 정렬과 문단 여백을 설정할 수 있다.

상 중 하

20 다음 중 차세대 웹 표준으로 텍스트와 하이퍼링크를 이용한 문서 작성 중심으로 구성된 기존 표준에 비디오, 오디오 등의 다양한 부가 기능을 추가하여 최신 멀티미디어 콘텐츠를 ActiveX 없이도 웹 서비스로 제공할 수 있는 언어는?

① XML
② VRML
③ HTML5
④ JSP

2과목 스프레드시트 일반

상 중 하

21 다음 중 매크로의 바로 가기 키에 관한 설명으로 옳지 않은 것은?

① 기본적으로 조합키 Ctrl과 함께 사용할 영문자를 지정한다.
② 바로 가기 키 지정 시 영문자를 대문자로 입력하면 조합키는 Ctrl+Shift로 변경된다.
③ 바로 가기 키로 영문자와 숫자를 함께 지정할 때는 조합키로 Alt를 함께 사용해야 한다.
④ 바로 가기 키를 지정하지 않아도 매크로를 기록할 수 있다.

상 중 하

22 다음 중 워크시트에 대한 설명으로 옳지 않은 것은?

① 여러 개의 시트를 한 번에 선택하면 제목 표시줄의 파일명 뒤에 [그룹]이 표시된다.
② 선택된 시트의 왼쪽에 새로운 시트를 삽입하려면 Shift+F11을 누른다.
③ 마지막 작업이 시트 삭제인 경우 빠른 실행 도구 모음의 '실행 취소(↶)'를 클릭하여 되살릴 수 있다.
④ 동일한 통합 문서 내에서 시트를 복사하면 원래의 시트 이름에 '(일련번호)' 형식이 추가되어 시트 이름이 만들어진다.

상 중 하

23 다음 중 하이퍼링크에 대한 설명으로 옳지 않은 것은?

① 단추에는 하이퍼링크를 지정할 수 있지만 도형에는 하이퍼링크를 지정할 수 없다.
② 다른 통합 문서에 있는 특정 시트의 특정 셀로 하이퍼링크를 지정할 수 있다.
③ 특정 웹사이트로 하이퍼링크를 지정할 수 있다.
④ 현재 사용 중인 통합 문서의 다른 시트로 하이퍼링크를 지정할 수 있다.

상 중 하

24 다음 중 [A7] 셀에 수식 '=SUMIFS(D2:D6, A2:A6, "연필", B2:B6, "서울")'을 입력한 경우 그 결과 값은?

합격 강의

	A	B	C	D
1	품목	대리점	판매계획	판매실적
2	연필	경기	150	100
3	볼펜	서울	150	200
4	연필	서울	300	300
5	볼펜	경기	300	400
6	연필	서울	300	200

① 100 ② 500
③ 600 ④ 750

상 중 하

25 워크시트의 [F8] 셀에 수식 "=E8/$F5"를 입력하는 중 '$'를 한글 'ㄴ'으로 잘못 입력하였다. 이 경우 [F8]셀에 나타나는 오류 메시지로 옳은 것은?(단, [E8] 셀과 [F5] 셀에는 숫자 100과 20이 입력되어 있다.)

합격 강의

① #N/A
② #NAME?
③ #NULL!
④ #VALUE!

상 중 하

26 다음 차트는 엑셀 점수에 대한 예측을 표시한 것이다. 이때 사용한 기능으로 옳은 것은?

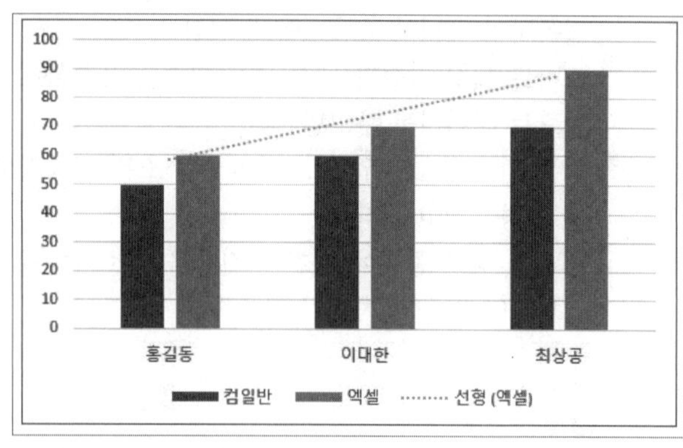

① 자동 합계
② 추세선
③ 오차 막대
④ 평균 구하기

상 중 하

27 다음 중 [페이지 설정] 대화 상자의 [시트] 탭에 대한 설명으로 옳지 않은 것은?

① [행/열 머리글] 항목은 행/열 머리글이 인쇄되도록 설정하는 기능이다.
② [인쇄 제목] 항목을 이용하면 특정 부분을 페이지마다 반복적으로 인쇄할 수 있다.
③ [눈금선] 항목을 선택하여 체크 표시하면 작업시트의 셀 구분선은 인쇄되지 않는다.
④ [메모] 항목에서 '(없음)'을 선택하면 셀에 메모가 있더라도 인쇄되지 않는다.

상 중 하

28 다음 아래의 왼쪽 시트에서 번호 열의 3행을 삭제하더라도 오른쪽 시트처럼 번호 순서가 1, 2, 3, 4, 5처럼 유지되도록 하는 방법으로 옳은 것은?

	A	B
1	번호	
2	1	
3	2	
4	3	
5	4	
6	5	
7	6	
8		

▶

	A	B
1	번호	
2	1	
3	2	
4	3	
5	4	
6	5	
7		
8		

① [A2] 셀에 =row()를 입력하고 채우기 핸들을 [A7] 셀까지 복사한다.
② [A2] 셀에 =column()을 입력하고 채우기 핸들을 [A7] 셀까지 복사한다.
③ [A2] 셀에 =row()−1을 입력하고 채우기 핸들을 [A7] 셀까지 복사한다.
④ [A2] 셀에 =column()−1을 입력하고 채우기 핸들을 [A7] 셀까지 복사한다.

상 중 하

29 다음 중 정렬 기능에 대한 설명으로 옳지 않은 것은?

① 워크시트에 입력된 자료들을 특정한 순서에 따라 재배열하는 기능이다.
② 정렬 옵션 방향은 '위쪽에서 아래쪽' 또는 '왼쪽에서 오른쪽' 중 선택하여 정렬할 수 있다.
③ 오름차순 정렬과 내림차순 정렬에서 공백은 맨 처음에 위치하게 된다.
④ 선택한 데이터 범위의 첫 행을 머리글 행으로 지정할 수 있다.

상 중 하

30 다음 중 아래 워크시트에서 [E2] 셀의 함수식이 =CHOOSE(RANK.EQ(D2, $D$2:$D$5), "천하", "대한", "영광", "기쁨")일 때 결과 값으로 옳은 것은?

합격 강의

	A	B	C	D	E
1	성명	이론	실기	합계	수상
2	김나래	47	45	92	
3	이석주	38	47	85	
4	박명호	46	48	94	
5	장영민	49	48	97	

① 천하
② 대한
③ 영광
④ 기쁨

상 중 하

31 다음 중 아래의 워크시트에서 '박지성'의 결석 값을 찾기 위한 함수식은?

	A	B	C	D
1	성적표			
2	이름	중간	기말	결석
3	김남일	86	90	4
4	이천수	70	80	2
5	박지성	95	85	5

① =VLOOKUP("박지성", $A$3:$D$5, 4, 1)
② =VLOOKUP("박지성", $A$3:$D$5, 4, 0)
③ =HLOOKUP("박지성", $A$3:$D$5, 4, 0)
④ =HLOOKUP("박지성", $A$3:$D$5, 4, 1)

상 중 하

32 다음 중 입력 데이터에 주어진 표시 형식으로 지정한 경우 그 결과가 옳지 않은 것은?

	원본 데이터	표시 형식	표시 결과
①	7.5	#.00	7.50
②	44.398	???.???	044.398
③	12,200,000	#,##0,	12,200
④	상공상사	@ "귀중"	상공상사 귀중

33 **다음 중 통합 문서 저장 시 설정할 수 있는 [일반 옵션]에 대한 설명으로 옳지 않은 것은?**

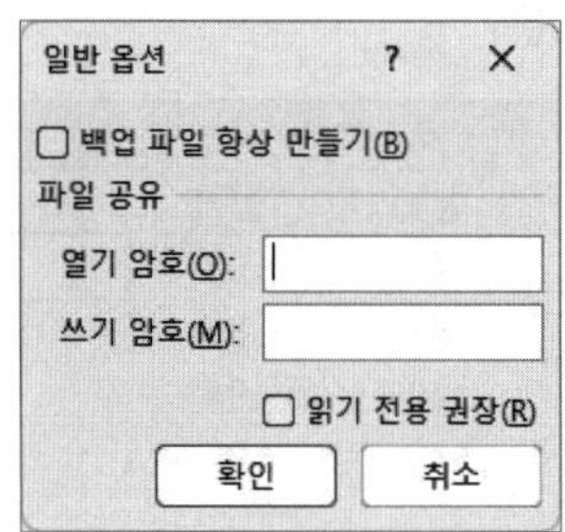

① '백업 파일 항상 만들기'에 체크 표시한 경우에는 파일 저장 시 자동으로 백업 파일이 만들어진다.
② '열기 암호'를 지정한 경우에는 열기 암호를 입력해야 파일을 열 수 있고 암호를 모르면 파일을 열 수 없다.
③ '쓰기 암호'가 지정된 경우에는 파일을 수정하고 다른 이름으로 저장 시 '쓰기 암호'를 입력해야 한다.
④ '읽기 전용 권장'에 체크 표시한 경우에는 파일을 열 때 읽기 전용으로 열지 여부를 묻는 메시지가 표시된다.

34 **다음 중 [데이터 유효성] 대화 상자의 [설정] 탭에서 '제한 대상' 목록에 해당하지 않는 것은?**

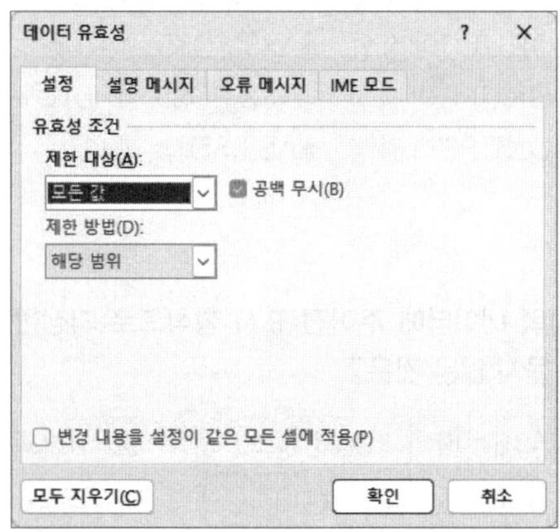

① 정수
② 소수점
③ 목록
④ 텍스트 형식

35 **[페이지 설정] 대화 상자의 [시트] 탭에서 '반복할 행'에 [$4:$4]을 지정하고 워크시트 문서를 출력하였다. 다음 중 출력 결과에 대한 설명으로 옳은 것은?**

① 첫 페이지만 1행부터 4행의 내용이 반복되어 인쇄된다.
② 모든 페이지에 4행의 내용이 반복되어 인쇄된다.
③ 모든 페이지에 4열의 내용이 반복되어 인쇄된다.
④ 모든 페이지에 4행과 4열의 내용이 반복되어 인쇄된다.

36 **다음 중 항목의 구성비를 표현하는 데 적합한 원형 차트와 도넛형 차트에 대한 설명으로 옳지 않은 것은?**

① 원형 차트는 첫째 조각의 각을 0도에서 360도 사이의 값을 이용하여 회전시킬 수 있으나 도넛형 차트는 첫째 조각의 각을 회전시킬 수 없다.
② 도넛형 차트의 도넛 구멍 크기는 0%에서 90% 사이의 값으로 변경할 수 있다.
③ 도넛형 차트는 원형 차트와 마찬가지로 전체에 대한 각 부분의 구성비를 보여 주지만 데이터 계열이 두 개 이상 포함될 수 있다는 점이 다르다.
④ 원형 차트의 모든 조각을 차트 중심에서 끌어낼 수 있다.

37 **다음 중 [시트 보호] 기능에 대한 설명으로 옳지 않은 것은?**

① 워크시트에 있는 셀을 보호하기 위해서는 먼저 셀의 '잠금' 속성을 해제해야 한다.
② 새 워크시트의 모든 셀은 기본적으로 '잠금' 속성이 설정되어 있다.
③ 시트 보호를 설정하면 셀에 데이터를 입력하거나 수정하려고 했을 때 경고 메시지가 나타난다.
④ 셀의 '잠금' 속성과 '숨김' 속성은 시트를 보호하기 전까지는 아무런 효과를 내지 못한다.

상 중 하

38 **다음 중 아래 시트에서 [A1] 셀을 선택하고 채우기 핸들을 [A4] 셀까지 드래그했을 때 [A4] 셀에 입력되는 값은?**

합격 강의

	A	B
1	1학년 1반 001번	
2		

① 1학년 1반 001번
② 1학년 1반 004번
③ 1학년 4반 001번
④ 4학년 4반 004번

상 중 하

39 **다음 중 피벗 테이블과 피벗 차트에 대한 설명으로 옳지 않은 것은?**

① 새 워크시트에 피벗 테이블을 생성하면 보고서 필터의 위치는 [A1] 셀, 행 레이블은 [A3] 셀에서 시작한다.
② 피벗 테이블과 연결된 피벗 차트가 있는 경우 피벗 테이블에서 [피벗 테이블 분석]의 [모두 지우기] 명령을 사용하면 피벗 테이블과 피벗 차트의 필드, 서식 및 필터가 제거된다.
③ 하위 데이터 집합에도 필터와 정렬을 적용하여 원하는 정보만 강조할 수 있으나 조건부 서식은 적용되지 않는다.
④ [피벗 테이블 옵션] 대화 상자에서 오류 값을 빈 셀로 표시하거나 빈 셀에 원하는 값을 지정하여 표시할 수도 있다.

상 중 하

40 **다음 중 윗주에 대한 설명으로 옳지 않은 것은?**

합격 강의

① 윗주에 입력된 텍스트 중 일부분의 서식을 별도로 변경할 수 있다.
② 윗주는 삽입해도 바로 표시되지 않고 [홈] 탭-[글꼴] 그룹-[윗주 필드 표시/숨기기]를 선택해야만 표시된다.
③ 윗주는 셀에 대한 주석을 설정하는 것으로 문자열 데이터가 입력되어 있는 셀에만 표시할 수 있다.
④ 셀의 데이터를 삭제하면 윗주도 함께 삭제된다.

해설과 따로 보는 2024년 상시 기출문제 13회

2급	소요시간	문항수
	총40분	총40개

풀이 시간 : ______ 채점 점수 : ______

1과목 컴퓨터 일반

상중하

01 다음 중 컴퓨터에서 사용하는 언어 번역 프로그램으로 옳지 않은 것은?

합격 강의

① 인터프리터
② 유틸리티
③ 컴파일러
④ 어셈블러

상중하

02 다음 중 프로그램이 실행될 때 발생하는 메인 메모리 부족 문제를 보완하기 위해 하드디스크의 일부를 메인 메모리처럼 사용하게 하는 메모리 관리 기법을 의미하는 것은?

① 캐시 메모리
② 디스크 캐시
③ 연관 메모리
④ 가상 메모리

상중하

03 다음 중 유니코드(Unicode)에 대한 설명으로 옳은 것은?

합격 강의

① 문자를 2Byte로 표현한다.
② 표현 가능한 문자 수는 최대 256자이다.
③ 영문자를 7비트, 한글이나 한자를 16비트로 처리한다.
④ 한글은 KB 완성형으로 표현한다.

상중하

04 다음 중 미디(MIDI)에 대한 설명으로 틀린 것은?

① 미디는 전자 악기와 컴퓨터 간의 상호 정보 교환을 위한 규약이다.
② 미디는 음을 어떻게 연주할 것인지에 대한 정보 즉, 음의 높이 및 음표의 길이, 음의 강약 등에 대한 정보를 표현한다.
③ 실제 음을 듣기 위해서는 그 음을 발생시켜 주는 장치(신디사이저)가 필요하다.
④ 미디 파일은 음성이나 효과음을 저장할 수 있어 재생이 빠르지만 용량이 크다는 단점이 있다.

상중하

05 다음 중 영상 신호와 음향 신호를 압축하지 않고 통합하여 전송하는 고선명 멀티미디어 인터페이스로 S-비디오, 컴포지트 등의 아날로그 케이블보다 고품질의 음향 및 영상을 감상할 수 있는 것은?

① DVI
② USB
③ HDMI
④ IEEE-1394

상중하

06 다음 중 한글 Windows 10에서 시각 장애가 있는 사용자가 컴퓨터를 사용하기에 편리하도록 설정할 수 있는 기능은?

① 동기화 센터
② 사용자 정의 문자 편집기
③ 접근성
④ 프로그램 호환성 마법사

07 유틸리티에 대한 설명 중 가장 옳지 않은 것은?

① 알집 프로그램은 파일을 압축하거나 압축을 풀 때 사용하는 프로그램이다.
② FTP는 파일 전송 프로토콜로 서버에 파일을 올릴 때 사용하는 프로그램이다.
③ V3 유틸리티는 파일 감염 여부를 점검은 하지만 치료는 하지 못한다.
④ PDF 뷰어는 PDF(Portable Document Format) 형식의 파일을 볼 수 있는 프로그램이다.

08 다음 중 인터넷을 이용한 전자 우편에 관한 설명으로 옳지 않은 것은?

① 기본적으로 8비트의 유니코드를 사용하여 메시지를 전달한다.
② 전자 우편 주소는 '사용자ID@호스트 주소'의 형식으로 이루어진다.
③ SMTP, POP3, MIME 등의 프로토콜을 사용한다.
④ 보내기, 회신, 첨부, 전달, 답장 등의 기능이 있다.

09 다음 중 한글 Windows의 [폴더 옵션] 창에서 할 수 있는 작업으로 옳지 않은 것은?

① 선택된 폴더에 암호를 설정할 수 있다.
② 한 번 클릭해서 창 열기를 하도록 설정할 수 있다.
③ 새 창에서 폴더 열기를 할 수 있게 설정할 수 있다.
④ 알려진 파일 형식의 파일 확장명 숨기기를 설정할 수 있다.

10 다음 중 국제 표준화 기구에서 네트워크 통신의 접속에서부터 완료까지의 과정을 구분하여 정의한 통신 규약 명칭은?

① Network 3계층
② Network 7계층
③ OSI 3계층
④ OSI 7계층

11 다음 중 중앙 컴퓨터와 일정 지역의 단말 장치까지는 하나의 통신 회선으로 연결시키고, 이웃하는 단말 장치는 일정 지역 내에 설치된 중간 단말 장치로부터 다시 연결시키는 형태로 분산 처리 환경에 적합한 망의 구성 형태는?

① 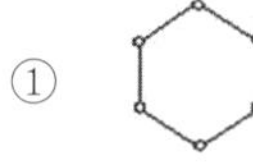
② 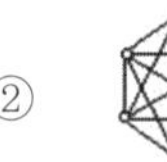
③
④

12 다음 중 처리할 데이터를 일정한 분량이 될 때까지 모아서 한꺼번에 처리하는 시스템으로 옳은 것은?

① 일괄 처리 시스템
② 실시간 처리 시스템
③ 시분할 시스템
④ 분산 처리 시스템

13 다음 중 가로 300픽셀, 세로 200픽셀 크기의 256 색상으로 표현된 정지 영상을 10:1로 압축하여 JPG 파일로 저장하였을 때 이 파일의 크기는 얼마인가?

① 3 KB ② 4 KB
③ 5 KB ④ 6 KB

14 TCP/IP 프로토콜의 설정에 있어 서브넷 마스크(Subnet Mask)의 역할은?

① 호스트의 수를 식별
② 사용자의 수를 식별
③ 네트워크 ID 부분과 호스트 ID 부분을 구별
④ 도메인명을 IP 주소로 변환해 주는 서버를 지정

상 중 하

15 다음 중 전시장이나 쇼핑 센터 등에 설치하여 방문객이 각종 안내를 받을 수 있도록 한 것으로, 터치 패널을 이용해 메뉴를 손가락으로 선택해서 정보를 얻을 수 있는 것이 특징인 것은?

① 킨들 ② 프리젠터
③ 키오스크 ④ UPS

상 중 하

16 다음 중 인터넷 기능을 결합한 TV로 각종 앱을 설치하여 웹 서핑, VOD 시청, 게임 등 다양한 기능을 활용할 수 있는 다기능 TV를 의미하는 용어는?

① HDTV
② Cable TV
③ IPTV
④ Smart TV

상 중 하

17 정보 전송 방식 중 반이중 방식(Half-Duplex)에 해당하는 것은?

① 라디오 ② TV
③ 전화 ④ 무전기

상 중 하

18 다음 중 멀티미디어와 관련된 기술인 VOD(Video On Demand)에 대한 설명으로 옳지 않은 것은?

합격 강의

① 비디오를 디지털로 압축하여 비디오 서버에 저장하고, 가입자가 원하는 콘텐츠를 제공하며 재생, 제어, 검색, 질의 등이 가능하다.
② 사용자의 요구에 따라 영화나 뉴스 등의 콘텐츠를 통신 케이블을 통하여 서비스하는 영상 서비스이다.
③ 사용자 간 커뮤니케이션을 목적으로 원거리에서 영상을 공유하며, 공간적 시간적 제약을 극복할 수 있다.
④ VCR 같은 기능의 셋톱박스는 비디오 서버로부터 압축되어 전송된 디지털 영상과 소리를 복원, 재생하는 역할을 한다.

상 중 하

19 다음 중 네트워크 연결 장치와 관련하여 패킷의 헤더 정보를 보고 목적지를 파악하여 다음 목적지로 전송하기 위한 최선의 경로를 선택할 수 있는 것으로 옳은 것은?

① 허브(Hub)
② 브리지(Bridge)
③ 스위치(Switch)
④ 라우터(Router)

상 중 하

20 다음 중 공개키 암호 기법의 설명으로 옳지 않은 것은?

① 메시지를 암호화할 때와 복호화할 때 사용되는 키가 서로 다르다.
② 복호화할 때 사용되는 키는 공개하고 암호키는 비공개한다.
③ 비대칭키 또는 이중키 암호 기법이라고도 한다.
④ 많이 사용되는 기법은 RSA 기법이다.

2과목 스프레드시트 일반

상 중 하

21 다음 중 다양한 상황과 변수에 따른 여러 가지 결과 값의 변화를 가상의 상황을 통해 예측하여 분석할 수 있는 도구는?

① 시나리오 관리자
② 목표값 찾기
③ 부분합
④ 통합

상 중 하

22 다음 중 [통합] 데이터 도구에 대한 설명으로 옳지 않은 것은?

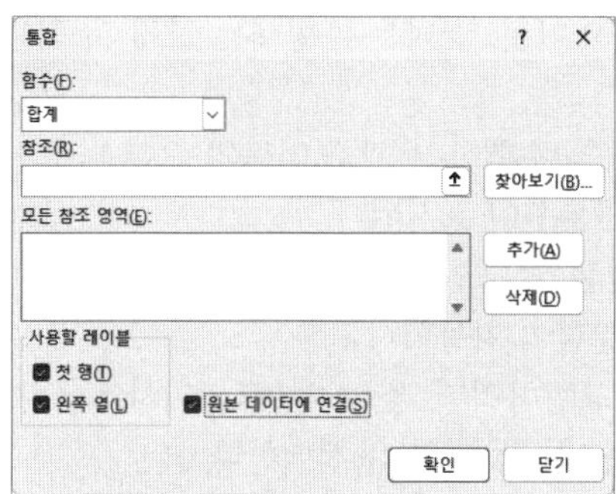

① '모든 참조 영역'에 다른 통합 문서의 워크시트를 추가하여 통합할 수 있다.
② '사용할 레이블'을 모두 선택한 경우 각 참조 영역에 결과표의 레이블과 일치하지 않은 레이블이 있으면 통합 결과표에 별도의 행이나 열이 만들어진다.
③ 지정한 영역에 계산될 요약 함수는 '함수'에서 선택하며, 요약 함수로는 합계, 개수, 평균, 최대값, 최소값 등이 있다.
④ '원본 데이터에 연결' 확인란을 선택하여 통합한 경우 통합에 참조된 영역에서의 행 또는 열이 변경될 때 통합된 데이터 결과도 자동으로 업데이트된다.

상 중 하

23 다음 중 아래 그림의 표에서 조건 범위로 [A9:B11] 영역을 선택하여 고급 필터를 실행한 결과의 레코드 수는 얼마인가?

합격 강의

	A	B	C	D
1	성명	이론	실기	합계
2	김진아	47	45	92
3	이은경	38	47	85
4	장영주	46	48	94
5	김시내	40	25	65
6	홍길동	49	48	97
7	박승수	37	43	80
8				
9	합계	합계		
10	<95	>90		
11		<70		

① 0　　② 3
③ 4　　④ 6

상 중 하

24 다음 중 매크로와 관련된 바로 가기 키에 대한 설명으로 옳지 않은 것은?

① Alt+M을 누르면 [매크로 기록] 대화 상자가 표시되어 매크로를 기록할 수 있다.
② Alt+F11을 누르면 Visual Basic Editor가 실행되며, 매크로를 수정할 수 있다.
③ Alt+F8을 누르면 [매크로] 대화 상자가 표시되어 매크로 목록에서 매크로를 선택하여 실행할 수 있다.
④ 매크로 기록 시 Ctrl과 영문 문자를 조합하여 해당 매크로의 바로 가기 키를 지정할 수 있다.

상 중 하

25 다음 중 [페이지 설정] 대화 상자의 [시트] 탭에 대한 설명으로 옳은 것은?

① '메모'는 셀에 설정된 메모의 인쇄 여부를 설정하는 것으로 '없음'과 '시트에 표시된 대로' 중 하나를 선택하여 인쇄할 수 있다.
② 워크시트의 셀 구분선을 그대로 인쇄하려면 '눈금선'에 체크하여 표시하면 된다.
③ '간단하게 인쇄'를 체크하면 설정된 글꼴색은 모두 검정으로, 도형은 테두리 색만 인쇄하여 인쇄 속도를 높인다.
④ '인쇄 영역'에 범위를 지정하면 특정 부분만 인쇄할 수 있으며, 지정한 범위에 숨겨진 행이나 열도 함께 인쇄된다.

상 중 하

26 다음 수식의 결과 값으로 옳은 것은?

합격 강의

=ROUNDDOWN(165.657,2) – ABS(POWER(–2,3))

① 156.65
② 157.65
③ 156.66
④ 157.66

27 다음 시트에서 =SUM(INDEX(B2:C6,4,2),LARGE(B2:C6,2))의 결과 값으로 옳은 것은?

	A	B	C
1	지원자명	필기	실기
2	이상공	67	76
3	홍범도	90	88
4	엄지홍	50	60
5	신정미	80	100
6	김민서	69	98

① 190 ② 198
③ 200 ④ 210

28 다음 중 괄호 안에 들어갈 바로 가기 키로 옳은 것은?

> 통합 문서 내에서 (ㄱ)키는 다음 워크시트로 이동, (ㄴ)키는 이전 워크시트로 이동할 때 사용된다.

① (ㄱ) Home, (ㄴ) Ctrl+Home
② (ㄱ) Ctrl+Page Down, (ㄴ) Ctrl+Page Up
③ (ㄱ) Ctrl+←, (ㄴ) Ctrl+→
④ (ㄱ) Shift+↑, (ㄴ) Shift+↓

29 아래 그림과 같이 차트에서 '전기난로' 계열의 직선을 부드러운 선으로 나타내는 방법으로 옳은 것은?

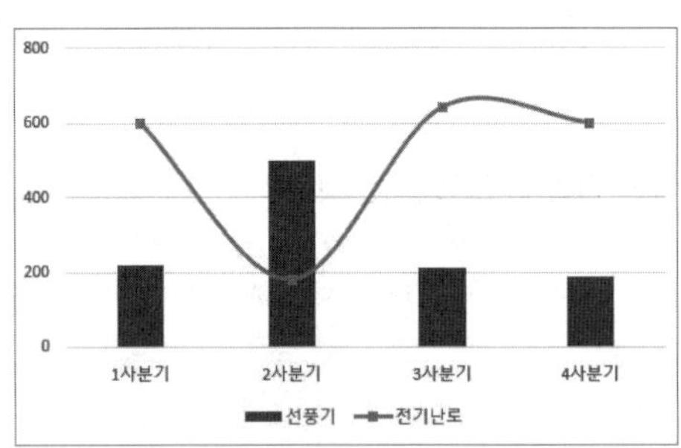

① [데이터 계열 서식] 대화 상자의 [채우기 및 선]에서 [완만한 선]을 설정한다.
② [데이터 계열 서식] 대화 상자의 [효과]에서 [완만한 선]을 설정한다.
③ [데이터 계열 서식] 대화 상자의 [계열 옵션]에서 [곡선]을 설정한다.
④ [데이터 계열 서식] 대화 상자의 [계열 옵션]에서 [부드러운 선]을 설정한다.

30 다음 중 틀 고정 및 창 나누기에 대한 설명으로 옳지 않은 것은?

① 화면에 나타나는 창 나누기 형태는 인쇄 시 적용되지 않는다.
② 창 나누기를 수행하면 셀 포인트의 오른쪽과 아래쪽으로 창 구분선이 표시된다.
③ 창 나누기는 셀 포인트의 위치에 따라 수직, 수평, 수직/수평 분할이 가능하다.
④ 첫 행을 고정하려면 셀 포인트의 위치에 상관없이 [틀 고정]–[첫 행 고정]을 선택한다.

31 다음 중 수식의 결과 값이 옳지 않은 것은?

① =RIGHT("Computer",5) → puter
② =POWER(2,3) → 8
③ =TRUNC(5.96) → 5
④ =AND(6<5, 7>5) → TRUE

32 다음 중 셀 참조에 관한 설명으로 옳은 것은?

① 수식 작성 중 마우스로 셀을 클릭하면 기본적으로 해당 셀이 절대 참조로 처리된다.
② 수식에 셀 참조를 입력한 후 셀 참조의 이름을 정의한 경우에는 참조 에러가 발생하므로 기존 셀 참조를 정의된 이름으로 수정한다.
③ 셀 참조 앞에 워크시트 이름과 마침표(.)를 차례로 넣어서 다른 워크시트에 있는 셀을 참조할 수 있다.
④ 셀을 복사하여 붙여 넣은 다음 [붙여넣기 옵션]의 [연결하여 붙여넣기] 명령을 사용하여 셀 참조를 만들 수도 있다.

상 중 하

33 다음 중 목표값 찾기 기능에 대한 설명으로 옳지 않은 것은?

① 목표값 찾기는 특정한 결과를 얻기 위해 데이터가 어떻게 변하는지 알아보는 기능이다.
② 목표값 찾기에서 변하는 데이터를 여러 개 지정할 수 있다.
③ 목표값은 사용자가 원하는 데이터를 입력해야 한다.
④ 목표값은 사용자가 원하는 데이터의 셀 주소를 입력할 수 없다.

상 중 하

34 다음 중 데이터 입력에 대한 설명으로 옳지 않은 것은?

① 데이터를 입력하는 도중에 입력을 취소하려면 Esc를 누른다.
② 셀 안에서 줄을 바꾸어 데이터를 입력하려면 Alt+Enter를 누른다.
③ 텍스트, 텍스트/숫자 조합, 날짜, 시간 데이터는 셀에 입력하는 처음 몇 자가 해당 열의 기존 내용과 일치하면 자동으로 입력된다.
④ 여러 셀에 동일한 데이터를 입력하려면 해당 셀을 범위로 지정하여 데이터를 입력한 후 Ctrl+Enter를 누른다.

상 중 하

35 다음 중 피벗 테이블에 대한 설명으로 옳지 않은 것은?

① 원본의 자료가 변경되면 [모두 새로 고침] 기능을 이용하여 일괄 피벗 테이블에 반영할 수 있다.
② 작성된 피벗 테이블을 삭제하는 경우 함께 작성한 피벗 차트는 자동으로 삭제된다.
③ 피벗 테이블을 삭제하려면 피벗 테이블 전체를 범위로 지정한 후 Delete를 누른다.
④ 피벗 테이블의 삽입 위치는 새 워크시트뿐만 아니라 기존 워크시트에서 시작 위치를 선택할 수도 있다.

상 중 하

36 다음 중 문서를 인쇄했을 때 문서의 위쪽에 '–1 Page–' 형식으로 페이지 번호를 표시하는 방법으로 옳은 것은?

① –#[페이지 번호] Page–
② #–[페이지 번호] Page–
③ –&[페이지 번호] Page–
④ &–[페이지 번호] Page–

상 중 하

37 다음 중 아래 시트에서 각 수식을 실행했을 때의 결과 값으로 옳은 것은?

합격 강의

	A	B	C	D	E
1	이름	국어	영어	수학	평균
2	홍길동	83	90	73	82
3	이대한	65	87	91	81
4	한민국	80	75	100	85
5	평균	76	84	88	82.66667

① =SUM(COUNTA(B2:D4), MAXA(B2:D4)) → 102
② =AVERAGE(SMALL(C2:C4, 2), LARGE(C2:C4, 2)) → 75
③ =SUM(LARGE(B3:D3, 2), SMALL(B3:D3, 2)) → 174
④ =SUM(COUNTA(B2,D4), MINA(B2,D4)) → 109

상 중 하

38 다음 중 날짜 및 시간 데이터에 관한 설명으로 옳지 않은 것은?

① 날짜 데이터를 입력할 때 연도와 월만 입력하면 일자는 자동으로 해당 월의 1일로 입력된다.
② 셀에 '4/9'를 입력하고 Enter를 누르면 셀에는 '04월 09일'로 표시된다.
③ 날짜 및 시간 데이터의 텍스트 맞춤은 기본 왼쪽 맞춤으로 표시된다.
④ Ctrl+;을 누르면 시스템의 오늘 날짜, Ctrl+Shift+;을 누르면 현재 시간이 입력된다.

상 중 하

39 다음 중 [B3:E6] 영역에 대해 아래 시트와 같이 배경색을 설정하기 위한 조건부 서식의 규칙으로 옳은 것은?

합격 강의

	A	B	C	D	E
1					
2		자산코드	내용연수	경과연수	취득원가
3		YJ7C	10	8	660,000
4		S2YJ	3	9	55,000
5		TS1E	3	6	134,000
6		KS4G	8	3	58,000

① =MOD(COLUMNS($B3),2)=0
② =MOD(COLUMNS(B3),2)=0
③ =MOD(COLUMN($B3),2)=0
④ =MOD(COLUMN(B3),2)=0

상 중 하

40 아래 시트에서 [표1]의 할인율 [B3]을 적용한 할인가 [B4]를 이용하여 [표2]의 각 정가에 해당하는 할인가 [E3:E6]를 계산하고자 한다. 다음 중 이때 가장 적합한 데이터 도구는?

	A	B	C	D	E	F
1	[표1] 할인 금액			[표2] 할인 금액표		
2	정가	₩ 10,000		정가	₩ 9,500	
3	할인율	5%		₩ 10,000		
4	할인가	₩ 9,500		₩ 15,000		
5				₩ 24,000		
6				₩ 30,000		
7						

① 통합
② 데이터 표
③ 부분합
④ 시나리오 관리자

▶ 합격 강의

해설과 따로 보는 2024년 상시 기출문제 14회

2급	소요시간	문항수
	총40분	총40개

풀이 시간 : ____________ 채점 점수 : ____________

1과목 컴퓨터 일반

상중하

01 다음 중 데이터 분산 처리 기술을 이용한 '공공 거래 장부'로 비트코인, 이더리움 같은 가상 암호 화폐가 탄생한 기반 기술이며 거래할 때 발생할 수 있는 불법적인 해킹을 막는 기술로 옳은 것은?

합격 강의

① 핀테크(FinTech)
② 블록체인(Block Chain)
③ 전자봉투(Digital Envelope)
④ 암호화 파일 시스템(Encrypting File System)

상중하

02 TCP/IP는 인터넷의 기본적인 통신 프로토콜로서, 인트라넷이나 엑스트라넷과 같은 사설망에서도 사용된다. 다음 중 TCP/IP의 상위 계층 프로토콜로 볼 수 없는 것은?

① SMTP ② HTTP
③ FTP ④ SNA

상중하

03 다음 중 터치 스크린(Touch Screen)의 작동 방식으로 옳지 않은 것은?

합격 강의

① 저항식
② 정전식
③ 광학식
④ 래스터 방식

상중하

04 다음 중 한글 Windows 10에서 '하드디스크 여유 공간이 부족하다.'는 메시지가 표시되는 경우의 해결 방법으로 가장 옳지 않은 것은?

① [휴지통 비우기]를 수행하여 여유 공간을 확보한다.
② [디스크 정리]를 통해 임시 파일들을 지운다.
③ 시스템에서 사용하지 않는 응용 프로그램을 하드디스크에서 삭제하여 여유 공간을 확보한다.
④ 시스템을 완전히 종료하고 다시 부팅한다.

상중하

05 다음 중 컴퓨터 출력 장치인 모니터에 관한 용어의 설명으로 옳지 않은 것은?

① 픽셀(Pixel) : 화면을 이루는 최소의 단위로서 그림의 화소라는 뜻을 의미하며 픽셀 수가 많을수록 해상도가 높아진다.
② 해상도(Resolution) : 모니터 화면의 명확성을 나타내는 것으로 1인치(Inch) 사각형에 픽셀의 수가 많을수록 표시할 수 있는 색상의 수가 증가한다.
③ 점 간격(Dot Pitch) : 픽셀들 사이의 공간을 나타내는 것으로 간격이 가까울수록 영상은 선명하다.
④ 재생률(Refresh Rate) : 픽셀들이 밝게 빛나는 것을 유지하도록 하기 위한 1초당 재충전 횟수를 의미한다.

상중하

06 다음 중 Serial ATA 방식의 장점으로 옳지 않은 것은?

① 정교하게 Master/Slave 점퍼 설정을 할 수 있다.
② 프로토콜 전체 단계에 CRC를 적용하여 데이터의 신뢰성이 높아졌다.
③ 데이터 선이 얇아 내부에 통풍이 잘된다.
④ 핫 플러그인 기능으로 시스템 운용 도중에 자유롭게 부착이 가능하다.

상중하

07 다음 중 컴퓨터에서 가상 기억 장치를 사용할 때 장점으로 옳은 것은?

① 컴퓨터의 구조가 간편해지고 손쉽게 구현할 수 있다.
② 보조 기억 장치의 실제 용량이 증대된다.
③ 주기억 장치의 용량보다 큰 프로그램을 실행할 수 있다.
④ 명령을 수행하는 시간이 단축된다.

상 중 하

08 다음 중 기억 용량 단위가 가장 큰 것으로 옳은 것은?

① 1TB
② 1GB
③ 1PB
④ 1EB

상 중 하

09 다음 중 멀티미디어의 특징에 관한 설명으로 옳지 않은 것은?

합격강의

① 데이터 처리의 선형성
② 데이터 전달의 쌍방향성
③ 데이터의 디지털화
④ 정보의 통합성

상 중 하

10 다음 중 2진수 001010011100을 8진수로 변환한 것으로 옳은 것은?

합격강의

① 0123
② 3210
③ 1234
④ 4321

상 중 하

11 다음 중 디지털 데이터 신호를 변조하지 않고 직접 전송하는 방식으로 일반적으로 근거리통신망에 사용되는 것은?

① 단방향 전송
② 반이중 전송
③ 베이스밴드 전송
④ 브로드밴드 전송

상 중 하

12 다음 중 폴더의 [속성] 창에서 수행할 수 있는 기능으로 옳지 않은 것은?

합격강의

① 폴더의 특성을 '읽기 전용'으로 설정하거나 해제할 수 있다.
② 폴더 안에 있는 하위 폴더 중 특정 폴더를 삭제할 수 있다.
③ 폴더 안에 있는 파일과 하위 폴더의 개수를 알 수 있다.
④ 폴더를 다른 컴퓨터에서 네트워크를 통해 접근할 수 있도록 공유시킬 수 있다.

상 중 하

13 다음 중 컴퓨터 보안을 위한 관련된 기술에 해당하지 않는 것은?

① 인증(Authentication)
② 브리지(Bridge)
③ 방화벽(Firewall)
④ 암호화(Encryption)

상 중 하

14 공용 업무를 위한 컴퓨터에서 A 사용자와 B 사용자는 모두 계정이 등록된 상태이다. 이때 A 사용자가 공용 컴퓨터를 사용하는 도중에 잠시 B 사용자가 사용할 수 있도록 하는 방법으로 옳은 것은?

① 전원을 종료한 다음 재부팅한다.
② 로그오프를 수행한다.
③ 사용자 전환을 수행한다.
④ 시스템을 다시 시작한다.

상 중 하

15 다음 중 컴퓨터에서 사용하는 운영체제의 목적으로 옳지 않은 것은?

합격강의

① 반환 시간(Turnaround Time) 증가
② 처리 능력(Throughput) 증가
③ 신뢰도(Reliability) 증가
④ 사용 가능도(Availability) 증가

상 중 하

16 다음 중 컴퓨터 하드웨어를 업그레이드하고자 할 때 수치가 작을수록 성능이 좋은 것은?

① RAM 접근 속도
② CPU 클릭 속도
③ 모뎀 전송 속도
④ SSD 용량

상 중 하

17 다음 중 정식 프로그램의 구매를 유도하기 위해 특정 기능이나 사용 기간에 제한을 두어 무료로 공개하고 배포하는 프로그램은?

① 상용 소프트웨어(Commercial Software)
② 셰어웨어(Shareware)
③ 에드웨어(Adware)
④ 알파 버전(Alpha Version)

상 중 하

18 다음 중 한글 Windows 10에서 활성 항목을 닫거나 활성 앱을 종료하는 바로 가기 키로 옳은 것은?

① Alt+Enter
② Alt+F4
③ Shift+Delete
④ Alt+Tab

상 중 하

19 다음 중 전자우편에서 사용하는 POP3 프로토콜에 대한 설명으로 옳은 것은?

① 사용자의 컴퓨터에서 작성한 메일을 다른 사람의 계정이 있는 곳으로 전송해 주는 전자우편을 송신하기 위한 프로토콜이다.
② 사용자가 메일 서버에서 메일을 관리하고 수신하기 위한 프로토콜로 전자우편의 헤더(머리글) 부분만 수신한다.
③ 메일 서버에 도착한 E-mail을 사용자 컴퓨터로 가져올 수 있도록 메일 서버에서 제공하는 전자우편을 수신하기 위한 프로토콜이다.
④ 전자우편으로 멀티미디어 정보를 전송할 수 있도록 해 주는 멀티미디어 지원 프로토콜이다.

상 중 하

20 인터넷 부정 행위에 대한 설명으로 옳지 않은 것은?

① 스니핑(Sniffing)은 특정한 호스트에서 실행되어 호스트에 전송되는 정보(계정, 패스워드 등)를 엿보는 행위를 의미한다.
② DDoS는 MS-DOS 운영체제를 이용하여 어떤 프로그램이 정상적으로 실행되는 것처럼 위장하는 것이다.
③ 키로거(Key Logger)는 악성 코드에 감염된 시스템의 키보드 입력을 저장 및 전송하여 개인 정보를 빼내는 크래킹 행위이다.
④ 트로이 목마는 자기 복제를 하지 않는다는 점에서 바이러스와는 구별되며, 상대방의 컴퓨터 화면을 볼 수도 있고, 입력 정보 취득, 재부팅, 파일 삭제 등을 할 수 있다.

2과목 스프레드시트 일반

상 중 하

21 다음 워크시트는 '부서명'을 기준으로 오름차순 정렬을 수행한 결과이다. 이후 '사원명'을 기준으로 내림차순 정렬을 수행할 경우 '일련번호'가 그대로 유지되도록 하기 위해 [A2] 셀에 입력할 수식으로 옳은 것은?(단, 수식이 입력된 [A2] 셀의 채우기 핸들을 [A7] 셀까지 드래그하여 복사함)

합격강의

	A	B	C
1	일련번호	사원명	부서명
2	1	한대한	기획부
3	2	이기적	기획부
4	3	김선	상담부
5	4	나예지	상담부
6	5	홍길동	홍보부
7	6	김상공	홍보부

① =ROW()−1
② =ROWS()−1
③ =COLUMN()−1
④ =COLUMNS()−1

상 중 하

22 다음 중 아래의 기능을 수행하는 차트로 옳은 것은?

- 데이터를 시각적으로 표현하는 워크시트 셀의 작은 차트이다.
- 계절별 증감이나 경기 순환과 같은 값 계열의 추세를 표시할 수 있다.
- 최대값 및 최소값을 강조 표시할 수 있다.

① 히스토그램 차트
② 트리맵 차트
③ 스파크라인 차트
④ 선버스트 차트

상 중 하

23 다음 중 아래 워크시트의 [A] 열을 오름차순으로 정렬하는 경우 결과로 옳은 것은?

합격강의

	A	B
1	TRUE	
2	1	
3	FALSE	
4	0	
5	#DIV/0!	
6	Y	
7	#	

①

	A	B
1	#DIV/0!	
2	TRUE	
3	FALSE	
4	Y	
5	#	
6	1	
7	0	

②

	A	B
1	TRUE	
2	FALSE	
3	1	
4	0	
5	#DIV/0!	
6	#	
7	Y	

③

	A	B
1	0	
2	1	
3	#	
4	Y	
5	FALSE	
6	TRUE	
7	#DIV/0!	

④

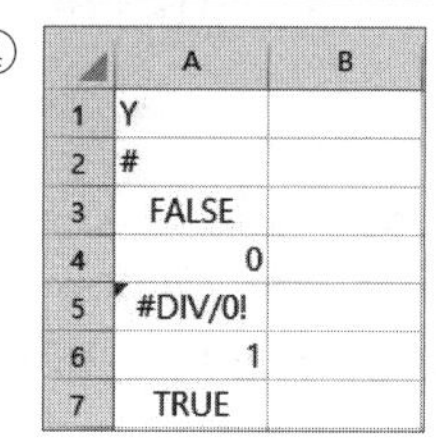

	A	B
1	Y	
2	#	
3	FALSE	
4	0	
5	#DIV/0!	
6	1	
7	TRUE	

상 중 하

24 다음 중 매크로 기록에 대한 설명으로 옳지 않은 것은?

① 매크로 기록 시 매크로 이름에는 공백이 포함될 수 없다.
② 매크로는 반복적인 작업을 자동화하여 복잡한 작업을 단순하게 실행할 수 있도록 한다.
③ 바로 가기 키는 기본적으로 Ctrl과 조합하여 사용하지만 대문자를 사용하는 경우는 Shift가 자동으로 추가된다.
④ 엑셀에서 기존에 사용하는 바로 가기 키는 매크로의 바로 가기 키로 지정할 수 없다.

상 중 하

25 다음 워크시트는 문자열 형식으로 입력된 '판매입력'에서 '개수'만 따로 추출하기 위해 [C2] 셀에 '=LEFT(B2,2)' 수식을 입력하고 채우기 핸들을 이용하여 수식을 [C6] 셀까지 복사한 경우이다. '개수'의 합계를 구하기 위해 [C7] 셀에 '=SUM(C2:C6)' 수식을 입력했을 때의 결과로 옳은 것은?

합격 강의

C2 =LEFT(B2,2)

	A	B	C	D	E
1	성명	판매입력	개수		
2	이대한	60개	60		
3	한상공	70개	70		
4	김선	89개	89		
5	지혜원	90개	90		
6	이기적	88개	88		
7	합계				

① 397
② #VALUE!
③ #REF!
④ 0

상 중 하

26 다음 중 '상위 10 자동 필터'에 대한 설명으로 옳지 않은 것은?

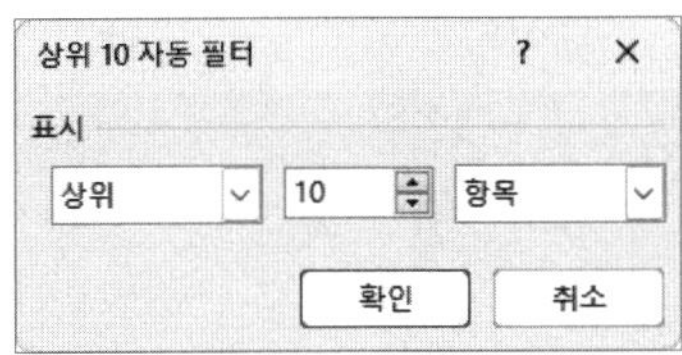

① 숫자 데이터에서만 사용할 수 있다.
② 상위/하위 및 항목, %(백분율) 값의 방식을 지정하여 필터링할 수 있다.
③ 데이터 범위는 1부터 500까지 설정할 수 있다.
④ '상위 10 자동 필터'의 결과는 자동으로 정렬되어 표시된다.

상 중 하

27 다음 중 워크시트에서 [A1] 셀부터 아래로 각 셀에 (c), (e), (ks), (r), (tel)을 입력했을 때 결과가 아래 워크시트처럼 표시되도록 하는 기능은?

	A
1	©
2	€
3	㉿
4	®
5	☎

① 자동 교정 기능
② 빠른 교정 동작 기능
③ 자동 고침 기능
④ 맞춤법 검사 기능

상 중 하

28 다음 중 시나리오에 대한 설명으로 옳지 않은 것은?

① 시나리오 결과는 요약 보고서나 피벗 테이블 보고서로 작성할 수 있다.
② 하나의 시나리오에는 최대 32개까지 변경 셀을 지정할 수 있다.
③ 입력된 데이터를 정렬하여 그룹별로 분류하고, 해당 그룹별로 지원되는 함수를 선택하여 계산 결과를 산출한다.
④ 다른 통합 문서나 다른 워크시트에 저장된 시나리오를 가져올 수 있는 기능은 시나리오 병합 기능이다.

상 중 하

29 다음 시트에서 [B2:D6] 영역이 '점수'로 이름이 정의되었을 경우 =AVERAGE(INDEX(점수,2,1),MAX(점수))의 결과 값으로 옳은 것은?

합격 강의

	A	B	C	D
1	성명	필기	실기	면접
2	지호영	88	90	77
3	고동기	75	90	68
4	이진아	90	80	70
5	차은서	56	78	69
6	이경아	77	100	99

① 75　　② 87.5
③ 100　　④ 86.5

상중하

30 **다음 중 엑셀의 기능과 바로 가기 키에 대한 연결이 옳지 않은 것은?**

① 찾기 : Shift+F5

② 바꾸기 : Shift+H

③ 함수 마법사 : Shift+F3

④ 이름 관리자 : Ctrl+F3

상중하

31 **다음 중 [데이터 표]에 관한 설명으로 옳지 않은 것은?**

① [데이터 표] 기능을 이용하여 계산된 결과는 참조하고 있는 셀의 데이터가 수정되더라도 자동으로 갱신되지 않는다.

② 수식이 입력될 범위를 반드시 먼저 설정한 후 [데이터 표] 기능을 실행해야 올바른 결과를 얻을 수 있다.

③ [데이터 표] 기능을 통해 입력된 셀의 일부분만 수정하거나 삭제할 수 없다.

④ '열 입력 셀'만 지정되는 경우는 수식에서 참조되어야 하는 데이터가 하나의 열에 입력되어 있는 경우이다.

상중하

32 **다음 중 엑셀의 오차 막대에 대한 설명으로 옳지 않은 것은?**

① 3차원 세로 막대형에서 사용 가능하다.

② 차트에 고정 값, 백분율, 표준 편차, 표준 및 오차, 사용자 지정 중 선택하여 오차량을 표시할 수 있다.

③ 오차 막대를 화면에 표시하는 방법에는 3가지로 모두, 음의 값, 양의 값이 있다.

④ 세로형 막대 차트는 세로 오차 막대만 사용할 수 있다.

상중하

33 **다음 중 [A6] 셀에서 학과명을 입력할 때 [A2:A5] 영역에 입력된 학과명의 목록을 표시하여 입력하기 위한 바로 가기 키와 바로 가기 메뉴가 옳게 짝지어진 것은?**

합격강의

	A	B
1	학과명	
2	인공지능학과	
3	컴퓨터공학과	
4	전자공학과	
5	드론응용학과	
6		
7	드론응용학과	
8	인공지능학과 전자공학과	
9	컴퓨터공학과 학과명	
10		

① Alt+↑, 선택하여 붙여넣기

② Alt+↓, 드롭다운 목록에서 선택

③ Shift+↑, 표/범위에서 데이터 가져오기

④ Shift+↓, 윗주 필드 표시

상중하

34 **서식 코드를 데이터에 사용자 지정 표시 형식으로 설정한 후 표시된 결과이다. 다음 중 결과로 옳지 않은 것은?(단, 열의 너비는 기본 값인 '8.38'로 설정되어 있음)**

	서식 코드	데이터	결과
①	*-#,##0	123	--------123
②	*0#,##0	123	*******123
③	**#,##0	123	*******123
④	**#,##0	-123	-******123

상중하

35 **다음 중 빠른 실행 도구 모음에 대한 설명으로 옳지 않은 것은?**

① [빠른 실행 도구 모음 사용자 지정]을 클릭한 후 추가할 도구를 선택한다.

② 리본 메뉴에서 추가할 도구를 선택한 후 마우스 오른쪽 단추를 클릭하여 [빠른 실행 도구 모음에 추가]를 클릭한다.

③ [빠른 실행 도구 모음]에서 삭제할 도구를 선택한 후 마우스 오른쪽 단추를 클릭하여 [빠른 실행 도구 모음에서 제거]를 클릭한다.

④ [보기] 탭 [표시] 그룹에서 [기타] 명령을 선택하여 [빠른 실행 도구 모음]을 편집한다.

상중하

36 다음 중 엑셀에서 날짜 데이터의 입력 방법을 설명한 것으로 옳지 않은 것은?

① 날짜 데이터는 하이픈(-)이나 슬래시(/)를 이용하여 년, 월, 일을 구분한다.
② 날짜의 연도를 생략하고 월과 일만 입력하면 자동으로 올해의 연도가 추가되어 입력된다.
③ 날짜의 연도를 두 자리로 입력할 때 연도가 30이상이면 1900년대로 인식하고, 29이하면 2000년대로 인식한다.
④ 오늘의 날짜를 입력하고 싶으면 Ctrl+Shift+;(세미콜론)을 누르면 된다.

상중하

37 다음 중 엑셀의 틀 고정에 대한 기능 설명으로 옳지 않은 것은?

① 틀 고정은 특정 행 또는 열을 고정할 때 사용하는 기능으로 주로 표의 제목 행 또는 제목 열을 고정한 후 작업할 때 유용하다.
② 선택된 셀의 왼쪽 열과 바로 위의 행이 고정된다.
③ 틀 고정 구분선을 마우스로 잡아끌어 틀 고정 구분선을 이동시킬 수 있다.
④ 틀 고정 방법으로 첫 행 고정을 실행하면 선택된 셀의 위치와 상관없이 첫 행이 고정된다.

상중하

38 다음 중 아래의 워크시트에서 지원자가 0이 아닌 셀의 평균을 구하는 [B9] 셀의 수식으로 옳지 않은 것은?

합격 강의

	A	B
1	지원부서	지원자
2	개발	450
3	영업	261
4	마케팅	880
5	재무	0
6	기획	592
7	생산	0
8	전체 평균	364
9	0 제외 평균	

① =SUMIF(B2:B7,"<>0")/COUNTIF(B2:B7,"<>0")
② =SUMIF(B2:B7,"<>0")/COUNT(B2:B7)
③ =AVERAGEIF(B2:B7,"<>0")
④ =AVERAGE(IF(B2:B7<>0,B2:B7))

상중하

39 다음 중 [인쇄 미리 보기]에 관한 설명으로 옳지 않은 것은?

① [인쇄 미리 보기] 창에서 셀 너비를 조절할 수 있으나 워크시트에는 변경된 너비가 적용되지 않는다.
② [인쇄 미리 보기]를 실행한 상태에서 [페이지 설정]을 클릭하여 [여백] 탭에서 여백을 조절할 수 있다.
③ [인쇄 미리 보기] 상태에서 '확대/축소'를 누르면 화면에는 적용되지만 실제 인쇄 시에는 적용되지 않는다.
④ [인쇄 미리 보기]를 실행한 상태에서 [여백 표시]를 체크한 후 마우스 끌기를 통하여 여백을 조절할 수 있다.

상중하

40 다음 중 동일한 통합 문서에서 Sheet1의 [C5] 셀, Sheet2의 [C5] 셀, Sheet3의 [C5] 셀의 평균을 구하는 수식으로 옳은 것은?

① =AVERAGE([Sheet1:Sheet3]!C5)
② =AVERAGE(Sheet1:Sheet3![C5])
③ =AVERAGE(Sheet1:Sheet3!C5)
④ =AVERAGE(['Sheet1:Sheet3'!C5])

▶ 합격 강의

해설과 따로 보는 2024년 상시 기출문제 15회

2급	소요시간	문항수
	총40분	총40개

풀이 시간 : ____________ 채점 점수 : ____________

1과목 컴퓨터 일반

상 중 하

01 다음 중 인터넷 관련 기술의 실생활 사용 사례에 대한 설명으로 옳은 것은?

합격 강의

① RFID : 도서관에서 도서에 태그를 부착하여 도서의 대출이나 반납 등을 실시간으로 관리한다.
② NFC : 핫스팟 기능을 이용하여 노트북을 인터넷에 연결한다.
③ Bluetooth : 내장된 태그를 이용하여 회사에서 출·퇴근의 근태를 관리한다.
④ WiFi : 무선 이어폰과 스마트폰을 연결한다.

상 중 하

02 다음 중 한글 Windows 10의 [설정]-[시스템]-[정보]에서 확인이 가능한 내용으로 옳지 않은 것은?

① 현재 로그인한 사용자 계정 및 로그인 옵션
② 설치된 운영체제인 Windows의 사양(에디션 및 버전)
③ 장치(컴퓨터) 이름 및 프로세서의 종류와 설치된 RAM의 용량
④ Windows의 설치 날짜 및 시스템의 종류(32, 64비트 운영체제 등)

상 중 하

03 다음 중 보기의 네트워크 장비와 관련된 OSI 7계층으로 옳은 것은?

- 허브나 리피터 등의 전기적 신호를 재발생시키는 장비
- MODEM, CODEC 등 디지털/아날로그 신호 변환기

① 데이터 링크 계층
② 물리 계층
③ 네트워크 계층
④ 전송 계층

상 중 하

04 다음 중 한글 Windows 10에서 인쇄 시 지원되는 인쇄 기능에 대한 설명으로 옳은 것은?

① 인쇄 대기 중인 경우 작업을 취소할 수 없다.
② 기본 프린터는 사용자의 필요에 따라 2대 이상을 동시에 지정할 수 있다.
③ 프린터 속성 창에서 공급 용지의 종류, 공유, 포트 등을 설정할 수 있다.
④ 인쇄 중인 작업은 취소할 수는 없으나 잠시 중단시킬 수 있다.

상 중 하

05 다음 중 압축 파일을 사용하는 이유로 거리가 먼 것은?

① 디스크 저장 공간을 효율적으로 활용하기 위해
② 연관된 여러 파일을 하나로 묶어 관리하기 위해
③ 디스크의 논리적인 결함이나 물리적인 결함을 발견하기 위해
④ 파일 전송 시 시간 및 비용을 절약하기 위해

상 중 하

06 다음 중 고급 언어로 작성된 프로그램을 한 줄씩 번역하여 실행하며, 목적 프로그램을 만들지 않는 언어 번역 프로그램은?

① 컴파일러
② 어셈블러
③ 프리프로세서
④ 인터프리터

상 중 하

07 다음 중 [Shift]를 이용한 작업에 대한 설명으로 옳지 않은 것은?

합격강의

① [Shift]+[F10] : 선택한 항목에 대한 바로 가기 메뉴를 표시한다.
② [Shift]+[Delete] : 삭제한 파일을 휴지통에 임시로 보관한다.
③ [Ctrl]+[Shift]+[Esc] : 작업 관리자를 실행한다.
④ [Shift]+[Insert] : 선택한 항목을 붙여 넣는다.

상 중 하

08 다음 중 감염 대상을 갖고 있지는 않으나 연속으로 자신을 복제하여 시스템의 부하를 높이는 악성 프로그램은?

① 웜(Worm)
② 해킹(Hacking)
③ 스푸핑(Spoofing)
④ 스파이웨어(Spyware)

상 중 하

09 다음 중 컴퓨터 시스템에서 사용하는 채널(Channel)에 관한 설명으로 옳지 않은 것은?

① 주변 장치에 대한 제어 권한을 CPU로부터 넘겨받아 CPU 대신 입출력을 관리한다.
② 입출력 작업이 끝나면 CPU에게 인터럽트 신호를 보낸다.
③ CPU와 주기억 장치의 속도 차이를 해결하기 위하여 사용된다.
④ 채널에는 셀렉터(Selector), 멀티플랙서(Multiplexer), 블록 멀티플랙서(Block Multiplexer) 등이 있다.

상 중 하

10 다음 중 한글 Windows 10에서 설치된 모든 하드웨어와 소프트웨어의 실행 정보를 모아 관리하는 계층적인 시스템 데이터베이스를 의미하는 것은?

① Registry
② File System
③ Zip Drive
④ Partition

상 중 하

11 다음 중 애니메이션의 모핑(Morphing)에 대한 설명으로 옳은 것은?

① 찰흙 및 지점토를 사용하는 애니메이션 기법이다.
② 키 프레임을 사용하는 애니메이션 기법이다.
③ 사물의 형상을 다른 모습으로 서서히 변화시키는 기법으로 영화의 특수 효과에서 많이 사용한다.
④ 종이에 그린 그림에 셀룰로이드를 이용하여 수작업으로 채색하고 촬영하는 기법이다.

상 중 하

12 다음 중 [파일 탐색기]에서 파일을 선택한 다음 [Ctrl]+[Shift]를 누른 채 다른 위치로 드래그 앤 드롭한 결과로 옳은 것은?

합격강의

① 선택한 파일의 바로 가기 아이콘이 만들어진다.
② 선택한 파일이 휴지통으로 보내진다.
③ 선택한 파일이 이동된다.
④ 선택한 파일이 복사된다.

상 중 하

13 다음 중 네트워크를 통해 전송되는 멀티미디어 데이터 파일의 용량이 크기 때문에 생겨난 기술로, 사용자가 전체 파일을 다운로드 받을 때까지 기다릴 필요 없이 전송되는 대로 재생시키는 기술을 무엇이라고 하는가?

① MPEG 기술
② 디더링(Dithering) 기술
③ VOD(Video On Demand) 기술
④ 스트리밍(Streaming) 기술

상 중 하

14 **다음 중 레지스터에 관한 설명으로 옳은 것은?**

① CPU 내부에서 특정한 목적에 사용되는 일시적인 기억 장소이다.
② 메모리 중에서 가장 속도가 느리며, 플립플롭이나 래치 등으로 구성된다.
③ 컴퓨터의 유지 보수를 위한 시스템 정보를 저장한다.
④ 시스템 부팅 시 운영체제가 로딩되는 메모리이다.

상 중 하

15 **다음 중 컴퓨터에서 사용되는 바이트(Byte)에 대한 설명으로 옳지 않은 것은?**

합격강의

① 1바이트는 8비트로 구성된다.
② 일반적으로 영문자나 숫자는 1Byte로 한 글자를 표현하고, 한글 및 한자는 2Byte로 한 글자를 표현한다.
③ 1바이트는 컴퓨터에서 각종 명령을 처리하는 기본 단위이다.
④ 1바이트로는 256가지의 정보를 표현할 수 있다.

상 중 하

16 **다음 중 시퀀싱(Sequencing)에 대한 설명으로 옳은 것은?**

① 컴퓨터를 이용하여 오디오 파일이나 여러 연주, 악기 소리 등을 프로그램에 입력하여 녹음하는 방법으로 음악을 제작, 녹음, 편집하는 작업을 의미한다.
② 전자 악기 사이의 데이터 교환을 위한 규약으로 음의 강도, 악기 종류 등과 같은 정보를 기호화하여 코드화한 방식이다.
③ 아날로그 신호를 디지털화하여 나타내는 것으로, 소리의 파장이 그대로 저장되며, 자연의 음향과 사람의 음성 표현이 가능하다.
④ 오디오 데이터 압축 파일 형식으로 무손실 압축 포맷이며 원본 오디오의 음원 손실이 없다.

상 중 하

17 **다음 중 LAN(Local Area Network)에 대한 설명으로 옳지 않은 것은?**

합격강의

① 근거리 통신망으로 비교적 전송 거리가 짧아 에러 발생률이 낮다.
② 자원 공유를 목적으로 컴퓨터들을 상호 연결하여 사용한다.
③ 프린터나 보조 기억 장치 등의 주변 장치들을 공유하여 사용할 수 있다.
④ 전송 방식으로 반이중 방식을 사용하여 상호 동시에 통신할 수 있다.

상 중 하

18 **다음 중 실감 미디어에 대한 설명으로 옳지 않은 것은?**

① 가상현실(VR) : 컴퓨터를 이용하여 특정 상황을 설정하고 구현하는 기술인 모의실험(Simulation)을 통해 실제 주변 상황처럼 경험하고 상호 작용하는 것처럼 느끼게 할 수 있는 인터페이스 시스템이다.
② 혼합현실(MR) : 현실 세계에 가상현실(VR)을 접목한 것으로 현실적인 물리적 객체와 가상 객체가 상호 작용할 수 있는 환경을 구현한다.
③ 증강현실(AR) : 가상 세계에서 현실 세계와 같은 사회적, 경제적, 문화적 활동 및 일상생활이 이뤄지는 가상 온라인 시공간을 의미한다.
④ 홀로그램(Hologram) : 빛의 간섭 원리를 이용하는 기술로 레이저와 같이 간섭성이 있는 광원을 이용, 간섭 패턴을 기록한 결과물로 3차원 이미지를 만들거나 광원을 이용하여 재생하면 3차원 영상으로 표현이 가능한 기술이다.

상 중 하

19 **다음 중 컴퓨터나 정보기기, 스마트폰 등을 사용하기 위해서 반드시 설치되어야 하는 프로그램으로 가장 대표적인 시스템 소프트웨어는?**

① 유틸리티
② 운영체제
③ 컴파일러
④ 라이브러리

상 중 하

20 다음 중 사용자의 기본 설정을 사이트가 인식하도록 하거나, 사용자가 웹 사이트로 이동할 때마다 로그인해야 하는 번거로움을 생략할 수 있도록 사용자 환경을 향상시키는 것은?

① 쿠키
② 즐겨찾기
③ 웹 서비스
④ 히스토리

2과목 스프레드시트 일반

상 중 하

21 다음 중 차트의 기능에 대한 설명으로 옳은 것은?

합격강의

① 차트는 데이터가 입력되어 있는 같은 워크시트나 별도의 차트 시트에 만들 수 있다.
② 3차원 차트에 추세선을 추가하여 데이터의 흐름을 쉽게 파악할 수 있다.
③ 차트 작성 후에 원본 데이터가 변경되더라도 이미 작성된 차트의 모양은 변경되지 않는다.
④ Ctrl을 누른 상태에서 차트의 크기를 변경하면 워크시트의 셀에 맞춰서 조절된다.

상 중 하

22 다음 중 부분합에 대한 설명 중 옳지 않은 것은?

① 부분합에서는 합계, 평균, 개수 등의 함수 이외에도 다양한 함수를 선택할 수 있다.
② 부분합에서 그룹으로 사용할 데이터는 반드시 오름차순으로 정렬되어 있어야 한다.
③ 부분합에서 데이터 아래에 요약을 표시할 수 있다.
④ 부분합에서 그룹 사이에 페이지를 나눌 수 있다.

상 중 하

23 아래 워크시트에서 [D2] 셀에 사원의 실적에 따른 평가를 구하고자 한다. 각 사원의 실적이 전체 실적의 평균 이상이면 평가는 "실적우수", 그렇지 않으면 "실적미달"로 표시할 경우 [D2] 셀에 입력할 수식으로 옳은 것은?(단, [D2] 셀에 수식을 입력한 후 [D6] 셀까지 채우기 핸들을 이용하여 수식을 복사함)

합격강의

	A	B	C	D
1	사원번호	사원명	실적	평가
2	11a	홍길동	89	
3	22b	이대한	70	
4	33c	한상공	65	
5	44d	지호영	90	
6	55e	안예지	100	

① =IF(C2>=AVERAGE(C2:C6),"실적우수","실적미달")
② =AVERAGEIF(C2:C6, ">=", "실적우수","실적미달")
③ =IF(C2>=AVERAGE($C$2:$C$6),"실적우수","실적미달")
④ =AVERAGEIF($C$2:$C$6, ">=", "실적우수","실적미달")

상 중 하

24 다음 중 조건부 서식에 대한 설명으로 옳지 않은 것은?

① 조건부 서식은 기존에 적용된 셀 서식보다 우선하여 적용된다.
② 조건에 맞는 경우와 조건에 맞지 않는 경우에 대한 서식을 함께 지정할 수 있다.
③ 조건을 수식으로 입력할 경우 수식 앞에는 반드시 등호(=)를 입력해야 한다.
④ 조건부 서식이 적용된 후에 셀의 값이 변경되어 규칙에 맞지 않으면 적용된 서식이 해제된다.

상 중 하

25 다음 중 함수식에 대한 결과가 옳지 않은 것은?

① =TRUNC(8.79) → 8
② =MOD(11, 2) → 1
③ =POWER(5, 3) → 15
④ =COLUMN(C6) → 3

상 중 하

26 매크로 기록 시 매크로 실행을 위한 바로 가기 키를 [Y]로 지정하고자 한다. 다음 중 사용되는 키로 옳지 않은 것은?

① [Y]
② [Ctrl]
③ [Shift]
④ [Alt]

상 중 하

27 다음 중 '=SUM(A3:A9)' 수식이 '=SUM(A3A9)'와 같이 범위 참조의 콜론(:)이 생략된 경우 나타나는 오류 메시지로 옳은 것은?

① #N/A
② #NULL!
③ #REF!
④ #NAME?

상 중 하

28 다음 중 [페이지 설정] 대화 상자의 [시트] 탭에 대한 설명으로 옳지 않은 것은?

① 인쇄 영역을 지정하지 않으면 기본적으로 워크시트의 모든 내용을 인쇄한다.
② 반복할 행은 "$1:$3"과 같이 행 번호로 나타낸다.
③ 메모의 인쇄 방법을 '시트 끝'으로 선택하면 원래 메모가 속한 각 페이지의 끝에 모아 인쇄된다.
④ 여러 페이지가 인쇄될 경우 열 우선을 선택하면 오른쪽 방향으로 인쇄를 마친 후에 아래쪽 방향으로 진행된다.

상 중 하

29 다음 중 아래의 워크시트에서 연수점수와 고과점수가 각각 90점 이상인 평균의 최대값을 구하는 수식으로 옳은 것은?

합격 강의

	A	B	C	D
1	사원명	연수점수	고과점수	평균
2	김선	89	63	76
3	지혜원	98	100	99
4	한상공	77	79	78
5	이대한	95	90	93
6				
7	연수점수	고과점수		
8	>=90	>=90		
9				

① =MIN(A1:D5,4,A7:B8)
② =MAX(A1:D5,4,A7:B8)
③ =DMIN(A1:D5,4,A7:B8)
④ =DMAX(A1:D5,4,A7:B8)

상 중 하

30 다음 중 하나의 계열만 표시할 수 있는 차트로 옳은 것은?

① 원형
② 분산형
③ 영역형
④ 방사형

상 중 하

31 다음과 같은 셀 서식이 지정된 셀에 −23456을 입력하였을 때 셀에 나타나는 결과 값으로 옳은 것은?

```
0.0,
```

① −23456.0
② −23.0
③ −23.4
④ −23.5

상 중 하

32 다음 워크시트처럼 셀 값을 입력하기 위해서 [A1] 셀에 숫자 1.5를 입력하고, [A1] 셀에서 채우기 핸들을 아래로 드래그하려고 한다. 이때 숫자가 증가하여 입력되도록 하기 위해 함께 눌러줘야 하는 키로 옳은 것은?

	A	B
1	1.5	
2	2.5	
3	3.5	
4	4.5	
5	5.5	
6	6.5	
7	7.5	
8	8.5	
9	9.5	
10	10.5	

① Alt
② Ctrl
③ Shift
④ Tab

상 중 하

33 다음 중 워크시트에서 함수식 '=COUNTIFS(B2:B8,B3,C2:C8,C3)'을 사용한 결과 값으로 옳은 것은?

합격강의

	A	B	C
1	성명	부서	직급
2	김선	상담부	실장
3	홍길동	홍보부	과장
4	이대한	상담부	대리
5	한상공	기획부	부장
6	지호영	홍보부	대리
7	박정영	상담부	과장
8	차은서	홍보부	과장

① 1
② 2
③ 3
④ 4

상 중 하

34 다음 중 데이터 입력 및 바로 가기 키 기능에 대한 설명으로 옳은 것은?

① 시트를 실수로 삭제하더라도 Ctrl+Z를 눌러서 취소하면 복원시킬 수 있다.
② 숫자는 입력 시 기본적으로 오른쪽으로 정렬되지만 숫자 데이터를 문자로 취급하도록 하려면 숫자 앞에 큰따옴표(")를 입력해야 한다.
③ Alt+Enter를 누르면 빠른 채우기가 수행된다.
④ Ctrl+;(세미콜론)을 누르면 시스템의 오늘 날짜가 입력된다.

상 중 하

35 다음 중 아래의 괄호 안에 들어갈 기능으로 옳게 짝지어진 것은?

> • (㉠)은/는 특정 값의 변화에 따른 결과 값의 변화 과정을 한 번의 연산으로 빠르게 계산하여 표의 형태로 표시해 주는 도구이다.
> • (㉡)은/는 비슷한 형식의 여러 데이터의 결과를 하나의 표로 통합하여 요약해 주는 도구이다.

① ㉠ : 데이터 표 ㉡ : 통합
② ㉠ : 정렬 ㉡ : 시나리오 관리자
③ ㉠ : 부분합 ㉡ : 피벗 테이블
④ ㉠ : 해 찾기 ㉡ : 데이터 유효성 검사

상 중 하

36 인쇄할 때 페이지의 바닥글로 1/5과 같이 '페이지 번호/전체 페이지 수'가 표시되도록 하기 위해 바닥글 편집에서 "/"의 앞뒤에 선택해야 할 아이콘을 순서대로 나열한 것은?

합격강의

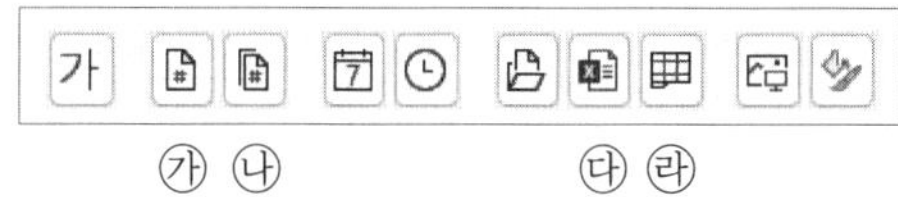

㉮ ㉯ ㉰ ㉱

① ㉮, ㉯
② ㉰, ㉱
③ ㉯, ㉮
④ ㉱, ㉰

상 중 하

37 **다음 중 카메라 기능에 대한 설명으로 옳지 않은 것은?**

① 카메라는 특정 셀 범위를 그림으로 복사하여 붙여 넣는 기능이다.
② 카메라를 이용한 경우, 원본 셀 내용이 변경되어도 그림은 변하지 않는다.
③ 카메라 기능은 기본적으로 메뉴 또는 도구 모음에 표시되지 않는다.
④ 복사하려는 셀 범위를 선택하고, [카메라] 도구 단추를 누르면 자동으로 붙여넣기 된다.

상 중 하

38 **다음 중 워크시트에 숫자 데이터 24600을 입력한 후 아래의 표시 형식을 적용했을 때 표시되는 결과로 옳은 것은?**

> #0.0,"천원";(#0.0,"천원");0.0;@"님"

① 24.6천원
② 24,600
③ 25,000천원
④ (25.0천원)

상 중 하

39 **다음 중 열려 있는 통합 문서의 모든 워크시트를 재계산하기 위한 바로 가기 키로 옳은 것은?**

① F1
② F2
③ F4
④ F9

상 중 하

40 **인쇄해야 할 범위가 2페이지 이상이 되는 표를 인쇄하고자 한다. 첫 페이지에 있는 표의 제목줄 [A1:H1] 셀을 2쪽 이후에도 인쇄하려면, 다음 중 어떠한 순서로 작업을 해야 하는가?**

① [페이지 설정]–[시트] 탭의 '반복할 행'에서 제목줄의 범위 지정
② [페이지 설정]–[시트] 탭의 '반복할 열'에서 제목줄의 범위 지정
③ [페이지 설정]–[시트] 탭의 '인쇄 영역'에서 제목줄의 범위 지정
④ [페이지 설정]–[시트] 탭의 '행/열 머리글'에서 체크 표시

정답 & 해설

2022년 상시 기출문제 **01회** 154
2022년 상시 기출문제 **02회** 157
2022년 상시 기출문제 **03회** 160
2022년 상시 기출문제 **04회** 162
2022년 상시 기출문제 **05회** 165
2023년 상시 기출문제 **06회** 168
2023년 상시 기출문제 **07회** 171
2023년 상시 기출문제 **08회** 174
2023년 상시 기출문제 **09회** 178
2023년 상시 기출문제 **10회** 181
2024년 상시 기출문제 **11회** 185
2024년 상시 기출문제 **12회** 188
2024년 상시 기출문제 **13회** 191
2024년 상시 기출문제 **14회** 194
2024년 상시 기출문제 **15회** 197

2022년 상시 기출문제 01회 54p

01 ④	02 ③	03 ①	04 ④	05 ③
06 ④	07 ②	08 ①	09 ②	10 ③
11 ④	12 ③	13 ②	14 ④	15 ①
16 ①	17 ③	18 ②	19 ①	20 ④
21 ②	22 ①	23 ③	24 ②	25 ③
26 ④	27 ②	28 ②	29 ④	30 ③
31 ③	32 ④	33 ②	34 ①	35 ②
36 ④	37 ①	38 ②	39 ②	40 ①

1과목 컴퓨터 일반

01 ④

컴퓨터의 연산 속도 단위(느린 순 → 빠른 순)

1ms(10^{-3}) → 1㎲(10^{-6}) → 1ns(10^{-9}) → 1ps(10^{-12})

02 ③

크기 제한은 항목당 4MB이며 텍스트, HTML 및 비트맵이 지원됨

03 ①

기억 장치의 접근 속도(빠른 순 → 느린 순)

레지스터 → 캐시 메모리 → 주기억 장치 → 보조 기억 장치

04 ④

IPM(Images Per Minute) : ISO(국제 표준화 기구)에서 규정한 잉크젯 속도 측정 방식으로 각 프린터 업체의 자체 기준에 맞춘 고속 모드로 출력된 PPM과는 달리 일반(보통) 모드에서 ISO 규격 문서를 측정함

오답 피하기

- CPS(Characters Per Second) : 1초당 인쇄되는 문자 수(도트 매트릭스 프린터, 활자식 프린터 등)
- PPM(Pages Per Minute) : 1분당 인쇄되는 페이지 수(잉크젯 프린터, 레이저 프린터 등)
- LPM(Lines Per Minute) : 1분당 인쇄되는 라인 수(활자식 프린터,잉크젯 프린터 등)

05 ③

컴파일러의 번역 속도는 프로그램 전체를 번역하므로 인터프리터보다 느림

06 ④

⊞+L : PC를 잠그거나 계정을 전환함

오답 피하기

⊞+M : 모든 창을 최소화함

07 ②

전자우편은 기본적으로 7비트의 ASCII 코드를 사용하여 전송함

08 ①

오답 피하기

- 다중 처리 시스템 : 두 개 이상의 CPU로 동시에 여러 개의 프로그램을 처리하는 기법
- 일괄 처리 시스템 : 발생된 자료를 일정 기간 모아 두었다가 한꺼번에 처리하는 방식
- 실시간 처리 시스템 : 발생된 자료를 바로 처리하는 방식

09 ②

오답 피하기

드라이브 조각 모음 및 최적화

- 디스크에 단편화되어 저장된 파일들을 모아서 디스크를 최적화함
- 비율이 10%를 넘으면 디스크 조각 모음을 수행해야 함
- 단편화를 제거하여 디스크의 수행 속도를 높여줌
- 처리 속도면에서는 효율적이나 총 용량이 늘어나지는 않음

10 ③

패치 프로그램(Patch Program) : 이미 제작하여 배포된 프로그램의 오류 수정이나 성능 향상을 위하여 프로그램 일부를 변경해 주는 프로그램

오답 피하기

번들 : 특정한 하드웨어나 소프트웨어를 구매하였을 때 끼워주는 소프트웨어

11 ④

VCS(Video Conference System) : 원거리에 있는 사람들끼리 TV 화면을 통한 화상을 통해 원격으로 회의를 할 수 있는 시스템

오답 피하기

- AR(Augmented Reality) : 증강 현실로 사람이 눈으로 볼 수 있는 실세계와 관련된 3차원의 부가 정보를 제공받을 수 있는 기술
- VR(Virtual Reality) : 가상 현실로 컴퓨터를 이용하여 특정 상황을 설정하고 구현하는 기술인 모의실험(Simulation)을 통해 실제 주변 상황처럼 경험하고 상호 작용하는 것처럼 느끼게 할 수 있는 인터페이스 시스템
- VOD(Video On Demand) : 주문형 비디오로 사용자의 주문에 의해 데이터베이스로 구축되어 있는 영화나 드라마, 뉴스 등의 비디오 정보를 실시간으로 즉시 전송해 주는 서비스

12 ③

음질이 뛰어나기 때문에 파일의 용량이 MIDI보다 큼

13 ②

채널(Channel)

- 입출력 장치와 주기억 장치 사이의 속도 차이를 위한 장치(자체 메모리 없음)
- CPU의 간섭 없이 입출력을 수행하며 작업 완료 시 인터럽트로 알림

오답 피하기

- 포트(Port) : 컴퓨터와 주변 장치를 연결하기 위한 접속 부분
- 데드락(Deadlock) : 교착 상태로 자원은 한정되어 있으나 각 프로세스들이 서로 자원을 차지하려고 무한정 대기하는 상태로, 해당 프로세스의 진행이 중단되는 상태
- DMA : CPU의 간섭 없이 주기억 장치와 입출력 장치 사이에서 직접 전송이 이루어지는 방법

14 ④

멜리사 바이러스

- 1999년 3월 26일에 발견된 최초의 매크로 바이러스
- 전자우편을 열람하면 사용자 주소록의 50개 주소에 자동으로 전염시킴

오답 피하기

- 웜(Worm) 바이러스 : 초기의 바이러스로, 감염 능력이 없으며 자기자신만을 복제함
- 예루살렘 바이러스 : 확장자가 COM, EXE인 파일에 감염되며, 13일의 금요일에 실행되는 파일을 삭제함
- CIH 바이러스 : 매년 4월 26일 플래시 메모리(Flash Memory)의 내용과 모든 하드디스크의 데이터를 파괴함

15 ①

레지스트리를 잘못 편집하면 운영 체제를 완전하게 다시 설치해야 하는 심각한 문제가 발생할 수 있으며 데이터 손실이 발생할 수 있음

16 ①

HDMI(High－Definition Multimedia Interface)

- 고선명 멀티미디어 인터페이스로 비압축 방식이므로 영상이나 음향 신호 전송 시 소프트웨어나 디코더 칩(Decoder Chip) 같은 별도의 디바이스가 필요 없음
- 기존의 아날로그 케이블보다 고품질의 음향이나 영상을 전송함

오답 피하기

- DVI : 디지털 TV를 만들기 위해 개발되었던 것을 인텔에서 인수하여 동영상 압축 기술(최대 144:1 정도)로 개발됨
- USB : 허브(Hub)를 사용하면 최대 127개의 주변 기기 연결이 가능하며, 기존의 직렬, 병렬, PS/2 포트 등을 하나의 포트로 대체하기 위한 범용 직렬 버스 장치
- EEE－1394 : 컴퓨터 주변 장치뿐만 아니라 비디오 카메라, 오디오제품, TV, VCR 등의 가전 기기를 개인용 컴퓨터에 접속하는 인터페이스로 개발됨

17 ③

DNS(Domain Name System) : 문자 형태로 된 도메인 네임(Domain Name)을 컴퓨터가 인식할 수 있는 숫자로 된 IP 어드레스(IP Address)로 변환해 주는 컴퓨터 체계

오답 피하기

① : 라우터(Router), ② : 모뎀(MODEM), ④ : 브리지(Bridge)

18 ②

폴더를 마우스로 선택한 후 Alt 를 누른 채 같은 드라이브의 다른 폴더로 끌어서 놓으면 이동되지 않고 바로 가기 아이콘이 생성됨

19 ①

누산기(Accumulator) : 중간 연산 결과를 일시적으로 기억하는 레지스터

오답 피하기

- ② 프로그램 카운터(Program Counter) : 다음에 수행할 명령어의번지(주소)를 기억하는 레지스터
- ③ 명령 레지스터(IR : Instruction Register) : 현재 수행 중인 명령어를 기억하는 레지스터
- ④ 명령 해독기(Instruction Decoder) : 수행해야 할 명령어를 해석하여 부호기로 전달하는 회로

20 ④

④는 UML(Unified Modeling Language)에 대한 설명임

2과목 스프레드시트 일반

21 ②

- =POWER(수1,수2) : 수1을 수2만큼 거듭제곱한 값을 구함
- =POWER(2,3) → 8 : 2의 3제곱(2X2X2)

오답 피하기

- =Trunc(－5.6) → －5 : 음수에서 소수점 이하를 버리고 정수 부분(－5)을 반환함
- =Int(－7.2) → －8 : 소수점 아래를 버리고 가장 가까운 정수로 내리므로 －7.2를 내림, 음수는 0에서 먼 방향으로 내림
- =Mod(－7,3) → 2 : 나눗셈의 나머지를 구함

22 ①

드롭다운 목록에서 선택하여 입력 : Alt + ↓

오답 피하기

- Ctrl + ↓ : A열의 마지막 행인 [A1048576] 셀로 이동함
- Tab + ↓ : [B7] 셀로 이동함
- Shift + ↓ : [A6:A7] 영역이 선택됨

23 ③

부분합에서 사용하는 함수 : 합계, 개수, 평균, 최대값, 최소값, 곱, 숫자 개수, 표본 표준 편차, 표준 편차, 표본 분산, 분산 등

24 ②

=VLOOKUP(22,A1:D5,3) : 셀 영역(A1:D5)에서 찾을 값인 22와 가까운 근사값을 첫 번째 열에서 찾은 후 해당 셀 위치에서 3번째 열에 있는 값을 구함 → 1,27

오답 피하기

- =VLOOKUP(찾을 값, 셀 범위 또는 배열, 열 번호, 찾을 방법) : 셀범위나 배열의 첫 번째 열에서 찾을 값에 해당하는 행을 찾은 후 열 번호에 해당하는 셀의 값을 구함
- =HLOOKUP(찾을 값, 셀 범위 또는 배열, 행 번호, 찾을 방법) : 셀범위나 배열의 첫 번째 행에서 찾을 값에 해당하는 열을 찾은 후 행 번호에 해당하는 셀의 값을 구함
- =INDEX(셀 범위나 배열, 행 번호, 열 번호) : 특정한 셀 범위나 배열에서 행 번호와 열 번호에 해당하는 데이터를 구함

25 ③

③ : 방사형 차트를 의미함

오답 피하기

- ① 거품형 차트 : 분산형 차트의 한 종류로서 세 값의 집합을 비교하는 것으로 데이터 요소당 적어도 두 개의 값이 필요함
- ② 도넛형 차트 : 원형 차트처럼 전체에 대한 부분의 관계를 보여주지만 하나 이상의 데이터 계열을 포함할 수 있는 차트
- ④ 분산형 차트 : 여러 데이터 계열 값들의 관계를 보여주고 두 개의 숫자 그룹을 XY 좌표로 이루어진 한 계열로 그려주는 차트

26 ④

사용자 지정 서식	결과
[DBNum1]G/표준	一百二十三
[DBNum2]G/표준	壹百貳拾參
[DBNum3]G/표준	百2十3
[DBNum4]G/표준	일백이십삼

27 ②

기본, 페이지 레이아웃, 페이지 나누기 미리 보기 중에서 선택할 수 있음

28 ②

매크로 이름에 공백이나 #, @, $, %, & 등의 기호 문자를 사용할 수 없음

29 ④

선택한 [D2] 셀의 왼쪽 상단 모서리를 중심으로 [틀 고정]이 설정됨

30 ③

두 개 이상의 셀을 범위로 지정하여 채우기 핸들을 끌면 데이터 사이의 차이에 의해 증가 또는 감소하면서 채워지므로 '월요일, 수요일, 금요일, 일요일, 화요일'처럼 채워짐

	A	B
1	월요일	
2	수요일	
3	금요일	
4	일요일	
5	화요일	
6		

31 ③

2234543에 (형식) #,###,"천원"을 설정하면 (결과)는 "2,235천원"처럼 반올림되어 표시됨

32 ④

복합 조건(AND, OR 결합)

- AND(그리고, 이면서) : 첫 행에 필드명(문법, 회화, 평균)을 나란히 입력하고, 다음 행에 첫 조건(>=80, >=80)을 나란히 입력함
- OR(또는, 이거나) : 다른 행에 두 번째 조건(>=80)을 입력함
- 따라서, 문법이 80 이상이면서(AND) 회화가 80 이상이거나(OR),평균이 80 이상인 경우가 됨

33 ②

가로 막대형 차트

- 세로 막대형 차트와 유사한 용도로 이용되며 값 축과 항목 축의 위치가 서로 바뀌어 표시됨
- 가로 막대형 차트는 여러 값을 가장 잘 비교할 수 있는 차트임
- 축 레이블이 긴 경우나 표시되는 값이 기간인 경우에 사용됨

오답 피하기

- 꺾은선형 차트 : 일정한 기간의 데이터 추세를 선으로 나타낼 때 사용함
- 분산형 차트 : 여러 데이터 계열 값들의 관계를 보여주고 두 개의 숫자 그룹을 XY 좌표로 이루어진 한 계열로 나타냄
- 영역형 차트 : 일정한 기간의 데이터 추세를 영역으로 표시할 때 사용함

34 ①

엑셀 파일의 암호는 대소문자를 구별함

35 ②

#NAME? 오류

- 함수 이름이나 정의되지 않은 셀 이름을 사용한 경우
- 수식에 잘못된 문자열을 지정하여 사용한 경우

	A	B	C	D	E
1	정보	과학	기술	평균	
2	100	88	69	#NAME?	
3					

오답 피하기

- ##### 오류 : 데이터의 수식의 결과를 셀에 모두 표시할 수 없는 경우 발생
- #REF! 오류 : 셀 참조를 잘못 사용한 경우 발생
- #VALUE! 오류 : 수치를 사용해야 할 장소에 다른 데이터를 사용한 경우 발생

36 ④

오름차순 정렬과 내림차순 정렬에서 공백은 맨 마지막에 위치하게 됨

37 ①

- 연속적인 여러 개의 시트를 선택할 경우에는 첫 번째 시트를 클릭하고, Shift 를 누른 채 마지막 시트를 클릭함
- 서로 떨어져 있는 여러 개의 시트를 선택할 경우에는 첫 번째 시트를 클릭하고, Ctrl 을 누른 채 원하는 시트를 차례로 클릭함

38 ②

[목표값 찾기]는 '수식 셀'로 설정할 셀의 값이 '찾는 값'이 되기 위해서 '값을 바꿀 셀'에 지정한 셀의 값을 구하는 기능으로 하나의 값만 조절할 수 있음

39 ②

- '반복할 행'은 매 페이지 첫 부분에 반복해서 표시할 행 영역을 지정하는 옵션임
- [$3:$3]은 3행을 지정하는 셀 주소임

40 ①

피벗 테이블 보고서를 넣을 위치는 기존 워크시트와 새 워크시트 중에서 선택할 수 있음

2022년 상시 기출문제 02회 60p

01 ①	02 ③	03 ②	04 ①	05 ④
06 ④	07 ③	08 ④	09 ②	10 ③
11 ①	12 ③	13 ③	14 ④	15 ④
16 ①	17 ③	18 ①	19 ②	20 ④
21 ②	22 ④	23 ③	24 ③	25 ①
26 ③	27 ①	28 ④	29 ②	30 ③
31 ②	32 ④	33 ②	34 ④	35 ②
36 ②	37 ①	38 ①	39 ①	40 ④

1과목 컴퓨터 일반

01 ①

자료의 단위(작은 순 → 큰 순)

Bit → Nibble(4비트) → Byte(8비트) → Word → Field(Item) → Record → File → DataBase

02 ③

오답 피하기

①은 데모(Demo) 버전, ②는 알파(Alpha) 버전, ④는 베타(Beta) 버전에 대한 설명임

03 ②

MOD(Music On Demand) : 주문형 음악 서비스로 신청자들의 요구에 의해 실시간으로 재생 가능한 스트리밍 방식으로 음악을 보내주는 시스템

오답 피하기

- VOD(Video On Demand) : 각종 영상 정보를 데이터베이스로 구축하여 사용자의 요구에 따라 프로그램을 즉시 전송하여 가정에서 원하는 정보를 이용할 수 있도록 해 주는 서비스
- VCS(Video Conference System) : 멀리 떨어져 있는 사람들끼리 각자의 설치된 TV 화면에 비친 화상 및 음향 등을 통하여 회의를 진행할 수 있도록 만든 시스템
- PACS(Picture Archiving Communication System) : 원격 진료를 가능하게 실현해 주는 의학 영상 정보 시스템

04 ①

오답 피하기

- 명령 레지스터(Instruction Register) : 현재 수행 중인 명령어를 보관
- 부호기(Encoder) : 명령 해독기에서 전송된 명령어를 제어에 필요한 신호로 변환하는 회로
- 명령 해독기(Instruction Decoder) : 수행해야 할 명령어를 해석하여 부호기로 전달하는 회로

05 ④

MIME(Multipurpose Internet Mail Extensions) : 전자우편으로 멀티미디어 정보를 전송할 수 있도록 해 주는 멀티미디어 지원 프로토콜

오답 피하기

POP3(Post Office Protocol 3) : 전자우편을 수신하기 위한 프로토콜

06 ④

드라이브 조각 모음 및 최적화 : 디스크에 프로그램이 추가되거나 제거되고 파일들이 수정되거나 읽기, 쓰기가 반복되면서 디스크에 비연속적으로 분산 저장된 단편화된 파일들을 모아서 디스크를 최적화함

오답 피하기

- 디스크 검사 : 파일과 폴더 및 디스크의 논리적, 물리적인 오류를 검사하고 수정함
- 디스크 정리 : 디스크의 사용 가능한 공간을 늘리기 위하여 불필요한 파일들을 삭제하는 작업
- 디스크 포맷 : 하드디스크나 플로피 디스크를 초기화하는 것으로 트랙과 섹터로 구성하는 작업

07 ③

인터프리터는 프로그램의 행 단위로 번역하여 처리함

오답 피하기

전체 프로그램을 한 번에 처리하여 실행하는 언어는 컴파일러(Compiler)임

08 ④

인터넷 쇼핑몰의 상품 가격을 분석하여 비교표를 작성하는 것은 컴퓨터 범죄에 해당하지 않음

09 ②

⊞+R을 누르면 나타나는 [실행] 창에 cmd를 입력하면 명령 프롬프트 창이 실행됨

10 ③

처리 능력에 따른 분류 : 슈퍼 컴퓨터, 메인 프레임 컴퓨터, 미니 컴퓨터, 마이크로 컴퓨터용

오답 피하기

데이터 종류에 따른 분류 : 디지털 컴퓨터, 아날로그 컴퓨터, 하이브리드 컴퓨터

11 ①

플로피 디스크나 USB 메모리, DOS 모드, 네트워크 드라이브에서 삭제한 경우 휴지통에 저장되지 않고 바로 삭제됨

12 ③

도메인 네임 시스템(DNS : Domain Name System) : 문자 형태로 된 도메인 네임(Domain Name)을 컴퓨터가 인식할 수 있는 숫자로 된 IP 주소(IP Address)로 변환해 줌

13 ③

SSD(Solid State Drive) : 기존 HDD에서 발생하는 기계적 소음이 없는 무소음이며, 소비 전력이 저전력이고, 고효율의 속도를 보장해 주는 차세대 보조 기억 장치

14 ④

GIF는 비트맵 방식의 무손실 압축 방식을 이용함

15 ④

Parity bit : 원래 데이터에 1비트를 추가하여 에러 발생 여부를 검사하는 체크 비트로 문자 데이터를 표현하는 코드는 아님

오답 피하기

- ① EBCDIC : 확장된 BCD 코드로 대형 컴퓨터에서 사용되는 범용 코드(8비트로 256가지의 표현이 가능)
- ② Unicode : 2바이트 코드로 세계 각 나라의 언어를 표현할 수 있는 국제 표준 코드
- ③ ASCII : 일반 PC용 컴퓨터 및 데이터 통신용 코드로 사용되는 미국 표준 코드(7비트로 128가지의 표현이 가능)

16 ①

오답 피하기

- DMB 서비스 : 모바일 장비를 이용한 방송 서비스
- W-CDMA 서비스 : 휴대폰 등의 장치에 확산 대역 기술을 이용한 이동 통신 서비스
- 텔레매틱스 서비스 : 차량 무선 인터넷 서비스로 자동차 안에서 자동차를 제어하거나 무선 인터넷을 이용하여 각종 서비스를 사용함

17 ③

연관(Associative) 메모리는 저장된 내용의 일부를 이용하여 기억 장치에 접근하여 데이터를 읽어오는 기억 장치임

오답 피하기

캐시(Cache) 메모리 : CPU와 주기억 장치 사이에 위치하여 두 장치 간의 속도 차이를 줄여 컴퓨터의 처리 속도를 빠르게 하기 위한 메모리

18 ①

FTP(File Transfer Protocol) : 파일 송수신 프로토콜

오답 피하기

- DHCP(Dynamic Host Configuration Protocol) : 동적 호스트 설정 통신 규약
- HTTP(HyperText Transfer Protocol) : 인터넷상에서 웹 서버와 클라이언트 브라우저 사이에서 하이퍼텍스트 문서를 교환하기 위하여 사용되는 통신 규약
- TCP/IP(Transmission Control Protocol/Internet Protocol) : 인터넷 표준 프로토콜

19 ②

오답 피하기

- 라우터(Router) : 데이터 전송을 위한 최적의 경로를 찾아 통신망에 연결하는 장치
- 브리지(Bridge) : 독립된 두 개의 근거리 통신망(LAN)을 연결하는 접속 장치
- 게이트웨이(Gateway) : 서로 구조가 다른 두 개의 통신 네트워크를 연결하는 데 쓰이는 장치

20 ④

기본 프린터는 한 대만 지정할 수 있으며 기본 프린터로 설정된 프린터도 삭제할 수 있음

2과목 스프레드시트 일반

21 ②

IF(조건,A,B)	조건이 참이면 A를 실행하고 아니면 B를 실행함
NOT(a)	a가 참이면 거짓으로, 거짓이면 참으로 논리 값을 계산함
MAX()	인수의 값 중 최대값을 출력함
MIN()	인수의 값 중 최소값을 출력함

D2 =IF(NOT(A2>B2),MAX(A2:C2),MIN(A2:C2))

	A	B	C	D	E	F	G	H
1	100	77	66	66				
2	88	89	68	89				
3								

=IF(NOT(A2>B2),MAX(A2:C2),MIN(A2:C2))

- [A2] 셀의 값(88)이 [B2] 셀(89)보다 크지 않으면(작으면) MAX(A2:C2)를 실행하고, 그렇지 않으면 MIN(A2:C2)를 실행함
- [A2] 셀의 값(88)이 [B2] 셀(89)보다 작으므로 [A2:C2]에서 최대값을 구함 → 89

22 ④

필터를 사용할 때 기준이 되는 필드를 반드시 오름차순이나 내림차순으로 정렬하지 않아도 됨

23 ③

- Ctrl : 비연속적인 범위 설정
- Shift : 연속적인 범위 설정

24 ③

'눈금선' 항목을 선택하면 워크시트의 셀 구분선이 인쇄됨

25 ①

매크로 이름으로 Auto_Open을 사용하면 파일을 열 때 특정 작업이 자동으로 수행됨

26 ③

Ctrl+Enter : 여러 셀에 동일한 내용을 입력할 때 사용함

27 ①

시나리오 관리자에서 시나리오를 삭제하더라도 시나리오 요약 보고서의 해당 시나리오가 자동으로 삭제되지 않음

28 ④

정렬 기준 : 셀 값, 셀 색, 글꼴 색, 조건부 서식 아이콘 등

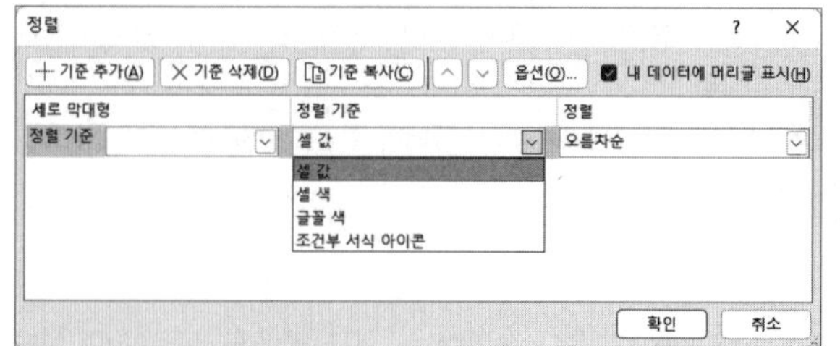

29 ②

- 총점이 높은 순(내림차순)으로 석차를 구하는 수식 RANK.EQ(D2,$D$2:$D$7)에 의해 석차가 구해짐(1, 2, 3, 4, 5, 6)
- 석차 결과는 CHOOSE 함수에 의해 1등인 경우 "금메달", 2등인 경우 "은메달", 3등인 경우 "은메달", 4, 5, 6등인 경우 공백("")이 됨
- [E2] 셀의 홍범도는 총점이 제일 높으므로 석차가 1등이 되며 수상은 "금메달"이 결과 값이 됨

E2 =CHOOSE(RANK.EQ(D2,$D$2:$D$7),"금메달","은메달","동메달","","","")

	A	B	C	D	E	F	G	H	I	J
1	성명	필기	실기	총점	수상					
2	홍범도	100	98	198	금메달					
3	이대한	85	80	165						
4	한상공	90	92	182	은메달					
5	진선미	80	90	170	동메달					
6	최정암	67	76	143						
7	김선수	89	63	152						
8										

30 ③

꺾은선형 차트 : 시간이나 항목에 따라 일정한 간격으로 데이터의 추세나 변화를 표시

오답 피하기

- 분산형 차트 : 데이터의 불규칙한 간격이나 묶음을 보여주는 것으로 데이터 요소 간의 차이점보다는 큰 데이터 집합 간의 유사점을 표시하려는 경우에 사용
- 원형 차트 : 전체에 대한 각 값의 기여도를 표시할 때 사용
- 방사형 차트 : 많은 데이터 계열의 합계 값을 비교할 때 사용

31 ②

[파랑][>10000]#,###;[빨강][<0](#,###)

- '[색상][조건1]셀 서식;[색상][조건2]셀 서식'형식으로 셀 사용자 지정 서식을 설정함
- 각 구역은 세미콜론(;)으로 구분하며, 글자색과 조건은 대괄호([ ])로 묶음
- [파랑][>10000]#,### : 입력된 값이 10000을 초과하면 파란색으로 표시하고, 천 단위마다 쉼표(,)를 삽입함
- [빨강][<0](#,###) : 입력된 값이 0 미만이면 괄호( ) 안에 빨간색으로 표시하고, 천 단위마다 쉼표(,)를 삽입함

32 ④

차트에서 데이터 레이블은 설정되어 있지 않음

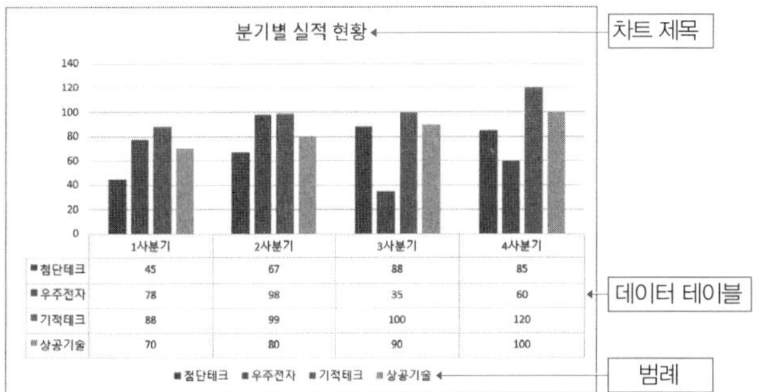

33 ②

- [A2:C5] 영역을 마우스로 드래그하여 범위를 설정한 다음 [홈]탭–[스타일] 그룹–[조건부 서식]–[새 규칙]을 선택하여 실행함
- [새 서식 규칙] 대화 상자에서 '수식을 사용하여 서식을 지정할 셀결정'을 선택한 다음 "=$B2+$C2<=170"을 입력하고 서식을 지정한 후 [확인]을 클릭함
- 행 전체에 셀 배경색을 지정하기 위해 열(B, C)은 절대 참조($)로, 행은 상대 참조로 함

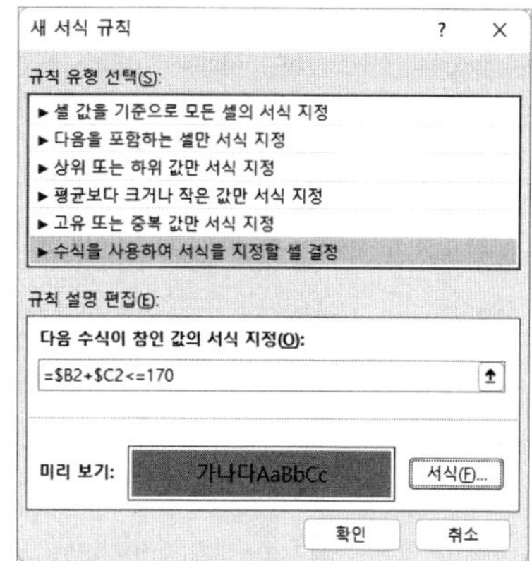

34 ④

매크로가 적용되는 셀의 바로 가기 메뉴에 나타나지 않음

35 ②

목표값 찾기 : 수식의 결과 값은 알고 있으나 그 결과 값을 얻기 위한 입력값을 모를 때 이용함

오답 피하기

- 데이터 표 : 워크시트에서 특정 데이터를 변화시켜 수식의 결과가 어떻게 변하는지 보여주는 셀 범위를 데이터 표라고 함
- 고급 필터 : 보다 복잡한 조건으로 검색하거나 검색 결과를 다른 데이터로 활용함
- 데이터 통합 : 하나 이상의 원본 영역을 지정하여 하나의 표로 데이터를 요약함

36 ②

'새로운 값으로 대치' 설정을 해제 : '새로운 값으로 대치'를 해제한 상태에서 새로운 부분합을 추가하면, 새로운 값으로 대치되지 않고 이미 부분합이 계산된 상태에서 새로운 부분합이 추가됨

오답 피하기

- ① : 목록에 삽입된 부분합이 삭제되고, 원래 데이터 상태로 돌아감
- ③ : 그룹별로 부분합 내용을 표시한 후 페이지 구분선을 삽입함
- ④ : 요약 표시를 데이터 위에 표시함

37 ①

예상 값을 계산하는 데 사용하는 것은 시나리오임

38 ①

=DMIN(A1:C6,2,E2:E3)

- DMIN(데이터베이스, 필드, 조건 범위)는 조건을 만족하는 필드의 최소값을 구함
- 조건 범위 [E2:E3]에 따라 몸무게가 60 이상인 대상 중에서 키가 최소값인 165가 결과 값으로 나타남

39 ①

- 데이터 표 : 워크시트에서 특정 데이터를 변화시켜 수식의 결과가 어떻게 변하는지 보여 주는 셀 범위를 데이터 표라 하며 데이터 표의 수식은 데이터 표를 작성하기 위해 필요한 변수가 하나인지 두 개인지에 따라 수식의 작성 위치가 달라짐
- 통합 : 하나 이상의 원본 영역을 지정하여 하나의 표로 데이터를 요약하는 기능

40 ④

[페이지 나누기 미리 보기]에서도 데이터 입력 및 편집 작업이 가능함

2022년 상시 기출문제 03회 66p

01 ③	02 ④	03 ④	04 ②	05 ①
06 ④	07 ②	08 ①	09 ④	10 ④
11 ②	12 ①	13 ④	14 ③	15 ①
16 ②	17 ③	18 ②	19 ②	20 ④
21 ①	22 ④	23 ②	24 ③	25 ③
26 ③	27 ④	28 ②	29 ③	30 ④
31 ③	32 ②	33 ②	34 ①	35 ③
36 ③	37 ①	38 ③	39 ④	40 ③

1 과목 컴퓨터 일반

01 ③

그림, 차트 등의 OLE 개체를 삽입할 수 없음

02 ④

키 로거(Key Logger) : 악성 코드에 감염된 시스템의 키보드 입력을 저장 및 전송하여 개인 정보를 빼내는 크래킹 행위

오답 피하기

- 스니핑(Sniffing) : 특정한 호스트에서 실행되어 호스트에 전송되는 정보(계정, 패스워드 등)를 엿보는 행위
- 피싱(Phishing) : 금융기관 등을 가장해 불특정 다수에게 E-Mail을 보내 개인 정보를 몰래 불법으로 알아내어 사기에 이용하는 해킹 수법
- 스푸핑(Spoofing) : 어떤 프로그램이 정상적으로 실행되는 것처럼 위장하는 것

03 ④

IPv4는 점(.)으로, IPv6는 콜론(:)으로 구분함

04 ②

플러그 앤 플레이(PnP, Plug & Play) : 자동 감지 설치 기능으로 컴퓨터에 장치를 연결하면 자동으로 장치를 인식하여 장치 드라이버를 설치하므로 새로운 주변 장치를 쉽게 연결함

05 ①

연결 프로그램을 삭제하더라도 연결된 데이터 파일은 삭제되지 않음

06 ④

작업 표시줄의 바로 가기 메뉴 : 도구 모음, 계단식 창 배열, 창 가로 정렬 보기, 창 세로 정렬 보기, 바탕 화면 보기, 작업 관리자, 작업 표시줄 잠금, 작업 표시줄 설정 등

오답 피하기

아이콘 자동 정렬 : [바탕 화면]의 바로 가기 메뉴 중 [보기] 메뉴에 있는 항목임

07 ②

스팸(SPAM) 메일 : 수신자의 의지와 관계없이 일방적으로 전달되는 광고성 전자우편으로 발신자의 신원을 교묘하게 감춘 채 불특정 다수의 사람에게 보내기 때문에 피해를 당해도 대처하기가 쉽지 않음

08 ①

한글 Windows의 [폴더 옵션] 창에서 선택된 폴더에 암호를 설정하는 기능은 지원하지 않음

09 ④

인쇄 중이더라도 모든 문서의 인쇄 취소 및 인쇄 일시 중지가 가능함

10 ④

트루컬러(True Color)

- 사람의 눈으로 인식이 가능한 색상의 의미로, 풀 컬러(Full Color)라고도 함
- 24비트의 값을 이용하며, 빛의 3원색인 빨간색(R), 녹색(G), 파란색(B)을 배합하여 나타내는 색상의 규격으로 배합할 때의 단위를 픽셀(Pixel)이라 함

11 ②

가상현실(Virtual Reality) : 컴퓨터를 이용하여 특정 상황을 설정하고 구현하는 기술인 모의실험을 통해 실제 주변 상황처럼 경험하고 상호작용하는 것처럼 느끼게 할 수 있는 인터페이스 시스템

12 ①

캐시 메모리(Cache Memory) : CPU와 주기억 장치 사이에 있는 고속의 버퍼 메모리로 자주 참조되는 데이터나 프로그램을 메모리에 저장하고 메모리 접근 시간을 감소시키는 데 그 목적이 있음. RAM의 종류 중 SRAM이 캐시 메모리로 사용됨

13 ④

롬 바이오스(ROM BIOS) : 바이오스(Basic Input Output System)는 컴퓨터의 기본 입출력 시스템이며 부팅(Booting)과 운영에 대한 기본적인 정보가 들어 있음. 주변 장치와 운영 체제 간의 데이터 흐름을 관리하는 프로그램으로 펌웨어(Firmware)라고도 부름

14 ③

USB(Universal Serial Bus) : 범용 직렬 버스

오답 피하기

- FTP : 파일 전송 프로토콜
- TELNET : 멀리 있는 컴퓨터를 마치 자신의 컴퓨터처럼 사용할 수 있는 원격 접속 시스템
- WWW : 하이퍼텍스트를 기반으로 멀티미디어 정보를 검색할 수 있는 서비스

15 ①

쿠키(Cookie) : 인터넷 웹 사이트의 방문 정보를 기록하는 텍스트 파일로, 인터넷 사용자가 웹 사이트에 접속한 후 이 사이트 내에서 어떤 정보를 읽고 어떤 정보를 남겼는지에 대한 정보가 사용자의 PC에 저장되며, 고의로 사용자의 정보를 빼낼 수 있는 통로 역할을 할 수도 있음

16 ②

[디스크 정리]의 정리 대상 파일 : 임시 파일, 휴지통에 있는 파일, 다운로드한 프로그램 파일, 임시 인터넷 파일, 오프라인 웹 페이지 등

17 ③

시스템 백업 기능을 자주 사용한다고 해서 시스템 바이러스 감염 가능성이 높아지는 것은 아님

18 ②

ASCII 코드 : Zone은 3비트, Digit는 4비트로 구성되며, 7비트로 128가지의 표현이 가능한 일반 PC용 컴퓨터 및 데이터 통신용 코드

오답 피하기

- BCD 코드 : Zone은 2비트, Digit는 4비트로 구성되며, 6비트로 64가지의 문자 표현이 가능
- EBCDIC 코드 : Zone은 4비트, Digit는 4비트로 구성되며, 8비트로 256가지의 표현이 가능
- UNI 코드 : 세계 각국의 다양한 현대 언어로 작성된 텍스트를 상호 교환, 처리, 표현하기 위한 코드로 16비트(2바이트) 체계로 이루어져 있음

19 ②

에어로 피크(Aero Peek) : 작업 표시줄 오른쪽 끝의 [바탕 화면 보기]에 마우스를 위치시키면 바탕 화면이 나타나고 클릭하면 모든 창을 최소화하는 기능으로 바탕 화면을 일시적으로 미리 보기와 열린 창 미리 보기가 가능함

20 ④

USB 3.0은 파란색, USB 2.0은 검정색 또는 흰색을 사용함

2과목 스프레드시트 일반

21 ①

목표값 찾기 : 수식의 결과 값은 알고 있으나 그 결과 값을 얻기 위한 입력값을 모를 때 목표값 찾기 기능을 이용하며 수식에서 참조한 특정 셀의 값을 계속 변화시켜 수식의 결과 값을 원하는 값으로 찾아줌

22 ④

두 개 이상의 셀을 범위로 지정하여 채우기 핸들을 끌면 데이터 사이의 차이에 의해 증가 또는 감소하면서 채워짐

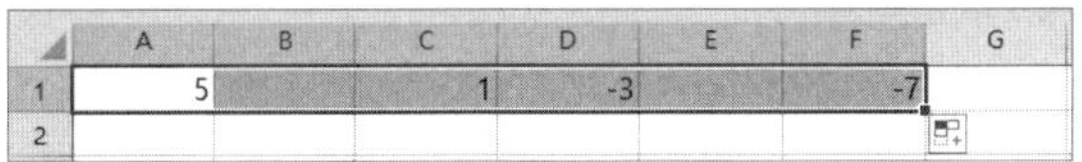

	A	B	C	D	E	F	G
1	5		1	-3		-7	
2							

23 ②

작성된 피벗 테이블을 삭제하는 경우 함께 작성한 피벗 차트는 일반 차트로 변경됨

24 ③

부분합에서 사용할 수 있는 함수 : 합계, 개수, 평균, 최대값, 최소값, 곱, 숫자 개수, 표본 표준 편차, 표준 편차, 표본 분산, 분산

25 ③

[데이터 유효성 검사]에서 목록으로 값을 제한하는 경우 드롭다운 목록의 너비를 지정하는 기능은 지원되지 않음

26 ③

복합 조건(AND, OR 결합)

- AND(그리고, 이면서) : 첫 행에 필드명(국사, 영어, 평균)을 나란히 입력하고, 다음 행에 첫 조건(>=80, >=85)을 나란히 입력함
- OR(또는, 이거나) : 다른 행에 두 번째 조건(>=85)을 입력함
- 따라서, 국사가 80 이상이면서(AND) 영어가 85 이상이거나(OR), 평균이 85 이상인 경우가 됨

27 ④

공백(빈 셀)은 정렬 순서와 상관없이 항상 가장 마지막으로 정렬됨

28 ②

- =VLOOKUP(찾을 값, 범위, 열 번호, 방법) : 범위의 첫 번째 열에서 찾을 값을 찾아서 지정한 열에서 같은 행에 있는 값을 표시함
- 찾을 값 → 박지성, 범위 → $A$3:$D$5, 열 번호 → 4(결석), 방법 → 0(정확한 값을 찾음), 1이면 찾을 값의 아래로 근사값
- 따라서, =VLOOKUP("박지성", $A$3:$D$5, 4, 0)의 결과는 5가 됨

29 ③

- =Year(날짜) : 날짜의 연도만 따로 추출함
- =Today( ) : 현재 컴퓨터 시스템의 날짜만 반환함

30 ④

#NAME? : 함수 이름이나 정의되지 않은 셀 이름을 사용한 경우, 수식에 잘못된 문자열을 지정하여 사용한 경우

오답 피하기

- #N/A : 수식에서 잘못된 값으로 연산을 시도한 경우, 찾기 함수에서 결과값을 찾지 못한 경우
- #NULL! : 교점 연산자(공백)를 사용했을 때 교차 지점을 찾지 못한 경우
- #REF! : 셀 참조를 잘못 사용한 경우

31 ③

- 다른 워크시트의 셀 참조 시 워크시트 이름과 셀 주소 사이는 느낌표(!)로 구분함(예 =SUM(Sheet1:Sheet3!C5))
- 다른 통합 문서의 셀 참조 시 통합 문서의 이름을 대괄호([ ])로 묶음(예 =SUM([성적표.xlsx]Sheet1:Sheet3!C5))

32 ②

사용자 지정 표시 형식에서 세미콜론 세 개(;;;)를 연속하여 사용하면 입력 데이터가 셀에 나타나지 않음

33 ②

Delete를 눌러 삭제한 경우 데이터만 삭제되며 서식은 지워지지 않음

34 ①

도형이나 그림 등에도 하이퍼링크를 지정할 수 있음

35 ③

날짜 및 시간 데이터의 텍스트 맞춤은 기본 오른쪽 맞춤으로 표시됨

36 ③

원형 차트

- 항목의 값들이 합계의 비율로 표시되므로 중요한 요소를 강조할 때 사용함
- 항상 한 개의 데이터 계열만을 가지고 있으므로 축이 없으며 각 데이터 간 값을 비교하는 차트로 적절하지 않음

오답 피하기

- 세로 막대형 차트 : 각 항목 간의 값을 비교하는 데 사용함. 2차원, 3차원 차트로 작성할 수 있으며 누적과 비누적 형태로 구분함
- 꺾은선형 차트 : 시간이나 항목에 따라 일정한 간격으로 데이터의 추세나 변화를 표시함
- 방사형 차트 : 많은 데이터 계열의 합계 값을 비교할 때 사용함. 각 항목마다 가운데 요소에서 뻗어 나온 값 축을 갖고, 선은 같은 계열의 모든 값을 연결함

37 ①

Ctrl + Tab : 다른 통합 문서로 이동(= Ctrl + F6)

오답 피하기

- Shift + Tab : 왼쪽 셀로 이동
- Home : 해당 행의 A열로 이동
- Ctrl + Enter : 동일한 데이터 입력

38 ③

시트 이름은 공백을 포함하여 31자까지 사용 가능하며, ₩, /, ?, *, [ ]는 사용할 수 없음

39 ④

통합 문서 보호는 [검토] 탭-[보호] 그룹-[통합 문서 보호]에서 설정할 수 있음

40 ③

[데이터 선택]-[데이터 원본 선택]-범례 항목(계열)의 [위로 이동] 및 [아래로 이동] 단추를 이용함

2022년 상시 기출문제 04회 72p

01 ②	02 ③	03 ③	04 ①	05 ④
06 ②	07 ①	08 ②	09 ④	10 ①
11 ②	12 ④	13 ③	14 ②	15 ④
16 ④	17 ②	18 ①	19 ②	20 ②
21 ①	22 ②	23 ②	24 ②	25 ④
26 ①	27 ②	28 ④	29 ④	30 ③
31 ①	32 ①	33 ④	34 ②	35 ④
36 ③	37 ①	38 ③	39 ②	40 ②

1과목 컴퓨터 일반

01 ②

처리 능력에 따른 분류 : 개인용 컴퓨터(PC), 워크스테이션(Workstation), 소형 컴퓨터(Mini Computer), 대형 컴퓨터(Main Frame Computer), 슈퍼 컴퓨터(Super Computer) 등

오답 피하기

사용 목적에 따른 분류

- 전용 컴퓨터 : 특수 목적으로 사용되는 컴퓨터(기상 관측, 자동 제어 등에 사용)
- 범용 컴퓨터 : 다양한 분야에서 여러 가지 목적으로 사용되는 컴퓨터

02 ③

MAN(Metropolitan Area Network)

- 도시권 정보 통신망으로 대도시와 같은 넓은 지역에 데이터, 음성, 영상 등의 서비스를 제공하는 통신망
- LAN과 WAN의 중간 형태이므로 WAN보다 넓은 범위의 지역이 아님
- LAN → MAN → WAN

03 ③

JPEG : 정지 영상 압축 기술에 관한 표준화 규격

오답 피하기

- AVI : Windows의 표준 동영상 형식의 디지털 비디오 압축 방식
- MOV : Apple사에서 만든 동영상 압축 기술
- MPEG : 동화상 전문가 그룹에서 제정한 동영상 압축 기술에 관한 국제 표준 규격으로, 동영상뿐만 아니라 오디오 데이터도 압축할 수 있음

04 ①

- KB(Kilo Byte) : 210(Byte) = 1,024(Byte)
- MB(Mega Byte) : 220(Byte) = 1,024(KB)
- GB(Giga Byte) : 230(Byte) = 1,024(MB)
- TB(Tera Byte) : 240(Byte) = 1,024(GB)

05 ④

플러그 앤 플레이(PnP; Plug & Play)의 지원 : 자동 감지 설치 기능으로 컴퓨터에 장치를 연결하면 자동으로 장치를 인식하여 설치 및 환경 설정을 용이하게 하므로 새로운 주변 장치를 쉽게 연결할 수 있음

06 ②

ARP(Address Resolution Protocol) : 네트워크상에서 IP 주소를 물리적 주소(MAC)로 대응시키기 위해 사용되는 프로토콜로, 주소 결정 프로토콜이라 함

오답 피하기

- SNMP : 네트워크를 운영하기 위해 각종 기기를 관리하는 프로토콜이며 TCP/IP 프로토콜에 포함됨
- ICMP : IP와 조합하여 통신 중에 발생하는 오류의 처리와 전송 경로 변경 등을 위한 제어 메시지를 관리하는 프로토콜로, 인터넷 제어 메시지 프로토콜이라 함
- DHCP : IP 주소를 자동으로 할당해 주는 동적 호스트 설정 통신 규약

07 ①

Alt + Space Bar : 활성 창의 창 조절(바로 가기) 메뉴 표시

오답 피하기

Ctrl + Esc : 시작 메뉴

08 ②

렌더링(Rendering) : 컴퓨터 프로그램을 이용하여 3차원 애니메이션을 만드는 과정으로 사물 모형에 명암과 색상을 추가하여 사실감을 더해 주는 작업

오답 피하기

- 디더링(Dithering) : 표현할 수 없는 색상이 존재할 경우, 다른 색상들을 섞어서 비슷한 색상을 내는 효과
- 블러링(Blurring) : 특정 부분을 흐릿하게 하는 효과로 원하는 영역을 선명하지 않게 만드는 기법
- 모핑(Morphing) : 사물의 형상을 다른 모습으로 서서히 변화시키는 기법으로 영화의 특수 효과에서 많이 사용함

09 ④

호환성 : 서로 다른 컴퓨터 간에도 프로그램이나 자료의 공유가 가능함

오답 피하기

- 선점형 멀티태스킹(Preemptive MultiTasking) : 운영체제가 CPU를 미리 선점하여 각 응용 소프트웨어의 CPU 사용을 통제하고 관리하여 멀티태스킹(다중 작업)이 원활하게 이루어짐
- 범용성(General–purpose) : 일부분에 국한되지 않고 다목적(사무 처리, 과학, 교육, 게임 등)으로 사용함
- 신뢰성(Reliability) : 컴퓨터 시스템이 주어진 환경에서 아무런 고장없이 담당 기능 및 문제 처리를 원활하게 수행할 수 있는 척도

10 ①

픽셀(Pixel)

- 모니터 화면을 이루는 최소 단위
- 한 픽셀이 4비트를 사용하는 경우 한 픽셀은 2^4의 색을 표현함(16개)

11 ②

프로그램 카운터(Program Counter)

- 제어 장치에서 사용됨
- 다음에 수행할 명령어의 번지(주소)를 기억하는 레지스터

오답 피하기

- 인덱스 레지스터(Index Register) : 유효 번지를 상대적으로 계산할 때 사용하는 레지스터
- 누산기(Accumulator) : 중간 연산 결과를 일시적으로 기억하는 레지스터
- 보수기(Complementor) : 뺄셈을 수행하기 위하여 입력된 값을 보수로 변환하는 회로

12 ④

바탕 화면에 있는 파일을 [휴지통]으로 드래그 앤 드롭하여 삭제한 경우 [휴지통]에 임시 보관되어 복원이 가능함

오답 피하기

휴지통에 보관되지 않고 완전히 삭제되어 복원이 불가능한 경우

- Shift + Delete 로 삭제한 경우
- USB 메모리나 네트워크 드라이브에서 삭제한 경우
- [휴지통 속성]의 [파일을 휴지통에 버리지 않고 삭제할 때 바로 제거]를 선택한 경우

13 ③

표준 계정의 사용자는 컴퓨터 보안에 영향을 주는 설정을 변경할 수 없음

14 ②

가로채기(Interception)

- 전송되는 데이터를 가는 도중에 도청 및 몰래 보는 행위
- 정보의 기밀성(Secrecy)을 저해함

오답 피하기

- ① : 가로막기(Interruption)로 정보의 가용성(Availability)을 저해함
- ③ : 변조/수정(Modification)로 정보의 무결성(Integrity)을 저해함
- ④ : 위조(Fabrication)로 정보의 무결성(Integrity)을 저해함

15 ④

비밀키(대칭키, 단일키) 암호화 : 송신자와 수신자가 서로 동일(대칭)한 하나(단일)의 비밀키를 가짐

오답 피하기

공개키(비대칭키, 이중키) 암호화

- 암호화키와 복호화키가 서로 다른(비대칭) 두 개(이중키)의 키를 가짐
- 암호화와 복호화의 속도가 느림
- 암호화는 공개키로, 복호화는 비밀키로 함
- 이중키이므로 알고리즘이 복잡하고 파일의 크기가 큼
- 암호화가 공개키이므로 키의 분배가 쉽고, 관리할 키의 개수가 줄어듦
- 대표적인 방식으로는 RSA가 있음

16 ④

가상 메모리(Virtual Memory) : 보조 기억 장치의 일부, 즉 하드디스크의 일부를 주기억 장치처럼 사용하는 메모리 사용 기법으로, 기억 장소를 주기억 장치의 용량으로 제한하지 않고, 보조 기억 장치까지 확대하여 사용함

오답 피하기

- 캐시 메모리 : 휘발성 메모리로, 속도가 빠른 CPU와 상대적으로 속도가 느린 주기억 장치 사이에 있는 고속의 버퍼 메모리
- 버퍼 메모리 : 두 개의 장치 사이에 위치하여 두 개의 장치가 데이터를 주고받을 때 생기는 속도 차이를 해결하기 위하여 중간에 데이터를 임시로 저장해 두는 공간
- 연관 메모리 : 저장된 내용의 일부를 이용하여 기억 장치에 접근하여 데이터를 읽어오는 기억 장치

17 ②

DHTML(Dynamic HTML) : 동적 HTML로 스타일 시트(Style Sheets)를 도입하여 텍스트의 폰트와 크기, 색상, 여백 형식 등 웹 페이지 관련 속성을 지정할 수 있음

오답 피하기

- JAVA : 미국의 선 마이크로시스템즈사가 개발한 객체 지향 프로그래밍 언어로, C++을 바탕으로 언어 규격을 규정함
- VRML : 3차원 도형 데이터의 기술 언어로, 3차원 좌표 값이나 기하학적 데이터 등을 기술한 문서(Text) 파일의 서식(Format)이 정해져 있음
- WML : 무선 애플리케이션을 위해 특별히 개발된 언어로, XML을 기반으로 함

18 ①

트라이얼 버전(Trial Version) : 상용 소프트웨어를 일정 기간 동안 사용해 볼 수 있는 체험판 소프트웨어

오답 피하기

번들 프로그램(Bundle Program) : 특정한 하드웨어나 소프트웨어를 구매하였을 때 끼워주는 소프트웨어

19 ②

각 부분은 16진수로 표현하고, 콜론(:)으로 구분함

20 ②

그룹웨어(Groupware)

- 여러 사람이 공통의 업무를 수행하는 데 있어 공동으로 사용할 수 있는 프로그램
- 마이크로소프트사의 익스체인지(Exchange)나 넷미팅(Netmeeting) 등이 이에 해당함

오답 피하기

- 방화벽(Firewall) : 인터넷의 보안 문제로부터 특정 네트워크를 격리시키는 데 사용되는 시스템으로, 내부망과 외부망 사이의 상호 접속이나 데이터 전송을 안전하게 통제하기 위한 보안 기능
- 블루투스(Bluetooth) : 무선 기기 간(무선 마우스를 PC에 연결) 정보 전송을 목적으로 하는 근거리 무선 접속 프로토콜
- 운영체제(Operating System) : 컴퓨터 시스템의 각종 하드웨어적인 자원과 소프트웨어적인 자원을 효율적으로 운영, 관리함으로써 사용자가 시스템을 이용하는 데 편리함을 제공하는 시스템 소프트웨어

2과목 스프레드시트 일반

21 ①

- DAVERAGE(데이터베이스, 필드, 조건 범위) : 조건을 만족하는 필드의 평균을 구함
- 데이터베이스 : A1:E6, 필드 : 3, 조건 범위 : A8:A9

22 ②

찾는 값 : 수식 셀의 결과로, 원하는 특정한 값을 숫자 상수로 입력함

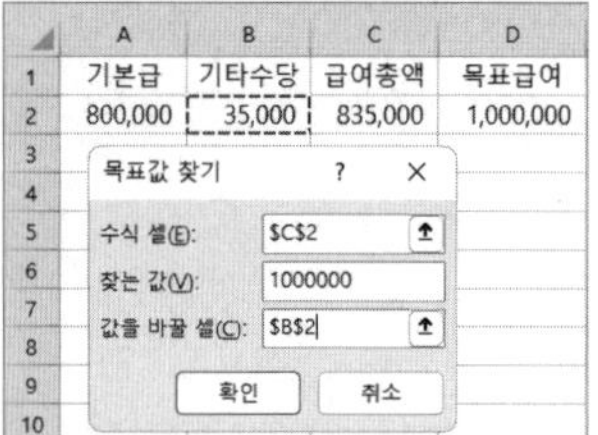

23 ②

- OR(조건1, 조건2,…) : 조건 중 하나 이상이 참이면 TRUE, 나머지는 FALSE를 반환함
- 4<5는 TRUE, 8>9는 FALSE이므로 =OR(4<5,8>9)의 결과는 TRUE가 됨

오답 피하기

- RIGHT(문자열, 개수) : 문자열의 오른쪽에서 지정한 개수만큼 문자를 추출함
- INT(수) : 수를 가장 가까운 정수로 내린 값을 구함
- COUNT(인수1, 인수2 …) : 인수 중에서 숫자의 개수를 구함

24 ②

시트 탭에서 Ctrl을 누른 채 시트 이름(Sheet1)을 마우스로 끌면 시트가 복사되면서 Sheet1 (2), Sheet1 (3), …이 생성됨

25 ④

도넛형

- 전체 합계에 대한 각 항목의 구성 비율을 표시함
- 원형 차트와 비슷하지만 여러 데이터 계열을 표시할 수 있다는 점이 다름

26 ①

매크로 이름에 공백이나 #, @, $, %, & 등의 기호 문자를 사용할 수 없음

27 ②

- AND 조건 : 첫 행에 필드명을 나란히 입력하고, 동일한 행에 조건을 입력함
- 거주지가 서울이면서(AND) 연령이 25세 이하(<=)인 사람

28 ④

통합 문서 창을 [창]-[숨기기]를 이용하여 숨긴 채로 엑셀을 종료하더라도 다음에 파일을 열고 난 다음 숨겨진 창에 대해 숨기기 취소를 실행할 수 있음

29 ④

HLOOKUP 함수

- 표의 가장 첫 행에서 특정 값을 찾아, 지정한 행에 해당하는 열의 셀 값을 표시함
- =HLOOKUP(찾을 값, 셀 범위, 행 번호, 찾을 방법)

찾을 값	표의 첫째 행에서 찾고자 하는 값 → B2
셀 범위	찾고자 하는 값이 있는 범위나 배열 → $B$7:$D$9
행 번호	같은 열에 있는 값을 표시할 행 → 3
찾을 방법	• 생략되거나 TRUE(=1)이면 셀 범위에 똑같은 값이 없을 때는 찾을 값의 아래로 근사 값을 찾아주며, 이때 셀 범위 또는 배열은 첫 번째 행을 기준으로 왼쪽에서 오른쪽으로 오름차순 정렬이 되어 있어야 함 • FALSE(=0)로 지정되면 정확한 값을 찾아주며, 만약 그 값이 없을 때는 #N/A 오류가 발생함

30 ③

날짜 : 하이픈(-), 슬래시(/) 등으로 연, 월, 일을 구분하여 입력함

오답 피하기

시간 : 콜론(:)으로 시, 분, 초를 구분하여 입력함

31 ①

이름은 기본적으로 절대 참조를 사용함

32 ①

- ㉮ : 페이지 번호 삽입
- ㉯ : 전체 페이지 수 삽입
- ㉰ : 파일 경로 삽입
- ㉱ : 파일 이름 삽입

33 ④

@ : 문자 뒤에 특정한 문자열을 함께 나타나게 함

34 ②

여러 개의 시트를 선택하고 데이터 입력 및 편집 등 명령을 실행하면 그룹으로 설정된 모든 시트에 동일하게 명령이 실행됨

35 ④

인쇄 제목

- 모든 페이지에 반복해서 인쇄할 제목 행과 제목 열을 지정함
- 반복할 행은 '$1:$3'과 같이 행 번호로 나타나며, 반복할 열은 '$A:$B'와 같이 열 문자로 나타남

36 ③

[데이터 계열 서식]의 [계열 옵션]-[계열 겹치기]에서 〈수정 후〉처럼 변경 가능함

37 ①

사용자 지정 목록 편집 : [Excel 옵션]-[고급]-[사용자 지정 목록 편집]

38 ③

[소수점 자동 삽입]-[소수점 위치]를 -3으로 지정하는 경우 5를 입력하면 5000이 입력됨

39 ②

두 개 이상의 셀을 범위로 지정하여 채우기 핸들을 끌면 데이터 사이의 차이에 의해 증가 또는 감소하면서 채워짐

	A	B
1	10.3	
2	10	
3	9.7	
4		

40 ②

공유 통합 문서는 여러 사용자가 동시에 편집할 수 있음

2022년 상시 기출문제 05회 78p

01 ②	02 ④	03 ③	04 ①	05 ④
06 ③	07 ①	08 ③	09 ①	10 ③
11 ③	12 ①	13 ②	14 ①	15 ③
16 ④	17 ②	18 ①	19 ③	20 ②
21 ②	22 ②	23 ④	24 ②	25 ④
26 ④	27 ④	28 ④	29 ①	30 ①
31 ③	32 ②	33 ③	34 ③	35 ①
36 ④	37 ②	38 ④	39 ③	40 ②

1과목 컴퓨터 일반

01 ②

컴퓨터의 연산 속도 단위(느린 순 → 빠른 순)

ms	μs	ns	ps	fs	as
milli second	micro second	nano second	pico second	femto second	atto second
10^{-3}초	10^{-6}초	10^{-9}초	10^{-12}초	10^{-15}초	10^{-18}초

02 ④

패킷(Packet) : 전송 데이터를 일정한 길이로 잘라서 전송에 필요한 정보들과 함께 보내는데, 이 데이터 묶음을 패킷이라고 함

오답 피하기

리피터(Repeater) : 장거리 전송을 위해 신호를 새로 재생시키거나 출력 전압을 높여 전송하는 장치

- 라우터(Router) : 데이터 전송을 위한 최적의 경로를 찾아 통신망에 연결하는 장치
- 브리지(Bridge) : 독립된 두 개의 근거리 통신망(LAN)을 연결하는 접속 장치

03 ③

레지스트리(Registry)

- Windows에서 사용하는 환경 설정 및 각종 시스템과 관련된 정보가 저장된 계층 구조식 데이터베이스로 [실행]에서 "regedit" 명령으로 레지스트리 편집기를 실행함
- Windows에서 레지스트리의 크기를 설정하는 기능은 지원되지 않음

04 ①

JPEG

- 정지 영상 압축 기술에 관한 표준화 규격
- 20 : 1 정도로 압축할 수 있는 형식
- 비손실 압축과 손실 압축을 모두 지원함
- 화면 중에서 중복되는 정보를 삭제하여 컬러 정지 화상의 데이터를 압축하는 방식

오답 피하기

- MPEG : 동화상 전문가 그룹에서 제정한 동영상 압축 기술에 관한 국제 표준 규격으로, 동영상뿐만 아니라 오디오 데이터도 압축할 수 있음
- AVI : Windows의 표준 동영상 형식의 디지털 비디오 압축 방식
- MOV : Apple 사에서 만든 동영상 압축 기술

05 ④

RPM(Revolutions Per Minute) : 하드디스크의 분당 회전수를 의미하며 중앙 처리 장치의 성능을 나타내는 단위가 아님

오답 피하기

- MIPS : 1초 동안 처리할 수 있는 명령의 개수를 100만 단위로 표시함
- FLOPS : 1초 동안 처리할 수 있는 부동 소수점 연산의 횟수를 표시함
- 클럭 속도(Hz) : CPU의 처리 속도를 나타내는 단위로, 1초를 기준으로 어느 정도의 계산을 처리하였느냐를 'Hz(헤르츠)'라는 단위로 표시함

06 ③

- 1GB(Giga Byte)는 2^{30}(Byte)이므로 1,073,741,824Byte가 됨
- 1024×1024×1024=1,073,741,824Byte

07 ①

Ctrl + Shift + Esc : 작업 관리자 열기([프로세스] 탭에서 [작업 끝내기]로 작업 종료)

08 ③

RAM(Random Access Memory) : 전원이 공급되지 않으면 기억된 내용이 사라지는 휘발성(소멸성) 메모리이므로 보조 기억 장치로 사용하지 않음

09 ①

프로토콜(Protocol) : 네트워크에서 서로 다른 기종 간의 데이터 전송 시 원활한 정보 교환이 가능하도록 절차 등을 규정해 놓은 통신 규약

10 ③

UPS(Uninterruptible Power Supply) : 정전 시 전원을 공급해 주는 무정전 전원 공급 장치

오답 피하기

- AVR : 자동 전압 조절기로 일정한 전압을 유지시켜 주는 장치
- CVCF : 정전압 정주파 장치로 출력의 전압 및 주파수를 일정하게 유지시켜 주는 장치
- 항온 항습 장치 : 항상 일정한 온도와 습도를 유지시켜 주는 장치

11 ③

3세대 : 주요 회로와 주기억 장치로 집적 회로(IC)를 사용함

12 ①

디스크 검사

- 파일과 폴더 및 디스크의 논리적, 물리적인 오류를 검사하고 수정함
- 잃어버린 클러스터, FAT, 오류 등 디스크의 논리적인 오류 및 디스크 표면을 검사하여 실제 드라이브의 오류나 불량 섹터를 검사함

13 ②

- LAN(Local Area Network) : 근거리 통신망
- MAN(Metropolitan Area Network) : LAN과 WAN의 중간 형태의 도시 지역 통신망
- WAN(Wide Area Network) : 광역 통신망

14 ①

오답 피하기

- 듀플렉스 시스템(Duplex System) : 2개의 CPU 중 한 CPU는 대기 상태로 가동 중인 CPU가 고장나면 복구될 때까지 대기 중인 CPU가 업무를 처리하는 시스템
- 다중 처리 시스템(Multi-Processing System) : 두 개 이상의 CPU로 동시에 여러 개의 프로그램을 처리하는 기법
- 다중 프로그래밍 시스템(Multi-Programming System) : 한 개의 CPU로 여러 프로그램을 처리하는 시스템

15 ③

IRQ(Interrupt ReQuest) : 주변 기기(마우스, 키보드, LAN 보드 등)에서 일어나는 인터럽트 신호

오답 피하기

- DMA(Direct Memory Access) : CPU의 간섭 없이 주기억 장치와 입출력 장치 사이에서 직접 전송이 이루어지는 방법
- I/O(Input/Output) : 입력과 출력을 의미함
- Plug & Play : 자동 감지 설치 기능으로 컴퓨터에 장치를 연결하면 자동으로 장치를 인식하여 설치 및 환경 설정을 용이하게 하므로 새로운 주변 장치를 쉽게 연결함

16 ④

기본 프린터는 한 대만 지정할 수 있으며, 기본 프린터로 설정된 프린터도 제거할 수 있음

17 ②

RAID(Redundant Array of Inexpensive Disk)

- 여러 드라이브의 집합을 하나의 저장 장치처럼 취급함
- 장애가 발생했을 때 데이터를 잃어버리지 않게 하며 각각에 대해 독립적으로 동작할 수 있도록 하는 시스템
- 여러 개의 HDD(하드디스크)를 하나의 Virtual Disk로 구성하므로 대용량 저장 장치 구축이 가능함

18 ①

다중 디스플레이 설정 : [설정]-[시스템]-[디스플레이]의 '여러 디스플레이'에서 설정함

19 ③

- 방화벽은 외부의 침입으로부터 내부의 정보 자산을 보호함
- 외부로부터의 침입을 막을 수는 있지만 내부에서 일어나는 해킹은 막을 수 없으므로 내부의 새로운 위험에 대해서는 효과적으로 대처할 수 없음

20 ②

PHP : 웹 서버에서 작동하는 스크립트 언어로 Windows, Unix, Linux 등의 운영체제에서 모두 실행 가능함

21 ②

[홈] 탭–[편집] 그룹–[채우기]–[계열]에서 지원되는 날짜 단위는 '일, 평일, 월, 년' 등이 있으며 '주' 단위는 지원되지 않음

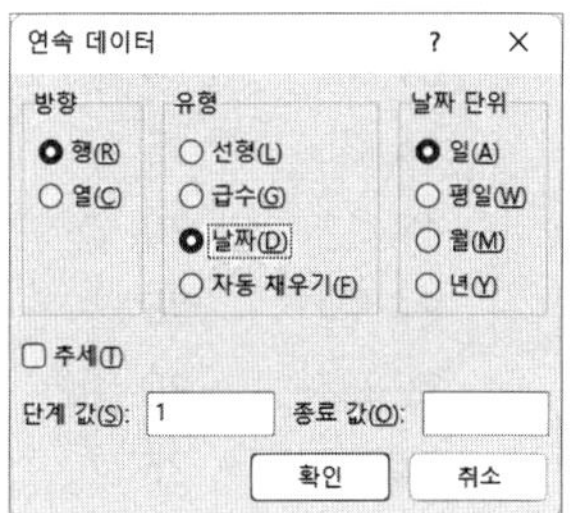

22 ②

함수를 사용하여 조건을 입력하는 경우 원본 필드명과 다른 필드명을 조건 레이블로 사용해야 함

23 ④

데이터 표 기능을 통해 입력된 셀의 일부분만 수정하거나 삭제할 수 없음(데이터 표 범위의 전체를 수정해야 함)

24 ②

논리 값의 경우 FALSE 다음 TRUE의 순서로 정렬됨

25 ④

=MODE.SNGL(A1:B5)는 [A1:B5] 범위에서 최빈수(최고로 빈도가 높은 수)를 구하므로 결과 값은 2가 됨

오답 피하기

- ① =COUNTA(A1:A5) : 공백이 아닌 인수의 개수를 구함(결과 값 : 3)
- ② =LARGE(B1:B5,3) : [B1:B5] 범위에서 3번째로 큰 값을 구함(결과 값 : 4)
- ③ =ROUNDUP(C1,2) : C1(324.754)을 무조건 올림하여 자릿수(2)만큼 반환함(결과 값 : 324.76)

26 ④

- 수식 셀 : 특정 값으로 결과가 나오기를 원하는 수식이 들어 있는 셀을 지정함 → $B$6
- 찾는 값 : 수식 셀의 결과로 원하는 특정한 값을 숫자 상수로 입력함 → 450
- 값을 바꿀 셀 : 찾는 값(목표값)에 입력한 결과를 얻기 위해 데이터를 조절할 단일 셀로서, 반드시 수식에서 이 셀을 참조하고 있어야 함 → $B$2

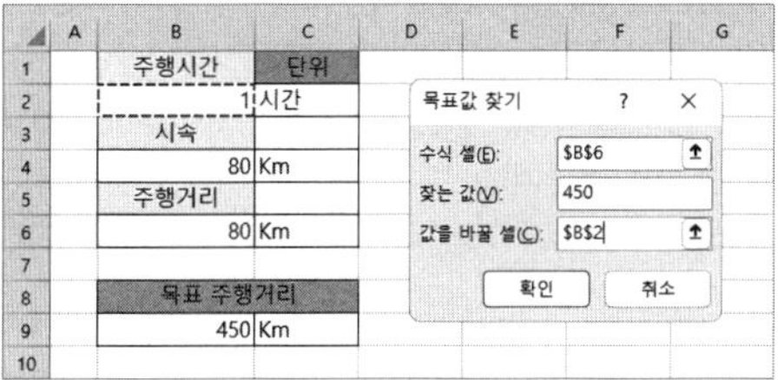

27 ④

- [파일]–[옵션]–[Excel 옵션]–[보안 센터]–[보안 센터 설정]–[매크로 설정]
- VBA 매크로 사용(권장 안 함, 위험한 코드가 시행될 수 있음)

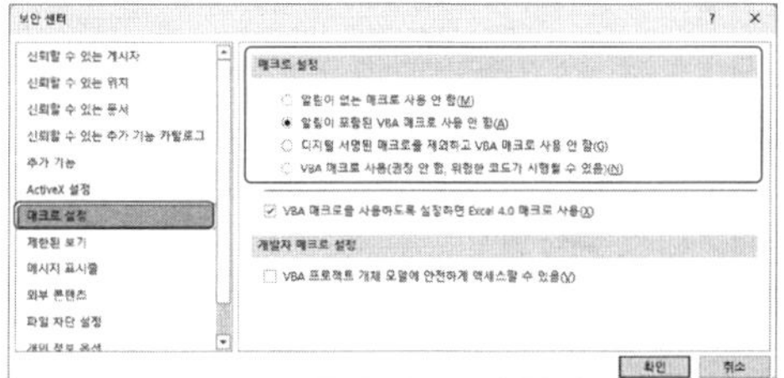

28 ④

목록 값을 입력하여 원본을 설정하려면 콤마(,)로 구분하여 입력함

29 ①

[인쇄 미리 보기] 창에서 셀 너비를 조절할 수 있으며 워크시트에 변경된 너비가 적용됨

30 ①

필드가 일정한 너비로 정렬된 경우 '너비가 일정함'을 이용하여 열 구분선으로 내용을 나눔

오답 피하기

구분 기호로 분리됨 : 각 필드가 쉼표나 탭과 같은 문자로 나누어져 있는 경우

31 ③

- VLOOKUP(A6,$A$1:$B$4,2) : [A6] 셀의 값 –5가 [$A$1:$B$4] 범위의 첫 열에 없으므로 결과는 #N/A가 됨
- IFERROR(수식, 오류 발생 시 표시 값) : 수식의 결과가 오류 값 #N/A이므로 오류 발생 시 표시 값인 '입력오류'가 결과가 됨

32 ②

빠른 실행 도구 모음 : 실행을 빠르게 하기 위해 자주 사용하는 명령 단추를 모아놓은 곳으로, 기본적으로 [저장], [취소], [다시 실행]이 있으며, [빠른 실행 도구 모음 사용자 지정](▾) 단추를 클릭하여 등록함

33 ③

세로 축을 선택한 후 [축 서식]의 축 옵션에서 가로 축 교차를 '축의 최대값'으로 설정하면 가로 축 교차가 축의 최대값으로 위치하게 됨

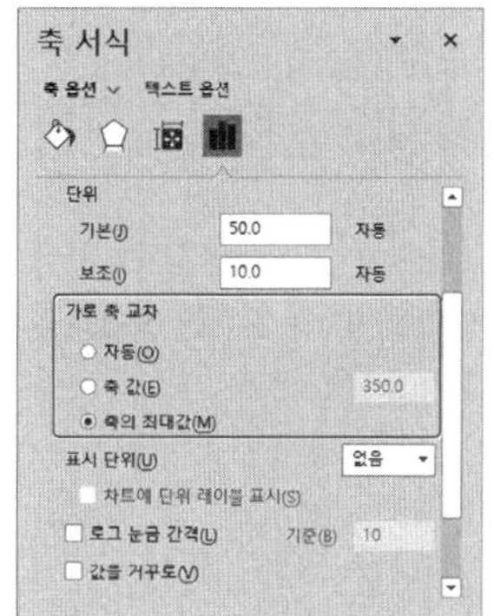

34 ③

편집하려는 데이터가 입력된 셀의 바로 가기 메뉴에 [셀 편집]은 없음

35 ①

[페이지] 탭 '자동 맞춤'에서 용지 너비와 용지 높이를 모두 1로 설정하면 모든 자료가 한 장에 인쇄됨

36 ④

F12 : 현재 사용 중인 파일을 다른 이름으로 저장

오답 피하기

Shift + F11 : 새 워크시트 삽입

37 ②

텍스트 방향 : 텍스트 방향대로, 왼쪽에서 오른쪽, 오른쪽에서 왼쪽

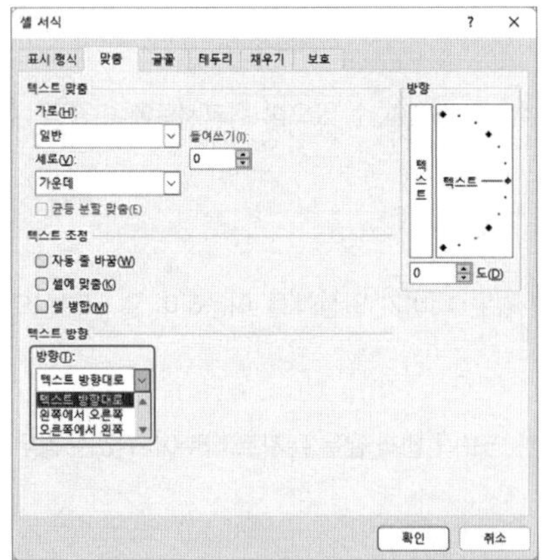

38 ④

#VALUE! : 수치를 사용해야 할 장소에 다른 데이터를 사용하는 경우나 함수의 인수로 잘못된 값을 사용한 경우

오답 피하기

- #DIV/0! : 0으로 나누기 연산을 시도한 경우
- #NUM! : 숫자가 필요한 곳에 잘못된 값을 지정한 경우나 숫자의 범위를 초과한 경우
- #NAME? : 함수 이름이나 정의되지 않은 셀 이름을 사용한 경우나 수식에 잘못된 문자열을 지정하여 사용한 경우

39 ③

매크로 기록 시 사용자의 마우스 동작과 키보드 작업 모두 기록됨

40 ②

추세선 추가가 가능한 차트 : 비누적 2차원 영역형, 가로 막대형, 세로 막대형, 꺾은선형, 주식형, 분산형, 거품형 차트

오답 피하기

추세선 추가가 불가능한 차트 : 누적 2차원 영역형, 3차원 효과의 영역형, 원형, 도넛형, 방사형, 표면형, 원통형, 원뿔형, 피라미드형 차트

2023년 상시 기출문제 06회 84p

01 ③	02 ①	03 ②	04 ④	05 ③
06 ③	07 ④	08 ③	09 ④	10 ④
11 ③	12 ①	13 ①	14 ③	15 ①
16 ②	17 ③	18 ③	19 ①	20 ③
21 ③	22 ①	23 ③	24 ②	25 ③
26 ②	27 ③	28 ④	29 ③	30 ①
31 ②	32 ④	33 ②	34 ①	35 ②
36 ②	37 ③	38 ②	39 ①	40 ①

1과목 컴퓨터 일반

01 ③

하이퍼링크(HyperLink) : 문서와 문서 간에 연결(링크)점을 가지고 있어서 관련 정보를 쉽게 찾을 수 있게 하는 기능

02 ①

오답 피하기

- 명령 해독기(Instruction Decoder) : 명령 레지스터에 있는 명령어를 해독하는 회로
- 부호기(Encoder) : 명령 레지스터에 있는 명령어를 암호화하는 회로
- 프로그램 계수기(Program Counter) : 현재 실행하고 있는 명령을 끝낸 후 다음에 실행할 명령의 주소를 기억하고 있는 레지스터

03 ②

cmd : 명령 프롬프트 창을 표시하기 위한 명령

04 ④

RFID(Radio Frequency IDentification) 서비스 : 모든 사물에 센싱, 컴퓨터 및 통신 기능을 탑재하여 언제 어디서나 정보를 처리, 제공할 수 있도록 지원하는 유비쿼터스 서비스(비접촉 ID 시스템)

오답 피하기

- 텔레매틱스 서비스 : 통신망을 통해 확보된 위치 정보를 기반으로 교통 안내, 긴급 구난, 물류 정보 등을 제공하는 이동형 정보 활용 서비스
- DMB 서비스 : 고속 이동 시청, 초고화질 방송 등 기존 방송의 한계를 극복하고 통신망과 연계된 멀티미디어 서비스
- W-CDMA 서비스 : 광대역의 디지털 이동 통신 시스템 방식으로 코드를 분할하여 다중 접속하는 기법

05 ③

SSD(Solid State Drive) : 반도체를 이용하여 정보를 저장하는 장치이며 기존의 하드디스크 드라이브에 비하여 속도가 빠르고 기계적 지연이나 실패율, 발열이나 소음도 적어, 소형화 · 경량화할 수 있는 장점이 있는 저장 장치

오답 피하기

- BIOS(Basic Input Output System) : 컴퓨터의 기본 입출력 시스템을 부팅과 컴퓨터 운영에 대한 정보를 보유하고 있으며 펌웨어(Firmware)라고도 함
- DVD(Digital Versatile Disk) : 광디스크의 일종으로 기존의 다른 매체와는 달리 4.7GB의 기본 용량(최대 17GB)을 가짐
- CD-RW(Compact Disc Rewritable) : 기록과 삭제를 여러 번 할 수 있는 CD

06 ③

- SMTP : 전자우편을 송신하기 위한 프로토콜
- MIME : 전자우편으로 멀티미디어 정보를 전송할 수 있도록 해 주는 멀티미디어 지원 프로토콜임

07 ④

멀티미디어 동영상 정보는 사운드와 영상이 통합되어 전송됨

08 ③

전자우편에 첨부된 파일을 다른 이름으로 저장하여도 바이러스가 예방되지 않으며 반드시 최신 버전의 백신 프로그램으로 바이러스 검사를 한 후 사용해야 함

09 ④

전원이 끊어져도 그 안에 저장된 정보가 지워지지 않는 비휘발성 기억 장치임

10 ④

URL(Uniform Resource Locator) : 인터넷에서 정보의 위치를 알려주는 표준 주소 체계, 인터넷의 정보에 대한 접근 방법, 위치, 파일명 등으로 구성됨

오답 피하기

- DHCP(Dynamic Host Configuration Protocol) : IP 주소를 자동으로 할당해 주는 동적 호스트 설정 통신 규약
- CGI(Common Gateway Interface) : 웹 서버에 있어 사용자의 요구를 응용 프로그램에 전달하고 그 결과를 사용자에게 되돌려 주기 위한 표준적인 방법
- DNS(Domain Name System) : 문자 형태로 된 도메인 네임을 컴퓨터가 인식할 수 있는 숫자로 된 IP 주소로 변환해 주는 시스템

11 ③

인쇄 관리자 창에서 인쇄 대기 중인 문서는 편집할 수 없음

12 ①

유니코드(Unicode)

- 2바이트 코드로 세계 각 나라의 언어를 표현할 수 있는 국제 표준 코드
- 한글의 경우 조합, 완성, 옛 글자 모두 표현 가능함
- 16비트이므로 2의 16제곱인 65,536자까지 표현 가능함
- 한글은 초성 19개, 중성 21개, 종성 28개가 조합된 총 11,172개의 코드로 모든 한글을 표현함

13 ①

오답 피하기

- 게이트웨이(Gateway) : 서로 다른 네트워크를 상호 접속하거나 다른 프로토콜을 사용하는 경우에 변환 작업을 수행하는 장치
- 라우터(Router) : 랜을 연결하여 정보를 주고받을 때 송신 정보에 포함된 수신처의 주소를 읽고 가장 적절한 통신 통로를 이용하여 다른 통신망으로 전송하는 장치
- 허브(Hub) : 여러 대의 컴퓨터를 연결하여 네트워크를 구성하게 해 주는 장치

14 ③

가상 기억 장치 : 보조 기억 장치를 주기억 장치처럼 사용하여 주기억 장치 용량의 기억 용량을 확대하여 사용하는 방법

오답 피하기

- 가상 기억 장치는 주기억 장치보다 컴퓨터 구조가 복잡해지고 수행 시간은 길어짐
- 가상 기억 장치를 사용하여 주기억 장치를 확장하는 것이지, 보조 기억 장치의 용량이 늘어나지는 않음

15 ①

스풀 기능을 설정하면 인쇄 속도가 스풀 설정 이전보다 느려짐

16 ②

패치 프로그램(Patch Program) : 이미 제작하여 배포된 프로그램의 오류 수정이나 성능 향상을 위하여 프로그램 일부를 변경해 주는 프로그램

오답 피하기

- ① : 벤치마크 프로그램(Benchmark Program)
- ③ : 알파 테스트(Alpha Test) 버전
- ④ : 베타 테스트(Beta Test) 버전

17 ③

디지털 컴퓨터는 논리 회로를 사용하고 아날로그 컴퓨터는 증폭 회로를 사용함

18 ③

인터넷 쇼핑몰에서 상품 가격을 비교하여 가격 비교표를 작성하는 것은 컴퓨터 범죄에 해당하지 않음

19 ①

운영체제는 컴퓨터가 작동하는 동안 주기억 장치인 RAM에 위치하여 실행됨

20 ③

MPEG-7 : 인터넷상에서 멀티미디어 동영상의 정보 검색이 가능, 정보 검색 등을 효율적으로 사용하기 위한 콘텐츠 저장 및 검색을 위한 표준

오답 피하기

- MPEG-1 : 비디오 CD나 CD-I의 규격, 저장 매체나 CD 재생의 용도로 이용함
- MPEG-4 : 멀티미디어 통신을 위해 만들어진 영상 압축 기술, 동영상의 압축 표준안 중에서 IMT-2000 멀티미디어 서비스, 차세대 대화형 인터넷 방송의 핵심 압축 방식으로 비디오/오디오를 압축하기 위한 표준
- MPEG-21 : MPEG 기술을 통합한 디지털 콘텐츠의 제작, 유통, 보안 등 모든 과정을 관리할 수 있는 규격

2 과목 스프레드시트 일반

21 ③

- =Year(날짜) : 날짜의 연도만 따로 추출함
- =Today( ) : 현재 컴퓨터 시스템의 날짜만 반환함

22 ①

실제 인쇄할 때는 설정된 화면의 크기대로 인쇄되지 않음

23 ③

[개발 도구] 탭-[코드] 그룹-[매크로]를 실행하면 나타나는 [매크로] 대화 상자에서 등록된 매크로를 편집, 수정할 수 있음

24 ②

두 개 이상의 셀을 범위로 지정하여 채우기 핸들을 끌면 데이터 사이의 차이에 의해 증가 또는 감소하면서 채워지므로 [B4] 셀까지 드래그했을 때 "일, 월, 화, 수", "1, 2, 3, 4"처럼 값이 변경됨

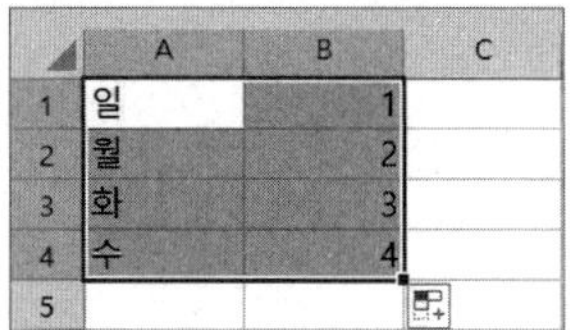

25 ③

암호는 선택 사항이므로 암호를 지정하지 않으면 누구든지 시트 보호를 해제하고 보호된 요소를 변경할 수 있음

26 ②

- 셀 값, 셀 색, 글꼴 색 또는 조건부 서식 아이콘을 기준으로 정렬할 수 있음
- 글꼴 색 또는 셀 색, 조건부 서식 아이콘의 기본 정렬 순서는 없으나 각 정렬에 대해 원하는 순서를 정의하여 정렬할 수 있음

오답 피하기

- ① : 최대 64개의 열을 기준으로 정렬할 수 있음
- ③ : 정렬 대상 범위에 병합된 셀이 포함되어 있으면 정렬할 수 없음
- ④ : 숨겨진 열이나 행은 정렬 시 이동되지 않음. 따라서 데이터를 정렬하기 전에 숨겨진 열과 행을 표시함

27 ③

- 같은 행끼리 있는 조건은 그리고(AND), 다른 행끼리 있는 조건은 또는(OR) 조건으로 계산함
- [A2]와 [B2] 셀에 있는 조건은 '그리고' 조건으로 계산하고 [A3] 셀은 '또는' 조건으로 계산

28 ④

강제로 줄 바꿈 : 데이터 입력 후 Alt+Enter를 누르면 동일한 셀에서 줄이 바뀌며 이때 두 줄 이상의 데이터를 입력할 수 있음

오답 피하기

- Tab : 현재 셀의 오른쪽으로 셀 포인터를 이동함
- Ctrl+Enter : 범위를 지정하고 데이터 입력 후 Ctrl+Enter를 누르면 선택 영역에 동일한 데이터가 한꺼번에 입력됨
- Shift+Enter : 현재 셀의 위쪽으로 셀 포인터를 이동함

29 ③

시나리오의 값을 변경하면 해당 변경 내용이 기존 요약 보고서에 자동으로 다시 계산되어 표시되지 않으므로 시나리오 요약 보고서를 다시 작성해야 함

30 ①

일반 : 설정된 표시 형식을 엑셀의 기본 값으로 되돌리며, 특정 서식을 지정하지 않음

31 ②

- 추세선은 계열의 추세에 대한 예측 가능한 흐름을 표시한 것
- 추세선의 종류에는 지수, 선형, 로그, 다항식, 거듭제곱, 이동 평균 등 6가지 종류로 구성됨
- 방사형, 원형, 도넛형 차트에는 추세선을 사용할 수 없음
- 하나의 데이터 계열에 두 개 이상의 추세선을 동시에 사용할 수 있음

32 ④

#REF! : 셀 참조를 잘못 사용한 경우에 발생함

오답 피하기

#NUM! : 숫자 인수가 필요한 함수에 다른 인수를 지정했을 때

33 ②

- =POWER(수1,수2) : 수1을 수2만큼 거듭 제곱한 값을 구함
- =POWER(2,3) → 2의 3제곱(2×2×2) = 8

오답 피하기

- =Trunc(−5.6) → −5 : 음수에서 소수점 이하를 버리고 정수 부분(−5)을 반환함
- =Int(−7.2) → −8 : 소수점 아래를 버리고 가장 가까운 정수로 내리므로 −7.2를 내림, 음수는 0에서 먼 방향으로 내림
- =Mod(−7,3) → 2 : 나눗셈의 나머지를 구함

34 ①

314826에 #,##0,를 적용하는 경우 마지막 콤마(,) 뒤에 더 이상 코드가 없으므로 천 단위 배수로 나타나며 8에 의해 반올림되어 315가 됨(만약 원본 데이터가 314426인 경우는 반올림이 되지 않으므로 314가 됨)

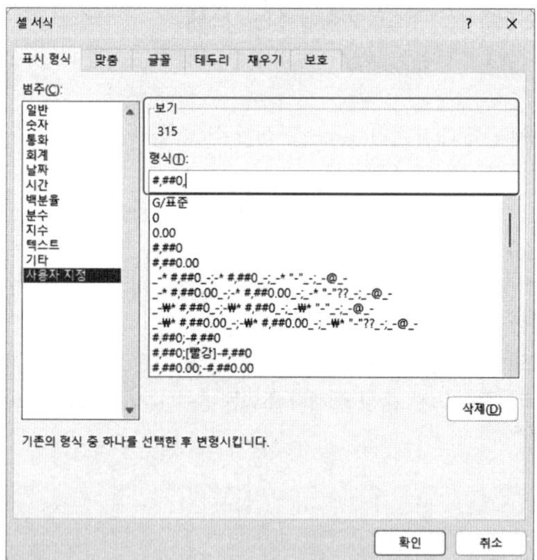

오답 피하기

- # : 유효 자릿수만 나타내고 유효하지 않은 0은 표시하지 않음
- 0 : 유효하지 않은 자릿수를 0으로 표시함
- , : 천 단위 구분 기호로 콤마를 삽입함. 콤마 이후에 더 이상 코드를 사용하지 않으면 천 단위 배수로 표시함
- yyyy : 연도를 네 자리로 표시함
- mmmm : 월을 January, February, March, … , December처럼 표시함

35 ②

방사형 차트 : 많은 데이터 계열의 합계 값을 비교할 때 사용하며 항목마다 가운데 요소에서 뻗어 나온 값 축을 갖고, 선은 같은 계열의 모든 값을 연결, 3차원 차트로 작성할 수 없음

오답 피하기

- 도넛형 차트 : 전체 합계에 대한 각 항목의 구성 비율을 표시, 원형 차트와 비슷하지만 여러 데이터 계열을 표시할 수 있음
- 분산형 차트 : 데이터의 불규칙한 간격이나 묶음을 보여주는 것으로 데이터 요소 간의 차이점보다는 큰 데이터 집합 간의 유사점을 표시하려는 경우에 사용
- 주식형 차트 : 주식 가격을 표시할 때 사용하며, 온도 변화와 같은 과학 데이터를 나타내는 데 사용하기도 함

36 ②

[시트] 탭에서 '반복할 행'에 [$4:$4]을 지정한 경우 모든 페이지에 4행의 내용이 반복되어 인쇄됨

37 ③

매크로 이름 : 첫 글자는 반드시 문자이어야 하며 나머지는 문자, 숫자, 밑줄 등을 사용함

38 ②

창 나누기를 수행하면 셀 포인트의 왼쪽과 위쪽으로 창 구분선이 표시됨

39 ①

부분합에서 사용할 수 있는 함수 : 합계, 개수, 평균, 최대, 최소, 곱, 숫자 개수, 표본 표준 편차, 표준 편차, 표본 분산, 분산

40 ①

- =DCOUNT(데이터베이스, 필드, 조건 범위) : 조건을 만족하는 필드의 수치의 개수를 구함
- =DCOUNT(A1:D5,2,F2:F3) : 필드가 2이므로 "이름" 필드이며 "이름" 필드는 수치가 아니므로 0이 됨

E7 =DCOUNT(A1:D5,2,F2:F3)

	A	B	C	D	E	F	G
1	번호	이름	키(Cm)	몸무게(Kg)			
2	12001	홍길동	165	67		몸무게(Kg)	
3	12002	이대한	171	69		>=70	
4	12003	한민국	177	78			
5	12004	이우리	162	80			
6							
7	몸무게가 70Kg 이상인 사람의 수?				0		
8							

오답 피하기

- =DCOUNTA(데이터베이스, 필드, 조건 범위) : 조건을 만족하는 모든 필드의 개수를 구함
- =DCOUNTA(A1:D5,2,F2:F3) : DCOUNTA이므로 필드가 2인 "이름" 필드이더라도 조건에 만족하는 모든 필드의 개수를 구함(결과는 2가 됨)

2023년 상시 기출문제 07회 91p

01 ②	02 ②	03 ④	04 ④	05 ③
06 ②	07 ①	08 ④	09 ③	10 ④
11 ②	12 ④	13 ③	14 ④	15 ④
16 ③	17 ③	18 ④	19 ②	20 ③
21 ①	22 ①	23 ②	24 ②	25 ④
26 ③	27 ③	28 ③	29 ③	30 ②
31 ②	32 ②	33 ①	34 ④	35 ②
36 ③	37 ①	38 ②	39 ①	40 ③

1과목 컴퓨터 일반

01 ②

오답 피하기

- 스푸핑(Spoofing) : '속임수'의 의미로 어떤 프로그램이 정상적으로 실행되는 것처럼 위장하는 것
- 키로거(Key Logger) : 악성 코드에 감염된 시스템의 키보드 입력을 저장 및 전송하여 개인 정보를 빼내는 크래킹 행위
- 백도어(Back Door) : 시스템 관리자의 편의를 위한 경우나 설계상 버그로 인해 시스템의 보안이 제거된 통로를 말하며, 트랩 도어(Trap Door)라고도 함

02 ②

- LAN(Local Area Network) : 근거리 통신망
- MAN(Metropolitan Area Network) : LAN과 WAN의 중간 형태의 도시 지역 통신망
- WAN(Wide Area Network) : 광역 통신망

03 ④

USB 3.0은 파란색, USB 2.0은 검정색 또는 흰색을 사용함

04 ④

폴더의 저장 위치의 확인은 가능하나 변경할 수는 없음

05 ③

컴퓨터의 처리 속도를 높이기 위해서는 RAM(주기억 장치)의 용량을 늘려 주는 것이 가장 효율적임

오답 피하기

EIDE는 하드디스크에 연결하기 위한 방식이며, 모니터 교체나 CD-ROM의 교체로 컴퓨터의 처리 속도가 효율적으로 높아지는 것은 아님

06 ②

ns = 10^{-9} sec

오답 피하기

μs = 10^{-6} sec

07 ①

누산기(ACCumulator) : 중간 연산 결과를 일시적으로 기억하는 레지스터

오답 피하기

② : IR(명령 레지스터), ③ : 명령 해독기, ④ : PC(프로그램 카운터)

08 ④

인쇄 작업에 들어간 것은 인쇄 취소로 종료시킬 수 있음

09 ③

키오스크(Kiosk) : 고객의 편의를 위하여 공공 장소에 설치된 컴퓨터 자동화 시스템

오답 피하기

- 킨들(Kindle) : 전자책 서비스를 사용하기 위한 기기
- 프리젠터(Presenter) : 내용을 발표하거나 설명하는 사람
- UPS : 무정전 전원 공급 장치

10 ④

각 블록에서 선행되는 0은 생략할 수 있으며, 연속된 0의 블록은 ::으로 한 번만 생략 가능함

오답 피하기

- ① : 총 128비트를 16비트씩 8개 부분으로 나눔
- ② : IPv4에 대한 설명임
- ③ : IPv4와 호환성이 높음

11 ②

가상현실(Virtual Reality) : 컴퓨터를 이용하여 특정 상황을 설정하고 구현하는 기술인 모의실험을 통해 실제 주변 상황처럼 경험하고 상호 작용하는 것처럼 느끼게 할 수 있는 인터페이스 시스템

12 ④

[F5] : 새로 고침

오답 피하기

[F6] : 창이나 바탕 화면의 화면 요소들을 순환

13 ③

아날로그 컴퓨터 : 온도, 전압, 진동 등과 같이 연속적으로 변하는 데이터를 효율적으로 처리

14 ④

데이터의 논리적 구성 단위 : 필드 – 레코드 – 파일 – 데이터베이스

15 ④

라우터(Router) : 데이터 전송을 위한 최적의 경로를 선택함

오답 피하기

- 허브(Hub) : 집선 장치로서 각 회선을 통합적으로 관리함
- 브리지(Bridge) : 독립된 두 개의 근거리 통신망을 연결하는 접속 장치
- 스위치(Switch) : 연결된 각각의 단말기에 할당된 속도를 최대화해 주는 장치

16 ③

수행 후에 처리 속도 면에서는 효율적이나 디스크의 총용량이 늘어나지는 않음

17 ③

공개키(비 대칭키, 이중키) 암호화 : 암호키(암호화)는 공개키로, 해독키(복호화)는 비밀키로 함

오답 피하기

비밀키(대칭키, 단일키) 암호화 : 송신자와 수신자가 서로 동일(대칭)한 하나(단일)의 비밀키를 가짐

18 ④

가상 메모리(Virtual Memory) : 보조 기억 장치의 일부 즉, 하드디스크의 일부를 주기억 장치처럼 사용하는 메모리 사용 기법으로 기억 장소를 주기억 장치의 용량으로 제한하지 않고, 보조 기억 장치까지 확대하여 사용함

오답 피하기

- 플래시 메모리(Flash Memory) : EEPROM의 일종으로, PROM 플래시라고도 하며, 전기적으로 내용을 변경하거나 일괄 소거도 가능
- 캐시 메모리(Cache Memory) : 휘발성 메모리로, 속도가 빠른 CPU와 상대적으로 속도가 느린 주기억 장치 사이에 있는 고속의 버퍼 메모리
- 연관 메모리(Associative Memory) : 저장된 내용의 일부를 이용하여 기억 장치에 접근하여 데이터를 읽어오는 기억 장치

19 ②

가로채기(Interception) : 전송되는 데이터를 가는 도중에 도청 및 몰래 보는 행위, 정보의 기밀성(Secrecy)을 저해함

오답 피하기

- 수정(Modification) : 원래의 데이터가 아닌 다른 내용으로 수정하여 변조시키는 행위, 정보의 무결성(Integrity)을 저해함
- 가로막기(Interruption) : 데이터의 전달을 가로막아 수신자 측으로 정보가 전달되는 것을 방해하는 행위, 정보의 가용성(Availability)을 저해함
- 위조(Fabrication) : 사용자 인증과 관계되어 다른 송신자로부터 데이터가 온 것처럼 꾸미는 행위, 정보의 무결성(Integrity)을 저해함

20 ③

ASCII 코드

- 미국 표준 코드로 3개의 존 비트와 4개의 디지트 비트로 구성되며 128가지의 표현이 가능함
- 일반 PC용 컴퓨터 및 데이터 통신용 코드로 사용되며 대소문자 구별이 가능함

2과목 스프레드시트 일반

21 ①

[Ctrl]+[E] : 빠른 채우기

오답 피하기

- [Ctrl]+[F] : 찾기
- [Ctrl]+[T] : 표 만들기
- [Ctrl]+[Shift]+[L] : 자동 필터

22 ①

'날짜 필터' 목록에서 필터링 기준으로 사용할 요일은 지원되지 않음

23 ②

[검색]에서 행 방향을 우선하여 찾을 것인지 열 방향을 우선하여 찾을 것인지를 지정할 수 있음

오답 피하기

[범위]에서는 찾을 범위를 '시트, 통합 문서' 중에서 선택할 수 있음

24 ②

- ①, ③, ④의 값은 '터활용', ②의 값은 '터활'이라고 표시됨
- MID(C1,3,2) : [C1] 셀의 내용('컴퓨터활용')에서 왼쪽에서 세 번째('터')부터 두 개의 문자('터활')를 표시함

오답 피하기

- ① : [B1] 셀의 내용('터활용')에서 왼쪽에서 두 자리('터활')를 가져온 후 [E2] 셀('용')을 결합
- ③ : [C1] 셀의 내용('컴퓨터활용')에서 오른쪽에서 세 자리('터활용')를 추출함
- ④ : [C2] 셀의 내용('터'), [D2] 셀의 내용('활'), [E2] 셀의 내용('용')을 결합

25 ④

평균, 개수, 숫자 셀 수, 최소값, 최대값, 합계를 구해 주며 표준 편차는 지원되지 않음

✓ 평균(A)	5.5
✓ 개수(C)	10
✓ 숫자 셀 수(T)	10
✓ 최소값(I)	1
✓ 최대값(X)	10
✓ 합계(S)	55

26 ③

다른 시트의 셀 주소를 참조할 때 시트 이름은 작은따옴표(')로 표시하고 시트 이름과 셀 주소는 ! 기호로 구분해서 표시함

27 ③

원형 차트 : 데이터 계열을 구성하는 항목을 항목 합계에 대한 크기 비율로 표시하는 차트

오답 피하기

- 방사형 : 계열별로 선으로 이어서 표시하는 차트
- 주식형 : 고가, 저가, 종가를 표시하는 차트
- 표면형 : 두 데이터 집합에서 최적의 조합을 찾을 때 사용하는 차트

28 ③

[눈금선] 항목을 선택하여 체크 표시하면 작업 시트의 셀 구분선이 인쇄됨

29 ③

일정 범위 내에 동일한 데이터를 한 번에 입력하려면 범위를 지정하여 데이터를 입력한 후 바로 이어서 Ctrl + Enter 를 누름

오답 피하기

Shift + Enter : 윗 행으로 이동

30 ②

데이터 표

- 워크시트에서 특정 데이터를 변화시켜 수식의 결과가 어떻게 변하는지 보여주는 셀 범위를 데이터 표라고 함
- 데이터 표 기능을 통해 입력된 셀의 일부분만 수정하거나 삭제할 수 없음

31 ②

=VLOOKUP(22,A1:D5,3) : 셀 영역(A1:D5)에서 찾을 값인 22와 가까운 근사값을 찾은 후 해당 셀 위치에서 3번째 열에 있는 값을 구함 → 1.27

오답 피하기

- =VLOOKUP(찾을 값, 셀 범위 또는 배열, 열 번호, 찾을 방법) : 셀 범위나 배열에서 찾을 값에 해당하는 행을 찾은 후 열 번호에 해당하는 셀의 값을 구함
- =HLOOKUP(찾을 값, 셀 범위 또는 배열, 행 번호, 찾을 방법) : 셀 범위나 배열에서 찾을 값에 해당하는 열을 찾은 후 행 번호에 해당하는 셀의 값을 구함
- =INDEX(셀 범위나 배열, 행 번호, 열 번호) : 특정한 셀 범위나 배열에서 행 번호와 열 번호에 해당하는 데이터를 구함

32 ②

셀의 데이터를 삭제하면 윗주도 함께 사라짐

오답 피하기

- ① : 윗주의 서식은 내용 전체에 대해 서식을 변경할 수 있음
- ③ : 문자 데이터에만 윗주를 표시할 수 있음
- ④ : 윗주 필드 표시는 인쇄 미리 보기에서 표시되고 인쇄할 때도 같이 인쇄됨

33 ①

Alt + M 를 누르면 [수식] 탭이 선택됨

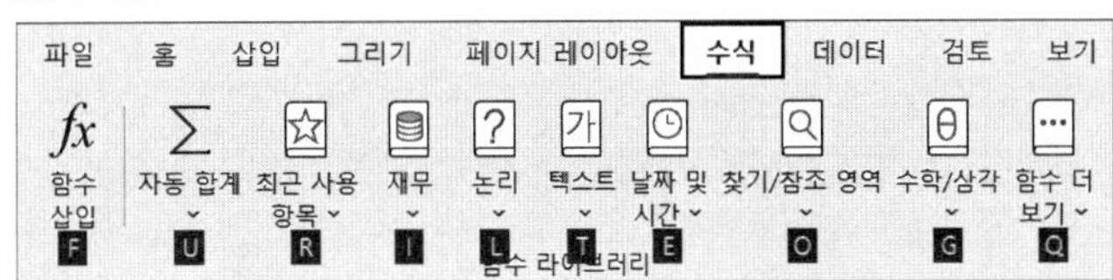

34 ④

[데이터 유효성] 기능의 오류 메시지 스타일에는 [경고], [중지], [정보]처럼 세 가지 스타일만 지원됨

35 ②

#NAME? : 함수 이름이나 정의되지 않은 셀 이름을 사용한 경우, 수식에 잘못된 문자열을 지정하여 사용한 경우

오답 피하기

- #N/A : 수식에서 잘못된 값으로 연산을 시도한 경우, 찾기 함수에서 결과 값을 찾지 못한 경우
- #NULL! : 교점 연산자(공백)를 사용했을 때 교차 지점을 찾지 못한 경우
- #VALUE! : 수치를 사용해야 할 장소에 다른 데이터를 사용하거나 함수의 인수로 잘못된 값을 사용한 경우

36 ③

복합 조건(AND, OR 결합)

- AND(그리고, 이면서) : 첫 행에 필드명(국사, 영어, 평균)을 나란히 입력하고, 다음 행에 첫 조건(>=80, >=85)을 나란히 입력함
- OR(또는, 이거나) : 다른 행에 두 번째 조건(>=85)을 입력함
- 따라서, 국사가 80 이상이면서(AND) 영어가 85 이상이거나(OR), 평균이 85 이상인 경우가 됨

37 ①

Microsoft Excel은 기본적으로 1900 날짜 체계를 사용하며 1900년 1월 1일이 일련번호 1이 됨

오답 피하기

- ② : 슬래시(/)나 하이픈(-)으로 구분하며 점(.)은 해당하지 않음
- ③ : 수식에서 날짜 데이터를 직접 입력할 때에는 큰따옴표(" ")로 묶어서 입력함
- ④ : Ctrl + ; 을 누르면 오늘 날짜가 입력됨

38 ②

- TODAY( ) : 현재 컴퓨터 시스템의 날짜를 반환
- DATE(연,월,일) : 연, 월, 일에 해당하는 날짜 데이터 반환
- ② =TODAY( )-DATE(1989,6,3) : 오늘 날짜까지의 근속 일수를 구함

39 ①

계열 겹치기 수치를 양수로 지정하면 데이터 계열 사이가 겹쳐짐

40 ③

사용자 지정 계산과 수식을 만들 수 없음

2023년 상시 기출문제 08회 98p

01 ④	02 ③	03 ③	04 ①	05 ③
06 ①	07 ②	08 ①	09 ④	10 ④
11 ③	12 ②	13 ①	14 ①	15 ③
16 ②	17 ④	18 ④	19 ④	20 ②
21 ①	22 ①	23 ④	24 ④	25 ③
26 ④	27 ③	28 ①	29 ④	30 ④
31 ③	32 ③	33 ④	34 ③	35 ②
36 ③	37 ②	38 ④	39 ④	40 ①

1과목 컴퓨터 일반

01 ④

공개 소프트웨어(Freeware) : 개발자가 무료로 자유로운 사용을 허용한 소프트웨어

오답 피하기

번들 프로그램(Bundle Program) : 특정한 하드웨어나 소프트웨어를 구매하였을 때 끼워주는 소프트웨어

02 ③

브리지(Bridge) : 데이터 링크 계층에서 망을 연결하며, 패킷을 적절히 중계하고 필터링하는 장치

오답 피하기

- 라우터(Router) : 네트워크 계층에서 망을 연결하며, 다양한 전송 결로 중 가장 효율적인 경로를 선택하여 패킷을 전송하는 장치
- 스위칭 허브(Switching Hub) : 네트워크에서 연결된 각 회선이 모이는 집선 장치로서 각 회선을 통합적으로 관리하는 방식으로 집선 장치가 많아져도 그 속도가 일정하게 유지됨
- 모뎀 (MODEM) : 변복조 장치

03 ③

산술 논리 연산 장치에는 누산기, 가산기, 보수기, 상태 레지스터가 있음. 프로그램 카운터는 다음에 수행할 명령어의 번지를 기억하는 레지스터로 제어 장치에 속함

04 ①

ASCII 코드 : 미국에서 추진된 7비트로 구성된 정보 교환용 코드로 데이터 통신과 개인용 컴퓨터에 주로 사용되는 코드

오답 피하기

- BCD 코드 : 제2세대 컴퓨터에서 대부분 사용하는 기본 코드로 6비트로 구성
- ISO 코드 : 국제표준화기구(ISO)가 규정한 정보 교환을 위한 코드로 7비트로 구성
- EBCDIC 코드 : 표준 2진화 10진 코드를 확장한 코드로 8비트로 구성

05 ③

IPv6 체계는 32비트의 IPv4 체계를 4배 확장한 128비트의 프로토콜로 주소의 개수를 큰 폭으로 증가시켜 보안성 및 확장성 등이 향상됨

06 ①

오답 피하기

- 디더링(Dithering) : 표현할 수 없는 색상이 존재할 경우, 다른 색상들을 섞어서 비슷한 색상을 내는 효과
- 모델링(Modeling) : 물체의 형상을 컴퓨터 내부에서 3차원 그래픽으로 어떻게 표현할 것인지를 정하는 과정
- 렌더링(Rendering) : 컴퓨터 그래픽에서 3차원 질감(그림자, 색상, 농도 등)을 줌으로써 사실감을 추가하는 과정

07 ②

캐시 메모리 : 휘발성 메모리로, 속도가 빠른 CPU와 상대적으로 속도가 느린 주기억 장치 사이에 있는 고속의 버퍼 메모리

오답 피하기

- 가상 기억 장치 : 보조 기억 장치의 일부 즉, 하드디스크의 일부를 주기억 장치처럼 사용하는 메모리 사용 기법으로 기억 장소를 주기억 장치의 용량으로 제한하지 않고, 보조 기억 장치까지 확대하여 사용함
- 플래시 메모리 : RAM 같은 ROM으로 기억된 내용은 전원이 나가도 지워지지 않고 쉽게 쓰기가 가능함
- 연상 기억 장치 : 저장된 내용의 일부를 이용하여 기억 장치에 접근하여 데이터를 읽어오는 기억 장치

08 ①

GIF는 대표적인 비손실 압축 방식 그래픽 파일 형식임

09 ④

- 자료(Data) : 처리 이전 상태의 문자나 수치, 그림 등 컴퓨터에 입력되는 기초 자료
- 정보(Information) : 어떤 목적에 의해 유용하게 활용될 수 있는 상태로, 자료를 처리한 결과

10 ④

Alt + F4 : 활성 항목을 닫거나 활성 앱을 종료

오답 피하기

- Ctrl + R : 활성창 새로 고침(=F5)
- Alt + Enter : 선택한 항목에 대해 속성 표시
- Alt + Tab : 열려 있는 앱 간 전환

11 ③

시스템 백업 기능을 자주 사용한다고 해서 시스템 바이러스 감염 가능성이 높아지는 것은 아님

12 ②

인터프리터는 목적 프로그램을 생성하지 않고 필요할 때마다 기계어로 번역하여 실행하는 방식임

13 ①

레지스터(Register) : CPU에서 명령이나 연산 결과 값을 일시적으로 저장하는 임시 기억 장소로 기본 소자인 플립플롭(Flip-Flop)이나 래치(Latch) 등으로 구성되며 메모리 중에서 가장 속도가 빠름

14 ①

Shift 를 누른 상태에서 파일을 삭제하면 휴지통에 저장되지 않고 영구히 삭제됨

15 ③

오답 피하기

- DHCP(Dynamic Host Configuration Protocol) : IP주소를 자동으로 할당해 주는 동적 호스트 설정 통신 규약
- CGI(Common Gateway Interface) : 웹 서버에 있어 사용자의 요구를 응용 프로그램에 전달하고 그 결과를 사용자에게 되돌려 주기 위한 표준적인 방법
- URL(Uniform Resource Locator) : 인터넷에서 정보의 위치를 알려 주는 표준 주소 체계, 인터넷의 정보에 대한 접근 방법, 위치, 파일명 등으로 구성됨

16 ②

PING : 네트워크의 현재 상태나 다른 컴퓨터의 네트워크 접속 여부를 확인하는 명령

오답 피하기

- ① TELNET : 원격지의 컴퓨터에 접속하기 위해서 지원되는 인터넷 표준 프로토콜 중 하나로, 원격지에 있는 컴퓨터에 접속하여 프로그램을 실행시키거나 시스템 관리 작업 등을 할 수 있는 서비스
- ③ TRACERT : 네트워크에 연결된 컴퓨터의 경로(라우팅 경로)를 추적할 때 사용하는 명령
- ④ FINGER : 특정 네트워크에 접속된 사용자의 정보를 확인할 때 사용하는 명령

17 ④

AVI 파일 : Windows의 표준 동영상 파일 형식으로 디지털 비디오 압축 방식임

오답 피하기

- JPG 파일 : 정지 영상 압축 기술에 관한 표준화 규격
- GIF 파일 : 비손실 압축 방식으로 이미지 손상은 없지만 압축률이 좋지 않고 256색까지 표현함
- BMP 파일 : 이미지를 비트맵 방식으로 표현, 압축을 하지 않으므로 고해상도이며 용량이 큼

18 ④

시분할 시스템(Time Sharing System) : 다수의 이용자가 여러 개의 입, 출력 장치를 동시에 사용이 가능한 방식

오답 피하기

- 일괄 처리 시스템 : 발생된 자료를 일정 기간 데이터를 모아 두었다가 한꺼번에 일정량을 처리하는 방식
- 다중 프로그래밍 시스템 : 하나의 CPU로 여러 개의 프로그램을 처리하는 기법
- 다중 처리 시스템 : 두 개 이상의 CPU로 여러 개의 프로그램을 처리하는 기법

19 ④

트루 컬러(True color)

- 사람의 눈으로 인식이 가능한 색상의 의미로, 풀 컬러(Full Color)라고도 함
- 24비트의 값을 이용하며, 빛의 3원색인 빨간색(R), 녹색(G), 파란색(B)을 배합하여 나타내는 색상의 규격으로 배합할 때의 단위를 픽셀(Pixel)이라 함

20 ②

펌웨어(Firmware) : 비휘발성 메모리인 ROM에 저장된 프로그램으로 하드웨어의 교체 없이 소프트웨어의 업그레이드만으로 시스템의 성능을 향상시킬 수 있음

2과목 스프레드시트 일반

21 ①

- ROUNDUP(숫자,자릿수)은 올림 함수로 숫자를 지정한 자릿수에서 올림을 실행함
- ROUNDUP(3.2,0) : 3.2를 0자리에서 올림하여 4의 결과가 표시됨

오답 피하기

- ② =MOD(3,2) → 1 : 3을 2로 나눈 나머지를 구함
- ③ =ABS(−2) → 2 : −2의 절대값을 구함
- ④ =MID("2026 월드컵",6,3) → 월드컵 : 6번째 '월'부터 3글자를 추출함

22 ①

이름은 기본적으로 절대 참조를 사용함

오답 피하기

- 이름의 첫 글자는 문자나 밑줄(_), ₩만 사용할 수 있음
- 나머지 글자는 문자, 숫자, 마침표(.), 밑줄(_)을 사용함
- 셀 주소와 같은 형태의 이름은 사용할 수 없음
- 최대 255자까지 지정할 수 있음

23 ④

[옵션] 단추

- 매크로의 바로 가기 키와 설명을 편집할 수 있음
- 매크로 이름은 이 대화 상자에서 수정할 수 없으며 Visual Basic Editor를 열고 수정해야 함

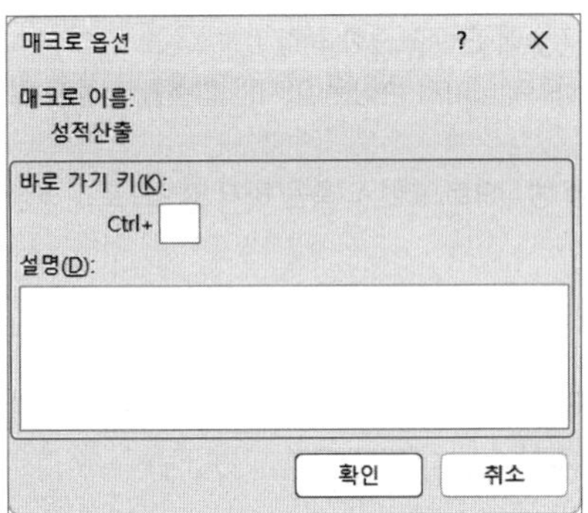

24 ④

고급 필터가 적용된 결과 표를 정렬할 경우 숨겨진 레코드는 정렬에 포함되지 않음

25 ③

[데이터 유효성 검사]에서 목록으로 값을 제한하는 경우 드롭 다운 목록의 너비를 지정하는 기능은 지원되지 않음

26 ④

정렬 기준 : 셀 값, 셀 색, 글꼴 색, 조건부 서식 아이콘 등

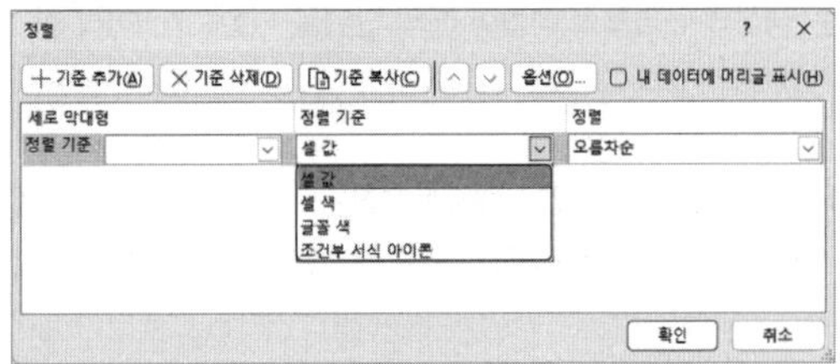

27 ③

창 나누기

- 워크시트의 내용이 많아 하나의 화면으로는 모두 표시하기가 어려워 불편할 때 멀리 떨어져 있는 데이터를 한 화면에 표시할 수 있도록 분할하는 기능
- [보기] 탭−[창] 그룹−[나누기]를 실행하여 현재 화면을 수평이나 수직 또는 수평/수직으로 나눔

오답 피하기

- 창 정렬 : 여러 개의 통합 문서를 배열하여 비교하면서 작업할 수 있는 기능
- 확대/축소 : 현재 워크시트를 확대 또는 축소시켜 표시하는 기능
- 창 숨기기 : 현재 통합 문서를 보이지 않게 숨기는 기능

28 ①

임의의 셀을 선택한 다음 Shift + Space Bar 를 누르면 선택한 셀의 행이 모두 선택되지만, 행을 선택한 다음 Shift + Space Bar 를 누르면 아무 변화도 생기지 않음

29 ④

=COUNTIF(B2:B9, "영업1부") : COUNTIF 함수에 의해 조건인 "영업1부"만 계산하므로 그 결과는 4가 됨

30 ④

매크로 저장 위치 : 개인용 매크로 통합 문서, 새 통합 문서, 현재 통합 문서

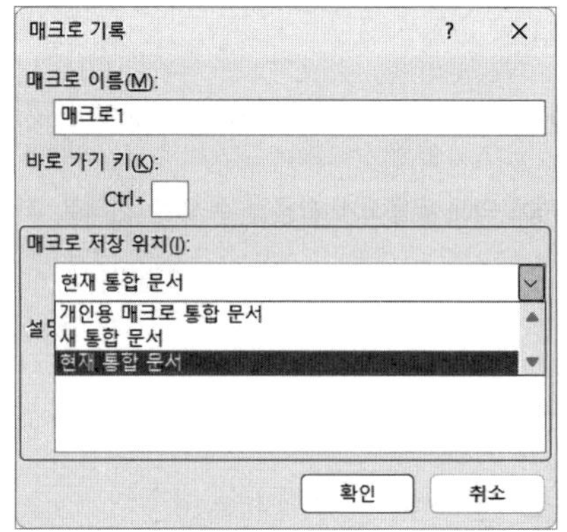

31 ③

❸ 데이터 테이블 : 차트 작성 시 사용된 원본 데이터를 표 형태로 아래에 표시함

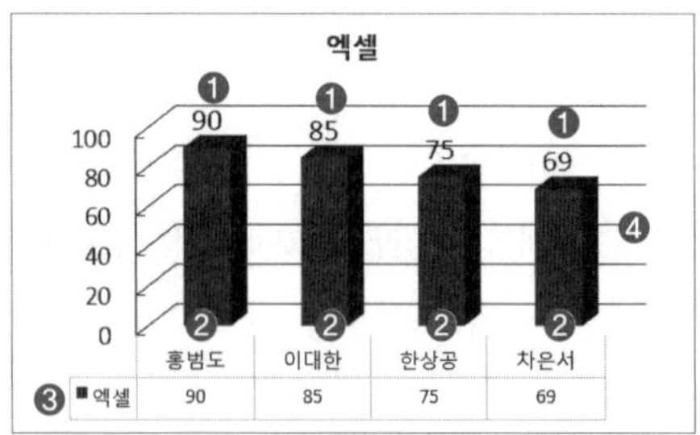

오답 피하기

- ❶ 데이터 레이블 : 그려진 막대나 선이 나타내는 표식에 대한 데이터 요소 또는 값을 의미
- ❷ 데이터 계열 : 차트로 나타낼 값을 가진 항목들을 의미
- ❹ 눈금선 : 가로(항목) 축과 세로(값) 축의 눈금을 그림 영역 부분에 표시

32 ③

시나리오는 최대 32개까지 변경 셀을 지정할 수 있음

33 ④

만능 문자(*, ?) 자체를 찾을 경우는 ~ 기호를 만능 문자 앞에 사용함

34 ③

분산형 차트 : 데이터의 불규칙한 간격이나 묶음을 보여 주는 것으로 주로 과학, 공학용 데이터 분석에 사용, 3차원 차트로 작성할 수 없음, 데이터 요소 간의 차이점보다는 큰 데이터 집합 간의 유사점을 표시하려는 경우에 사용됨

오답 피하기

- 주식형 차트 : 주가 변동을 나타내는 데 사용(과학 데이터도 사용 가능)함
- 영역형 차트 : 시간의 흐름에 대한 변동의 크기를 강조하여 표시, 합계 값을 추세와 함께 분석할 때 사용함
- 방사형 차트 : 여러 열이나 행에 있는 데이터를 차트로 표시, 여러 데이터 계열의 집계 값을 비교함

35 ②

'반복할 행'은 매 페이지마다 반복해서 인쇄될 행을 지정하는 기능으로, [페이지 설정] 대화 상자의 [시트] 탭에서 '반복할 행'에 $1:$3을 입력하면 1행부터 3행까지의 내용이 매 페이지마다 반복되어 인쇄됨

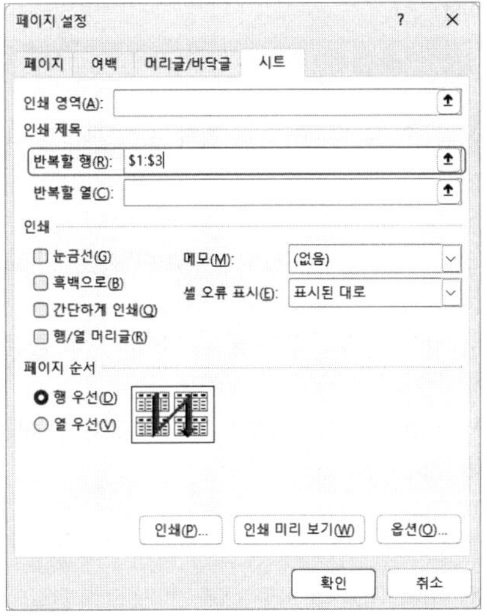

36 ③

채우기 핸들을 드래그하면 선택한 셀 내용과 같은 값을 반복해서 붙여주지만 Ctrl 을 누른 채 채우면 1씩 증가된 값이 채워짐

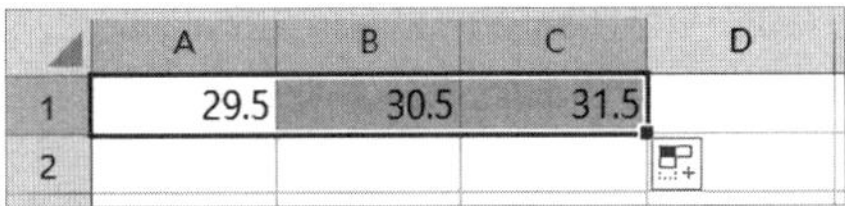

37 ②

목표값 찾기는 하나의 변수 입력 값만 사용함

38 ④

통합 문서 계산에서 '수동'인 경우 F9를 누르면 재계산(지금 계산)이 실행됨

오답 피하기

- F1 : 도움말
- F2 : 수정
- F4 : 참조 변환

39 ④

- 한 단계씩 코드 실행 : F8
- 모듈 창의 커서 위치까지 실행 : Ctrl+F8
- 매크로 실행 : F5

40 ①

텍스트 창에 수식을 입력하는 경우 SmartArt에 결과 값이 계산되어 표시되지 않고 수식 그대로 표시됨

2023년 상시 기출문제 09회 105p

01 ②	02 ③	03 ②	04 ②	05 ④
06 ③	07 ③	08 ②	09 ③	10 ③
11 ②	12 ④	13 ①	14 ④	15 ③
16 ③	17 ④	18 ③	19 ②	20 ④
21 ③	22 ③	23 ①	24 ①	25 ④
26 ④	27 ③	28 ①	29 ①	30 ④
31 ④	32 ①	33 ③	34 ②	35 ①
36 ②	37 ③	38 ①	39 ③	40 ③

1과목 컴퓨터 일반

01 ②

제어 프로그램의 종류 : 감시 프로그램, 작업 관리 프로그램, 데이터 관리 프로그램

오답 피하기

처리 프로그램의 종류 : 언어 번역 프로그램, 서비스 프로그램, 문제 처리 프로그램

02 ③

KB, MB, GB, TB 등은 기억 용량 단위임

오답 피하기

컴퓨터의 처리 속도 단위 : ms(milli second) → μs(micro second) → ns(nano second) → ps(pico second) → fs(femto second) → as(atto second)

03 ②

오답 피하기

① : 디더링(Dithering), ③ : 모핑(Morphing), ④ : 안티앨리어스에 대한 설명임

04 ②

에어로 피크(Aero Peek)

- 작업 표시줄에서 실행 중인 프로그램의 아이콘에 마우스 포인터를 위치시키면 축소 형태의 미리 보기가 나타남
- 작업 표시줄 오른쪽 끝의 [바탕 화면 보기]에 마우스 포인터를 위치시키면 바탕 화면이 일시적으로 나타남
- [바탕 화면 보기]를 클릭하면 모든 창이 최소화되면서 바탕 화면이 표시되고 다시 클릭하면 모든 창이 나타남

오답 피하기

- ① : 라이브러리에 대한 설명으로 [파일 탐색기]의 [보기] 탭-[창] 그룹-[탐색 창]에서 '라이브러리 표시'를 클릭하여 설정하면 폴더 탐색 창에 표시됨
- ③ : [설정]-[개인 설정]-[배경]에서 배경을 '슬라이드 쇼'로 설정함
- ④ : 점프 목록에 대한 설명으로 [설정]-[개인 설정]-[시작]에서 '시작 메뉴의 점프 목록, 작업 표시줄 또는 파일 탐색기 즐겨찾기에서 최근에 연 항목 표시'가 '켬'으로 설정되어 있어야 함

05 ④

ASCII 코드(미국 표준)

- Zone은 3비트, Digit는 4비트로 구성됨
- 7비트로 2^7=128가지의 표현이 가능함
- 일반 PC용 컴퓨터 및 데이터 통신용 코드
- 대소문자 구별이 가능함
- 확장된 ASCII 코드는 8비트를 사용하여 256가지 문자를 표현함

오답 피하기

- ① : 해밍 코드에 대한 설명임
- ②, ③ : EBCDIC 코드에 대한 설명임

06 ③

[⊞]+[T] : 작업 표시줄에 있는 프로그램의 미리 보기 창이 순서대로 이동됨

오답 피하기

[⊞]+[L] : PC 잠금 또는 계정 전환
[⊞]+[D] : 열린 모든 창을 최소화하거나 이전 크기로 열기
[⊞]+[F] : 피드백 허브 열기

07 ③

[Back Space] : 현재 폴더에서 상위 폴더로 이동

오답 피하기

[Home] : 현재 창의 맨 위를 표시

08 ②

다중 처리 시스템 : 두 개 이상의 CPU로 동시에 여러 개의 프로그램을 처리하는 기법

오답 피하기

- 일괄 처리 시스템(Batch Processing System) : 발생한 자료를 일정 기간 모아 두었다가 한꺼번에 처리하는 방식
- 듀플렉스 시스템(Duplex System) : 두 개의 CPU 중 한 CPU가 작업 중일 때 다른 하나는 예비로 대기하는 시스템
- 다중 프로그래밍 시스템(Multiprogramming System) : 하나의 CPU로 동시에 여러 개의 프로그램을 처리하는 기법

09 ③

IoT(Internet of Things) : 인간 대 사물, 사물 대 사물 간에 인터넷으로 연결되어 정보의 소통이 가능한 기술

오답 피하기

- 클라우드 컴퓨팅(Cloud Computing) : 언제 어디서나 인터넷이 연결된 장소에서 정보의 저장 및 처리가 가능한 컴퓨터 환경
- RSS(Rich Site Summary) : 자동 수집 기능으로 사이트의 방문 없이도 원하는 최신 정보를 볼 수 있으며 주로 블로그 사이트나 뉴스 등에서 콘텐츠를 표현할 때 사용함
- 빅 데이터(Big Data) : 다양한 종류의 대규모 데이터를 분석, 처리하는 과정을 통해 원하는 결과를 도출하여 효율적으로 이용하기 위한 것으로 빅 데이터의 크기는 수십 테라바이트에서 페타바이트까지 존재함

10 ③

리피터(Repeater) : 네트워크에서 디지털 신호를 일정한 거리 이상으로 전송시키면 신호가 감쇠가 발생하므로 장거리 전송을 위해 신호를 새로 재생하거나 출력 전압을 높여 전송하는 장치

오답 피하기

① : 라우터(Router), ② : 게이트웨이(Gateway), ④ : 브리지(Bridge)

11 ②

셰어웨어(Shareware) : 정식 프로그램의 구매를 유도하기 위해 기능이나 사용 기간에 제한을 두고 무료로 배포하는 프로그램

오답 피하기

① : 상용 소프트웨어, ③ : 오픈 소스 프로그램, ④ : 베타 버전

12 ④

URL(Uniform Resource Locator) : 인터넷에서 정보의 위치를 알려 주는 표준 주소 체계, 인터넷의 정보에 대한 접근 방법, 위치, 파일명 등으로 구성됨

오답 피하기

- DHCP(Dynamic Host Configuration Protocol) : IP 주소를 자동으로 할당해 주는 동적 호스트 설정 통신 규약
- CGI(Common Gateway Interface) : 웹 서버에 있어 사용자의 요구를 응용 프로그램에 전달하고 그 결과를 사용자에게 되돌려 주기 위한 표준적인 방법
- DNS(Domain Name System) : 문자 형태로 된 도메인 네임을 컴퓨터가 인식할 수 있는 숫자로 된 IP 주소로 변환해 주는 컴퓨터 체계

13 ①

전자 우편은 기본적으로 7비트의 ASCII 코드를 사용하여 전송함

14 ④

오답 피하기

① : 가로막기, ② : 가로채기, ③ : 변조/수정

15 ③

인터넷과 같은 통신 매체를 이용하는 전자 우편이나 파일 다운로드 등을 통한 감염 외에도 USB 메모리 등을 통해서도 감염됨

16 ③

[개인 설정] : 배경, 색, 잠금 화면, 테마, 글꼴, 시작, 작업 표시줄 등을 설정함

오답 피하기

내레이터는 [접근성]에서 설정함

17 ④

처리하고자 하는 정보의 종류와 양이 증가하였음

18 ③

드럼식, 체인식, 밴드식은 잉크 리본에 활자 충격을 이용하는 활자식 라인 프린터의 인쇄 방식임

19 ②

- [속성] 창에서 폴더의 특정 하위 폴더를 삭제할 수 없음
- 폴더의 특정 하위 폴더를 삭제하려면 해당 폴더를 선택한 다음 마우스 오른쪽 단추를 누르고 [삭제]를 클릭하여 삭제함
- [속성] 창 표시 : 해당 폴더를 선택한 다음 마우스 오른쪽 단추를 누른 후 [속성]을 클릭하여 실행하거나 Alt + Enter 를 눌러서 실행함

오답 피하기

- ① : [속성] 창–[일반] 탭의 [내용]에서 폴더가 포함하고 있는 하위 폴더 및 파일의 개수를 알 수 있음
- ③ : [속성] 창–[공유] 탭에서 폴더를 네트워크와 연결된 다른 컴퓨터에서 접근할 수 있도록 공유시킬 수 있음
- ④ : [속성] 창–[일반] 탭의 [특성]에서 폴더에 '읽기 전용' 속성을 설정하거나 해제할 수 있음

20 ④

보안이 취약하며 개인 PC 등의 작은 규모의 네트워크에서 주로 사용되므로 데이터의 양이 적을 때 적합함

2과목 스프레드시트 일반

21 ③

[A1] 셀에서 A는 열을 의미하며 1은 행을 의미하므로 A열 1행이 됨

22 ③

'쓰기 암호'가 지정된 경우라도, 파일을 수정하고 다른 이름으로 저장하는 경우는 '쓰기 암호'를 입력하지 않아도 됨

23 ①

Ctrl + Home : 워크시트의 시작 위치([A1] 셀)로 이동함

24 ①

도형이나 그림 등에 하이퍼링크를 지정할 수 있음

25 ④

#VALUE! : 수치를 사용해야 할 장소에 다른 데이터를 사용하는 경우나 함수의 인수로 잘못된 값을 사용한 경우

오답 피하기

- #DIV/0! : 0으로 나누기 연산을 시도한 경우
- #NUM! : 숫자가 필요한 곳에 잘못된 값을 지정한 경우나 숫자의 범위를 초과한 경우
- #NAME? : 함수 이름이나 정의되지 않은 셀 이름을 사용한 경우 또는 수식에 잘못된 문자열을 지정하여 사용한 경우

26 ④

=AND(6<5, 7>5) → FALSE : AND 함수는 두 조건이 모두 만족할 때만 TRUE가 됨

오답 피하기

- =RIGHT("Computer",5) → puter : 오른쪽에서 5개를 추출
- =ABS(−5) → 5 : 절대값을 구함
- =TRUNC(5.96) → 5 : =TRUNC(수1, 수2)는 수1을 무조건 내림하여 수2만큼 반환함, 수2 생략 시 0으로 처리되므로 5가 됨

27 ③

- =EOMONTH(시작 날짜, 전후 개월 수) : 시작 날짜를 기준으로 전후 개월의 마지막 날을 반환함
- =EOMONTH(D2,1) : 1980−12−08부터 1개월 후 마지막 날이므로 1981−01−31이 결과로 산출됨
- 셀 서식을 [날짜]로 설정하면 "1981−01−31"처럼 표시됨

D4 | fx =EOMONTH(D2,1)

	A	B	C	D	E
1	사원번호	성명	직함	생년월일	
2	101	구민정	영업과장	1980-12-08	
3					
4				1981-01-31	
5					

28 ①

매크로의 바로 가기 키는 엑셀에서 사용하는 바로 가기 키를 사용할 수 있으며, 다른 바로 가기 키보다 우선으로 실행됨

29 ①

레이블 내용에 '차트 제목'은 지원되지 않음

오답 피하기

레이블 내용은 '계열 이름(미세먼지)', '항목 이름(서울, 경기, 인천, 수원)', '값(50, 45, 37, 26)', '백분율(32%, 29%, 23%, 16%)'이 설정되어 있음

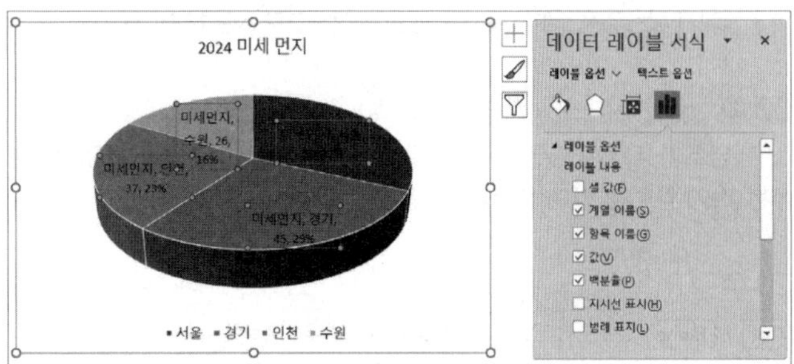

30 ④

[Alt]+[Enter] : 자동 줄 바꿈

오답 피하기

범위를 지정하고 데이터를 입력한 후 [Ctrl]+[Enter]를 누르면 동일한 데이터가 한꺼번에 입력됨

31 ④

[시트] 탭 : 인쇄 영역, 인쇄 제목(반복할 행, 반복할 열), 인쇄(눈금선, 메모, 흑백으로, 셀 오류 표시, 간단하게 인쇄, 행/열 머리글), 페이지 순서(행 우선, 열 우선) 등을 설정할 수 있음

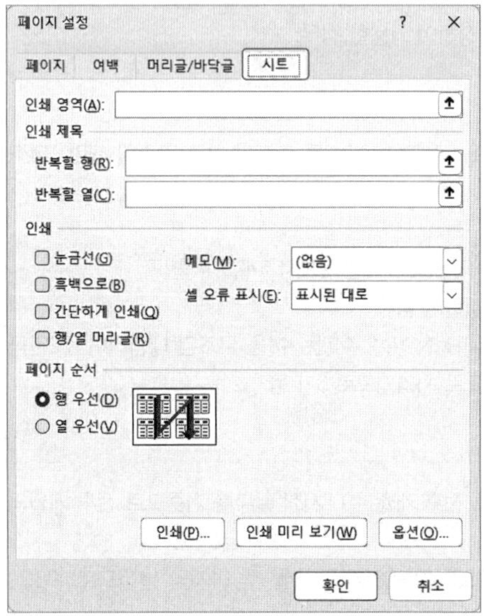

32 ①

'날짜 필터' 목록에서 필터링 기준으로 사용할 요일은 지원되지 않음

33 ③

오답 피하기

- 피벗 테이블 : 많은 양의 자료를 효율적으로 분석하고 요약하는 기능
- 시나리오 : 워크시트에 입력된 자료들에 대해 자료 값이 변함에 따라 그 결과를 분석하고 예측하는 기능
- 매크로 : 자주 사용하는 명령이나 반복적인 작업을 일련의 순서대로 기록해 두었다가 필요할 때마다 바로 가기 키(단축키)나 실행 단추를 클릭하여 쉽고, 빠르게 작업을 수행되도록 하는 기능

34 ②

세미콜론 세 개(;;;)를 연속하여 사용하면 입력 데이터가 셀에 나타나지 않음

35 ①

'새로운 값으로 대치'는 이미 부분합이 작성된 목록에서 이전 부분합을 지우고 현재 설정대로 새로운 부분합을 작성하여 삽입하므로, 여러 함수를 이용하여 부분합을 작성하려면 두 번째부터 실행하는 [부분합] 대화 상자에서 '새로운 값으로 대치'의 선택을 해제해야 함

36 ②

선택한 영역 중 문자 데이터가 입력된 셀의 수를 구하는 기능은 지원되지 않음

오답 피하기

- ① : 선택한 영역 중 숫자 데이터가 입력된 셀의 수 → 숫자 셀 수
- ③ : 선택한 영역 중 데이터가 입력된 셀의 수 → 개수
- ④ : 선택한 영역의 합계, 평균, 최소값, 최대값 → 합계, 평균, 최소값, 최대값

37 ③

분산형, 주식형, 거품형 차트로 변경할 수 없음

38 ①

시나리오는 변경 셀로 지정한 셀에 계산식이 포함되어 있으면 자동으로 상수로 변경되어 시나리오가 작성되지만, 별도의 파일로 저장되지는 않음

39 ③

오름차순 정렬과 내림차순 정렬에서 공백은 맨 마지막에 위치하게 됨

40 ③

- HLOOKUP : 표의 가장 첫 행에서 특정 값을 찾아, 지정한 행에 해당하는 열의 셀 값을 표시함
- 형식 : =HLOOKUP(찾을 값, 셀 범위 또는 배열, 행 번호, 찾을 방법)
- 찾을 값 : 표의 첫째 행에서 찾고자 하는 값 → [C5]
- 셀 범위 또는 배열 : 찾고자 하는 값이 있는 범위나 배열 → [C2:G3]
- 행 번호 : 같은 열에 있는 값을 표시할 행 → 2
- 찾을 방법 → TRUE
  - 생략되거나 TRUE(=1)이면 셀 범위에 똑같은 값이 없을 때는 찾을 값의 아래로 근사 값을 찾아주며, 이때 셀 범위 또는 배열은 첫 번째 행을 기준으로 왼쪽에서 오른쪽으로 오름차순 정렬이 되어 있어야 함
  - FALSE(=0)로 지정되면 정확한 값을 찾아주며, 만약 그 값이 없을 때는 #N/A 오류가 발생함

C6 | =HLOOKUP(C5,C2:G3,2,TRUE)

	A	B	C	D	E	F	G	H
1								
2		점수	0	60	70	80	90	
3		학점	F	D	C	B	A	
4								
5		점수	76					
6		학점	C					
7								

오답 피하기

VLOOKUP : 표의 가장 왼쪽 열에서 특정 값을 찾아, 지정한 열에서 같은 행에 있는 셀의 값을 표시함

2023년 상시 기출문제 10회 111p

01 ④	02 ③	03 ④	04 ①	05 ④
06 ②	07 ④	08 ③	09 ②	10 ④
11 ④	12 ④	13 ③	14 ①	15 ②
16 ①	17 ②	18 ④	19 ②	20 ③
21 ③	22 ③	23 ③	24 ②	25 ②
26 ③	27 ③	28 ①	29 ②	30 ②
31 ②	32 ④	33 ①	34 ③	35 ③
36 ③	37 ①	38 ②	39 ③	40 ②

1과목 컴퓨터 일반

01 ④

1TB(Tera Byte) : 2^{40}(Byte)=1,024GB=1024×1024×1024×1024Bytes

02 ③

부하 분산(Load Balancing) : 병렬로 운영되는 기기에서 부하가 균등하도록 작업을 분산하는 역할을 함

03 ④

오답 피하기

- ① : 객체 지향 언어로 추상화, 상속화, 다형성과 같은 특징을 가짐
- ② : LISP 언어에 대한 설명임
- ③ : 네트워크 환경에서 분산 작업이 가능하도록 설계되었음

04 ①

캐시 메모리는 SRAM을 사용함

05 ④

운영체제의 목적

- 처리 능력 증대
- 신뢰도 향상
- 응답 시간 단축
- 사용 가능도

06 ②

핫 스왑(Hot Swap) 지원 : 컴퓨터의 전원이 켜져 있는 상태에서 시스템에 장치를 연결하거나 분리하는 기능

07 ④

스트리밍(Streaming) 기술

- 동영상 파일 및 음악 파일을 다운로드하면서 동시에 재생할 수 있는 기술
- 쌍방향 의사소통을 원활하게 하는 기능은 지원되지 않음

08 ③

MHEG(Multimedia and Hypermedia information coding Experts Group) : 멀티미디어와 하이퍼미디어 정보에 대한 ISO 표준 부호화 방식으로 MPEG, JPEG, JBIG과 더불어 정보 암호화의 4대 ISO 표준임. 다양한 멀티미디어를 하나의 파일에 담을 수 있으며 게임, 전자 출판, 의료 응용 분야 등 다양한 정보 이용 및 교환용으로 제작되었음

09 ②

일괄 처리 → 실시간 처리 → 다중 프로그래밍 → 시분할 처리 → 다중 처리 → 분산 처리

10 ④

바로 가기 아이콘을 삭제하더라도 연결된 실제의 대상 파일은 삭제되지 않음

11 ④

아이콘 자동 정렬은 [바탕 화면]의 바로 가기 메뉴 [보기]에 있음

12 ④

RFID(Radio Frequency IDentification)

- 무선 주파수(Radio Frequency)를 이용하는 것으로 사물에 안테나와 칩으로 구성된 전자 태그를 부착하여 사물의 정보 등을 RFID 리더로 식별(IDentification)할 수 있도록 해 주는 센서 기술
- 비접촉식이며 이동 중에서 인식이 가능하고 멀티 태그 인식 기능, 재사용(Read/Write) 가능, 반영구적 사용, 알고리즘을 이용한 높은 보안과 신뢰성 등의 특징이 있음

13 ③

오답 피하기

- ① : 디지털 컴퓨터–셀 수 있는 데이터(숫자, 문자 등), 아날로그 컴퓨터–연속적인 물리량(전류, 전압, 온도, 속도 등)
- ② : 디지털 컴퓨터–논리 회로, 아날로그 컴퓨터–증폭 회로
- ④ : 아날로그 컴퓨터–특수 목적용, 디지털 컴퓨터–범용

14 ①

휴지통에 지정된 최대 크기를 초과하면 보관된 파일 중 가장 오래된 파일부터 자동 삭제됨

15 ②

FTP(File Transfer Protocol) : 파일 전송 프로토콜로 파일을 전송하거나 받을 때 사용하는 서비스

오답 피하기

- SSL(Secure Socket Layer) : 넷스케이프 브라우저에 사용한 암호화 프로토콜
- Telnet : 원격지의 컴퓨터에 접속하기 위해서 지원되는 인터넷 표준 프로토콜
- Usenet : 관심이 있는 분야끼리 그룹을 지어 자신의 의견을 주고받을 수 있는 서비스

16 ①

압축 프로그램 : 사용자가 컴퓨터를 보다 효율적으로 사용할 수 있게 도와주는 유틸리티 프로그램의 한 종류로 파일을 압축함으로써 디스크 공간을 절약할 수 있으며 데이터 통신망을 이용하여 자료를 송수신할 때 빠르게 처리할 수 있어 전송 시간이 단축됨(ZIP, ARJ, RAR, 알집 등)

오답 피하기

SAS(Statistical Analysis System) : 통계적 분석 시스템

17 ②

패치 프로그램(Patch Program) : 이미 제작하여 배포된 프로그램의 오류 수정이나 성능 향상을 위하여 프로그램 일부를 변경해 주는 프로그램

오답 피하기

① : 벤치마크 프로그램, ③ : 알파 테스트 버전, ④ : 베타 테스트 버전

18 ④

WAV : WAVE 형식의 파일로 아날로그 신호를 디지털화하여 나타내는 것으로, 소리의 파장이 그대로 저장되며 음질이 뛰어나기 때문에 파일의 용량이 큼, 자연의 음향과 사람의 음성 표현이 가능함

오답 피하기

- BMP : 이미지를 비트맵 방식을 표현하며 압축하지 않기 때문에 고해상도의 이미지를 표현할 수 있음
- GIF : 비 손실 압축 방법을 사용하기 때문에 이미지의 손상은 없지만, 압축률이 높지 않음
- TIFF : 호환성이 좋아 매킨토시와 개인용 컴퓨터 간의 그래픽 데이터를 교환하기 위해 사용하는 비트맵 파일 형식

19 ②

포털 사이트(Portal Site) : 인터넷 이용 시 반드시 거쳐야 한다는 의미의 '관문 사이트'로 한 사이트에서 '정보 검색, 전자우편, 쇼핑, 채팅, 게시판' 등의 다양한 인터넷 서비스를 제공하는 사이트

오답 피하기

미러 사이트(Mirror Site) : 같은 내용을 여러 사이트에 복사하여 사용자가 분산되게 하고, 보다 빨리 자료를 찾을 수 있도록 하는 사이트

20 ③

③은 IP에 대한 설명임

2과목 스프레드시트 일반

21 ③

Excel 매크로 사용 통합 문서 : *.xlsm

오답 피하기

- ① *.txt : 탭으로 분리된 텍스트 파일
- ② *.prn : 공백으로 분리된 텍스트 파일
- ④ *.xltm : Excel 매크로 사용 서식 파일
- Excel 추가 기능 : *.xlam

22 ③

- =RANK.EQ(순위 구할 수, 참조 범위, 순위 결정 방법) : 참조 범위에서 순위 구할 수의 석차를 구함(순위 결정 방법이 0이거나 생략되면 참조 범위가 내림차순으로 정렬된 목록처럼 순위를 부여함)
- =CHOOSE(검색값, 값1, 값2, …) : 검색값이 1이면 값1, 2이면 값2, 순서로 값을 반환함
- RANK.EQ(D2,$D$2:$D$5) : [D2] 셀, 김나래의 합계 92점의 석차를 구함 → 3
- =CHOOSE(3,"천하","대한","영광","기쁨") : 3번째 값인 "영광"을 선택하여 결과로 산출함

E2 | =CHOOSE(RANK.EQ(D2, $D$2:$D$5),"천하","대한","영광","기쁨")

	A	B	C	D	E	F	G	H	I	J
1	성명	이론	실기	합계	수상					
2	김나래	47	45	92	영광					
3	이석주	38	47	85	기쁨					
4	박명호	46	48	94	대한					
5	장영민	49	48	97	천하					
6										

23 ③

피벗 테이블의 셀에 메모를 삽입한 경우 데이터를 정렬하더라도 메모는 데이터와 함께 정렬되지 않음

24 ②

두 개 이상의 셀을 범위로 지정하여 채우기 핸들을 끌면 데이터 사이의 차이에 의해 증가하면서 채워지므로 [B4] 셀까지 드래그했을 때 "일, 월, 화, 수", "1, 2, 3, 4"처럼 값이 변경됨

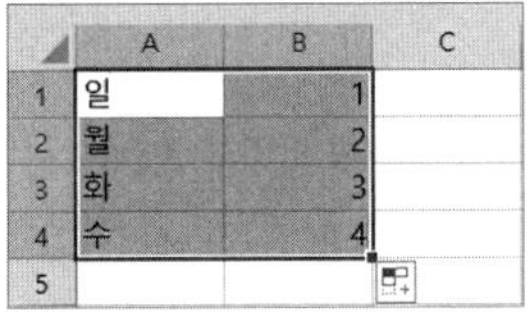

	A	B	C
1	일	1	
2	월	2	
3	화	3	
4	수	4	
5			

25 ②

- 워크시트 이름과 셀 주소 사이는 느낌표(!)로, 워크시트 이름과 워크시트 이름 사이는 콜론(:)으로 구분함
- ② =SUM(Sheet1!A2:Sheet3!A2) : 셀 주소와 시트 이름이 콜론으로 연결되어 있기 때문에 #VALUE! 오류가 발생함

26 ③

③ =IF(AND(MID(D2, 8, 1)=1,MID(D2, 8, 1)=3),"남","여") : AND(그리고)로 인해 1과 3 모두 만족해야 하므로 잘못된 수식임(결과는 "여")

오답 피하기

- ① : 8번째 한 자리가 1이고 1을 2로 나눈 나머지(MOD)가 1과 같으므로 참이 되어 결과는 "남"이 됨
- ② : 8번째 한 자리가 1이고 2 또는(OR) 4인 경우가 참, 아니면 거짓이므로 결과는 "남"이 됨
- ④ : 8번째 한 자리가 1이고 순번(CHOOSE)대로 결과는 첫 번째 "남"이 됨

27 ③

[데이터 계열 서식]의 [계열 옵션]-[계열 겹치기]를 '0%'로 설정하면 〈수정 후〉처럼 변경됨

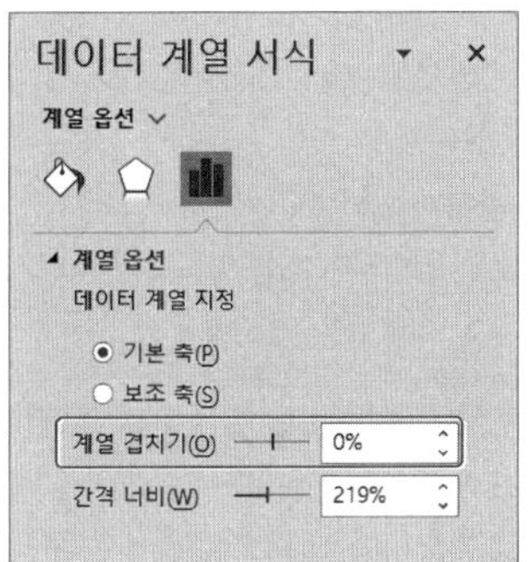

28 ①

찾을 조건이 이(이*)로 시작하는 성명이거나(또는) 연이 포함된(*연*) 성명이므로 "남이수"는 결과로 표시되지 않음

29 ②

- [페이지 설정] 대화 상자의 [머리글/바닥글] 탭에서 머리글을 입력하려면 [머리글 편집] 버튼을 클릭하고 바닥글을 입력하려면 [바닥글 편집] 버튼을 클릭함
- 가운데 구역에서 [시트 이름 삽입] 단추를 클릭하면 &[탭]이 생성됨

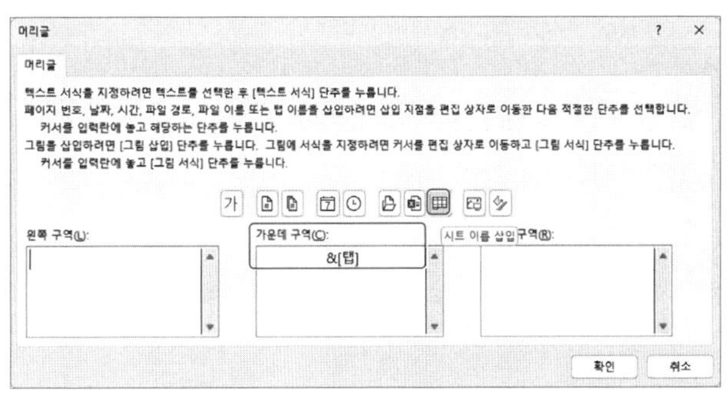

30 ②

채우기 핸들을 드래그하면 선택한 셀 내용과 같은 값을 반복해서 붙여 주지만 Ctrl 을 누르고 채우면 1씩 증가된 값이 채워짐

	A	B	C	D
1	29.5	30.5	31.5	
2				

31 ②

Visual Basic Editor(Alt+F11)를 이용하여 매크로 편집이 가능함

32 ④

- 메모 입력 : Shift+F2
- 메모는 셀에 입력된 데이터를 지울 경우 자동으로 삭제되지 않음
- [검토] 탭-[메모] 그룹-[삭제]에서 삭제할 수 있음
- [홈] 탭-[편집] 그룹-[지우기]-[메모 지우기]에서도 삭제할 수 있음

33 ①

수식 셀은 '단가'와 '수량'의 곱에 '할인율'이 적용된 '판매가격'이므로 [D4] 셀이 수식 셀에 입력되어야 함

34 ③

시트 이름은 공백을 포함하여 31자까지 사용 가능하며 : ₩, /, ?, *, [ ]는 사용할 수 없음

35 ③

=RANK.EQ(C2,$C$2:$C$8)<=5

- TOEIC 점수 상위 5위까지 데이터를 추출하기 위한 조건식
- 조건식이 들어가는 고급 필터의 항목명은 입력되어 있는 TOEIC과 다르게 입력해야 됨

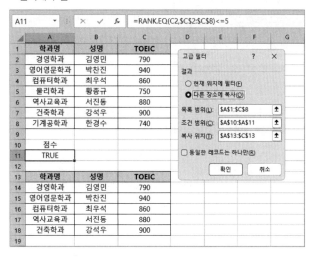

A11 =RANK.EQ(C2,$C$2:$C$8)<=5

	A	B	C
1	학과명	성명	TOEIC
2	경영학과	김영민	790
3	영어영문학과	박찬진	940
4	컴퓨터학과	최우석	860
5	물리학과	황종규	750
6	역사교육과	서진동	880
7	건축학과	강석우	900
8	기계공학과	한경수	740
9			
10	점수		
11	TRUE		
12			
13	학과명	성명	TOEIC
14	경영학과	김영민	790
15	영어영문학과	박찬진	940
16	컴퓨터학과	최우석	860
17	역사교육과	서진동	880
18	건축학과	강석우	900
19			

고급 필터
결과
○ 현재 위치에 필터(F)
● 다른 장소에 복사(O)
목록 범위(L): $A$1:$C$8
조건 범위(C): $A$10:$A$11
복사 위치(T): $A$13:$C$13
☐ 동일한 레코드는 하나만(R)
확인 취소

36 ③

원형 차트는 한 열이나 행에 있는 데이터만 차트로 작성하므로 각 분기별 지점 모두를 표현하기에 부적합함

37 ①

시나리오 관리자에서 시나리오를 삭제하더라도 시나리오 요약 보고서의 해당 시나리오가 자동으로 삭제되지 않음

38 ②

[Excel 옵션]–[고급]–[소수점 자동 삽입]에서 소수점의 위치를 –3으로 지정함

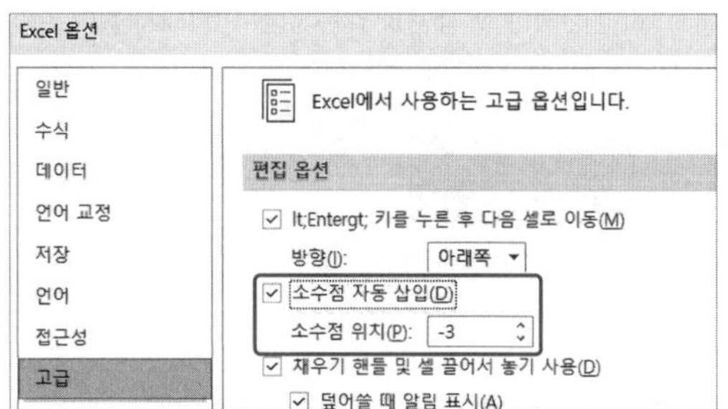

39 ③

한글 모음을 입력한 후 한자 를 누르면 아무것도 나타나지 않음

40 ②

=IFERROR(VLOOKUP(A3,$E$3:$F$6,2,FALSE),"")

- =IFERROR(수식, 오류 발생 시 표시 값)
- VLOOKUP(A3,$E$3:$F$6,2,FALSE) : A3 셀의 값인 "W"를 $E$3:$F$6의 첫 열에서 반드시 똑같은 값(FALSE에 의해)을 찾아서 같은 행의 2열 값인 "워드"를 검색
- 오류 발생 시 표시 값 : " "(과목코드 X의 경우)

B3 =IFERROR(VLOOKUP(A3,$E$3:$F$6,2,FALSE),"")

	A	B	C	D	E	F	G	H
1	시험 결과				코드표			
2	과목코드	과목명	점수		코드	과목명		
3	W	워드	85		W	워드		
4	P	파워포인트	90		E	엑셀		
5	X		75		P	파워포인트		
6					A	액세스		
7								

2024년 상시 기출문제 11회 118p

01 ④	02 ①	03 ③	04 ①	05 ②
06 ④	07 ③	08 ②	09 ①	10 ②
11 ③	12 ②	13 ①	14 ④	15 ②
16 ③	17 ①	18 ②	19 ④	20 ①
21 ②	22 ③	23 ③	24 ④	25 ③
26 ④	27 ①	28 ④	29 ④	30 ①
31 ③	32 ④	33 ②	34 ①	35 ③
36 ①	37 ④	38 ③	39 ②	40 ③

1과목 컴퓨터 일반

01 ④

피기배킹(Piggybacking) : 정상 계정을 비인가된 사용자가 불법적으로 접근하여 정보를 빼내는 편승식 불법적 공격 방법으로 주로 PC방이나 도서관, 사무실 등에서 정상적으로 시스템을 종료하지 않고 자리를 떠난 경우 타인이 그 시스템으로 불법적 접근을 행하는 범죄 행위를 의미함

오답 피하기
- 스패밍(Spamming) : 불특정 다수에게 스팸 메일을 보내는 행위
- 스푸핑(Spoofing) : '속임수'의 의미로 어떤 프로그램이 정상적으로 실행되는 것처럼 위장하는 것
- 스니핑(Sniffing) : 특정한 호스트에서 실행되어 호스트에 전송되는 정보(계정, 패스워드 등)를 엿보는 행위

02 ①

Alt + Tab : 열려 있는 앱 간 전환

오답 피하기
- Alt + Enter : 선택한 항목에 대해 속성 표시
- Alt + F4 : 활성 항목을 닫거나 활성 앱을 종료
- Shift + Delete : 휴지통을 사용하지 않고 완전 삭제

03 ③

하드웨어의 결함이 생긴 경우라도 인터럽트가 발생하며 기계가 고장인 경우도 해당

04 ①

IPv6 주소 체계 : 128비트를 16비트씩 8부분으로 나누어 각 부분을 콜론(:)으로 구분하며 16진수로 표기함

05 ②

HTTP(HyperText Transfer Protocol) : 인터넷상에서 하이퍼텍스트를 주고받기 위한 프로토콜

오답 피하기
- FTP : 파일을 송수신하는 서비스
- SMTP : 사용자의 컴퓨터에서 작성한 메일을 다른 사람의 계정이 있는 곳으로 전송해 주는 전자우편을 송신하기 위한 프로토콜
- TCP : 메시지를 송수신의 주소와 정보로 묶어 패킷 단위로 나누고 전송 데이터의 흐름을 제어하고 데이터의 에러 유무를 검사함

06 ④

가상현실(VR : Virtual Reality) : 컴퓨터를 이용하여 특정 상황을 설정하고 구현하는 기술인 모의실험(Simulation)을 통해 실제 주변 상황처럼 경험하고 상호 작용하는 것처럼 느끼게 할 수 있는 인터페이스 시스템

07 ③

펌웨어(Firmware) : 비휘발성 메모리인 ROM에 저장된 프로그램으로, 하드웨어의 교체 없이 소프트웨어의 업그레이드만으로 시스템의 성능을 높일 수 있으며, 내용을 변경하거나 추가 또는 삭제할 수 있음

오답 피하기
- 프리웨어(Freeware) : 개발자가 무료로 자유로운 사용을 허용한 소프트웨어
- 셰어웨어(Shareware) : 정식 프로그램의 구매를 유도하기 위해 기능이나 사용 기간에 제한을 두어 무료로 배포하는 프로그램
- 에드웨어(Adware) : 광고가 소프트웨어에 포함되어 이를 보는 조건으로 무료로 사용할 수 있는 소프트웨어

08 ②

장치 관리자 : 하드웨어의 올바른 작동 여부를 확인할 수 있고, 하드웨어 장치를 제거할 수 있으며 컴퓨터에 설치된 디바이스 하드웨어 설정 및 드라이버 소프트웨어를 관리함

오답 피하기
- 앱 및 기능 : 앱을 이동하거나 수정 및 제거함
- 디스플레이 : 해상도, 디스플레이 방향 등을 설정함
- 개인 설정 : 배경, 색, 잠금 화면, 테마, 글꼴, 시작, 작업 표시줄 등에 대해 설정함

09 ①

가로채기 : 전송되는 데이터를 가는 도중에 도청 및 몰래 보는 행위로 정보의 기밀성을 저해함

오답 피하기
- 가로막기 : 데이터의 전달을 가로막아 수신자 측으로 정보가 전달되는 것을 방해하는 행위로 정보의 가용성을 저해함
- 변조/수정 : 원래의 데이터가 아닌 다른 내용으로 수정하여 변조시키는 행위로 정보의 무결성을 저해함
- 위조 : 사용자 인증과 관계되어 다른 송신자로부터 데이터가 온 것처럼 꾸미는 행위로 정보의 무결성을 저해함

10 ②

객체 지향 프로그래밍 : 프로그램에서 사용하는 데이터 구조의 데이터형과 사용하는 함수까지 정의하는 프로그래밍 기법으로 C++, Actor, SmallTalk, JAVA 등이 있음

오답 피하기
- 구조적 프로그래밍 : 하나의 입력과 출력을 갖는 구조로 GOTO문을 사용하지 않는 기법
- 하향식 프로그래밍 : 프로그램을 작성할 때 상위에서 하위 모듈순으로 작성해 나가는 기법
- 비주얼 프로그래밍 : GUI 환경에서 아이콘과 마우스를 이용하여 대화 형식으로 효율적이고 쉽게 프로그래밍하는 기법

11 ③

KB, MB, GB, TB 등은 기억 용량 단위임

오답 피하기

컴퓨터의 처리 속도 단위 : ms(Milli Second) → μs(Micro Second) → ns(Nano Second) → ps(Pico Second) → fs(Femto Second) → as(Atto Second)

12 ②

HDD보다 외부로부터의 충격에 강하며 불량 섹터가 발생하지 않음

13 ①

누산기(Accumulator) : 중간 연산 결과를 일시적으로 기억하는 레지스터

오답 피하기

- ② : 프로그램 카운터(Program Counter) → 다음에 수행할 명령어의 번지(주소)를 기억하는 레지스터
- ③ : 명령 레지스터(IR : Instruction Register) → 현재 수행 중인 명령어를 기억하는 레지스터
- ④ : 명령 해독기(Instruction Decoder) → 수행해야 할 명령어를 해석하여 부호기로 전달하는 회로

14 ④

운영체제는 제어 프로그램(Control Program)과 처리 프로그램(Process Program)으로 구성됨

15 ②

오답 피하기

- 라우터(Router) : 데이터 전송을 위한 최적의 경로를 찾아 통신망에 연결하는 장치
- 브리지(Bridge) : 독립된 두 개의 근거리 통신망(LAN)을 연결하는 접속 장치
- 게이트웨이(Gateway) : 서로 구조가 다른 두 개의 통신 네트워크를 연결하는 데 쓰이는 장치

16 ③

전자우편에 첨부된 파일을 다른 이름으로 저장하더라도 컴퓨터 바이러스가 예방되지 않음

17 ①

디지털 워터마크(Digital Watermark) : 이미지(Image), 사운드(Sound), 영상, MP3, 텍스트(Text) 등의 디지털 콘텐츠에 사람이 식별할 수 없게 삽입해 놓은 비트 패턴 등을 말함

오답 피하기

- 방화벽 : 외부 네트워크에서 내부로 들어오는 패킷을 체크하여 인증된 패킷만 통과시킴
- 펌웨어 : 비휘발성 메모리인 ROM에 저장된 프로그램으로, 하드웨어의 교체 없이 소프트웨어의 업그레이드만으로 시스템의 성능을 높일 수 있으며, 내용을 변경하거나 추가 또는 삭제할 수 있음
- 트랩 도어(Trap Door) : 백도어(Back Door)라고도 부르며, 시스템에서 보안이 제거되어 있는 통로

18 ②

IP 프로토콜 : 패킷 주소를 해석하고 경로를 결정하여 다음 호스트로 전송하며 OSI 7계층 중 네트워크(Network) 계층에 해당함

오답 피하기

①, ③, ④ : TCP 프로토콜의 기능

19 ④

병렬 포트 : 한 번에 8비트의 데이터가 동시에 전송되는 방식으로, 주로 프린터 등의 연결에 사용함

20 ①

휴지통에 보관되지 않고 완전히 삭제되어 복원이 불가능한 경우

- USB 메모리나 네트워크 드라이브에서 삭제한 경우
- 휴지통 비우기를 한 경우
- Shift + Delete 로 삭제한 경우
- [휴지통 속성]의 [파일을 휴지통에 버리지 않고 삭제할 때 바로 제거]를 선택한 경우
- 같은 이름의 항목을 복사/이동 작업으로 덮어쓴 경우

2과목 스프레드시트 일반

21 ②

- =POWER(수1,수2) : 수1을 수2만큼 거듭 제곱한 값을 구함
- =POWER(2,3) → 2^3(= 2×2×2) = 8

오답 피하기

- =Trunc(−5.6) → −5 : 음수에서 소수점 이하를 버리고 정수 부분(−5)을 반환함
- =Int(−7.2) → −8 : 소수점 아래를 버리고 가장 가까운 정수로 내리므로 −7.2를 내림, 음수는 0에서 먼 방향으로 내림
- =Mod(−7,3) → 2 : 나눗셈의 나머지를 구함

22 ③

- INDEX(범위, 행, 열) : 범위에서 지정한 행, 열에 있는 값을 반환함
- [B2:D11] 범위에서 3행 3열의 값을 반환하므로 결과는 9,600,000이 됨

23 ③

[차트 디자인] 탭–[데이터] 그룹에서 '행/열 전환'을 실행하면 아래와 같이 가로(항목) 축 레이블과 범례 항목(계열)이 상호 변경됨

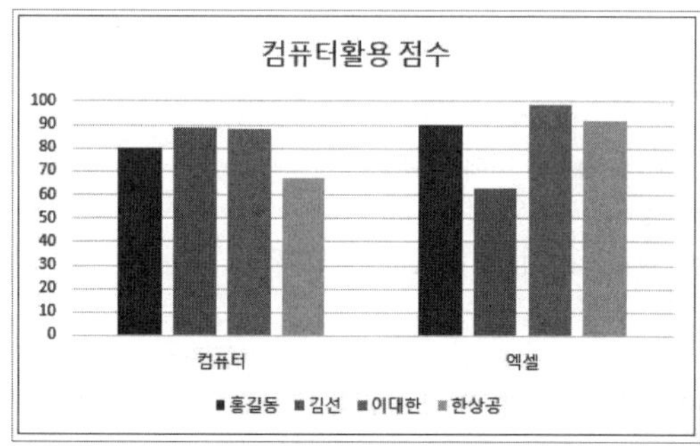

24 ④

숨겨진 열이나 행은 정렬 시 이동되지 않으므로 데이터를 정렬하기 전에 숨겨진 열과 행을 표시해야 됨

25 ③

Alt + Enter : 자동 줄 바꿈

26 ④

표면형 차트

- 두 개의 데이터 집합에서 최적의 조합을 찾을 때 사용함
- 표면형 차트는 데이터 계열이 두 개 이상일 때만 작성 가능함
- 3차원 표면형(골격형)으로 작성 가능함

오답 피하기

3차원 모양이 불가능한 차트 : 분산형, 도넛형, 방사형, 주식형 차트

27 ①

예상 값을 계산하는 데 사용하는 것은 시나리오임

28 ④

④ : 자동 필터가 설정된 표에서 사용자 지정 필터를 사용하여 검색할 때 서로 다른 열(주소, 직업)의 경우 '이거나'에 해당하는 데이터는 검색이 불가능함

29 ④

화면에 표시되는 틀 고정 형태는 인쇄 시에 나타나지 않음

30 ①

- 새 매크로 기록 : [개발 도구] 탭-[코드] 그룹-[매크로 기록]을 선택하여 매크로를 기록함
- Alt + F8 : [매크로] 대화 상자 실행

31 ③

=MODE.SNGL(범위1, 범위2) → #N/A : 최빈수가 존재하지 않으므로 #N/A가 발생함

오답 피하기

- =COUNT(범위1, 범위2) → 4 : 범위1, 범위2의 숫자의 개수를 구함
- =AVERAGE(범위1, 범위2) → 2.5 : 범위1, 범위2의 산술평균을 구함
- =SUM(범위1, 범위2) → 10 : 범위1, 범위2의 합을 구함

32 ④

- 메모 입력 : Shift + F2
- 메모는 셀에 입력된 데이터를 지울 경우 자동으로 삭제되지 않음
- [검토]-[메모]-[삭제]에서 삭제할 수 있음
- [홈]-[편집]-[지우기]-[메모 지우기]에서도 삭제할 수 있음

33 ②

[여백] 탭에서는 위쪽, 아래쪽, 왼쪽, 오른쪽, 머리글, 바닥글, 페이지 가운데 맞춤 등의 설정 작업을 수행함

34 ①

수식 셀은 수량과 단가의 곱에 할인율이 적용된 판매가격이므로 [D3] 셀이 수식 셀에 입력되어야 함

35 ③

시트 이름은 공백을 포함하여 31자까지 사용 가능하며 :, ₩, /, ?, *, [ ]는 사용할 수 없음

36 ①

고급 필터의 AND(이고, 이면서) 조건

- 첫 행에 필드명을 나란히 입력하고 다음 동일한 행에 조건을 입력함
- 따라서, 근무 기간이 15년 이상(>=)이면서 나이가 50세 이상(>=)인 조건은 다음과 같이 작성됨

근무 기간	나이
>=15	>=50

오답 피하기

- ② : 근무 기간이 15년 이상이거나(또는) 나이가 50세 이상인 경우(OR 조건)
- ③, ④ : 첫 행에 필드명을 나란히 입력하고 다음 동일한 행에 조건을 입력해야 함

37 ④

그룹화할 항목은 부분합을 실행하기 전에 오름차순이나 내림차순으로 정렬되어 있어야 함

38 ③

③ =REPT("♣", COUNTIF($B$3:$B$10, D3)) → ♣

- COUNTIF(검색 범위, 조건) : 검색 범위에서 조건을 만족하는 셀의 개수를 구함
- COUNTIF($B$3:$B$10, D3)) : [$B$3:$B$10] 범위에서 [D3] 셀의 값인 "A"의 개수를 구하므로 결과는 1이 됨
- REPT(반복할 텍스트, 반복 횟수) : 반복 횟수만큼 반복할 텍스트를 표시함
- REPT("♣", 1) : "♣" 기호를 1번 나타냄

39 ②

매크로 실행 바로 가기 키가 엑셀의 바로 가기 키보다 우선함

40 ③

- 원금이 [C4], [D4], [E4], [F4] 셀에 입력되어 있으므로 C, D, E, F열은 상대참조로 하고 공통인 4행을 절대참조($4)로 함 → C$4
- 이율이 [B5], [B6], [B7], [B8] 셀에 입력되어 있으므로 공통인 B열을 절대참조($B)로 하고 5, 6, 7, 8행은 상대참조로 함 → $B5
- 따라서, [C5] 셀에 입력할 수식은 =C$4*$B5가 됨

	A	B	C	D	E	F
1	이율과 원금에 따른 수익금액					
2						
3			원금			
4			5000000	10000000	30000000	500000000
5	이율	0.015	=C$4*$B5	=D$4*$B5	=E$4*$B5	=F$4*$B5
6		0.023	=C$4*$B6	=D$4*$B6	=E$4*$B6	=F$4*$B6
7		0.03	=C$4*$B7	=D$4*$B7	=E$4*$B7	=F$4*$B7
8		0.05	=C$4*$B8	=D$4*$B8	=E$4*$B8	=F$4*$B8

2024년 상시 기출문제 12회 125p

01 ③	02 ④	03 ②	04 ①	05 ③
06 ②	07 ①	08 ④	09 ①	10 ④
11 ③	12 ④	13 ①	14 ③	15 ②
16 ①	17 ②	18 ④	19 ④	20 ③
21 ③	22 ③	23 ①	24 ②	25 ②
26 ②	27 ③	28 ③	29 ③	30 ③
31 ②	32 ②	33 ③	34 ④	35 ②
36 ①	37 ①	38 ②	39 ③	40 ①

1과목 컴퓨터 일반

01 ③

오답 피하기

- 방화벽 : 외부로부터의 불법적인 침입을 막을 수는 있으나 내부의 해킹 행위에는 무방비하다는 단점이 있음
- DDoS : 분산 서비스 거부 공격
- 루트킷(Rootkit) : 해커가 시스템의 해킹 여부를 사용자가 알 수 없도록 하기 위해 사용하는 프로그램

02 ④

매크로(Macro) 바이러스 : Microsoft 사에서 개발된 엑셀과 워드 프로그램에서 사용하는 문서 파일에 감염되는 바이러스로, 일반 응용 프로그램에서 사용하는 매크로를 통하여 문서를 읽을 때 감염됨(예 Laroux, Extras)

오답 피하기

- 부트(Boot) 바이러스 : 메모리 상주형 바이러스로, 컴퓨터가 처음 가동될 때 하드디스크의 가장 처음 부분인 부트 섹터에 감염되는 바이러스(예 브레인, 미켈란젤로 등)
- 파일(File) 바이러스 : 실행 가능한 프로그램에 감염되는 바이러스를 말하며, COM, EXE, SYS 등의 확장자를 가진 파일에 감염됨(예 CIH, 예루살렘 등)
- 부트(Boot) & 파일(File) 바이러스 : 부트 섹터와 파일에 모두 감염되는 바이러스로, 스스로 복제가 가능하게 설계된 바이러스(예 Ebola, 데킬라)

03 ②

버스는 컴퓨터 내에서 중앙 처리 장치와 주기억 장치, 입출력 장치 간에 정보를 전송하는 데 사용되는 전기적 공통 선로이며 사용 용도에 따라 내부, 외부(시스템), 확장 버스로 분류되며 외부(시스템)버스는 주소 버스(Address Bus), 데이터 버스(Data Bus), 제어 버스(Control Bus)로 나누어 짐

04 ①

WMV(Windows Media Video) : MS 사가 개발한 스트리밍이 가능한 오디오 및 비디오 포맷

오답 피하기

②, ③, ④ : 그래픽 파일 형식

05 ③

플래시 메모리(Flash Memory) : 비휘발성 EEPROM의 일종으로 PROM 플래시라고도 하며 전기적으로 내용을 변경하거나 일괄 소거도 가능함. 전력 소모가 적고 데이터 전송 속도가 빨라 디지털카메라, MP3 Player와 같은 디지털 기기에서 사용됨. 데이터를 저장하는 최소 단위는 셀(Cell)이며 블록 단위로 기록되므로 수정이 쉬움

06 ②

해상도(Resolution)

- 디스플레이 모니터 내에 포함되어 있는 픽셀(Pixel)의 숫자
- 일반적으로 그래픽 화면의 선명도를 나타내는 것으로, 픽셀의 수가 많아질수록 해상도는 높아짐

07 ①

인터넷 쇼핑몰 상품 가격 비교표 작성은 컴퓨터 범죄에 해당하지 않음

08 ④

드라이브 조각 모음 및 최적화 : 디스크에 프로그램이 추가되거나 제거되고 파일들이 수정되거나 읽기, 쓰기가 반복되면서 디스크에 비연속적으로 분산 저장된 단편화된 파일들을 모아서 디스크를 최적화함

오답 피하기

- 디스크 검사 : 파일과 폴더 및 디스크의 논리적, 물리적인 오류를 검사하고 수정함
- 디스크 정리 : 디스크의 사용 가능한 공간을 늘리기 위하여 불필요한 파일들을 삭제하는 작업
- 디스크 포맷 : 하드디스크나 플로피 디스크를 초기화하는 것으로 트랙과 섹터로 구성하는 작업

09 ①

- 아날로그 컴퓨터의 특징 : 연속적인 물리량(전류, 온도, 속도 등), 증폭 회로, 미적분 연산, 특수 목적용 등
- 디지털 컴퓨터의 특징 : 숫자, 문자 등의 셀 수 있는 데이터를 취급, 구성 회로는 논리 회로, 주요 연산은 사칙 연산 등을 수행, 기억 장치와 프로그램이 필요, 범용 등

10 ④

Hamming Code : 에러 검출과 교정이 가능한 코드로, 최대 2비트까지 에러를 검출하고 1비트의 에러 교정이 가능한 방식

오답 피하기

- BCD : Zone은 2비트, Digit는 4비트로 구성됨, 6비트로 64가지의 문자 표현이 가능함
- ASCII : Zone은 3비트, Digit는 4비트로 구성됨, 7비트로 128가지의 표현이 가능함
- EBCDIC : Zone은 4비트, Digit는 4비트로 구성됨, 8비트로 256가지의 표현이 가능함

11 ③

[포맷] 창에서 파티션 제거 기능은 지원되지 않음

오답 피하기

용량, 파일 시스템, 할당 단위 크기, 장치 기본 값 복원, 볼륨 레이블, 빠른 포맷 등이 지원됨

12 ④

캐시 메모리(Cache Memory) : CPU와 주기억 장치 사이에 있는 고속의 버퍼 메모리, 자주 참조되는 데이터나 프로그램을 메모리에 저장, 메모리 접근 시간을 감소시키는 데 그 목적이 있음

오답 피하기

RAM의 종류 중 SRAM이 캐시 메모리로 사용됨

13 ①

다중 디스플레이 설정 : [설정]–[시스템]–[디스플레이]의 '여러 디스플레이'에서 설정함

14 ③

SSD(Solid State Drive) : 기존 HDD에서 발생하는 기계적 소음이 없는 무소음이며, 소비 전력이 저전력이고, 고효율의 속도를 보장해 주는 보조 기억 장치

15 ②

오답 피하기

- 폴더 내의 모든 항목을 선택하려면 Ctrl + A 를 누름
- 연속되어 있지 않은 파일이나 폴더를 선택하려면 Ctrl 을 누른 상태에서 선택하려는 각 항목을 클릭함
- 연속되는 여러 개의 파일이나 폴더 그룹을 선택하려면 첫째 항목을 클릭한 다음 Shift 를 누른 상태에서 마지막 항목을 클릭함

16 ①

스마트 그리드(Smart Grid) : 전기 생산부터 소비까지 전 과정에 정보통신기술(ICT)을 결합한 지능형 전력망으로 공급자와 소비자가 쌍방 간 실시간으로 정보를 교환하여 고품질의 전력을 제공받고 에너지 효율을 최적화하는 차세대 지능형 전력망 시스템

오답 피하기

사물인터넷(IoT) : Internet Of Things의 약어로 인간 대 사물, 사물 대 사물 간에 인터넷으로 연결되어 정보의 소통이 가능한 기술

17 ②

URL(Uniform Resource Locator) : 인터넷에서 정보의 위치를 알려주는 표준 주소 체계

오답 피하기

- DNS : 문자 형태로 된 도메인 네임을 컴퓨터가 인식할 수 있는 숫자로 된 IP 어드레스로 변환해 주는 컴퓨터 체계
- HTTP : 인터넷상에서 하이퍼텍스트를 주고받기 위한 프로토콜
- NIC : 인터넷 정보 센터(Network Information Center)

18 ④

웨어러블 디바이스(Wearable Device) : 컴퓨터 칩이 내장되어 있는 입거나 몸에 착용 가능한 형태의 기기나 액세서리(시계, 안경 등)로 인터넷이 가능하며 스마트기기와의 정보 공유가 가능한 서비스

19 ④

문단 정렬과 문단 여백 설정 기능은 지원되지 않음

20 ③

HTML5(HyperText Markup Language 5) : 액티브X나 플러그인 등의 프로그램 설치 없이 동영상이나 음악 재생을 실행할 수 있는 웹 표준 언어

오답 피하기

- XML(eXtensible Markup Language) : 기존 HTML의 단점을 보완하고 문서의 구조적인 특성들을 고려하여 문서들을 상호 교환할 수 있도록 설계된 프로그래밍 언어
- VRML(Virtual Reality Modeling Language) : 입체적인 이미지를 갖는 3차원의 가상적 세계를 인터넷상에 구축하는 언어
- JSP(Java Server Page) : ASP, PHP와 동일하게 웹 서버에서 작동하는 스크립트 언어로 작성된 프로그램은 자바 서블릿 코드로 변환되어서 실행됨

2과목 스프레드시트 일반

21 ③

바로 가기 키는 기본적으로 Ctrl 이 지정되며 영문자만 가능함

22 ③

삭제한 시트는 실행 취소 명령으로 되살릴 수 없음

23 ①

도형이나 그림 등에 하이퍼링크를 지정할 수 있음

24 ②

- =SUMIFS(합계구할 범위, 셀범위1, 조건1, 셀범위2, 조건2) : 셀범위1에서 조건1이 만족하고, 셀범위2에서 조건2가 만족되는 경우 합계를 구할 범위에서 합을 구함
- =SUMIFS(D2:D6, A2:A6, "연필", B2:B6, "서울") → 500

A7 | =SUMIFS(D2:D6, A2:A6, "연필", B2:B6, "서울")

	A	B	C	D	E	F	G	H
1	품목	대리점	판매계획	판매실적				
2	연필	경기	150	100				
3	볼펜	서울	150	200				
4	연필	서울	300	300				
5	볼펜	경기	300	400				
6	연필	서울	300	200				
7	500							

25 ②

#NAME? : 함수 이름이나 정의되지 않은 셀 이름을 사용한 경우, 수식에 잘못된 문자열을 지정하여 사용한 경우

오답 피하기

- #N/A : 수식에서 잘못된 값으로 연산을 시도한 경우나 찾기 함수에서 결과값을 찾지 못한 경우
- #NULL! : 교점 연산자(공백)를 사용했을 때 교차 지점을 찾지 못한 경우
- #VALUE! : 수치를 사용해야 할 장소에 다른 데이터를 사용하는 경우

26 ②

- 추세선은 계열의 추세에 대한 예측 가능한 흐름을 표시한 것
- 추세선의 종류에는 지수, 선형, 로그, 다항식, 거듭제곱, 이동 평균 등 6가지 종류로 구성됨
- 방사형, 원형, 도넛형 차트에는 추세선을 사용할 수 없음
- 하나의 데이터 계열에 두 개 이상의 추세선을 동시에 사용할 수 있음

27 ③

[눈금선] 항목을 선택하여 체크 표시하면 작업시트의 셀 구분선이 인쇄됨

28 ③

- ROW(행 번호를 구할 셀) : 참조의 행 번호를 반환함
- [A2] 셀에 =row()-1을 입력하고 채우기 핸들을 [A7] 셀까지 복사하면 해당 행 번호에서 1을 뺀 결과가 번호가 되므로 3행을 삭제하더라도 번호 1, 2, 3, 4, 5가 유지됨

29 ③

오름차순 정렬과 내림차순 정렬에서 공백은 맨 마지막에 위치하게 됨

30 ③

성적이 높은 순(내림차순)으로 석차를 구하는 수식 RANK.EQ(D2, $D$2:$D$5)에 의해 1, 2, 3, 4가 결과로 나오게 되면 CHOOSE 함수에 의해 1등인 경우 "천하", 2등인 경우 "대한", 3등인 경우 "영광", 4등인 경우 "기쁨"이 되므로 [E2] 셀의 김나래는 석차가 3등, 즉 "영광"이 결과 값이 됨

E2 =CHOOSE(RANK.EQ(D2, $D$2:$D$5), "천하", "대한", "영광", "기쁨")

	A	B	C	D	E	F	G	H	I	J
1	성명	이론	실기	합계	수상					
2	김나래	47	45	92	영광					
3	이석주	38	47	85	기쁨					
4	박명호	46	48	94	대한					
5	장영민	49	48	97	천하					

31 ②

- =VLOOKUP(찾을 값, 범위, 열 번호, 방법) : 범위의 첫 번째 열에서 찾을 값을 찾아서 지정한 열에서 같은 행에 있는 값을 표시함
- 찾을 값 → 박지성, 범위 → $A$3:$D$5, 열 번호 → 4(결석), 방법 → 0(정확한 값을 찾음), 1이면 찾을 값의 아래로 근사 값
- =VLOOKUP("박지성", $A$3:$D$5, 4, 0) → 5

32 ②

- ? : 소수점 왼쪽 또는 오른쪽에 있는 유효하지 않은 0 대신 공백을 추가하여 소수점을 맞춤
- 따라서, 입력 데이터 44.398에 표시 형식 ???.???을 지정하면 표시 결과는 44.398이 됨

오답 피하기

- ①

7.5	#.00	7.50

  - # : 유효 자릿수만 나타내고 유효하지 않은 0은 표시하지 않음
  - 0 : 유효하지 않은 자릿수를 0으로 표시함

- ③

12,200,000	#,##0,	12,200

  - , : 천 단위 구분 기호로 쉼표를 삽입하거나 쉼표 이후 더 이상 코드를 사용하지 않으면 천 단위 배수로 표시함

- ④

상공상사	@"귀중"	상공상사 귀중

  - @ : 문자 뒤에 특정한 문자열을 함께 나타나게 함

33 ③

'쓰기 암호'가 지정된 경우라도 파일을 수정하고 다른 이름으로 저장하는 경우는 '쓰기 암호'를 입력하지 않아도 됨

34 ④

제한 대상 : 모든 값, 정수, 소수점, 목록, 날짜, 시간, 텍스트 길이, 사용자 지정 등

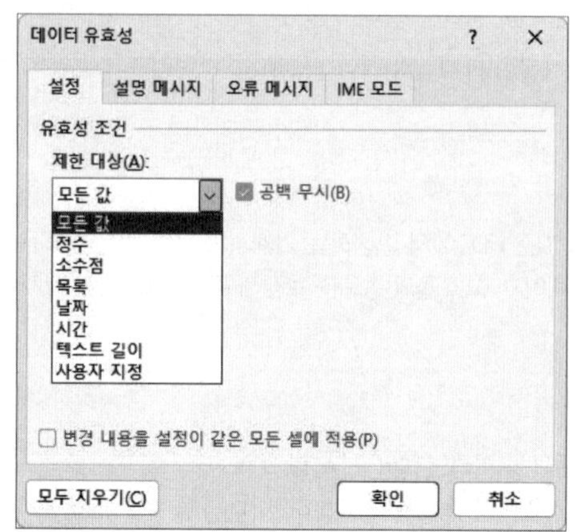

35 ②

[시트] 탭에서 '반복할 행'에 [$4:$4]을 지정한 경우 모든 페이지에 4행의 내용이 반복되어 인쇄됨

36 ①

도넛형 차트 : 첫째 조각의 각 0~360도 회전 가능

37 ①

셀 잠금 또는 수식 숨기기를 적용하려면 워크시트를 보호해야 하며, 워크시트를 보호하려면 [검토] 탭에서 [변경 내용] 그룹을 선택한 다음 [시트 보호] 단추를 클릭함

38 ②

1학년 1반은 복사되며 마지막의 001번이 1씩 증가함

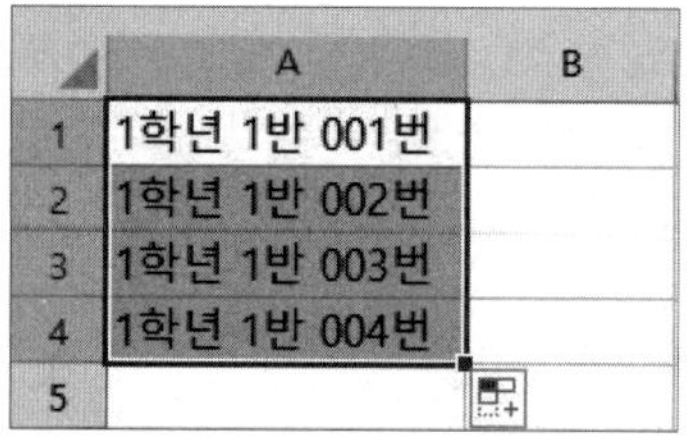

39 ③

하위 데이터 집합에도 필터와 정렬을 적용하여 원하는 정보만 강조할 수 있으며 조건부 서식 역시 적용 가능하므로 데이터를 시각적으로 탐색 및 분석할 수 있음

40 ①

윗주에 입력된 텍스트 중 일부분의 서식을 별도로 변경할 수 없음

2024년 상시 기출문제 13회 132p

01 ②	02 ④	03 ①	04 ④	05 ③
06 ③	07 ③	08 ①	09 ①	10 ④
11 ④	12 ①	13 ④	14 ③	15 ③
16 ④	17 ④	18 ③	19 ④	20 ②
21 ①	22 ④	23 ②	24 ①	25 ②
26 ②	27 ②	28 ②	29 ①	30 ②
31 ④	32 ④	33 ②	34 ③	35 ②
36 ③	37 ③	38 ③	39 ④	40 ②

1과목 컴퓨터 일반

01 ②

유틸리티(Utility) : 컴퓨터를 더 효율적으로 사용하기 위한 프로그램(예 압축 소프트웨어)

오답 피하기
- 인터프리터(Interpreter) : 대화식 언어로 작성된 프로그램을 필요할 때마다 매번 기계어로 번역하여 실행하는 프로그램
- 컴파일러(Compiler) : 고급 언어를 기계어로 번역하는 프로그램
- 어셈블러(Assembler) : 어셈블리 언어를 기계어로 번역하는 프로그램

02 ④

가상 메모리(Virtual Memory) : 보조 기억 장치의 일부 즉, 하드디스크의 일부를 주기억 장치처럼 사용하는 메모리 사용 기법으로 기억 장소를 주기억 장치의 용량으로 제한하지 않고, 보조 기억 장치까지 확대하여 사용함

03 ①

유니코드(Unicode)
- 2바이트 코드로 세계 각 나라의 언어를 표현할 수 있는 국제 표준 코드
- 한글의 경우 조합, 완성, 옛 글자 모두 표현 가능함
- 16비트이므로 2^{16}인 65,536자까지 표현 가능함
- 한글은 초성 19개, 중성 21개, 종성 28개가 조합된 총 11,172개의 코드로 모든 한글을 표현함

04 ④

MIDI(Musical Instrument Digital Interface) : 용량이 작으며 사람의 목소리나 자연음을 재생할 수 없음

오답 피하기

WAVE : 자연의 음향과 사람의 음성 표현이 가능하며 음질이 뛰어나기 때문에 파일의 용량이 큼

05 ③

HDMI(High-Definition Multimedia Interface)
- 고선명 멀티미디어 인터페이스로 비압축 방식이므로 영상이나 음향 신호 전송 시 소프트웨어나 디코더 칩(Decoder Chip) 같은 별도의 디바이스가 필요 없음
- 기존의 아날로그 케이블보다 고품질의 음향이나 영상을 전송함

오답 피하기
- DVI(Digital Video Interactive) : 디지털 TV를 만들기 위해 개발되었던 것을 인텔에서 인수하여 동영상 압축 기술(최대 144:1정도)로 개발함
- USB(Universal Serial Bus) : 허브(Hub)를 사용하면 최대 127개의 주변 기기 연결이 가능한 범용 직렬 버스 장치
- IEEE-1394 : 미국전기전자학회(IEEE)가 표준화한 직렬 인터페이스 규격의 포트

06 ③

접근성 : 사용자의 시력, 청력, 기동성에 따라 컴퓨터 설정을 조정하고 음성 인식을 사용하여 음성 명령으로 컴퓨터를 조정함

오답 피하기
- 동기화 센터 : 컴퓨터의 파일이 네트워크 서버의 파일(오프라인 파일)과 동기화되도록 설정한 경우 동기화 센터를 사용하여 최신 동기화 작업의 결과를 확인할 수 있음
- 사용자 정의 문자 편집기 : 문자를 직접 만들어서 문자표로 문서에 삽입할 수 있음
- 프로그램 호환성 관리자 : 이전 프로그램에서 알려진 호환성 문제를 검색, 이 Windows 버전에서 이전 프로그램을 실행하면 프로그램 호환성 관리자는 문제가 있는지 알려주고 다음에 프로그램을 실행할 때 문제를 해결할 수 있게 해 줌

07 ③

V3 유틸리티는 파일 감염 여부의 점검과 치료를 담당함

08 ①

전자 우편은 기본적으로 7비트의 ASCII 코드를 사용하여 전송함

09 ①

한글 Windows의 [폴더 옵션] 창에서 선택된 폴더에 암호를 설정하는 기능은 지원되지 않음

10 ④

OSI 7 계층 : 물리 계층, 데이터 링크 계층, 네트워크 계층, 전송 계층, 세션 계층, 표현 계층, 응용 계층

11 ④

④ 트리(Tree)형 : 중앙의 컴퓨터와 일정 지역의 단말기까지는 하나의 통신 회선으로 연결되어 이웃 단말기는 이 단말기로부터 근처의 다른 단말기로 회선이 연장되는 형태, 분선 처리 시스템이 가능하고 통신 선로가 가장 짧음, 단방향 전송에 적합, CATV망 등에 사용, 성(Star)형이 아님에 주의해야 함

오답 피하기

① : 링(Ring)형, ② : 망(Mesh)형, ③ : 버스(Bus)형

12 ①

일괄 처리 시스템(Batch Processing System) : 발생한 자료를 일정 기간 모아 두었다가 한꺼번에 처리하는 방식

오답 피하기
- 실시간 처리 시스템 : 발생한 자료를 바로 처리하는 시스템
- 시분할 시스템 : 다수의 이용자가 여러 개의 입출력 장치를 동시에 사용할 수 있는 방식
- 분산 처리 시스템 : 각 지역별로 발생한 자료를 분산 처리하는 방식

13 ④

- (300×200×1)/10=6,000Byte=6KB
- 256 색상은 8비트(2^8)로 표현이 가능하며, 8비트는 1바이트이므로 픽셀당 저장 용량은 1이 됨

14 ③

서브넷 마스크(Subnet Mask)

- 네트워크 ID와 호스트 ID를 구분해 주는 역할을 함
- Subnet은 여러 개의 LAN에 접속하는 경우 하나의 LAN을 의미함
- Subnet Mask는 IP 수신자에게 제공하는 32비트 주소
- 대부분 255.255.255.0의 C 클래스(Class)로 정의함

15 ③

키오스크(Kiosk) : 고객의 편의를 위하여 공공장소에 설치된 컴퓨터 자동화 시스템

16 ④

Smart TV : TV 안에 중앙 처리 장치(CPU)가 설치되고 운영체제(OS)에 의해 구동되며 TV 방송뿐만 아니라 PC처럼 인터넷이 가능하여 검색 기능과 게임, VOD 등이 가능한 TV로 '쌍방향 TV, 인터넷 TV 또는 커넥티드 TV'라고도 함

오답 피하기

- HDTV(High Definition TeleVision) : 고화질 텔레비전
- Cable TV : 유선 방송 텔레비전
- IPTV(Internet Protocol TV) : 초고속 인터넷을 이용한 TV로 방송 등 다양한 콘텐츠를 제공받는 TV

17 ④

반이중(Half Duplex) 방식 : 양쪽 방향에서 데이터 전송은 가능하지만 동시 전송은 불가능한 방식(예 무전기)

오답 피하기

- 단방향(Simplex) 방식 : 한쪽 방향으로만 데이터 전송이 가능한 방식(예 라디오, TV 방송)
- 전이중(Full Duplex) 방식 : 양쪽 방향에서 동시에 데이터 전송이 가능한 방식(예 전화)

18 ③

VOD(Video On Demand)는 사용자의 주문에 의해 데이터베이스로 구축되어 있는 영화나 드라마, 뉴스 등의 비디오 정보를 실시간으로 즉시 전송해 주는 서비스로 사용자 간의 커뮤니케이션을 목적으로 하지 않음

19 ④

라우터(Router) : 데이터 전송을 위한 최적의 경로를 선택함

오답 피하기

- 허브(Hub) : 집선 장치로서 각 회선을 통합적으로 관리함
- 브리지(Bridge) : 독립된 두 개의 근거리 통신망을 연결하는 접속 장치

20 ②

복호화는 비밀키로 하고 암호화는 공개키로 함

2과목 스프레드시트 일반

21 ①

시나리오 관리자 : 변경 요소가 많은 작업표에서 가상으로 수식이 참조하고 있는 셀의 값을 변화시켜 작업표의 결과를 예측하는 기능

오답 피하기

- 목표값 찾기 : 수식의 결과 값은 알고 있으나 그 결과 값을 얻기 위한 입력값을 모를 때 사용함
- 부분합 : 워크시트에 있는 데이터를 일정한 기준으로 요약하여 통계 처리를 수행하며 정렬 작업이 선행되어야 함
- 통합 : 데이터 통합은 하나 이상의 원본 영역을 지정하여 하나의 표로 데이터를 요약함

22 ④

원본 데이터에 연결 : 원본 데이터가 변경될 때 통합된 데이터 결과가 자동으로 업데이트됨

오답 피하기

- 범위의 범위를 변경해야 하는 경우(또는 범위를 바꾸려면) 통합 팝업에서 범위를 클릭하고 통합 단계를 사용하여 업데이트하며, 이 경우 새 범위 참조가 만들어지므로 다시 통합하기 전에 이전 참조를 삭제해야 함(이전 참조를 선택하고 Delete 를 누름)
- 원본 및 대상 영역이 동일한 시트에 있는 경우에는 연결을 만들 수 없음

23 ②

- AND 조건 : 첫 행에 필드명을 나란히 입력하고, 동일한 행에 조건을 입력함
- OR 조건 : 첫 행에 필드명을 나란히 입력하고, 서로 다른 행에 조건을 입력함
- 조건 범위 [A9:B11]에 의해 합계가 '90보다 크고 95보다 작은' 김진아(합계 92), 장영주(합계 94)와 '70보다 작은' 김시내(합계 65)가 필터링되므로 결과의 레코드 수는 3이 됨

성명	이론	실기	합계
김진아	47	45	92
장영주	46	48	94
김시내	40	25	65

24 ①

Alt + M 을 누르면 [수식] 탭이 선택됨

25 ②

눈금선

- 워크시트 눈금선을 인쇄에 포함하려면 눈금선 확인란을 선택함
- 눈금선은 워크시트에 표시할지 여부에 관계 없이 기본적으로 인쇄되지 않음

오답 피하기

- ① 메모 : '(없음)', '시트 끝', '시트에 표시된 대로' 중 하나를 선택하여 인쇄할 수 있음
- ③ 간단하게 인쇄 : 인쇄 시 테두리나 그래픽 등을 생략하고 데이터만 인쇄함
- ④ 인쇄 영역 : 숨겨진 행이나 열은 인쇄되지 않음

26 ②

- ROUNDDOWN(수1, 수2) : 수1을 무조건 내림하여 자릿수(수2)만큼 반환함
- ROUNDDOWN(165.657, 2) : 165.657을 무조건 내림하여 2자릿수만큼 반환함 → 165.65
- POWER(−2, 3) : −2의 3제곱을 구함 → −8
- ABS(−8) : −8의 절대값을 구함 → 8
- 따라서 165.65 − 8 = 157.65가 됨

27 ②

- INDEX(B2:C6,4,2) : [B2:C6] 범위에서 4행 2열의 값 → 100
- LARGE(B2:C6,2) : [B2:C6] 범위에서 2번째로 큰 값 → 98
- =SUM(100,98) : 합을 구함 → 198

28 ②

Ctrl + Page Up / Ctrl + Page Down : 활성 시트의 앞/뒤 시트로 이동함

오답 피하기

- ① (ㄱ) Home : 해당 행의 A열로 이동함 , (ㄴ) Ctrl + Home : 워크시트의 시작 셀(A1)로 이동함
- ③ (ㄱ) Ctrl + ← : 현재 영역의 좌측 마지막 셀로 이동함, (ㄴ) Ctrl + → : 현재 영역의 우측 마지막 셀로 이동함
- ④ (ㄱ) Shift + ↑ : 위쪽으로 범위가 설정됨, (ㄴ) Shift + ↓ : 아래쪽으로 범위가 설정됨

29 ①

[계열 차트 종류 변경]을 이용하여 꺾은선형으로 변경한 다음 [데이터 계열 서식] 대화 상자의 [채우기 및 선]에서 [완만한 선]을 설정함

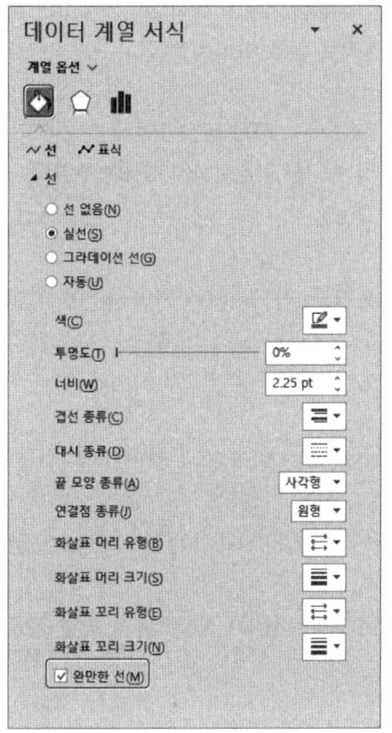

30 ②

창 나누기를 수행하면 셀 포인트의 왼쪽과 위쪽으로 창 구분선이 표시됨

31 ④

=AND(6<5, 7>5) → FALSE(AND함수는 두 조건이 모두 만족할 때만 TRUE가 됨)

오답 피하기

- =RIGHT("Computer",5) → puter(오른쪽에서 5개를 추출)
- =POWER(2,3) → 8(2의 3제곱)
- =TRUNC(5.96) → 5(=TRUNC(수1, 수2)는 수1을 무조건 내림하여 수2만큼 반환함, 수2 생략 시 0으로 처리되므로 5가 됨)

32 ④

오답 피하기

- ① : 수식 작성 중 마우스로 셀을 클릭하면 기본적으로 해당 셀이 상대 참조로 처리됨
- ② : 수식에 셀 참조를 입력한 후 셀 참조의 이름을 정의한 경우에는 참조 에러가 발생하지 않음
- ③ : 셀 참조 앞에 워크시트 이름과 느낌표(!)를 차례로 넣어서 다른 워크시트에 있는 셀을 참조함

33 ②

목표값 찾기에서 변하는 데이터는 한 개만 지정해야 함

오답 피하기

목표값 찾기 : 수식의 결과 값은 알고 있으나 그 결과 값을 얻기 위한 입력 값을 모를 때 이용하는 기능

34 ③

텍스트, 텍스트/숫자 조합은 셀에 입력하는 처음 몇 자가 해당 열의 기존 내용과 일치하면 자동으로 입력되지만 날짜, 시간 데이터는 자동으로 입력되지 않음

35 ②

작성된 피벗 테이블을 삭제하는 경우 함께 작성한 피벗 차트는 일반 차트로 변경됨

36 ③

- [페이지 설정]−[머리글/바닥글] 탭−[머리글 편집]에서 설정함
- &[페이지 번호] : 현재 페이지 번호를 자동으로 삽입함
- −&[페이지 번호] Page−의 결과는 '−1 Page−'처럼 표시됨

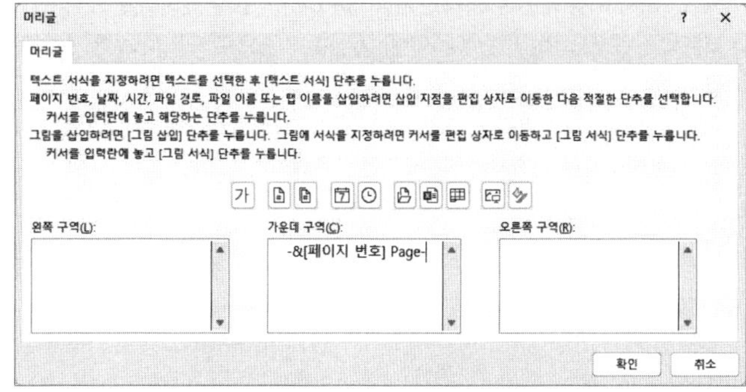

37 ③

③ =SUM(LARGE(B3:D3, 2), SMALL(B3:D3, 2)) → 174
- LARGE(B3:D3, 2) → 87(B3:D3 범위에서 2번째로 큰 수를 구함)
- SMALL(B3:D3, 2) → 87(B3:D3 범위에서 2번째로 작은 수를 구함)
- SUM(87,87) → 174(인수로 지정한 숫자의 합계를 구함)

오답 피하기

① =SUM(COUNTA(B2:D4), MAXA(B2:D4)) → 109
- COUNTA(B2:D4) → 9(B2:D4 범위에서 공백이 아닌 인수의 개수를 구함)
- MAXA(B2:D4) → 100(B2:D4 범위의 인수 중에서 최대값을 구함)
- SUM(9,100) → 109(인수로 지정한 숫자의 합계를 구함)

② =AVERAGE(SMALL(C2:C4, 2), LARGE(C2:C4, 2)) → 87
- SMALL(C2:C4, 2) → 87(C2:C4 범위에서 2번째로 작은 수를 구함)
- LARGE(C2:C4, 2) → 87(C2:C4 범위에서 2번째로 큰 수를 구함)
- AVERAGE(87,87) → 87(인수로 지정한 숫자의 평균을 구함)

④ =SUM(COUNTA(B2,D4), MINA(B2,D4)) → 85
- COUNTA(B2,D4) → 2(B2와 D4, 2개의 인수 개수를 구함)
- MINA(B2,D4) → 83(B2셀의 값 83, D4셀의 값 100에서 작은 값을 구함)
- SUM(2,83) → 85(인수로 지정한 숫자의 합계를 구함)

38 ③

날짜 및 시간 데이터의 텍스트 맞춤은 기본 오른쪽 맞춤으로 표시됨

39 ④

- MOD(수1, 수2) : 수1을 수2로 나눈 나머지 값을 구함
- COLUMN(열 번호를 구하려는 셀) : 참조의 열 번호를 반환함
- =MOD(COLUMN(B3),2)=0 : COLUMN(B3)에 의해 B열의 열 번호 2를 가지고 2로 나눈 나머지가 0이면 참이 되므로 조건부 서식이 적용됨. 따라서 B열과 D열(열 번호 4)은 나머지가 0이 되어 조건부 서식이 적용됨

오답 피하기

COLUMNS(배열이나 배열 수식 또는 열 수를 구할 셀 범위에 대한 참조) : 배열이나 참조에 들어 있는 열의 수를 반환함

40 ②

데이터 표 : 워크시트에서 특정 데이터를 변화시켜 수식의 결과가 어떻게 변하는지 보여주는 셀 범위를 데이터 표라고 함

오답 피하기

- 통합 : 하나 이상의 원본 영역을 지정하여 하나의 표로 데이터를 요약
- 부분합 : 워크시트에 있는 데이터를 일정한 기준으로 요약하여 통계 처리를 수행
- 시나리오 관리자 : 변경 요소가 많은 작업표에서 가상으로 수식이 참조하고 있는 셀의 값을 변화시켜 작업표의 결과를 예측하는 기능

2024년 상시 기출문제 14회 139p

01 ②	02 ④	03 ④	04 ④	05 ②
06 ①	07 ③	08 ④	09 ①	10 ③
11 ③	12 ②	13 ②	14 ③	15 ①
16 ①	17 ②	18 ②	19 ③	20 ②
21 ①	22 ③	23 ③	24 ④	25 ④
26 ④	27 ③	28 ③	29 ②	30 ②
31 ①	32 ①	33 ②	34 ②	35 ④
36 ④	37 ③	38 ②	39 ①	40 ③

1과목 컴퓨터 일반

01 ②

블록체인(Block Chain) : '공공 거래 장부'로 불리며 데이터를 블록이라는 형태로 분산시켜 저장하고 각 블록을 체인으로 묶는 방식으로 임의로 수정이 불가능한 분산 컴퓨터 기반의 기술

오답 피하기

- 핀테크(FinTech) : '금융(Finance)'과 '기술(Technology)'의 합성어로 기존 정보기술을 금융업에 도입 및 융합시킨 것으로 핀테크에는 단순 결제 서비스나 송금, 대출 및 주식 업무, 모바일 자산 관리 등 다양한 종류가 있음
- 전자봉투(Digital Envelope) : 전자서명의 확장 개념으로 데이터를 비밀키로 암호화하고 비밀키를 수신자의 공개키로 암호화하여 전달하는 방식으로 기밀성(Confidentiality)까지 보장함
- 암호화 파일 시스템(Encrypting File System) : NTFS 버전 3.0부터 지원되는 파일 시스템 암호화 기능으로 파일이나 폴더를 암호화하여 보호할 수 있음

02 ④

SNA(System Network Architecture) : IBM Host와 Terminal 간의 통신을 위한 네트워크 구조로 OSI 7계층과는 대응되는 형태이므로 TCP/IP의 상위 계층 프로토콜과는 상관 없음

오답 피하기

- SMTP(Simple Mail Transfer Protocol) : 인터넷에서 전자 우편을 송신하기 위한 표준 프로토콜
- HTTP(HyperText Transfer Protocol) : WWW에서 사용하며 하이퍼텍스트 문서를 송수신하기 위한 프로토콜
- FTP(File Transfer Protocol) : 인터넷에서 파일을 전송하기 위한 파일 전송 규약

03 ④

래스터 방식(Raster Method) : 전자빔을 주사하여 미세한 점으로 분해하는 방법으로 음극선관(CRT) 등에서 화상을 만들 때 사용함

오답 피하기

- 저항식 : 투명한 전극 사이에 압력을 가하여 터치를 감지하는 방식
- 정전식 : 몸의 정전기를 이용하여 터치를 감지하는 방식
- 광학식 : 빛을 이용하여 터치를 감지하는 방식

04 ④

시스템을 완전히 종료하고 다시 부팅하여도 하드디스크의 여유 공간 부족을 해결할 수 없음

05 ②

해상도는 모니터 등 출력 장치의 선명도를 나타내는 것으로, 픽셀 수에 따라 그 정밀도와 선명도가 결정되며 색상의 수가 증가하는 것이 아님

06 ①

직렬 ATA(Serial AT Attachment)는 한 개의 케이블에 하나의 하드디스크만 연결하므로 마스터/슬레이브의 점퍼 설정을 할 필요가 없음

오답 피하기

직렬 ATA(Serial AT Attachment)는 에러 체크 기능(CRC), 냉각 효과, 핫 플러그(Hot Plug)의 기능이 있음

07 ③

가상 기억 장치 : 보조 기억 장치를 주기억 장치처럼 사용하여 주기억 장치 용량의 기억 용량을 확대하여 사용하는 방식으로 주기억 장치의 용량보다 큰 프로그램을 실행할 수 있음

08 ④

KB(Kilo Byte) → MB(Mega Byte) → GB(Giga Byte) → TB(Tera Byte) → PB(Peta Byte) → EB(Exa Byte)

09 ①

선형성이 아니라 비선형성이 멀티미디어의 특징임

10 ③

2진수를 001010011100을 오른쪽부터 3자리씩 묶어서 가중치 421을 적용하면 1234가 됨

2진수	001	010	011	100
가중치	421	421	421	421
8진수	1	2	3	4

11 ③

베이스밴드(Baseband) 전송 : 디지털 신호를 직접 전송하는 방식

오답 피하기

- 단방향 전송 : 한쪽 방향으로만 데이터를 전송함(예 라디오, TV 방송)
- 반이중 전송 : 양쪽 방향에서 데이터를 전송하지만 동시 전송은 불가능함(예 무전기)
- 브로드밴드(Broadband) 전송 : 통신 경로를 여러 개의 주파수 대역으로 나누어 쓰는 방식

12 ②

폴더 안에 있는 하위 폴더 중 특정 폴더를 삭제하는 기능은 지원되지 않음

13 ②

브리지(Bridge) : 독립된 두 개의 근거리 통신망(LAN)을 연결하는 접속 장치로 컴퓨터 보안을 위한 관련된 기술에 해당하지 않음

오답 피하기

- 인증(Authentication) : 네트워크 보안 기술로 전송된 메시지가 확실히 보내졌는지 확인하는 것과 사용자 또는 발신자가 본인인지 확인하는 것
- 방화벽(Firewall) : 인터넷의 보안 문제로부터 특정 네트워크를 격리하는 데 사용되는 시스템으로 내부망과 외부망 사이의 상호 접속이나 데이터 전송을 안전하게 통제하기 위한 보안 기능
- 암호화(Encryption) : 데이터에 암호 알고리즘을 적용하여 허가받지 않은 사람들이 정보를 쉽게 이해할 수 없도록 데이터를 암호문이라고 불리는 형태로 변환하는 기법

14 ③

사용자 전환 : 실행 중인 앱을 닫지 않고 사용자를 전환함

15 ①

반환 시간(Turnaround Time)은 작업을 완료하는 데 걸리는 시간을 의미하며, 반환 시간은 짧을수록 좋음

16 ①

RAM 접근 속도(ns)는 수치가 작을수록 성능이 좋음

오답 피하기

- CPU 클릭 속도 : MHz, GHz
- 모뎀 전송 속도 : bps
- SSD 용량 : GB, TB

17 ②

오답 피하기

- 상용 소프트웨어(Commercial Software) : 정식 대가를 지불하고 사용하는 프로그램으로 해당 프로그램의 모든 기능을 사용할 수 있음
- 애드웨어(Adware) : 광고가 소프트웨어에 포함되어 이를 보는 조건으로 무료로 사용할 수 있는 소프트웨어
- 알파 버전(Alpha Version) : 베타 테스트를 하기 전에 제작 회사 내에서 테스트할 목적으로 제작하는 프로그램

18 ②

오답 피하기

- Alt + Enter : 선택한 항목에 대해 속성 표시
- Shift + Delete : 휴지통을 사용하지 않고 완전 삭제
- Alt + Tab : 열려 있는 앱 간 전환

19 ③

오답 피하기

① : SMTP, ② : IMAP, ④ : MIME

20 ②

DDoS(Distributed Denial of Service, 분산 서비스 거부 공격) : 여러 분산된 형태로 동시에 DoS(서비스 거부) 공격을 하는 기법으로 공격의 근원지를 색출하기가 어려움

오답 피하기

스푸핑(Spoofing) : '속임수'의 의미로 어떤 프로그램이 정상적으로 실행되는 것처럼 위장하는 것

2과목 스프레드시트 일반

21 ①

=ROW()-1 : ROW() 함수는 행 번호를 구하므로 [A2] 셀의 행 번호 2에서 1을 빼면 1이 되고 수식을 복사하면 각 행 번호에서 1을 뺀 결과가 일련번호가 되므로 정렬을 수행하더라도 일련번호는 그대로 유지됨

오답 피하기

- ROWS() : 참조 영역이나 배열에 있는 행 수를 구함
- COLUMN() : 참조 영역의 열 번호를 구함
- COLUMNS() : 참조 영역이나 배열에 있는 열 수를 구함

22 ③

오답 피하기

- 히스토그램 차트 : 히스토그램 차트에 그려진 데이터는 분포 내의 빈도를 나타내며, 계급구간이라고 하는 차트의 각 열을 변경하여 데이터를 더 세부적으로 분석할 수 있음
- 트리맵 차트 : 색과 근접성을 기준으로 범주를 표시하며 다른 차트 유형으로 표시하기 어려운 많은 양의 데이터를 쉽게 표시할 수 있음
- 선버스트 차트 : 계층적 데이터를 표시하는 데 적합하며, 하나의 고리 또는 원이 계층 구조의 각 수준을 나타내며 가장 안쪽에 있는 원이 계층 구조의 가장 높은 수준을 나타냄

23 ③

오름차순으로 정렬하는 경우 '숫자(0, 1) → 특수문자(#) → 영문(Y) → 한글 → 논리 값(FALSE, TRUE) → 오류 값(#DIV/0!) → 빈 셀(공백)' 순으로 정렬되므로 ③처럼 정렬됨

오답 피하기

① : 내림차순으로 정렬한 경우의 결과임

24 ④

엑셀에서 기존에 사용하는 바로 가기 키를 매크로의 바로 가기 키로 지정할 수 있으며 지정된 매크로 기능이 우선함

25 ④

LEFT 함수는 텍스트 함수이므로 추출된 개수는 문자 데이터로 취급되어 합계의 결과는 0이 됨

C7 | =SUM(C2:C6)

	A	B	C	D	E
1	성명	판매입력	개수		
2	이대한	60개	60		
3	한상공	70개	70		
4	김선	89개	89		
5	지혜원	90개	90		
6	이기적	88개	88		
7	합계		0		

오답 피하기

[C2] 셀에 텍스트 문자열 인수를 숫자로 바꿔주는 VALUE 함수를 사용하여 '=VALUE(LEFT(B2,2))'처럼 입력하는 경우 합계의 결과는 397이 됨

26 ④

'상위 10 자동 필터'의 결과는 자동으로 정렬되어 표시되지 않음

27 ③

[Excel 옵션]-[언어 교정]-[자동 고침 옵션]-[자동 고침] 기능

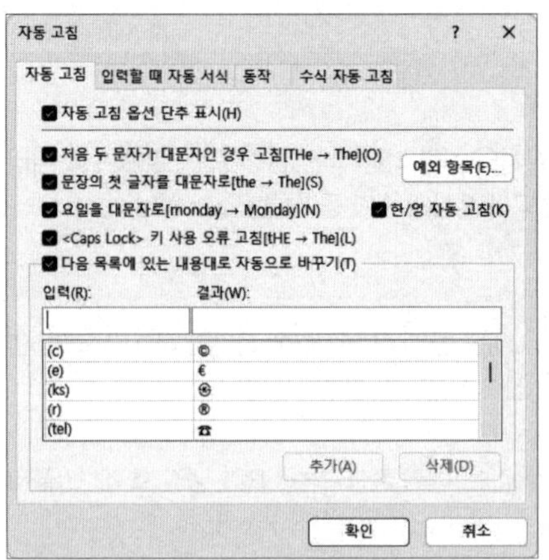

28 ③

③ : 부분합에 대한 기능임

29 ②

- AVERAGE는 평균, INDEX는 행과 열이 교차하는 곳의 값, MAX는 최대값을 반환함
- '=평균(점수의 2행 1열, 점수의 최대값)'이므로 =AVERAGE(75,100)이 됨
- 결과 값은 (75+100)/2=87.5가 됨

30 ②

바꾸기의 바로 가기 키는 Ctrl+H임

31 ①

[데이터 표] 기능을 이용하여 계산된 결과는 참조하고 있는 셀의 데이터가 수정되면 자동으로 갱신됨

32 ①

3차원 차트는 오차 막대를 표시할 수 없음

33 ②

드롭다운 목록에서 선택하여 입력

- 같은 열에 이미 입력한 데이터를 다시 입력할 때 드롭다운 목록에서 선택하여 입력함
- 바로 가기 키 : Alt+↓
- 마우스 오른쪽 단추를 클릭하고 [드롭다운 목록에서 선택]을 선택한 후 입력할 데이터를 선택함

34 ②

123에 *0#,##0 서식 코드를 설정하면 * 다음의 0이 반복되므로 결과는 00000 123이 됨

35 ④

- [보기] 탭 [표시] 그룹에는 [기타] 명령이 없음
- [파일]-[옵션]-[빠른 실행 도구 모음] 탭에서 [빠른 실행 도구 모음]을 편집함

36 ④

오늘의 날짜를 입력하고 싶으면 Ctrl + ;(세미콜론)을 누르면 됨

오답 피하기

Ctrl + Shift + ;(세미콜론) : 시간 입력

37 ③

틀 고정 구분선을 마우스로 잡아끌어 틀 고정 구분선을 이동시킬 수 없음

38 ②

=SUMIF(B2:B7,"<>0")/COUNT(B2:B7) → COUNT 함수는 숫자가 포함된 셀의 개수를 구하므로 0도 포함되어 전체 평균과 같은 결과가 나오게 됨

39 ①

[인쇄 미리 보기] 창에서 셀 너비를 조절하는 경우 워크시트에 변경된 너비가 적용됨

40 ③

- 다른 워크시트의 셀 참조 시 워크시트 이름과 셀 주소 사이는 느낌표(!)로 구분함(예 =AVERAGE(Sheet1:Sheet3!C5))
- 다른 통합 문서의 셀 참조 시 통합 문서의 이름은 대괄호([ ])로 묶음(예 =AVERAGE([성적표.xlsx]Sheet1:Sheet3!C5))

2024년 상시 기출문제 15회 146p

01 ①	02 ①	03 ②	04 ③	05 ③
06 ④	07 ②	08 ①	09 ③	10 ①
11 ③	12 ①	13 ④	14 ①	15 ③
16 ①	17 ④	18 ③	19 ②	20 ①
21 ①	22 ②	23 ③	24 ②	25 ③
26 ④	27 ④	28 ③	29 ④	30 ①
31 ④	32 ②	33 ②	34 ④	35 ①
36 ①	37 ②	38 ①	39 ④	40 ①

1과목 컴퓨터 일반

01 ①

RFID(Radio Frequency IDentification) : 무선 인식이라고도 하며 모든 사물에 반도체 칩이 내장된 태그(Tag)를 부착하여 언제 어디서나 정보를 처리, 제공할 수 있도록 지원하는 유비쿼터스 서비스로 서점이나 도서관에서 재고 및 도서 관리 등에 사용됨

오답 피하기

- NFC(Near Field Communication) : 근거리 무선 통신 기술로 스마트폰을 이용하여 신용카드나 교통카드 대용으로 사용할 수 있으며 다른 기기와 데이터를 주고 받을 수 있는 기술
- 블루투스(Bluetooth) : 무선 기기(이동 전화, 컴퓨터, PDA 등) 간 정보 전송을 목적으로 하는 근거리 무선 접속 프로토콜로 IEEE 802.15.1 규격을 사용하는 PANs(Personal Area Networks)의 산업 표준
- WiFi(Wireless Fidelity) : 일정 영역의 공간에서 무선 인터넷의 사용이 가능한 근거리 무선 통신 기술

02 ①

현재 로그인한 사용자 계정 및 로그인 옵션은 [설정]–[계정]에서 확인이 가능

03 ②

물리 계층은 OSI 7계층에서 최하위 계층으로 데이터 전송을 위하여 물리적인 링크를 설정하고 유지 등과 관련된 층으로 트랜시버, DSU, CSU, 리피터, 허브, 모뎀 등이 있음

04 ③

오답 피하기

- ① : 인쇄 대기 중인 경우 작업을 취소할 수 있음
- ② : 기본 프린터는 1대만 지정할 수 있음
- ④ : 인쇄 중인 작업도 취소할 수 있으며 잠시 중단시킬 수 있음

05 ③

압축 파일을 사용하더라도 디스크의 논리적인 결함이나 물리적인 결함을 발견하지 못함

오답 피하기

디스크 검사 : 파일과 폴더 및 디스크의 논리적, 물리적인 오류를 검사하고 수정함

06 ④

인터프리터(Interpreter) : 대화식 언어로 작성된 프로그램을 필요할 때마다 매번 기계어로 번역하여 실행하는 프로그램

오답 피하기

- 컴파일러 : 고급 언어로 작성된 프로그램을 기계어로 번역하는 언어 번역기로 목적프로그램 생성함
- 어셈블러 : 어셈블리 언어로 작성된 프로그램을 기계어로 번역하는 언어 번역기
- 프리프로세서 : 프로그램을 컴파일하기 전에 필요한 작업을 수행해 주는 전처리기

07 ②

Shift + Delete : 휴지통을 사용하지 않고 완전 삭제

08 ①

오답 피하기

- 해킹(Hacking) : 컴퓨터 시스템에 불법적으로 접근, 침투하여 정보를 유출하거나 파괴하는 행위
- 스푸핑(Spoofing) : '속임수'의 의미로 어떤 프로그램이 정상적으로 실행되는 것처럼 위장하는 것
- 스파이웨어(Spyware) : 사용자의 동의 없이 광고 등을 목적으로 무분별하게 배포되는 것

09 ③

③은 캐시 메모리(Cache Memory)에 대한 설명임

10 ①

레지스트리(Registry) : 운영체제에서 환경 설정 및 각종 시스템 구성 정보를 모아 관리하는 계층적인 시스템 데이터베이스

오답 피하기

- 파일 시스템(File System) : 파일에 이름을 붙이고, 저장이나 검색을 위해 파일을 어디에 배치해야 할 것인지 등을 나타내는 방법
- 집 드라이브(Zip Drive) : 파일을 백업하거나 보관할 때 사용하는 휴대용 디스크 드라이브
- 파티션(Partition) : 하드디스크 한 개의 공간을 여러 개로 나눠 사용하는 것을 말하며, 분할된 파티션은 포맷해야 사용할 수 있고 운영체제에서는 파티션이 하나의 드라이브로 인식됨

11 ③

오답 피하기

- ① : 클레이 애니메이션
- ② : 키 프레임 애니메이션
- ④ : 셀 애니메이션

12 ①

Ctrl + Shift 를 누른 채 다른 위치로 드래그 앤 드롭하면 선택한 파일의 바로 가기 아이콘이 생성됨

13 ④

스트리밍(Streaming) : 오디오 및 비디오 파일을 모두 다운로드 받기 전이라도 다운을 받으면서 파일을 재생할 수 있는 기술로, 멀티미디어의 실시간 처리가 가능함

오답 피하기

- MPEG 기술 : 동화상 전문가 그룹에서 제정한 동영상 압축 기술에 관한 국제 표준 규격으로, 동영상뿐만 아니라 오디오 데이터도 압축할 수 있음
- 디더링(Dithering) 기술 : 표현할 수 없는 색상이 존재할 경우, 다른 색상들을 섞어서 비슷하거나 새로운 색상을 내는 효과
- VOD(Video On Demand) 기술 : 사용자의 주문에 의해 데이터베이스로 구축된 영화나 드라마, 뉴스 등의 비디오 정보를 실시간으로 즉시 전송해 주는 서비스

14 ①

레지스터(Register) : CPU에서 명령이나 연산 결과 값을 일시적으로 저장하는 임시 기억 장소로 기본 소자인 플립플롭(Flip-Flop)이나 래치(Latch) 등으로 구성되며 메모리 중에서 가장 속도가 빠름

15 ③

컴퓨터에서 각종 명령을 처리하는 기본 단위는 워드(Word)임

오답 피하기

바이트(Byte) : 문자를 표현하는 기본 단위로 8개의 비트로 구성되며 256개의 정보를 표현함

16 ①

시퀀싱(Sequencing) : 오디오 파일이나 여러 연주, 악기 소리 등을 프로그램에 입력하여 녹음하는 방법으로 음의 수정이나 리듬 변형 등의 여러 편집 작업이 가능함

오답 피하기

② : MIDI 형식, ③ : WAVE 형식, ④ : FLAC(Free Lossless Audio Codec)

17 ④

근거리 통신망(LAN)은 상호 동시에 통신이 가능한 전이중 방식을 사용함

18 ③

③은 메타버스(Metaverse)를 의미하며 '초월(Meta)'과 '우주'를 뜻하는 유니버스(Universe)의 합성어로, VR(가상현실)이나 AR(증강현실)의 상위 개념으로서 가상 자아인 아바타를 통해 사회 경제적 활동 등이 가능한 4차원의 가상 온라인 시공간을 의미함

오답 피하기

증강현실(AR : Augmented Reality) : 사람이 눈으로 볼 수 있는 실세계와 관련된 3차원의 부가 정보를 제공받을 수 있는 기술

19 ②

운영체제(Operating System) : 컴퓨터 시스템의 각종 하드웨어적인 자원과 소프트웨어적인 자원을 효율적으로 운영, 관리함으로써 사용자가 시스템을 이용하는 데 편리함을 제공하는 시스템 소프트웨어

오답 피하기

- 유틸리티 : 사용자가 컴퓨터를 쉽고 편리하게 사용할 수 있도록 유용한 기능을 제공하는 프로그램
- 컴파일러 : 고급 언어를 기계어로 번역하는 프로그램으로 목적 프로그램을 생성함
- 라이브러리 : 컴퓨터 프로그램에서 자주 사용되는 부분들을 모아 놓은 관련된 파일의 집합

20 ①

쿠키(Cookie) : 인터넷 웹 사이트의 방문 정보를 기록하는 텍스트 파일로, 인터넷 사용자가 웹 사이트에 접속한 후 이 사이트 내에서 어떤 정보를 읽고 어떤 정보를 남겼는지에 대한 정보가 사용자의 PC에 저장되며, 고의로 사용자의 정보를 빼낼 수 있는 통로 역할을 할 수도 있음

2과목 스프레드시트 일반

21 ①

- Alt + F1 : 데이터가 입력되어 있는 같은 워크시트에 차트를 생성함
- F11 : 별도의 차트 시트에 차트를 생성함

오답 피하기

- ② : 3차원 차트에는 추세선을 추가할 수 없음
- ③ : 원본 데이터가 변경되면 작성된 차트의 모양이 자동으로 변경됨
- ④ : Alt 를 누른 상태에서 차트의 크기를 변경하면 워크시트의 셀에 맞춰서 조절됨

22 ②

부분합을 실행하기 전에 오름차순 또는 내림차순 관계없이 정렬해야 함

23 ③

- 형식 : =IF(조건, 참, 거짓)
- 조건은 C2>=AVERAGE($C$2:$C$6), 참일 경우 "실적우수", 거짓일 경우는 "실적미달"이므로 [D2] 셀에 입력될 수식은=IF(C2>=AVERAGE($C$2:$C$6),"실적우수","실적미달")이 되며 수식을 채우기 핸들로 복사하기 위해서 각 사원의 실적은 상대참조(C2)로, 평균을 구하는 범위는 절대참조($C$2:$C$6)로 작성함

D2 | fx | =IF(C2>=AVERAGE($C$2:$C$6),"실적우수","실적미달")

	A	B	C	D	E	F	G	H	I
1	사원번호	사원명	실적	평가					
2	11a	홍길동	89	실적우수					
3	22b	이대한	70	실적미달					
4	33c	한상공	65	실적미달					
5	44d	지호영	90	실적우수					
6	55e	안예지	100	실적우수					

24 ②

조건에 맞지 않는 경우에 대한 서식은 지정할 수 없음

25 ③

- POWER(수1, 수2) : 수1을 수2만큼 거듭제곱한 값을 구함
- =POWER(5, 3) → 5×5×5=125가 됨

오답 피하기

- TRUNC(수1, 수2) : 수1의 소수점 이하(수2)를 버리고 정수로 변환(수2를 생략하면 0으로 처리)함
- =TRUNC(8.79, 0)이 되어 소수점 이하를 모두 버리므로 결과는 8이 됨

- MOD(수1, 수2) : 수1을 수2로 나눈 나머지 값(수2가 0이면 #DIV/0! 오류 발생)을 구함
- =MOD(11, 2)는 11을 2로 나눠서 몫은 5가 되고 나머지는 1이므로 결과는 1이 됨

- COLUMN(열 번호를 구하려는 셀이나 셀 범위) : 참조의 열 번호를 반환함
- =COLUMN(C6)의 결과는 C열이므로 3이 됨

26 ④

바로 가기 키가 Y처럼 대문자인 경우는 Ctrl + Shift + Y 가 되므로 Alt 는 해당되지 않음

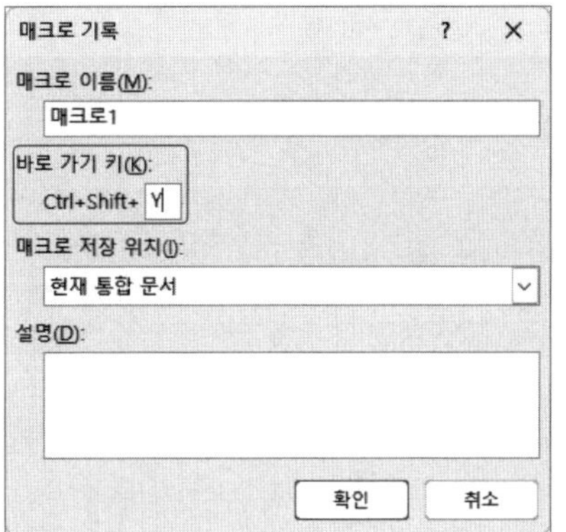

27 ④

#NAME? : 잘못된 함수명이나 정의되지 않은 셀 이름을 사용한 경우, 수식에 잘못된 문자열을 지정하여 사용한 경우

오답 피하기

- #N/A : 수식에서 잘못된 값으로 연산을 시도한 경우, 찾기 함수에서 결과값을 찾지 못한 경우
- #NULL! : 교점 연산자(공백)를 사용했을 때 교차 지점을 찾지 못한 경우
- #REF! : 셀 참조를 잘못 사용한 경우

28 ③

'시트 끝'을 선택하면 각 페이지의 메모가 문서의 마지막에 한꺼번에 인쇄됨

29 ④

- =DMAX(범위, 열 번호, 조건) : 범위에서 조건에 맞는 데이터 중 지정된 열에서 숫자가 있는 셀의 최대값을 구함
- =DMAX(A1:D5,4,A7:B8) → 결과는 99가 산출됨
- 범위 : 데이터가 있는 범위 → [A1:D5]
- 열 번호 : '평균'이 있는 열 번호 → 4
- 조건 : 조건이 있는 범위 → [A7:B8]

30 ①

원형 차트

- 항상 한 개의 데이터 계열만을 가지고 있으므로 축이 없음
- 전체에 대한 각 값의 기여도를 표시함
- 항목의 값들이 합계의 비율로 표시되므로 중요한 요소를 강조할 때 사용함

오답 피하기

- 분산형 : 데이터의 불규칙한 간격이나 묶음을 보여주는 것으로, 데이터 요소 간의 차이점보다는 큰 데이터 집합 간의 유사점을 표시하려는 경우에 사용함
- 영역형 : 데이터 계열 값의 합계를 표시하여 전체 값에 대한 각 값의 관계를 표시함
- 방사형 : 많은 데이터 계열의 합계 값을 비교할 때 사용함

31 ④

- 0 : 유효하지 않은 자릿수를 0으로 표시
- , : 천 단위 구분 기호로 ,(쉼표) 이후에 더 이상 코드를 사용하지 않으면 천 단위 배수로 표시
- 0.0,을 적용한 경우 : −23.5

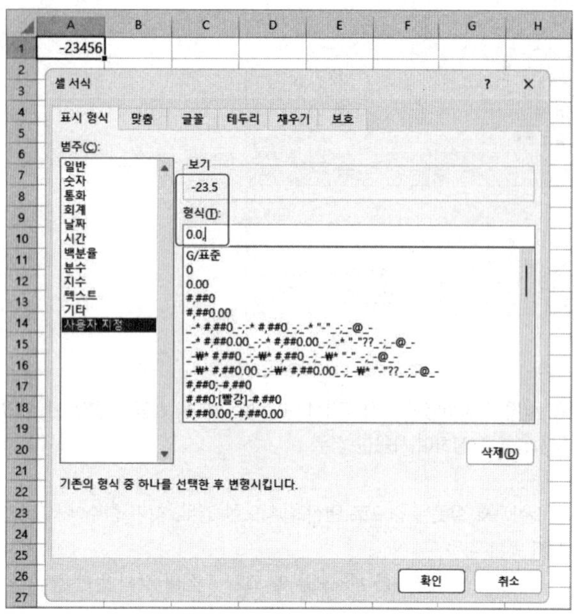

오답 피하기

0.0을 적용한 경우 : −23456.0

32 ②

채우기 핸들을 사용할 때 Ctrl 을 함께 누르면 숫자가 증가하면서 입력됨

오답 피하기

Ctrl 을 누르지 않고 채우기 핸들을 드래그하면 숫자가 복사됨

33 ②

- =COUNTIFS(범위1, 조건1, 범위2, 조건2) : 범위1에서 조건1을 만족하고 범위2에서 조건2를 만족하는 경우의 개수를 구함
- =COUNTIFS(B2:B8,B3,C2:C8,C3) : 부서([B2:B8])에서 홍보부([B3])이고 직급([C2:C8])에서 과장([C3])인 경우의 인원수를 구함 → 2(홍길동, 차은서)

34 ④

Ctrl + ;(세미콜론) : 시스템의 오늘 날짜가 입력됨

오답 피하기

- ① : 삭제된 시트는 Ctrl + Z 를 눌러서 취소할 수 없음
- ② : 작은따옴표(')를 입력해야 됨
- ③ : Alt + Enter 를 누르면 자동 줄 바꿈이 실행됨

35 ①

- 데이터 표 : 워크시트에서 특정 데이터를 변화시켜 수식의 결과가 어떻게 변하는지 보여 주는 셀 범위를 데이터 표라 하며 데이터 표의 수식은 데이터 표를 작성하기 위해 필요한 변수가 하나인지 두 개인지에 따라 수식의 작성 위치가 달라짐
- 통합 : 하나 이상의 원본 영역을 지정하여 하나의 표로 데이터를 요약하는 기능

36 ①

- 가 : &[페이지 번호] → 현재 페이지 번호를 자동으로 삽입
- 나 : &[전체 페이지 수] → 인쇄 범위의 전체 페이지 수를 삽입

오답 피하기

- 다 : &[파일] → 통합 문서 파일의 이름을 삽입
- 라 : &[탭] → 해당 워크시트의 이름을 삽입

37 ②

카메라는 원본 셀 범위에 입력한 값이 변경되면 함께 변경됨

38 ①

- 양수 서식;음수 서식;0 서식;텍스트 서식
- # : 하나의 자릿수를 의미하며 해당 자릿수에 숫자가 없을 경우 표시하지 않음
- 0 : 하나의 자릿수를 의미하여 해당 자릿수에 숫자가 없을 경우 0을 표시함
- . : 소수점의 자리 표시에 사용
- , : 천 단위 구분 기호로 쉼표를 삽입하거나 ,(쉼표) 이후 더 이상 코드를 사용하지 않으면 천 단위 배수로 표시함
- 24600은 양수이므로 #0.0,"천원"이 적용되고 ,(쉼표)에 의해 24600.0이 24.6으로 되며 텍스트 "천원"이 붙어서 24.6천원이 됨

39 ④

F9 : 열려 있는 통합 문서의 모든 워크시트를 재계산함

40 ①

첫 페이지에 있는 표의 제목줄 [A1:H1] 셀을 2쪽 이후에도 인쇄하려면 [페이지 설정]−[시트] 탭의 '반복할 행'에서 제목줄의 범위를 지정하면 됨